내 안의 역사

현대 한국인의 몸과 마음을 만든 근대

역사학자 전우용의
한국 근대 읽기 3부작 ❷

내 안의
역사

현대 한국인의 몸과
마음을 만든 근대

전우용 지음

푸른역사

책머리에

"역사는 승리한 자의 기록이다."

신성권력이 지배하던 시대에는 신과 신의 아들=영웅의 이야기가 역사였다. 세속권력이 지배하던 시대에는 왕과 그 신하들의 이야기가 역사였다. 민족국가 형성기에는 민족 영웅=위인들의 이야기가 역사였다. 민주주의 시대의 역사는 누구의 이야기여야 하는가?

유럽 68혁명을 계기로 민주주의는 국가 운영 원리를 넘어 평범한 사람들의 일상을 조직하는 기본 원리로 재정의되었다. 법과 제도의 영역 안에 있던 민주주의의 외연은 상호 존중, 배려, 관용 등의 생활태도 문제로까지 확장되었다. 같은 무렵, 역사가들은 미시사, 일상사, 생활사 등의 새로운 영역을 개척했다. 당대에 특별하지 않아 후세에 거의 알려지지 않은 평범한 사람들의 소소한 일상이 그 자체로, 혹은 중요한 역사적 사건들과 관련하여 재조명되었다. 역사가들의 도움에 힘입어, 아무도 거들떠보지 않는 시간의 무덤에 묻혔던 서민, 보통사람, 민중이 부활하여 자기 이야기를 털어놓기 시작했다.

보통사람의 삶은 거의 전적으로 평범성이 점유한다. 불굴의 의지, 숭고한 희생, 천재적 지략 등의 초인성超人性은 자체로 평범성에 대립한다. 지루한 일상의 반복, 관성에 지배받는 타율적 삶, 먹고사는 문제에만 몰입하는 위축된 의식 등이 평범한 삶의 주요 구성요소다. 전쟁 등 특별한 사건이 일어나지 않는 한, 보통사람들은 나라의 적과 영웅적으로 싸우기보다는 자기 가족이나 친지, 직장 동료들과 치사하게 싸운다. 물론 어떤 사람의 인생에든 드라마틱한 요소는 있다. 하지만 자기가 쓰는 드라마와 별로 다를 것도 없는 범작凡作이나 졸작拙作에 관심을 기울일 이유는 없다. 하루하루 살기도 버거운 사람들이 시간의 무덤에서 뛰쳐나온 옛날 보통사람들의 넋두리를 들어서 무엇하겠는가?

하지만 인류 역사의 본류는 사람의 시선을 끌지 않는 평범성이다. 비범함이란 도도히 흐르는 물줄기가 바위를 만났을 때 물보라로 튀어 오르는 입자 같은 것이다. 평범성이 비범함을 규정하는 것이지 그 역은 아니다. 인류 역사의 위대한 성취들은 평범성 안에 깃든다. 그럼으로써 평범성의 내용 자체가 바뀐다. 고대 노예사회의 보통사람과 현대 민주주의 사회의 보통사람은 전혀 다른 존재일 수밖에 없다. 보통사람들의 평범한 일상이야말로, 수백만 년에 걸친 인류 진화의 결과물이다. 인간의 철학, 사상, 가치관뿐 아니라 개별 인간의 몸도, 역사가 만들어 낸 구조물이다.

보통사람에게 보통사람의 역사가 필요한 이유는 그가 욕망하고 판단하고 실천하는 모든 것, 그가 자기 정체성이라고 믿는 것의 기원과 변화 방향을 알 필요가 있기 때문이다. 인류 진화와 역사 발전을 이끈 것은 '지금보다 나은 삶'에 대한 개별적, 집단적 욕망이었다. 현재의 자기 삶이 어떤 역사적 계기들에 의해 구성되었는지를 알아야, 더 나은 미래의 삶을 위해 어떤 계기들을 만들어야 하는지 알 수 있다. 과학으로서의 역사, 골동 취미로서의 역사, 집단기억 조작술로서의 역사 등 역사학의 존재 이유에 대한 여러 논란이 있으나, 역사의 본령 중 하나가 교훈에 있다는 사실을 부정할 수는 없다.

내가 사회경제사, 도시사, 의료사 등 각 분야를 섭렵하다가, 역사가 보통사람의 몸과 마음에 새겨진다는 사실을 문득 깨달은 것은 2000년대 중반이었다. 집필 계획을 세우고 개략적인 스케치를 한 것이 2010년이니, 완성해서 이 책으로 낼 때까지 8년 넘는 세월이 흘렀다. 이 책에서는 근대 한국의 보통사람들이 어떻게 살고 무엇을 생각했는지를 개인, 가족과 의식주, 직업과 경제생활, 공간과 정치, 가치관과 문화의 다섯 개 대주제로 분류해 서술했다. 정치, 경제, 사회, 문화 각 영역의 생활을 허술하게나마 다룬 셈이다. 역사가 성찰의 재료를 넘어 각성의 도구가 되었으면 좋겠다는 만용으로 달려들었지만, 이번에도 역시 무능을 절감할 수밖에 없었다.

계약하고 나서 10년 가까운 시간이 흐르도록 단 한 번도 원고 독촉을 하지 않고 기다려 준 푸른역사 박혜숙 사장에게 여러 의미로 감사의 뜻을 함께 전한다. 부부로 산 세월이 길어질수록 미안함만 쌓이는 아내 인애에게도.

2019. 1. 1.
전우용

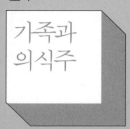

2부

가족과 의식주

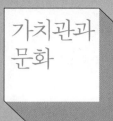

5 부

가치관과 문화

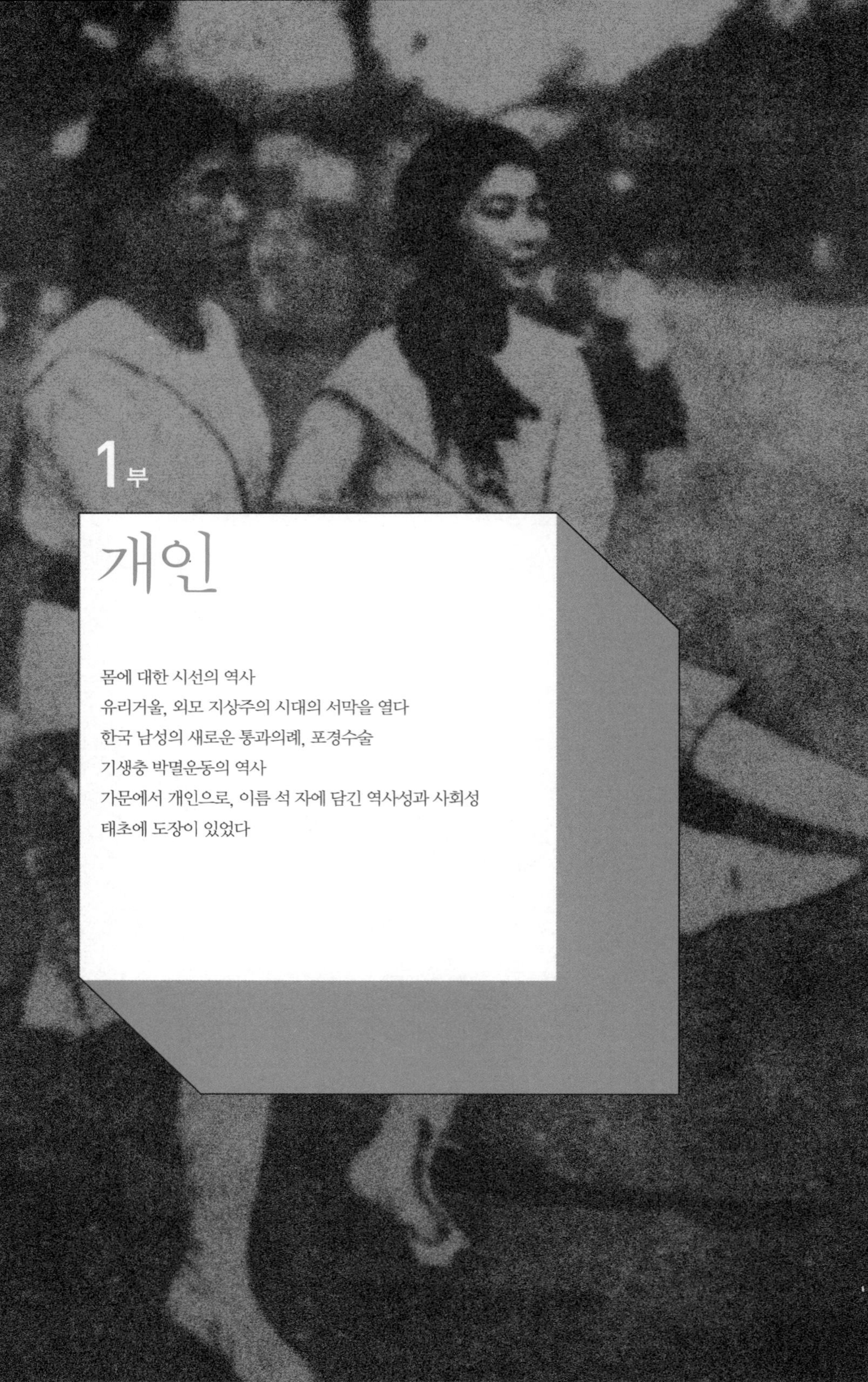

1부

개인

몸에 대한 시선의 역사
유리거울, 외모 지상주의 시대의 서막을 열다
한국 남성의 새로운 통과의례, 포경수술
기생충 박멸운동의 역사
가문에서 개인으로, 이름 석 자에 담긴 역사성과 사회성
태초에 도장이 있었다

몸에 대한 시선의 역사   1

사람이 태어나기 전부터 등급을 나누는 신분제의 역사는
역사시대 전체보다 길지만, 몸에 특별한 표지를 달고 태어
나는 사람은 없다. 모세는 이스라엘인 노예의 자식으로 태어났으나, 이
집트 왕자로 자랐다. 모든 아기의 몸은 평등하다. 그래서 어쩌다 귀족
의 자식으로 태어난 사람들은 자기가 고귀한 신분에 속한다는 사실을
표시하기 위해 여러 외부 장치를 동원해야 했다.

　대표적인 것이 의복과 장신구였다. 옷감의 재질과 색깔, 귀금속과 보
석을 사용한 장신구는 신분제 출현 당시부터 보편적으로 이용된 표지
였다(〈사진 1〉).

　그러나 이런 장식품들은 벗겨내면 그만이었다. 동서고금을 막론하고
귀족을 욕보이는 가장 흔한 방법은 홀딱 벗겨 놓고 조롱하는 것이었다.
안데르센의 동화 〈벌거벗은 임금님〉에 나오는 임금은 사기꾼에게 속은

임금인 동시에 대중에게 조롱당하는 임금이었다. 벌거벗은 임금의 몸에서는 가난하고 초라한 노인과 구별되는 특이점을 찾을 수 없는 법이다. 여왕벌과 여왕개미는 생김새 자체가 일벌이나 일개미와는 다르지만, 일하는 인간과 일하지 않는 인간 사이에는 생래적生來的 차이가 없다. 그래서 귀족들은 벌거벗은 상태에서도 보통사람과 구별될 수 있도록 신체에 견고하게 달라붙은 표지를 만들려고 애썼다.

'노동하지 않고도 배불리 먹는 사람'임을 드러내는 것보다 좋은 표지는 없었다. 귀족들에게는 다행하게도, 절대다수 사람은 평생 몸이 부서져라 일하면서도 배불리 먹을 수 없었다. 일하지 않고 햇빛을 덜 쬐며, 많이 먹고, 덜 움직이기만 하면 보통사람과 구별되는 몸을 만들 수 있었다. 뚱뚱한 몸, 햇볕에 그을지 않은 허여멀건 피부, 못이 박이지 않은 부드러운 손, 긴 손톱 등이 귀족의 상징이 됐다. 중세 유럽의 농민들은 귀족들의 흰 피부 밑으로 비치는 푸른 핏줄이 '귀족의 푸른 피' 때문인 줄로 알았

〈사진 1〉 대한제국 황제 고종
예복과 견장, 훈장, 벨트 등 '귀한 물건'들로 온몸을 감쌌지만, 이 시절 보통의 한국인들은 사진 속의 몸만 보고도 '귀하신 분'임을 알 수 있었다. 노동하는 사람들은 이런 몸을 가질 수 없었다.

다. '귀족의 몸'은 피 자체가 신분을 나눈다는 믿음의 증거로 통했다.

풍풍하고 희멀건 귀족들의 일반적 신체 특징은 후덕, 여유, 관용 등의 덕목과 연계됐고, 그에 대비되는 몸에는 강퍅, 조급, 비관 등 부정적 이미지가 붙었다. 19세기 말에 소개된 사진도 비만의 긍정적 이미지를 강화하는 데 일조했다. 신문과 책자, 엽서 등에 모습을 드러낸 왕족과 귀족, 부호와 고관대작들은 거의 모두 풍풍했다.

신분제가 폐지된 뒤 우리나라에서도 한동안 풍풍한 몸을 가지려는 대중의 욕망이 고조됐다. 비만을 건강이나 정력과 동일시하는 담론이 널리 유포됐고, 마른 몸을 풍풍한 몸으로 바꿔준다는 약들이 쏟아져 나왔다(〈사진 2〉). 물론 이런 태도가 사회 전반을 지배하지는 않았다.

1920년대 중반 이후 한동안은 유선형이 지식 청년층 사이에서 근대적 사물과 신체의 이상적 표준으로 각광 받았다. 당시 유선형의 물체로 대중의 시선을 사로잡은 것은 빠른 속도를 자랑하는 근대적 교통수단들이었다. 비행기, 자동차, 선박이 모두 공기와 물의 저항을 줄이기 위해 물고기와 같은 유선형을 채택했다. 유선형은 '빠름'의 도형이었고, 빠름은 근대의 핵심 가치이기도 했다. 작은 머리, 떡 벌어진 어깨, 잘록한 허리, 가늘고 긴 다리는 빠름을 체화한 몸이자 운동선수의 몸이었다. 이런 몸은 타고 나는 것이 아니라 운동을 통해 가꾸어지는 것이라는 사실도 알려졌다. YMCA 체육관에는 유선형 몸을 만들려는 청년 학생들이 몰려들었고, 1934년에 발행된 《현대 철봉운동법》이라는 책자에는 《조선중앙일보》 전 사장 몽양 여운형의 상반신 누드 사진이 실렸다(〈사진 3〉). 하지만 당시 나이 만 48세이던 그의 몸은 유선형과는 거리가 있었다.

풍풍한 몸은 1920년대에 급속히 세력을 키운 사회주의자들의 집중적인 비난 표적이기도 했다. 그들은 뚱뚱한 몸을 '부르주아적 나태와 탐욕의 소치'라고 공격했다. 그들은 노동으로 단련된 단단한 어깨와 팔뚝, 굵은 못이 박힌 손, 검게 그을린 피부에서 아름다움을 찾아야 한다고 주장했으며, 피둥피둥 살찐 희멀건 몸을 인민의 적이자 인간의 적으로 규정했다. 그럼에도 뚱뚱한 몸에 대한 선망과 동경은 쉬 사라지지 않았다. 개인 단위의 미시적 삶에서 이념과 욕망 사이에 괴리가 생기는 것은 아주 흔한 일이다. 사회주의 이념에 동조하면서도 부르주아적 삶을 향한 욕망에 불타는 사람이 많았다. 게다가 지식 청년들의 생각이 어떠하든, 대중은 여전히 살집 좋고 희멀건 몸을 선호했다.

〈사진 2〉 1915년 〈매일신보〉에 실린 화평당약방의 자양환 광고
"복용하는 데 따라 건강을 증가하고 차차 비만강장케 됨은 이 약이 제일"이라는 문구가 있다. 오른쪽에서 왼쪽으로 글을 쓰던 시절이라 화살표 방향도 왼쪽이 진보 발전의 방향이다. 오늘날의 지식으로는 화살표 방향이 반대여야 맞다.

1925년께부터는 우량아 선발대회가 열렸는데, '우량한 아기 몸'의 기준은 몸무게, 키, 가슴둘레, 머리둘레 순이었다. 물론 무거울수록, 클수록 좋은 몸이었다. 처음 외국 선교단체의 선교 활동으로 시작된 우량아 선발대회는 분유회사의 판촉활동으로 변해 몸에 대한 관점이 근본적으로 바뀐 1980년대 초까지 계속되었다. 이 무렵까지 영화나 드라마에서 사장이나 장군 역할은 대개 뚱뚱한 배우가 맡았으며, 비만 아동들은 '장군감'이라는 칭찬을 들었다.

보릿고개라는 말이 현실감을 잃어갈 때쯤, 뚱뚱한 몸에 대한 대중적 선호도 갑작스레 사라졌다. 몸을 대하는 관점의 변화는 유럽과 미국에서 먼저 일어났고, 영화와 잡지 사진 등을 통해 전 세계로 확산했다. 뚱뚱한 몸은 나태의 소치라는 인식이 다시 널리 퍼졌으나, 이때의 나태는 과거 사회주의자들이 비난했던 나태와는 달랐다. 사회주의자들이 비난한 나태는 '노동하지 않음'이었으나, 대중소비시대 지식 담론이 비난한 나태는 '운동하지 않음'이었다. '비만은 만병의 근원'이라는 현대 의학 상식, 스포츠와 레크리에이션의 산업화 등이 배후에서 이 같은 인식 변화를 추동했다. 뚱뚱한 몸은 게으른 자의 몸이자 가난해서 자

〈사진 3〉 1934년 간행된 《현대 철봉운동법》에 실린 여운형의 상반신 누드 사진 오늘날의 관점에서 근육질이라고 보기는 어려우나, 당시의 관점에서는 아주 빼어난 몸이었다. 만 48세 치고는.

기 관리를 못 하는 사람의 몸이 되었다. 영화나 드라마들도 뚱뚱한 몸을 낮은 지능, 나태, 탐욕, 빈곤 등의 악덕과 결부시켰다. 의류업체들도 깡마른 모델의 몸을 기준으로 옷을 만들었다. 날씬한 몸을 넘어 마른 몸을 가지려는 열망이 갑작스럽게 사회 전체를 뒤덮었다. 더불어 뚱뚱한 몸을 마른 몸으로 바꿔준다는 '몸 만들기' 산업이 발흥했다.

우리나라에 '다이어트'라는 단어가 소개된 것은 1960년대 말이었다. 본래 '먹는 것을 줄이다'라는 뜻인 이 단어는 1970년대 말부터 '살을 빼다'라는 뜻으로 사용되었으며, 이와 동시에 다이어트 식품들이 홍수처럼 쏟아져 나왔다. 88서울올림픽 유치를 계기로 불어닥친 스포츠 열풍 속에서 헬스클럽, 수영장, 에어로빅센터 등 몸 관리 업소들도 급증했다. 흔히 "시간이 있으면 돈이 없고 돈이 있으면 시간이 없다"고들 하지만, 이런 업소들을 이용하기 위해서는 돈과 시간 모두를 가져야 했다. 1980년대 고급 헬스클럽 회원권 가격은 어지간한 집값보다 비쌌다. 반면 고열량 저영양의 값싼 정크푸드 판매점이 거리 곳곳을 채움에 따라 서민의 몸은 전반적으로 뚱뚱해졌다. 아마도 1980년대 말~1990년대 초 사이의 기간은 한국 역사상 처음으로 부자와 빈자의 평균 체중이 역전된 시기였을 것이다.

부자가 가난한 자의 것을 부러워하는 법은 없으나, 가난한 자는 부자가 가진 모든 것을 부러워하는 법이다. 몸이라고 예외는 아니었다. 서민들에게는 다행스럽게도, 몸 관리 서비스의 단가는 계속 낮아졌다. 서민이 사는 동네에도 헬스클럽, 에어로빅센터, 휘트니스센터 등이 거의 빠짐없이 들어섰다. 가정용 운동기구도 계속 새로 발명되어 집안 곳곳에 침투했다. 정부와 지방자치 단체들도 자기 몸을 관리하려는 유권자들의 욕망에 부응하기 위해 노력했다.

1988년 서울올림픽을 앞두고 한강변 전체가 체육공원으로 바뀐 이후, 주택가 소공원은 물론 산기슭과 하천변 곳곳에도 무료로 이용할 수 있는 운동기구들이 들어섰다. 도시 근교의 산은 주말마다 등산객들로 몸살을 앓는다. 전국적으로 연간 수십 차례의 마라톤대회가 열리며, 대회마다 수천 명 이상이 참가한다. 이명박 정권이 국책 사업으로 추진한 '4대 강 살리기'의 일환으로 조성된 자전거 전용도로 위를 달리는 인파도 등산객 수에 별로 뒤지지 않는다. 운동하는 사람이 급증함에 따라 이른바 '아웃도어 의류' 산업도 급신장했다. 안중근은 옥중에서 '일일부독서一日不讀書 구중생형극口中生荊棘', 즉 '하루라도 책을 읽지 않으면 입안에 가시가 돋는다'는 유묵遺墨을 남겼지만, 현대의 한국인들 중에는 '일일불운동一日不運動 복중생지방腹中生脂肪', 즉 '하루라도 운동을 하지 않으면 배에 지방이 쌓인다'고 믿는 사람이 많다.

예수는 사람들에게 복음을 전파하기 전 40일간 광야에서 단식하며 악마의 유혹과 싸웠다. 석가모니는 생로병사의 사고四苦에서 해탈하는 법을 찾기 위해 집을 나선 뒤 6년간 고행苦行했다. 현대인도 다이어트와 헬스라는 이름으로 단식과 고행을 한다. 다른 점은 예수와 석가모니가 전 인류를 구원하기 위해 했던 것을 현대인은 자기 한 몸을 위해서 한다는 것뿐이다. 현대인에게는 자기 한 몸의 무게가 전 인류의 무게와 맞먹는다.

2

유리거울,
외모 지상주의 시대의 서막을 열다

갑자기 열이 오르고 힘이 빠지며 머리, 허리, 배가 아프고 간혹 의식을 잃는다. 얼굴과 팔에 붉은 반점이 돋기 시작해 온몸으로 퍼진다. 발병한 지 하루 이틀이 지나면 작은 반점이 콩알만 한 고름 물집으로 바뀐다. 8~9일이 지나면 물집이 굳어 딱지가 생기는 데 회복되면서 떨어진다. 딱지가 떨어진 자리에는 깊은 흉터가 남아 평생 지워지지 않는다. 딱지가 콩알처럼 생겼다 하여 일본인들이 '천연두天然痘'로 이름 붙인 두창痘瘡smallpox의 증상이다.

19세기 말까지, 두창은 홍역처럼 누구나 평생 한 번은 겪어야 하는 질병으로 인식되었다. 어린아이 열에 서넛은 이 병으로 목숨을 잃었고, 열에 서넛은 곰보가 됐다. 두창을 주관하는 귀신인 호구별성이 특별히 은혜를 베풀어 순하게 앓은 아이만이 반반한 얼굴을 지킬 수 있었다. 곰보가 많다 보니 등급도 있어서 덜 얽은 사람은 살짝곰보, 심하게 얽은 사람은 찰곰보라고 했다.

조선 말기 전설적인 찰곰보로 유 사과劉司果(사과는 벼슬 이름, 본명 미상)라는 이가 있었는데, 그는 젊어서 기생집에 갔다가 한 기생이 옆자리 동무에게 "저렇게 생긴 이도 마누라가 있소?"라고 속삭이는 소리를 들었다. 이후 그는 기생집에 영영 발을 끊었으며, 자기 얼굴이 비칠까봐 반질반질한 돌조차 가까이 하지 않았다고 한다. 곰보들에게 그나마 다행스러웠던 것은, 자기 얼굴을 볼 기회가 아주 드물었고 세밀하게 뜯어볼 기회는 전혀 없었다는 점이다. 물론 이 점에서는 잘생긴 사람도 다를 바 없었다.

두창균은 역사상 가장 많은 사람을 죽인 세균이자 인류가 처음으로 전면 무력화無力化하는 데 성공한 세균이기도 하다. 1980년 세계보건기구WHO는 두창이 지구상에서 영구히 사라졌다고 공식 선언했다. 치료법이 없는 질병이었음에도 소멸시킬 수 있었던 것은 오로지 우두법牛痘法 덕분이다. 환자의 몸에서 물집이 가라앉은 딱지를 떼어내어 가루로 만든 다음 코로 흡입하는 인두법人痘法이 처음 개발된 곳은 인도였다고 하는데, 이 방법은 중국 송나라를 거쳐 차츰 전 세계로 전파되었다. 인두법은 효과가 불확실한데다가 안전성도 떨어져 멀쩡한 사람을 환자로 만드는 경우가 종종 있었으나, 평균적으로 보자면 하지 않는 편보다는 하는 편이 훨씬 나았다. 인두법의 오랜 역사를 배경으로 하여 1796년 영국의 에드워드 제너가 우두법을 발견했다. 우두법은 안전성과 효력 양면에서, 역사상 인류가 처음 발견한 최선의 전염병 예방책이었다.

두창 퇴치에 놀라운 효과를 입증한 우두법은 불과 수십 년 만에 동아시아 각국에도 전파되었다. 1828년 중국 북경에서 우두법을 소개한

《신증종두기법상실新證種痘奇法詳悉》이 간행되었는데, 정약용은 이 책을 자신의 저서 《마과회통麻科會通》에 부록으로 실었다. 이것이 우리나라에 최초로 소개된 우두법이다. 이때부터 일부 지식인들 사이에 우두법에 관한 정보가 유통되었고, 이어 이종인의 《시종통편時鍾通編》, 이규경의 《오주연문장전산고五洲衍文長箋散稿》 등에도 관련 내용이 소개되었다. 19세기 중반 경에는 평안, 황해, 강원도 등지에서 우두법이 시행되었다는 기록이 있다. 하지만 책으로만 배워 시행한 우두법의 효력이 어느 정도였는지는 알 수 없다.

1876년 수신사修信使 일원으로 일본에 간 박영선은 그곳에서 《종두귀감種痘龜鑑》이라는 책을 구해 지석영에게 건네주었다. 그 책을 보고 혼자 공부하던 지석영은 부산에 제생의원이라는 일본인 병원이 개원했다는 소식을 듣고 바로 달려가 원장 마쓰마에 유즈루松前讓와 군의軍醫 도즈카 츠무사이戶塚積齊에게 두 달 동안 배웠다. 1879년의 일이다. 그는 서울로 돌아오는 길에 충청도 덕산의 처가에 들러 갓 걸음마를 뗀 어린 처남들에게 우두를 접종했다. 접종 부위의 피부가 부풀어 오른 것을 확인한 그는, 서울에 '우두국牛痘局'을 내고 상업적 시술을 시작했다.

지석영 개인 사업이었던 우두 접종은 임오군란 이후 일부 지방관들에 의해 '공적公的 사업'으로 확대되었다. 전주와 공주에 우두국이 설치되어 아이들에게 우두를 접종하는 한편 사람을 뽑아 우두종법을 가르쳤다. 지석영은 우두 접종원들을 위한 교과서 격으로 1885년 《우두신설牛痘新說》을 발간했다.

하지만 우두 접종에 대한 반발도 만만치 않았다. '새로운 것'이라면 무턱대고 좋아하는 것은 현대에 새로 생긴 인간의 습성이다. 자본주의

〈사진 4〉 선글라스를 쓴 한성종두사 소장 박진성
뒤쪽에 송아지에서 혈청을 뽑아내는 사람들이 있다[출처:《고종의 독일인 의사 분쉬》, 학고재].

시대 이전에는, '새로운 것'은 일단 경계해야 하는 것이었다. 옛사람들은 새로운 것을 위험한 것으로 인식했다. 그래서 새 집을 지으면 굿을 했고, 새 가구를 들여도 고사를 지냈다. 사람에게 소의 혈청을 주입하는 일에 대한 거부감과는 별도로, 새 기법에 대한 거부감도 강했다. 호구별성에게 치성 드리던 무당들의 방해도 한몫했다. 그들은 우두가 호구별성을 진노케 할 것이라고 선동했다. 그 탓에 우두 접종원이 나타나면 아이를 들쳐 업고 산으로 숨는 부녀자도 많았다. 이런 난관을 겪으면서도 조금씩 확산하던 우두 접종은 1884년 갑신정변 이후 개화 관료들이 모두 실각함으로써 한동안 중단되었다(〈사진 4〉).

1894년 갑오개혁 이후 구미歐美의 문물과 지식을 본격 수용함에 따라 두창을 비롯한 전염병들을 과학의 힘으로 물리칠 수 있다는 생각도 널리 퍼졌다. 내무아문 산하에 새로 설치된 위생국은 공중위생과 방역 업무를 전담했다. 개화파 정부는 1895년 〈종두규칙〉을 제정하는 한편, 위생국 산하에 두묘痘苗 제조장과 종두의양성소를 설치하여 우두 업무를 전국으로 확대했다.

1908년, 대한의원 교관 유병필은 《황성신문》에 게재한 우두 기념 취지서에서 "지석영이 우두를 소개한 지 30년 사이에 우두가 전국에 널리 퍼져 대개 30세 이하 사람은 모두 두창을 면하여 인구가 전보다 많아졌을 뿐더러 길가에 얼굴 얽은 자가 없다"고 썼다. 이 글은 사실을 상당히 과장한 것이기는 하나, 두창으로 인한 곰보는 계속 줄었고, 20세기 후반에는 완전히 사라졌다.

지석영이 사설 우두국에서 접종 영업을 시작하던 무렵인 1883년, 조선 정부는 독일계 미국인 조셉 로젠봄Joseph Rosenbaum을 기사로 초빙해 한강변에 '파리국玻璃局'이라는 관영 유리공장을 세웠다. 합법적으로 조선에 들어온 최초의 유럽인은 독일인 묄렌도르프인데, 조선 정부는 그에게 임오군란 때 사망한 민겸호의 저택을 관사官舍로 내주었다. 그 집터가 지금의 서울 종로구 조계사 후문 부근, 수송공원이다. 그는 부인에게 보낸 편지에 집이 아주 좋고 마당도 널찍해서 머리가 문틀에 부딪히는 것 말고는 불편한 점이 없다고 적었다.

하지만 걱정하지 말라고 보낸 편지와 본심이 같지는 않았을 터이다. 그는 마당에 테니스장을 만드는 등 여건이 허락하는 대로 집을 수리했지만, 종이로 바른 창만은 어쩔 수 없었다. 실내에서는 낮에도 햇볕을 쬘 수 없는 집은, 그에게 불편을 넘어 고통이었다. 묄렌도르프가 조선에 유망한 수출 산업으로 생사生絲 제조업을 추천하고 독일인 매텐스 Maertens를 기사로 초빙하도록 한 점에 비추어 보면, 로젠봄 초빙에도

〈사진 5〉 개항기의 경대
19세기 말까지도 유리거울이 달린 경대鏡臺는 부잣집 혼수품으로나 사용되는 사치품이었고 보통 사람들은 물동이에 자기 모습을 비춰보는 게 고작이었다. 그러나 유리거울은 아주 빠르게 확산했고 크기도 커졌다. 작은 유리거울이 달린 경대는 큰 유리거울이 달린 화장대로 바뀌었고, 근래에는 어느 집에나 전신 거울 하나씩은 걸리게 됐다. 거울이 커지는 데 따라 자기 몸에 대한 사람들의 관심도 얼굴에서 전신으로 확장됐다(서울역사박물관 소장).

관여했을 가능성이 크다.

　조선 정부는 유리 제조장 건립 부지를 한강변으로 정하고 로젠봄에게 전권全權을 위임했다. 유리의 원료가 모래이니, 서울 가까이에 한강변보다 좋은 곳은 없었다. 로젠봄은 제물포에서 도성으로 오는 길에, 그리고 도성에서 한강변으로 가는 길에, 조선의 민가들을 살펴보았을 것이다. 집이 많기는 했으나 대개는 다 쓰러져가는 초가집이었다. 그는 유리의 수요가 그리 많지 않을 것으로 판단했던 듯하다.

　조선 정부에 고용되어 유리를 만드는 것보다 다른 사업을 하는 편이 낫다고 생각한 그는, 자기 마음대로 업종을 성냥 제조업으로 바꾸고 원료인 목재를 사들여 파리국 부지에 쌓아 두었다. 하지만 로젠봄은 조선의 하상계수가 끔찍한 수준이라는 점을 미처 몰랐다. 하상계수란 강물의 수위가 가장 높을 때와 가장 낮을 때의 차이를 말한다. 산이 많은 지형인 데다가 연중 강수량의 대부분이 여름에 집중되는 기후는, 조선 강의 하상계수를 세계 최고 수준으로 만들었다. 로젠봄이 강변에 쌓아 둔 목재는 여름 장마철에 다 떠내려가 버렸다. 빈털터리가 된 그는 조선 정부에 보상을 요구했으나, 약속을 이행하지 않은 책임은 그에게 있었다.

　조선 정부의 관영 유리 제조 공장 설립 계획은 일단 실패로 돌아갔지만, 여러모로 쓸모가 많은 유리 제조를 아주 포기할 수는 없었다. 당시에는 필름을 유리판으로 만들었기에, 사진 기술을 익힌 화가들도 판유리 제조에 관심을 기울였다. 사실 유리를 만드는 법은 그리 어렵지 않았다. 삼국시대 유물 중에도 유리구슬이 적지 않다. 조선시대에 들어와 그 맥이 끊겼을 뿐이다. 《경국대전》경공장京工匠 조에는 유리 제조 공장이 단 한 명도 없다. 1900년께 궁내부 산하 공장이 용산에서 유리 제조를 시작했고, 1910년께에는 서울에만 일본인 경영 유리 공장이 두 곳 생겼다. 이 무렵부터 창호지 대신 유리창을 사용하는 집이 늘어났다.

판유리는 빛을 거의 완전하게 투과하지만, 한쪽 면에 주석과 아말감을 바르면 또 거의 완벽하게 반사한다. 유리거울을 얻음으로써 비로소 사람들은 자기 얼굴을 남의 얼굴 보듯 꼼꼼히 뜯어볼 수 있게 되었다(〈사진 5〉).

두창이 소멸하고 성형수술이 발달한 덕에 이제 '거울 보기 괴로운' 사람은 거의 없다. 증자曾子는 '일일삼성一日三省'이라 하여 수시로 자기 내면을 살펴보라고 가르쳤다. 그러나 요즘 사람들은 하루 세 번 이상 거울 앞에서 자기 외모를 살핀다. 이런 생활문화에서 외모 지상주의가 기승을 부리지 않으면 그게 오히려 이상한 일일 터이다.

3 한국 남성의 새로운 통과의례, 포경수술

전쟁사 전문가들이 한국전쟁에 붙인 별명은 '톱질전쟁'이다. 전선의 이동 양상이 밀었다 당겼다 하며 톱질하는 것과 흡사했기 때문이다. 전쟁이 터진 뒤 한 달여 만에 북한군이 낙동강 전선 이남을 제외한 한반도 전역을 장악했고, 인천상륙작전을 계기로 반격에 나선 UN군은 10월 1일 북진을 개시한 지 한 달도 안 되어 압록강까지 진출했다. 그리고 중국군이 본격 개입한 지 한 달여 만에 UN군은 다시 서울을 버리고 그 남쪽으로 퇴각했다.

이 기간 중 양측 군대는 전투와 이동을 반복하느라 다른 데 신경 쓸 여력이 거의 없었다. 군인들 모두가 혈기왕성한 젊은 남성들이었으나, 죽음이 코앞에서 어른거리는데 딴 생각을 하는 것은 정신적 사치였다. 부상당해 전선에서 물러난 병사들도 제 몸 추스르는 것이 급선무였다. 물론 이토록 긴박한 상황에서도 군인들과 관련한 '성性 사고'는 심심치 않게 일어났다. 대량 살상과 대량 강간은 언제나 전쟁의 여러 얼굴 중 하나였다.

1951년 벽두의 1·4후퇴 이후 37도선 부근에서 오락가락하던 전선은 그해 여름 휴전회담이 시작될 때쯤에는 교착 상태에 빠졌다. 병사들은 모처럼 휴식을 취할 수 있었고, 미군 부대에 한정되기는 했으나 최전선의 벙커 주변에도 샤워 시설이 설치되었다. 많은 병사들이 하루 종일 저편 능선의 적진을 바라보는 것 말고는 달리 할 일이 별로 없는 무료한 나날을 보냈다. 이런 상황에서 미군 의무단醫務團 장교들에게 두 가지 고민거리가 생겼다.

하나는 개전開戰 1년 만에 처음 휴식 시간을 갖게 된 젊은 군인들 사이에 성병이 무서운 속도로 번진 것이다. 전선 주변에는 자기 성을 팔아서라도 가족을 먹여 살려야 하는 젊은 여성이 너무 많았다. 포주들은 성을 팔고자 하는 여성들에게 군복을 입혀 영내營內로 들여보내곤 했으며, 헌병들은 그들의 위장 사실을 알고도 영내의 폭발적인 수요를 감안하여 대개 눈 감아 주었다. 물론 한국군 부대일 경우에는 상당한 뇌물도 필요했다. 심지어 일부 한국군 지휘관들은 과거 일본군이 썼던 방식 그대로, 병영 주변에 위안소를 설치하도록 허용하기까지 했다. 이런 상황에서 성병은 무서운 속도로 확산했고, 총상이나 파편상 환자들을 위해 준비한 의무실의 페니실린이 대부분 성병 치료용으로 사용되었다.

미군 의무단은 군의관들을 각 부대에 파견하여 성병 예방교육을 시키는 한편 장교들에게 "성병의 확산을 억제하라"는 '명령'을 하달하고 군부대 주변을 왕래하는 젊은 여성들을 단속했지만, 성과는 미미했다. 죽음의 그림자가 어른거리는 전선 앞에서 한순간이나마 젊음을 소진시키려는 병사들을 아주 막을 길은 없었다. 하급 병사만 그런 것이 아니었다. 당시 한국군에는 30대 초반의 젊은 장군이 꽤 있었는데, 한국군 부대에 배속된 미군 고문관들은 이들을 "꼬마장군Boy General"이라 불렀다. 그런데 이들 중에는 하급 부대 순시 때마다 상습적으로 '성 접대'를 받는 사람이 있었다. 당시 의무병으로 참전했던 박남식은 젊은 장군을 '접대'하는 과정에서 벌어졌던 일을 생생하게 증언했다.

> 관등성명 제일 위에 있는 젊은 장군이 시찰 오면 사단장은 처녀를 구해 바쳤다. 군의관이 처녀성 검사를 하는 동안 의무대 병사들이 킥킥대며 구경했다. 여자는 "내가 왜 이런 검사를 받아야 하느냐"고 울며 항의했지만 소용없었다.……출세에 눈이 먼 부대장이 헌병 참모나 특무대 같은 권력기관을 시켜 얼굴이 반듯하고 싱싱한 젊은 여인을 골라 높은 사람에게 상납하는데 성병 보균자는 절대 금물이라고 한다(박남식, 《실낙원의 비극-한 의무병의 한국전쟁 체험일기》, 문음사, 2004).

이 젊은 장군이 의학적으로 처녀임이 확인된 여성만을 요구한 이유가 그의 취향 때문인지 아니면 성병에 대한 두려움 때문인지는 알 도리가 없다. 다만 '성병 보균자는 절대 금물'이라는 대목에서, 후자가 상당한 비중을 차지했을 것임은 짐작할 수 있다. 성병이 당장 목숨을 앗아가는 치명적 질병은 아니었고, 어지간한 성병은 페니실린이나 스트렙토마이신 같은 항생제로 치료된다는 믿음도 있었으나, 어쨌거나 성병은 귀찮고 성가신 병이었다. 병사들 사이에 이 병이 만연하면, 당연히 전투력에도 지장이 생길 터였다. 미군뿐 아니라 한국군 지휘부도 성병의 확산을 방지하기 위해서는 특별한 대책이 필요하다고 여겼다.

다른 하나는 군의관들이 무료해진 것이다. 전쟁 발발 이래 1년 가까이 총상, 파편상, 골절상, 동상 환자들을 수술하느라 눈코 뜰 새 없던 군의관들이 몇 달째 별로 하는 일 없이 시간을 보내고 있었다. 당시 미군 군의관의 80퍼센트 정도는 본국에서 레지던트 과정을 밟다가 참전한 사람들이었다. 개전 후 부상자가 급증하자 군의관 징집도 늘었는데, 산부인과, 비뇨기과, 피부과 등 야전 의료에는 적합하지 않은 분야의 전문의도 징집을 피할 수 없었다. 게다가 이들은 제2차 세계대전 이후 미국 의학계가 급속히 전문화하는 과정에서 교육받은 의사들이었기 때문에, 야전병원에서는 일반 외과를 전공한 군의관의 조수 노릇에 만족해야 했다. 군의관들의 '술기術技—한국 의사들은 '기술'이라 쓰면 일반 기술자와 동급으로 취급받을까 봐 '술기'로 바꿔 쓴다—가 녹슬도록 방치하는 것은 언제 재개될지 모를 전투에 대비하는 올바른 자세가 아니었다. 이들에게 수술 경험을 쌓을 기회를 가급적 많이 줄 필요가 있었다(〈사진 6〉).

미군 지휘부가 공식적으로 지시했는지는 확인할 수 없으나, 일선 지휘관들은 단 1~2주 동안이라도 장병들의 성 접촉을 차단할 수 있는 방법을 찾아냈다. 바로 포경수술이었다. 군 병원도 이 방법에 반대하지 않았다. 의료진에게 풍부한 수술 기회를 주는 것은 유사시에 대비해서나 군의관 개개인의 성장을 위해서나 꼭 필요한 일이었다. 이 무렵부터 영등포의 121후송병원을 비롯한 미군 병원 군의관들이 다시 바빠졌다. 특히 다른 수술에서는 조수 노릇밖에 못하던 비뇨기과 의사들이 수술실의 주역이 됐다.

성병은 미군과 국군을 가리지 않았고, 국군 군의관들도 한가하기는 마찬가지였다. 일선 의무대에 조금 여유가 생기면 국군 지휘부는 미군 병원에 군의관과 간호장교, 의무사병들을 파견하여 교육을 받도록 했다. 국군 군의관들은 다른 수술과 마찬가지로 이 수술도 빨리 배웠고 금방 숙달됐다. 휴전 직후 미군 지휘부가 전쟁 중 한국군에서 가장 괄목할 만하게 성장한 것이 의료 분야였다고 공언할 정도였다.

국군 장병들 사이에서는 이 수술이 위생 면에서나 '그 밖의 면'에서 좋은 점이 많아 미군들도 다 받는다는 소식이 빠르게 퍼졌다. 수술을 받고 나면 잠시나마 열외가 될 수 있었던 것도 장병들을 수술대로 끌어들인 요인이었다.

그로부터 한 세대 안에, 절대다수 한국 남성들의 신체가 달라졌고 19세기에 사라진 관례冠禮를 대신하는 새로운 남성 통과의례가 정착했다. 이 새로운 관례를 치르는 시점도 계속 빨라져, 근래에는 대다수 사내아이가 태어나자마자 이 의례를 거친다.

알다시피 포경수술은 고대 유대인의 종교의례인 할례 풍습에서 유래한 것인데, 유대인들이 이주한 지역에서는 오래전부터 일반적인 포경 치료술로 자리 잡았다. 특히 제1차 세계대전 직후인 1920년대에는 포경이 아님에도 이 수술을 받는 남성이 크게 늘어났다. 전쟁 중 불결한 환경에 장기간 노출된 채 크고 작은 부상에 시달렸던 군인들의 집단적 경험이 낳은 사회 현상이었다. 일본과 조선에서도 1930년을 전후하여 포경수술이 '포경 불구자'에 대한 치료법으로 채택되었으나, '불구'가 아닌 사람이 수술 받은 사례는 없었던 것 같다. 참고로 1930년 9월 4일 자 《동아일보》의 의학 전문 섹션인 〈지상병원紙上病院〉란에 실린 문답

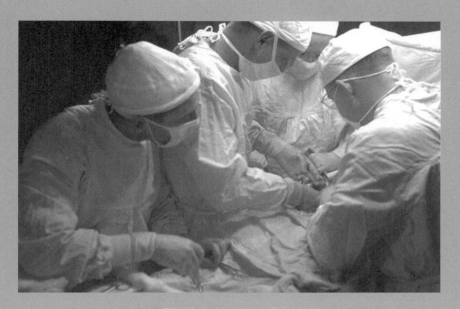

〈사진 6〉 한국전쟁 중 미군 이동외과병원의 수술 장면

오늘날 절대다수의 한국 사내아이는 태어난 직후, 또는 사춘기에 접어들기 직전에 아버지의 뜻에 따라 포경수술을 받는다. 이토록 짧은 기간에, 완전히 새로운 통과의례가 만들어지고 정착한 사례는 세계적으로도 찾기 어려울 것이다.

하나를 소개한다.

[문] 본인은 포경불구자包莖不具者입니다. 의사의 수술을 받지 아니하고도 완전히 치료할 수 있는 기구나 방법이 있습니까?(개성開城의 한 독자)
[답] 수술밖에는 아무 도리가 없습니다(대학병원 허신許信).

'포경불구자'든 아니든 거의 모든 남성을 수술대 위에 올리는 한국의 포경수술 관습에 대한 비판이 시작된 것은 아주 최근의 일이다. 비판의 요지는 첫째, 이것이 본래 유대인의 종교 행위에서 유래한 것으로 문화적 보편성을 인정할 수 없다는 점, 둘째, 포경이 아닌 남성들에게는 불필요한 처치일 뿐더러, 오히려 성감性感을 감퇴시킬 수 있고, 영유아기에 이 수술을 할 경우 정신적 트라우마를 남길 수 있다는 점, 셋째, 위생 환경이 비약적으로 개선된 현재에도 한국 남성의 95퍼센트 이상이 계속 이 수술을 받는 것은 밥그릇 줄어들까 걱정하는 비뇨기과 의사들의 의도적 침묵 때문이라는 점이다.

물론, 비뇨기과 의사들은 이 주장에 동의하지 않는다. 그들은 요즘 의료계 사정이 아무리 어려워도 의사가 포경수술 따위로 먹고 살아야 할 정도는 아니라고 항변한다. 성 생활과 관련해 포경수술이 꼭 필요하지 않다는 점은 인정하지만, 임상 결과를 통해 볼 때 이 수술이 고환암이나 그 밖의 비뇨기과 질환 예방에 '상당한' 효과가 있다고도 주장한다. 문외한인 나로서는 어느 편 주장이 맞는지 확신할 수 없다. 다만 이 논란이 의학적 효용성 여부에 대한 학문적 결론으로 종식되지는 않을 것이라는 점은 확신한다.

한국 남성들이 너도나도 포경수술을 받게 된 데에는, 의학적 효용뿐 아니라 전쟁을 겪으면서 '신분 관념'이 완전히 붕괴하고 그 대신 '균질화'의 욕구가 정면에 떠오른 사정도 작용했을 것이다. 한국 남성들이 세계 제일의 포경수술 비율을 '자랑'하게 된 배후에는 다들 하는데 나만 빠질 수 없다는 심리, 일단 '정상'이나 '표준'으로 인정된 것이라면 그에 자신을 맞춰야 한다는 강박 관념 같은 것도 있었다. 이런 문화에서는 특수·특별·특권이 더 백안시되기 마련이지만, 한편으로 그 특수·특별·특권에 대한 욕망도 만만치 않다. '특권층'에 대한 한국 사회의 시선이 극명하게 엇갈리고, 특권층들의 처신이 언제나 아슬아슬한 것도, 이런 양면적 욕망과 무관하지 않을 것이다.

4

기생충 박멸
운동의 역사

2017년 11월 판문점 공동경비구역JSA에서 북한군 한 명이 자기 동료들의 총탄세례를 받으며 남쪽으로 넘어왔다. 몸 여러 곳에 총상을 입은 그는 곧바로 병원으로 옮겨져 수술을 받았다. 그런데 사람들의 관심은 그가 입은 총상보다 그의 뱃속에 있던 기생충에 집중되었다. 집도의는 수술실 밖에서 대기하던 기자들에게 "환자의 파열된 소장 내부에서 수십 마리의 기생충 성충이 발견됐다. 큰 것은 길이가 27센티미터에 달해 회충일 가능성이 크다"고 설명한 뒤, "기생충은 총상을 입은 이후 상처로 들어간 것이 아니라 원래 병사의 몸속에 있던 것"이라고 친절하게 덧붙였다. 기생충이 상처를 통해 소장으로 침투할 가능성이 있느냐는 질문은 없었음에도 불구하고.

이 브리핑은 한동안 대중적 논란거리가 되었다. 아무리 북한군이라도 총상과 직접 관련이 없는 환자의 질환 정보를 상세히 브리핑하는 것은 의료윤리에 위반된다는 지적이 있었으나, 북한군의 몸을 통해 북한의 실상을 살피고 알리는 것은 의료윤리에 앞서는 국민의 의무라는 반박을 꺾을 수 없었다. 현대의 한국인들에게 기생충은 야만, 불결, 빈곤을 상징하는 징그러운 동물로서 기억 속에나 존재한다.

그 기억 속의 동물을 뱃속에 수십 마리나 품고 있는 인간이 가까운 곳에 실존한다는 사실은, 대중의 관심을 끌어 모으기에 충분했다. 그러나 한국에서 기생충이 '전설의 동물' 지위를 획득한 지는 그리 오래되지 않았다.

1950년 10월 어느 날, 총상을 입은 한국군 병사를 수술하던 미군 이동외과병원MASH의 간호장교가 기겁을 했다. 환자의 배 안에서 '징그러운 벌레' 수십 마리가 꿈틀거리고 있었던 것이다. 손에 장갑을 끼고는 있었으나 차마 만질 수가 없어 머뭇거리다가 군의관의 호통을 듣고서야 마지못해 꺼내어 양동이 속에 집어 던졌다. 그러나 한국인 환자를 자주 접하다보니 이 일에도 곧 이골이 났다. 하루에 양동이 하나가 '벌레'로 가득 차는 날도 있었다. 그때의 미군 군의관과 간호장교들도, "그림과 사진으로나 봤던 상상 속의 동물을 한국군의 몸에서 처음 접했다"고 토로했다.

그 무렵 기생충 감염은 한국인들에게는 일종의 풍토병이었다. 해방 직후에는 이를 토질병, 또는 지방병이라고도 불렀다. 다른 동물들이 대개 그렇듯이, 인류 역시 지상에 출현한 이후 대부분의 기간 동안 대다수 개체가 몸 안에 다른 생명체, 즉 기생충을 두고 살았다. 분뇨를 농작물의 비료로 쓰고, 고여 있는 우물물을 마시며, 그 우물에 채소를 씻어 먹는 생활을 지속한데다가 효과적인 구충제도 없었으니, 몸 안의 기생충은 머리카락 속의 이나 옷섶 안의 벼룩처럼 어쩔 수 없이 동거해야 하는 존재였다.

사람들은 제 몸 안의 벌레를 볼 수는 없었으나, 느낄 수는 있었다. 옛날 배가 고플 때 흔히 썼던 '회가 동한다'라는 말은, 뱃속의 회충이 움직인다는 뜻이다. 기생충을 죽이거나 몸 밖으로 내보내는 처방은 《동의보감》에도 실려 있고, 민간요법으로는 담배가 주로 사용됐다. 성호星湖 이익李瀷은 담배에 회충을 죽이는 효능이 있다고 기록했다. 담배를 피우면 잠시나마 회충의 움직임이 멎는 느낌을 받았기 때문일 것이다. 담배를 많이 피우면 기생충을 죽일 수 있다는 대중적 믿음은 20세기 후반기까지도 크게 힘을 잃지 않았다. 그러나 담배 소비량과 기생충 감염률 사이에 유의미한 상관관계는 없었다.

1830년 독일에서 개발된 구충제 산토닌은 1890년대 말 한국 땅에 상륙했다. 한국에서는 회충산이라는 이름으로 팔렸는데, 효능은 좋았으나 효과는 일시적, 제한적이었다. 약이 문제가 아니라 반찬이 문제였다. 회충산을 먹어 한 무리를 몸 밖으로 내보내면, 또 다른 무리가 반찬과 함께 몸 안으로 들어오곤 했다. 1930년대부터 화학비료 사용이 늘어나기는 했으나, 논밭에서 인분을 완전히 추방할 정도는 아니었다. 상수도관으로 흐르는 물은 1909년부터 보급됐으나, 해방 후에도 오랫동안 흐르는 수돗물로 쌀과 채소를 씻을 수 있는 집은 아주 드물었다. 해방 직후 미군정이 조사한 바에 따르면, 서울에만 5만 5천 개의 우물이 있었다. 그중 반 정도는 사용하지 않는 폐廢우물이었지만, 사용하는 우물도 거의 대부분 세균과 기생충알 등에 오염돼 있었다. 이런 상태였으니 구충제를 먹어도 기생충 없이 살기는 어려웠다.

1948년 대한민국 정부 수립 후 여러 기관에서 수시로 기생충 감염 실태조사를 벌였는데, 언제나 회충 감염률은 50퍼센트 이상, 지역에 따라서는 90퍼센트에 육박했고, 십이지장충 감염률도 30퍼센트 내외에 고정돼 있었다. 강가에 사는 사람들에게는 디스토마도 일반적이었다. 1949년 5월 낙동강 유역 주민을 조사한 부산수산학교와 부산부립병원 공동조사반은 조사 대상자의 약 50퍼센트가 간디스토마에 감염되어 있음을 발견했다.

1963년 겨울, 복통을 호소하는 아홉 살 여자아이가 전주예수병원에 실려 왔다. 개복해 보니 1,063마리의 기생충이 소장을 막고 있었다. 기생충 덩어리는 제거했으나 이미 소장이 썩어 아이는 결국 죽고 말았다. 이 일은 전 세계에 해외토픽으로 알려졌다. 1964년부터 이 망신스런 상황을 타개하기 위해 군사작전과 방불한 기생충 박멸운동이 시작됐다. 1966년에는 기생충 질환예방법까지 제정됐다. 이후 10여 년간, 전국 학생들은 같은 날 일제히 분변검사를 받았고, 감염이 확인된 학생들은 학교에서 구충제를 받아 가족과 함께 먹었다. 그러나 아무리 촘촘한 그물을 쳐도 빈틈은 생기는 법이다. 대변 대신에 된장을 봉투에 담아 오는 아이들이 적지 않았다. 대변을 봉투에 담는 과정이 고약했기 때문만은 아니었다. 나중에 교실에서 '구충제 타 갈 사람' 이름을 공개적으로 부를 때, 거기에 끼는 망신을 면하기 위해서이기도 했다. 물론 나중에 들통이 나면 공개적으로 매 맞는 곤욕을 치러야 했지만.

망신에 대한 공포를 억누르려면 그보다 더한 공포를 심어 주어야 했다. 교사들은 커다란 차트를 걸어 놓고 한 장 한 장 넘기며 초등학생들에게 기생충의 종류, 기생충의 감염 경로, 기생충 감염의 위험성, 기생

〈사진 7〉 1950년대의 떠돌이 약장수

1950년대까지 주로 '만병통치약'이나 '정력제'를 판매하던 약장수들도 1960년대 중반 이후에는 '구충제'를 집중적으로 팔았다. 이들은 구경 나온 어린이들 중에서 '협조자'를 구해 구충제 복용의 즉각적인 효과를 '시연試演'하기도 했다[출처:《서울 20세기-100년의 사진기록》].

충 퇴치 방법 등 '기생충학 개론'을 강의했다. 회충, 촌충, 요충, 편충, 십이지장충, 간디스토마, 폐디스토마 등의 기생충이 눈으로 들어가면 실명하고, 간으로 들어가면 간질에 걸리며, 뇌로 들어가면 미친다는 등의 무서운 이야기를 들은 아이들은 집에 돌아가 부모를 계몽했다.

나라가 주력하는 일에 민民이 협력하는 것은 오랜 전통이자 상례였다. 정부가 깔아 놓은 기생충 정보네트워크 위로 떠돌이 약장수들이 돌아다녔다. 그때까지 정체불명의 물질을 만병통치약이라고 선전하며 팔던 약장수들도 공인된 구충제를 팔기 시작했다. 내가 어릴 적 살던 서울 변두리 동네에는 꽤 널찍한 공터가 있어서 평시에는 아이들 놀이터로 쓰였는데, 약장수 일행이 오는 날이면 공연장으로 바뀌곤 했다(〈사진 7〉).

1970년대 초 어느 날의 일이다. 6~7명 정도가 악단과 곡예단, 판매원을 겸하는 약장수 일행이 공터에서 판을 벌였다. 그들은 먼저 노래와 춤, 곡예, 마술 등 잡다한 공연을 보여주고는 관객 중에서 임의로 아이 한 명을 지목하고 부모 동의를 얻어서는 구충제를 먹였다. 그 아이가 진짜 한 동네 아이인지, 부모가 진짜 동네 어른인지는 알 수 없었다. 잠시 뒤, 그들은 아이의 바지를 내리고 엉덩이를 관객들 쪽으로 향하게 한 뒤 항문에서 살아 꿈틀거리는 기생충 한 마리를 꺼냈다. 곳곳에서 비명과 탄식 소리가 들렸다. 약장수들은 시범을 보이기 위해 특별한 약을 썼을 뿐, 자기들이 파는 약을 실제로 복용하면 뱃속에서 기생충이 녹는다고 주장했다. 내 어머니도 그들에게 약을 사셨다. 그날 저녁, 어머니는 안 먹겠다고 버티는 나와 동생을 앞에 앉혀 놓고 솔선해서 약을 드셨다. 우리 형제에게는 더 버틸 명분이 없었다.

정부와 기생충 학자, 떠돌이 약장수들까지 연합하여 펼친 '기생충 박멸작전'은 눈부신 전과를 거뒀다. 화학비료와 상수도 보급 확대는 이 연합작전의 강력한 지원군이었다. 1980년대에 접어들자 단체 분변검사는 중지되었고, 기생충 퇴치 캠페인도 은근슬쩍 자취를 감추었다. 오늘날 한국인의 장내 기생충 감염률은 1퍼센트 미만이어서 간혹 회충이라도 발견될 양이면 바로 기생충학회에 보고될 정도다. 그러니 북한군의 소장에서 수십 마리의 기생충이 발견됐다는 뉴스는 충분히 '경악'할 만한 일이었다.

기생충 박멸은 지난 반세기의 한국 역사가 이루어 낸 눈부신 성취 중 하나다. 중국산 채소류가 다량 수입되다보니 일각에서는 기생충을 걱정하는 소리도 나오고 있지만, 이제 국내에서 장내 기생충이 다시 확산할 가능성은 아주 작아 보인다. 인간은 수천 년, 혹은 수만 년간 기생충이 든 몸을 당연하게 여기며 살았다. 그러나 기생충 없는 몸을 지킬 수 있다는 확신을 가진 현대인들은, 기생충이 든 몸 전체를 혐오한다.

5

가문에서 개인으로,
이름 석 자에 담긴 역사성과 사회성

1884년 12월 4일 서울 벌열閥閱 가문 자제들이 일으킨 갑신
정변은 삼일천하로 끝났다. 법대로 하자면 주모자와 가담
자뿐 아니라 그 일족을 모두 처벌해야 마땅했으나, 그러면 조선의 핵심
권력층이 몽땅 붕괴할 지경이었다. 벌열 가문들은 정변 가담자를 축출
함으로써 이 문제를 나름대로 슬기롭게 풀었다. 주모자들과 항렬行列
자를 공유하던 사람들이 대거 이름을 바꾸어 혈연적 연계의 표지를 지
워 버렸다. 가문에서 쫓겨난 사람들의 이름은 사회적 의미를 잃었다.
김옥균은 남은 평생을 이와타 슈사쿠岩田周作라는 일본 이름으로 살았
고, 필립 제이슨Philip Jaisohn이라는 미국 이름을 새로 만든 서재필도 한
국에서 활동할 때에는 '피제손'이라는 이름을 썼다(〈사진 8〉).

"내가 그의 이름을 불러주었을 때 / 그는 나에게로 와서 / 꽃이 되었
다"(김춘수, 〈꽃〉)는 시구詩句대로, 사람의 이름은 '뭇사람'과 구별되는

개인의 '독자성'을 표현한다. 그러나 한국인 대다수가 쓰는 세 글자 이름은 본래 온전한 개인의 몫이 아니었다. 맨 앞 글자는 부계로 이어지는 가문의 것이고, 또 한 글자는 그가 가문 안에서 점하는 위치를 표시했으니, 개인이 전유專有하는 것은 단 한 글자뿐이었다. 그래서 사대부들 사이에서는 '자字'와 '호號'라는 별명이 더 일반적으로 사용됐다. 같은 이유에서 결혼과 동시에 출가외인이 되어 가문 내의 위치가 무의미해지는 여성들은 성만 썼고, 모계로 신분이 계승되던 노비들은 아예 성 없이 이름만 가졌다.

남녀 귀천 구분 없이 절대다수 한국인이 세 글자 이름을 갖게 된 것은 〈민적법民籍法〉이 공포된 1909년 이후였다. 이 법에 따라 호주는 출생, 사망, 혼인, 이혼, 양자, 파양破養, 분가, 개명改名 등 가족 신분의 발생, 변동, 소멸과 관련한 사건이 발생하면 10일 이내에 본적지의 면장에게 신고해야 했다. 신고 내용을 기재하는 민적부民籍簿는 부역과 징세를 위한 기초 자료로 만들었던 과거의 호적이나 호구단자와는 전혀 성격이 달랐다. 국가가 자기 영역 안에 사는 모든 사람을 직접 파악하고 기록하는 새 시대가 열린 것이다. 이제 사람들은 한 가호家戶의 구성원이 아니라 '개인'으로서 국가와 직접 대면해야 했다. 개별 존재에게는 개별 명칭이 꼭 필요했다. 국가는 이름 없이 성만 쓰거나, 성 없이 이름만 쓰는 '존재'들을 용인하지 않았다. 물론 모든 사람이 국가의 지시를 바로 이행하지는 않는다. 이름 없이 파주댁, 김조이金史—한자 발음으로는 '소사召史'지만, 이두문吏讀文이라서 '조이'라고 읽는다. 양민의 아내나 과부를 지칭한다—등 출신 지명이나 성씨만으로 살아온 사람들이 다 이름을 갖기까지는 그 뒤로도 상당한 시간이 필요했다.

〈사진 8〉 일본에 망명한 갑신정변의 주역들

왼쪽부터 박영효, 서광범, 서재필, 김옥균. 반남 박 씨, 대구 서 씨, 안동 김 씨는 조선 말기 대표적인 벌열 가문으로 갑신정변 당시 권력 핵심층에 두루 포진해 있었다. 박영효가 철종의 부마였기 때문인 지 반남 박 씨는 항렬자 '영'을 바꾸지 않았으나 안동 김 씨는 항렬자 '균'을 '규'로 바꿨고, 대구 서 씨 는 항렬자 '광'과 '재' 자리에 각각 '병'과 '정'을 추가했다[출처: 독립기념관].

노비 후예가 양반 후손의 생활양식을 그대로 따를 수는 없었으나, 이름 짓는 데에는 돈이 들지 않았다. 모든 사람이 성姓과 이름을 다 가져야 하는 시대가 되자, 천민의 후예라도 이름은 양반처럼 지었다. 맨 앞에 성씨, 가운데에 항렬자, 마지막에 제 이름자. 돈은 있으나 족보가 없는 사람들은 남의 족보에 이름을 올리려고 거액을 들였고, 그 집안 항렬에 따라 제 이름과 자식들 이름을 바꿨다. 그럴 형편이 못 되는 사람들은 서로 연락이 되는 친척끼리 항렬자를 공유했다. 다만 여성 이름에는 가문 내 위계를 표시하지 않는 것이 여전히 일반적이었다. 기독교인들이 딸에게 붙이는 이름으로 선호한 것은 마리아Maria, 활란Helen 같은 미국식 이름이었고, 보통사람들은 다음에 아들 낳으라고 후남後男, 선남先男, 말숙末淑, 종희終姬 같은 이름을 붙였다. 물론 민적부에 이름을 올릴 때는 뜻이 다른 한자를 쓰곤 했다.

　일본제국주의가 창씨개명을 강요한 뒤에는 한국인의 이름도 일본인 이름을 닮아 갔다. 남자아이 이름자로는 수秀, 강康, 웅雄, 무武 등을 많이 썼으며, 여자아이 이름 마지막 글자는 거의 일률적으로 자子를 썼다. 한국인 중에는 자진해서 일본인이 되기 위해 창씨개명을 반긴 사람도 있었으나, 절대다수는 자기 정체성의 일부가 강제로 변형되는 데에 당혹감과 반감을 느꼈다. 당대 최고의 변사辯士로 꼽히던 신불출은 우미관에서 만담을 공연하던 중 자기 창씨명을 이렇게 소개했다. "국가 시책에 맞추어 저도 쿠로다 규이치로 이름을 바꿨습니다. 한자로 쓰면 현전우일玄田牛一이올시다. 현과 전을 합하면 축畜이 되고, 우와 일을 합하면 생生이 되니, 바로 축생畜生이라는 뜻이외다. 반도인에게 정말 잘 어울리는 이름 아닙니까?"

일제강점기 일본인들은 한국인을 흔히 '칙쇼', 즉 축생畜生이라고 불렀다. 우리말로는 짐승이다. 장내의 청중은 이 만담에 결코 웃지 못했다. 이 즉시 신불출은 종로경찰서로 끌려가 죽기 직전까지 맞았다. 그는 어쩔 수 없이 다른 이름을 지었다. 새로 지은 이름은 강원야원江原野原, 일본어 발음으로 '에하라 노하라'였다. 세상이 생각을 말라 하니 "에라~ 놀기나 하자"라는 뜻이었다. 전야평하田野平下로 이름을 지었다가 사형당한 사람이 있다는 소문도 돌았다. 발음하기에 따라서는 '덴노헤이카', 즉 천황폐하가 될 수도 있는 이름이었기 때문이다.

사람들이 자기 이름에 표시된 가문과 항렬을 지워 버리고 그 대신 '일본인 닮았음'을 표시하는 글자를 새로 집어넣던 시절에, 느닷없이 족보 발간이 급증했다. 한편에는 부모가 지어준 이름을 마지막으로 기록해 두자는 집단 심리가 있었을 테고, 다른 한편에는 막판 떨이로 한 몫 챙기려는 '족보 있는 문중'의 장삿속도 있었을 것이다. 이 과정에서 수많은 사람이 '족보도 없는 놈' 처지에서 벗어났다. 한국전쟁 이후까지 족보를 갖지 못한 사람들은 자식들에게 "난리 통에 잃어버렸다"고 변명하곤 했다. 그 말을 철석같이 믿고 여태 국립중앙도서관이나 서울대학교 규장각 한국학연구원 족보실을 뒤지는 사람이 적지 않다.

일제강점기에 태어난 세대가 자식들에게 '뼈대 있는' 가문의 후손이라는 증거를 찾아 주기 위해 애쓰는 동안, 정작 그 자식 세대는 자기 아이들의 이름에서 항렬자를 지워 갔다. 미국 카터 행정부가 '보편 인권'을 앞세워 한국의 반反인권 유신독재체제를 압박하던 1970년대 중반, 박정희 정권은 "영원한 적도, 영원한 우방도 없다"는 구호 아래 '관제官製 민족주의'를 고취했다. 정권은 여전히 '반미反美'를 이적행위로 간주

했으나, 친미親美 역시 바람직하지 못한 태도로 취급했다. 방송 용어에서 영어가 사라졌으며, 영어 이름을 지었던 가수들은 이름을 바꿔야 했다. 지금 돌이켜보면 헛웃음이 나올 일이지만, 당시에는 무척 진지했다. 한국 축구팀의 득점에 흥분해 "헤딩 슛~ 골인"을 외쳤던 스포츠 중계 아나운서는 정부 시책을 무시한 죄로 마이크를 놓아야 했다. 머리받기, 자유차기, 구석차기, 벌칙차기, 문지기, 도움주기 같은 새 스포츠 용어가 등장했으며, 바니걸스는 토끼소녀로, 어니언스는 양파들로, 라나에로스포는 개구리와 두꺼비로, 피버스는 열기들로 이름을 바꿨다. 세상에 '열기熱氣들'이라니. 가수들 사이에 '창씨개명'의 열풍이 불자, 새로 데뷔하는 가수들은 아예 순우리말 이름을 지었다. 논두렁 밭두렁, 산울림, 하사와 병장, 물레방아, 국보자매 등. 국가 시책에 적극 동조한다는 뜻을 밝히려 자기 아이 이름을 순우리말로 짓는 사람도 속출했다. 한솔, 한결, 한별, 한들, 하나, 샛별, 사랑, 초롱, 우리 등의 이름이 흔해졌고, '한국인 이름자는 석 자'라는 '관습법'을 묵살하고 긴 이름을 짓는 사람도 나타났다. 1978년, 역대 한국인 이름 중에서 가장 긴 '박차고나온노미새미나'라는 이름이 출현했다.

　순우리말 이름짓기는 '민중민족주의'가 고조된 1980년대에도 성행했다. 두 글자로 된 순우리말 이름에 항렬을 표시하기는 어려웠다. 첫째 아이 이름이 '하나'면 둘째 아이는 '두리'로 짓는 편이 나았다. 사람들의 의식 안에서 친족이라는 개념이 모호해진 상황이 이런 작명법을 부추겼다. 옛날 방식대로 한자 이름을 짓는 사람들도 항렬자는 무시했다. 세계화가 진전된 1990년대부터는 한자 이름이든 한글 이름이든 영어로 바꿔 부르기 편하게 짓는 게 유행했다. 아미, 린아, 제인, 리사, 한나, 태오 등.

같은 무렵, 가부장제를 타파하려는 의지를 담아 부모 성씨를 함께 붙이는 사람들도 나타났다. 남성일 경우에는 아버지 성을 앞에 두고 여성일 경우에는 어머니 성을 앞에 두자는 암묵적 규약도 생겼다. 아버지가 홍길동이고 어머니가 황진이일 경우 아들은 홍황태오, 딸은 황홍리아가 되는 식이다. 이런 문화가 확산하면 형제자매 간에도 성이 달라져 성 자체가 무의미해질 것이다. 부모 성 같이 쓰기 운동의 목적은 부계父系로 이어진 가족사家族史의 관념적 연속성을 끊어 버리는 데에 있다. 성이 가문의 표시로 무의미해지면, 가족의 표시로도 무가치해진다. 오누이의 성씨가 서로 다른데, 김장 씨, 배추 씨, 오이 씨, 호박 씨, 신문 씨, 방송 씨, 추남 씨처럼 놀림감이나 될 성씨를 굳이 쓸 이유는 없을 터이다.

'사람은 죽어서 이름을 남긴다'는 옛말은, 이름이 혼자만의 것이 아니라는 연대 책임 의식과 깊이 연관되어 있었다. 그런데 최근 한 세대 사이에 이름에서 역사성과 사회성을 지우고 개성만 남기는 경향이 두드러지면서, 이름의 무게는 오히려 가벼워졌다.

6 태초에 도장이
    있었다

사람이 살다 보면 전쟁에 휩쓸리거나 천재지변을 겪거나 사고를 당하거나 범죄 피해자가 되는 등 신체상·정신상· 재산상의 손실을 겪을 수 있다. 그럴 때면 하늘을 원망하거나 나라를 원망하거나 범죄자를 원망하기 마련인데, 더러는 자기 자신을 원망해야 하는 경우도 있다.

이런 경우를 만드는 대표적 행위가 '도장 찍기'다. 어떤 문서에든 일단 도장을 찍고 나면, 그로 인해 어떤 피해가 발생하더라도 감수하는 수밖에 없다. 도장을 찍는 것은 그 사안에 관한 자신의 의사가 최종적이며 불가역적임을 선언하는 일이다. 약속約束이란 본래 묶다, 결박하다라는 뜻이다. 오늘날 문서에 찍힌 도장은 거기에 속박된 인격이다.

우리나라 건국 신화는 환웅이 천신天神인 아버지 환인으로부터 천부인天符印 3개를 받아 땅에 내려오는 것으로 시작한다. 천부인이 어떻게 생긴 물건인지는 알 수 없으나, 글자 그대로 풀면 '하늘의 기호를 새긴 도장'이라는 뜻이다. 물론 천부인이 실재實在한 물건인지 여부도 알 수 없다. 그러나 적어도 일연이 《삼국유사》을 쓰던 시점에는 '천신의 아들 천자天子는 도장으로 인간 세상을 다스린다'는 생각이 보편적이었음을 알 수 있다.

도장은 고대부터 세계 전역에서 신물神物로 상정되어 왔다. 똑같은 문양을 수많은 문서에 새겨 넣을 수 있었기에, 도장에는 단 하나의 '존재'가 수많은 '존재들'을 영구히 지배하는 '신'의 이미지가 붙었다. 동아시아에서 도장 염료로 굳이 핏빛 인주印朱를 선택한 것도, 도장 찍힌 문서의 생명력과 신성성神聖性을 드러내려는 의도였을 것이다. 도장의 이런 특징은 통치권을 신탁神託으로 이해하는 근대 이전의 정치관과 아주 잘 어울렸다. 그래서 황제의 도장, 즉 옥새玉璽는 황권의 상징이었다. 게다가 고대 중국의 옥새는 황조가 망하면 파괴되는 종묘宗廟 사직社稷과는 달리, 황조에서 황조로 전승되었다.

세계적 고전인 《삼국지연의》에는 '전국새傳國璽'가 나온다. 전국새는 진시황이 천하의 명옥名玉 화씨벽和氏璧을 얻어 만든 도장으로, '수명우천受命于天 기수영창旣壽永昌' 여덟 자, 즉 '하늘로부터 받은 명命이여, 영원히 번창하리라'라는 글자를 전서篆書로 새겼다. 글씨는 재상 이사李斯가 썼고, 조각은 옥공玉工 손수孫壽가 맡았다고 한다. 물론 당시의 이름은 전국새傳國璽가 아니었다. 진시황은 이 도장을 '천자새天子璽'로 쓰면서 금이나 옥으로 만든 도장은 황제만 쓸 수 있도록 했다. 황제나 왕의 도장을 옥새玉璽라고 하는 것도 여기에서 유래했다.

기원전 206년 진시황의 손자 자영子嬰은 수도 함양咸陽까지 진격해

온 유방劉邦에게 이 도장을 바쳤다. 유방은 이를 자기 옥새로 사용함으로써 '나라를 전하는 도장', 즉 전국새傳國璽로 만들었다. 서기 8년, 전국새는 다섯 살 먹은 황제를 폐위시키고 스스로 제위帝位에 올라 나라 이름을 '신新'이라 한 왕망王莽의 손에 넘어갔으나, 한 황조를 재건한 광무제가 이를 다시 빼앗았다.

전국새는 한나라 말의 혼란기에 황궁에서 흘러나가 손견, 원술, 조조의 손을 거친 뒤 다시 황제의 도장이 되었다. 이후 위진남북조시대魏晉南北朝時代와 수隋, 당唐, 오대십국시대五代十國時代까지 전승되다가 후진後晉의 출제出帝가 요나라 태종에게 사로잡힌 서기 946년에 사라진 것으로 전해진다. 만약 지금 진품 전국새가 발견된다면, 이제껏 지구상에서 거래된 골동품 중 최고가를 기록할 가능성이 매우 크다.

우리나라에는 중국의 전국새처럼 왕조가 바뀌어도 전승되는 옥새는 없었으나, 앞서 언급한 《삼국유사》〈기이편〉의 '천부인'과 《증보문헌비고》〈예고禮考〉 새인조璽印條의 "부여 예왕濊王이 예왕지인濊王之印을 사용했다"는 기록으로 미루어 보면, 고대국가 성립 초부터 옥새를 사용했던 것으로 보인다. 《삼국사기》에도 고구려, 신라 왕들의 옥새에 관한 기사가 나온다. 고려시대에는 요, 금, 원 등으로부터 금인金印을 받아 사용했으며, 조선 왕조 개창 후에는 1403년(태종 3) 명나라로부터 '조선국왕지인朝鮮國王之印'이라 새긴 금도장을 받아 중국에 보내는 외교문서에 찍었다. 이를 대보大寶라고 했으며, 청나라와 사대관계를 맺은 뒤에는 한자와 만주문으로 '조선국왕지인'이라 새긴 금도장을 새로 받았다(〈사진 9〉). 일본에 보내는 문서에는 '대조선국주상지보大朝鮮國主上之寶', '소신지보昭信之寶', '위정이덕爲政以德' 등의 글자를 새긴 도장을 썼다.

이밖에 국내에 정령政令을 발하는 문서에는 '조선왕보朝鮮王寶'나 '시명지보施命之寶', 관찰사·절도사 등의 임명장에는 '유서지보諭書之寶', 과거합격증에는 '과거지보科擧之寶', 국가에서 인쇄한 책자에는 '선사지기宣賜之記'라 새긴 도장을 찍었다.

엄밀히 말하자면, 1897년 대한제국 선포 이전 우리나라 왕들의 도장은 옥새가 아니라 금인金印 또는 금보金寶였다. 이른바 '중화체제中華體制'는 황제-왕-공경대부公卿大夫-사서인士庶人의 피라미드형 위계로 세계를 조직하는 체제였다. '다스림'이란 세계를 체계적으로 조직하는 일과 직물을 고르고 평평하게 짜는 일 모두에 쓰는 말이다. 도장은 황제로부터 사서인에 이르기까지 모든 사람이 만들어 쓸 수 있는 것이었

〈사진 9〉 청나라에서 받은 '조선국왕지인朝鮮國王之印'의 형상과 인영印影
《보인소의궤》 소수所收[서울대학교 규장각 한국학연구원 소장].

으나, 위계에 따라 이름도 달랐다. 원칙적으로 황제의 것은 새璽, 왕의 것은 보寶라 했고, 제후의 것은 장章이라 했으며, 그 밖의 것들은 인印이라 했다. 관청에서 관리들이 사용하는 도장을 관인官印이라 했는데, 문서에 관인을 찍는 것은 그 문서에 '명백하며 되돌릴 수 없는' 관官의 의지가 담겼음을 의미했다. 관직이 없는 사람들은 '권리도 없는' 사람으로 취급됐기에, 사인私印은 장서인이나 낙관처럼 소유나 창작의 주체를 표시하는 구실만 했다. 사서인이 매매, 상속, 청원서 등의 문서에 자신의 '최종적 의사'를 표시할 때에는 오늘날의 사인sign에 해당하는 수결手決을 그려 넣었다. 붓을 잡을 자격이 없는 사람으로 취급된 여성과 천민은 문서에 손가락이나 손바닥을 대고 붓으로 그 외곽선을 그렸는데, 앞의 것을 수촌手寸, 뒤의 것을 수장手掌이라고 했다. 왕과 관리들도 관인과 함께 수결을 사용했다. 왕의 것은 어압御押이라 했고, 상급자가 하급자에게 보내는 문서에 쓰는 것은 서압署押 또는 착압着押, 하급자가 상급자에게 보내는 문서에 쓰는 것은 서명署名 또는 착명着名이라고 했다. 서명은 자기 이름 글자를 변형해서 만들었고, 서압은 일심一心, 정正 등 좋은 뜻을 가진 글자나 단어를 변형해서 만들었다(〈사진 10〉).

문서에 개인 도장, 즉 사인私印을 찍는 일은 드물었다. 도장은 특별한 권위를 표상하는 물건이었고, 도장 새기는 데에 드는 비용이 만만치 않았으며, 제 이름자조차 쓰지 못하는 사람이 많았을 뿐 아니라, 무엇보다도 도장 찍을 일이 별로 없었기 때문이다. 중세 사회에서는 어지간한 부자가 아니면 문서로 사실을 입증해야 하는 거래를 할 일이 거의 없었다. 다만 거래가 잦은 상인이나 전당포 주인 등은 나무에 수결을 새긴 각압刻押이나 도장을 썼다. 조선 후기 보부상단이 만들어진 뒤에는, 상단商團의 도장을 찍은 영업허가증도 발행되었다. 이런 종류의 민간 도장은 관인과 같은 구실을 했다.

1876년 조일수호조규 체결을 계기로 조선은 자본주의 세계체제에 편입되었다. 1882년에는 조선과 미국 사이에 수호통상조약이 체결되

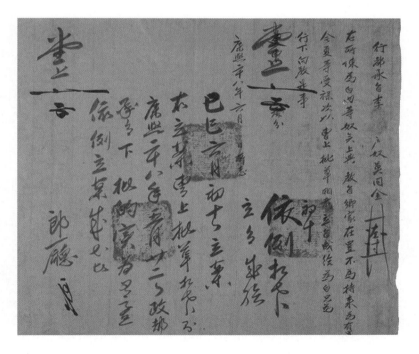

〈사진 10〉 1689년(청 강희康熙 28, 조선 숙종 15) 이담명李聃命의 호노戶奴 막동쇠莫同金가 올린 소지所志 소지는 관에 올리는 청원서류다. 맨 오른쪽 하단에 우물 정井 자 모양을 그려 넣고 가운데에 좌촌左寸이라 쓴 것이 수촌手寸이다. 왼쪽 가운데 손가락의 길이와 두께, 첫째 마디와 둘째 마디의 위치를 표시한 것이다. 가운데와 맨 왼쪽 상단 당상堂上이라는 글씨와 하단 낭청郎廳이라는 글씨 아래에 그려진 것이 수결手決이 다[서울역사박물관 소장].

었다. '조규條規'란 조문을 나열한 규칙 또는 규약, '조약條約'이란 조문을 나열한 약속이라는 뜻이다. 영국의 헨리 메인Henry Maine이 요약한 대로, '신분에서 계약으로' 향하는 발걸음이 빨라졌다. 상거래의 규모와 빈도가 모두 늘어났으며, 외국 상인들과 거래하는 일도 잦아졌다. 대대로 장사꾼 직업을 세습해 온 사람들끼리는 말 한 마디가 천금千金일 수 있지만, 외국 상인들은 조선 상인들의 인격에 부착된 신용信用을 알아볼 도리가 없었다.

그들은 자기들이 알아볼 수 있는 신용을 요구했다. 조선에 들어온 외국 상인의 90퍼센트 이상은 일본인과 중국인으로서, 도장에 익숙한 사람들이었다. 그들과 거래하기 위해서는 인신印信, 즉 신용을 표시하는 도장이 필요했다. 또 1894년 갑오개혁으로 신분제가 공식 폐지된 뒤에는, 신분에 따라 다른 형식의 사인sign을 하는 것도 시대에 맞지 않는 일이 되었다. 붓 쥐는 법을 배운 적이 없는 사람도 도장은 찍을 수 있었다. 이래저래 도장을 새기는 사람이 늘어갔다.

1890년대 후반부터 발간된 일간 신문에 흔하게 실린 광고 중 하나는, "본인이 사용하던 도장을 잃어버렸사오니 이후 그 도장이 찍힌 문서는 일체 무효로 함"이었다. 가끔은 "본인의 불초자식이 도장을 훔쳐 도망갔으니, 그 도장으로 어떤 약조를 했든 본인과는 무관함"이라는 광고도 실렸다.

도장 분실 광고와 비슷한 빈도로 실린 것이 이름을 바꿨다는 개명改名 광고다. 도장은 이름만큼이나 인격체에 강하게 부착된 신물信物이었다. 그런데 계약서가 중요해진다는 것은, 거꾸로 인격에 대한 신뢰가 줄어든다는 것을 의미한다. 종이 쪼가리보다는 사람을 믿던 시대에서,

사람보다는 도장 찍힌 문서를 믿는 시대로 변하는 것이 근대화다. 인격체의 신용이 떨어지면, 해당 인격체에 부착된 신물의 신용도 떨어지기 마련이다. 그런데 사람은 위조할 수 없지만, 신물은 위조하기 쉽다.

조일수호조규 체결 직후 조선에 들어온 일본인들은 거의 전부가 상인이었다. 그런데 1885년 서울 개시 이후 서울에 들어온 일본 상인들의 성분은 상당히 달랐다. 이 무렵 일본 영사는 "당지當地(서울)의 본방本邦(일본) 상인은 대개 적수공권赤手空拳으로 들어와 모험적으로 경성의 보고寶庫를 열려는 자들로서, 부산의 상인과는 달랐다"고 실토했다. 아예 빈손으로 들어온 자들은 행상이나 점원 일부터 시작할 수밖에 없었지만, 약간의 자금이라도 가지고 온 자들은 '고위험 고수익' 사업에 뛰어들었다. 지금도 일본 야쿠자 자금이 들어와 있다는 소문이 도는 업종, 바로 고리대금업이었다. 담보를 잡고 돈을 빌려주는 곳을 조선에서는 전당포典當鋪, 일본에서는 질옥質屋이라고 했다.

전典은 중국 고대부터 있던 금융제도로, 토지를 담보로 맡기고 그 토지에서 얻을 예상 수익에서 이자를 뗀 만큼을 빌리는 것을 말한다. 우리나라에서는 고려 공민왕이 설립한 관설 전당포인 해전고解典庫가 이 글자를 처음 썼다. 화폐가 널리 통용되지 않으면 전당포 영업이 불가능했기 때문에, 고려 말 해전고 이후 끊겼던 전당포의 명맥은 조선 말기에 이르러서야 다시 이어졌다. 질옥의 질質은 인질人質이라는 말에서 보듯, '담보'라는 뜻이다. 전당포나 질옥이나 '담보 잡고 돈 빌려주는 집'이는 뜻에서는 차이가 없었기 때문에, 일제강점기에도 전당포와 질옥이라는 이름이 나란히 쓰였다.

예나 지금이나, 아시아에서나 유럽에서나, 고리대금업자는 사람 피

빨아 먹는 거머리 취급을 받았고, 전당포에서 돈 빌리는 사람은 그런 줄 알면서도 피 빨리는 한심한 사람으로 간주되었다. 전당포야 간판을 내걸지 않을 도리가 없었으나, 돈 빌리는 사람들은 가급적 소문나지 않기를 바랐다. 물건 맡기고 돈 빌렸다는 사실은 전당표典當票(〈사진 11〉)가 입증하니, 고객 처지에서는 소문 낼 가능성이 작은 업주가 편했다. 자기 동네 사람들과 아예 말이 안 통하면 더 좋았을 테고. 도둑과 장물아비, 사기꾼들에게도 포도청의 손길이 닿지 않는 일본인 질옥이 나왔다. 이런 사정들이 작용해서, 1880년대 후반부터 서울에는 일본인 질옥이 급증했다.

그런데 일본인 업주와 조선인 고객 사이에는 최소한의 신뢰조차 없었다. 일본인 질옥업자 중에는 고가의 물건을 저당 잡고 종적을 감추었

〈사진 11〉 일본인 질옥이 생기기 전인 1877년의 전당표
발급번호는 4719호, 이자율은 3개월에 4퍼센트. 전당물은 은가락지로 평가액은 15냥 6전이며 6전을 이자로 제하고 15냥을 지급했다. 물론 전당표에서 중요한 것은 이자율이 아니라 전당물의 '감정가'다. 인쇄된 단서 조항은 석 달 치 이자를 선납하면 다시 석 달을 연장하고, 전당표를 분실하면 전당물을 되돌려주지 않으며, 기한을 넘기면 전당물은 임의로 처분한다는 내용이다.

다가 변제 기일이 지난 뒤에야 다시 나타나는 자들이 적지 않았다. 이로 인해 업주와 고객 사이에 분쟁이 발생하는 경우, 통상조약의 영사재판권 규정에 따라 재판은 일본 영사가 했다. 일본 영사는 저런 자들로 인해 일본 상인 전체가 조선인들에게 불신당한다고 상부에 보고했지만, 보고와 재판은 별개였다. 그렇다고 사정이 일본인 업자에게 일방적으로 유리하지는 않았다. 상호불신의 공간에서 늘 유리한 위치를 점하기란 불가능하다. 속일 수 있는 곳에서는 속을 수도 있는 법이다. 조선인이 질옥에 들고 오는 집문서나 땅문서 중에는 가짜가 적지 않았다. 일본인 업자들에게는 조선 문서의 진위眞僞를 판별할 만한 감식안이 없었다. 위조문서를 맡기고 현금을 받아 도주한 조선인을 잡을 방도도 없었다. 그들은 몇 차례 낭패를 당한 뒤, 욕심이 나도 땅문서나 집문서는 안 받는 게 최선이라는 사실을 깨달았다.

일본인들은 러일전쟁 후인 1906년에야 이 문제에 대한 근본적인 해결방안을 만들 수 있었다. 그들은 대한제국 정부를 압박하여 〈토지가옥증명규칙〉과 〈토지가옥전당집행규칙〉을 제정하도록 했다. 이로써 일본인들은 전국 어디에서나 '합법적으로' 토지와 가옥을 소유할 수 있게 되었고, 저당 잡은 땅문서나 집문서를 경매에 부칠 수도 있게 되었다. 그러나 소유권이 안정되었다고 해서 소유 과정이 안전해진 것은 아니었다. 집문서·땅문서·어음·채권 등 문서 형태의 담보물은 여전히 위험했다. 도장이 인격체의 최종적 의사를 표현한다는 것은 원칙일 뿐, 그 원칙의 기반은 확고하지 않았다. 도장과 인격체가 반드시 일치한다는 보장도, 1대 1 대응관계를 맺는다는 보장도 없었다. 남의 이름으로 도장을 새길 수도 있었고, 한 사람이 여러 개의 도장을 새길 수도 있었다. 도장과 인격체 사이에 확실한 1대 1 대응관계를 만들고, 그것을 관의 감시하에 두는 것은 위조의 위험성을 줄이고 거래의 안전성을 높이기 위해 꼭 필요한 일이었다. 이는 조선인의 재산을 일본인의 재산으로 이전하는 과정을 촉진하는 일이기도 했다.

도장과 인격체 사이에 1대 1 대응관계를 만드는 것은 조선인들을 개인 단위로 권력의 감시하에 두는 데에도 유용했다. 조선총독부는 민적부 내용을 수정하거나 소장訴狀 등을 작성할 때에도 도장을 찍도록 했다. 제 이름 석 자도 못 쓰는 사람이 너무 많았기 때문에 서명으로 통일할 수도 없었고, 양지洋紙에 펜으로 작성한 문서에는 수결·수촌·수장 등을 그려 넣을 여백도 없었다. 이제 행정관서가 개인에 관해 작성한

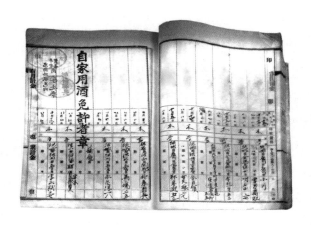

〈사진 12〉 1926년 충남 홍성 한 도장포의 '인판印版 주문부'
도장포 주인은 주문받아 새긴 도장을 주문부에 찍어 둔 뒤 한 달 치씩 묶어 경찰서에 제출해야 했다. 주문부에는 제작일자, 도장의 재질과 가격, 주문자의 주소와 성명, 나이를 적었는데, 경찰은 이를 근거로 인감의 진위를 판별했다[국립민속박물관 소장].

문서 안에서, 사람은 인영印影으로 실존했다.

1914년 7월 7일, 조선총독부는 〈인감증명규칙〉을 제정하여 모든 인격체의 최종적인 의사를 날인捺印으로 표시하도록 했다. 도장이 없는 사람은 인격도 없는 사람으로 취급됐으며 인감도장을 만들어 갖는 것은 법적 권리와 의무의 주체로 '재탄생'하는 것을 의미했다. 그리고 총독부 경찰은 아주 편리한 방법으로 인감 정보를 수집했다. '규칙'은 도장 소유자가 원할 경우 관할 경찰서에 신청하도록 규정했으나, 도장포 주인들은 도장을 새기자마자 그를 인감등록부에 찍어 주기적으로 관할 경찰서에 제출해야 했다(〈사진 12〉).

그런데 이렇게 하다 보니 미처 예상치 못했던 문제가 드러났다. 김金·이李 등 성씨만 찍힌 인영印影이나, 박조이朴召史·최조이崔召史 등 같은 이름의 인영이 너무 많았다. 〈인감증명규칙〉 공포 반 년 뒤인 1915년 2월 19일, 조선총독부 정무총감은 각도 장관에게 다음과 같이 통첩했다.

조선인 여자가 성씨 또는 조이召史라는 통칭만 붙이는 것은 결혼 후 이름을 부르지 않는 관습 때문으로 본래 이름이 없다고 볼 수는 없다. 인감을 제출할 때에는 모두 이름을 기입하도록 하며 이름이 없다고 강변할 경우에는 임의로 이름을 만들어 수리한다(조선총독부 정무총감이 각도 장관에게 보낸 통첩 제52호).

도장의 시대가 열리면서 여성들도 도장을 새겨야 했는데, 삼월이·꽃분이·똥녀·말순이·강아지 같은 아명을 새길 수는 없는 노릇이어서 성씨만 새기거나, 어쩔 수 없이 호주가 된 처지를 표시하는 '조이'를 이름

대신 넣는 경우가 많았기에 나온 통첩이다. 총독부가 애초 의도한 바는 아니지만, 인감증명제도는 한국인 여성들에게 이름을 갖게 해 주는 데에도 일조한 셈이다. 물론 본인이나 본인의 부모가 원한 이름은 아니었지만.

이후 인감도장은 자식에게도 소장처를 알려 주지 않는 비장秘藏의 보물이 됐고, 도장의 재질이나 글씨체가 인생의 길흉화복에 영향을 미친다는 생각도 퍼져나갔다. 그로부터 100여 년이 지난 지금, 전자문서가 늘어나고 종이문서가 줄어듦에 따라 도장의 시대도 저물고 있다. 요즘엔 자기 주거래 은행 통장에 찍은 도장이 어디에 있는지조차 모르는 사람이 많다.

2부

가족과 의식주

낮설어라 사랑, 낮뜨거워라 연애   1

동짓달 기나긴 밤을 한 허리 베어내어 / 춘풍 이불 아래 서리
서리 넣었다가 / 어른님 오신 날 밤이어든 굽이굽이 펴리라.

함께 누우면 언제나 나는 당신에게 말했지요, '다른 사람들도 우리처럼
서로 어여뻐 여기고 사랑할까요? 남들도 정말 우리 같을까요?'

16세기 남녀 간의 사랑을 묘사한 글들이다. 앞의 것은 유명한 황진이
의 시조고 뒤의 것은 안동 유생 이응태의 부인 '원이 어머니'가 한글로
써서 남편 무덤에 넣은 편지의 한 구절이다. 이성에게 끌리는 것이야
모든 동물의 본능이지만, 그것을 '사랑'이라는 감성으로 승화시켜 특정
상대에게 고정시키는 것은 사람만이 할 수 있는 일이다. 일단 짝이 되
면 평생을 함께하는 동물 종이 일부 있으나, 그것들이 '사랑'으로 묶였

다고 할 수는 없다.

사랑은 동물적 본능에 결박된 원초적 감정이 아니라, 그것을 가꾸고 다듬어 이룩한 특별한 감성이다. 사람의 몸에 들어온 하늘의 기운을 혼魂이라 하고 땅의 기운을 백魄이라 하며, 혼이 이성적 사고를 관장하고 백이 본능적 욕구를 주관한다고 본 옛사람들의 인간관에 대입해 보면, 사랑은 '백'이 아니라 '혼'에 속한다. 인간의 정신 활동을 이성과 본능으로 나누는 근대적 이분법에 따르자면, 사랑은 본능이 아니라 이성의 소산이다. 물론 '사람은 동물의 일종'이라는 말이 사람에 대한 정의가 될 수 없듯, 사랑은 이성의 소산이라는 말도 사랑에 대한 정의가 될 수 없다.

'사랑이란 무엇인가?'라는 질문에 대해서는 오랜 세월에 걸쳐, 특히 근대 이후에, 수많은 사람이 논문으로, 수필로, 소설로, 시로, 대중가요 가사로, 각자 나름대로 답을 제시했으나, 모든 사람이 동의할 정도로 만족스러운 답은 아직 나오지 않았다. 현대의 사랑은, 남녀 사이뿐 아니라 부모 자식 간에도, 사람과 신 사이에도, 사람과 국가나 기업, 지역 사이에도 자리 잡는, 또는 자리 잡아야 하는 숭고한 마음으로 취급된다. 하지만 특정 이성을 향하는 마음과 애사심을 '같은 마음'이라고 할 수는 없다. 그러니 이 질문은 인류가 답을 찾을 수 없는 인문학적 수수께끼에 해당한다고 보는 편이 나을 것이다.

이성 간의 사랑이라고 해서 언제나 그 무게가 같았던 것도 아니다. 어쩌면, 아니 분명히, 16세기에 원이 어머니가 편지에 쓴 '어여삐 여기고 사랑하다'라는 말의 뉘앙스는 지금과는 상당히 달랐을 것이다. 《세종어제훈민정음世宗御製訓民正音》에서 '어여삐 여기다'는 한자로 '민연憫然', 즉 '불쌍히 여기다', '가엾게 생각하다'라는 뜻이었다. 이는 측은지심惻隱

之心에 가까운 마음으로 도와주려는 마음, 베풀려는 마음과 연결된다.

사랑을 뜻하는 한자 '애愛' 역시 애호愛護, 애완愛玩, 친애親愛 등에서 보듯 소중히 여기고 아끼는 마음이다. 사회적 위계로 보자면 옆과 아래로 향하는 마음이다. 부모가 자식을 대하는 마음, 신이 인간을 대하는 마음, 골동품 애호가가 골동품을 대하는 마음, 애주가가 술을 대하는 마음, 같은 또래 남녀가 서로를 아끼는 마음이다. 군주가 백성을 사랑하는 것은 애민愛民이었지만, 백성이 군주를 대하는 마음은 애군愛君이 아니라 충군忠君이어야 했다.

그런데 '사랑'은 순우리말이 아니다. 한자어 '상량商量'이 변한 말이다. 이와 가장 가까운 순우리말 단어는 '헤아리다'로서 계산하다, 계측하다와 비슷하다. 사고 유형으로는 수학적 사고에 해당한다. 사물과 사상事象, 타인의 마음을 제대로 헤아리려면 신중하고 세심하며 정밀하고 집요해야 한다. 수능시험에서도 수학 과목의 문항 당 배정 시간이 가장 길다. 이렇게 보자면 본래적 의미의 사랑이란 상대를 오래 생각하는 사모思慕나 상대의 마음을 세심히 헤아리는 이해, 상대에게 필요한 것을 미리 알아서 채워 주는 배려 등을 포함하는 마음이다. 배우지 않고 수학 문제를 풀 수 없듯이, 사랑도 배우고 익힌 다음에야 발휘할 수 있는 능력이다. 대중가요 노랫말대로, 사랑은 썼다가 지우기를 반복하며 오랜 시간 연습해야 키워지는 감성이다. 사랑이 본능이라면 모든 사람이 사랑에 능할 테지만, 사실은 사랑에 서툰 사람이 훨씬 많다. 게다가 사랑이 어떤 마음인지에 대한 생각도 사람마다 다르다. 사랑만큼 쓰는 사람에 따라 의미의 편차가 큰 단어도 달리 찾기 어렵다. 사랑을 제대로 배우고 그 감성에 익숙한 사람도, 사랑의 감성을 아예 느껴보지 못한 사람도, 다들 사랑을 말한다.

역사상의 모든 시대가 사랑, 특히 남녀 간의 사랑을 인간이 반드시 키우고 지녀야 할 감성으로 인정하지는 않았다. 유교의 삼강오륜 중 하나가 부부유별夫婦有別인 데에 주목할 필요가 있다. 부부 간에 지켜야 할 도리는 사랑이 아니라 구별이었다. 인류의 긴 역사를 통틀어 보자면 '미혼의 청춘 남녀'들이 서로 사랑하는 일은 아주 드물었다. 결혼은 당사자 사이의 계약이 아니라 가족 사이의, 더 직접적으로는 가부장 사이의 계약이었다. 부부 간 금슬도 사전 검토 목록에 포함되기는 했으나, 그보다 중요한 고려사항은 가족의 집단적 지위 상승에 도움이 되는가 여부였다. 게다가 부부는 자식들에게 서로간의 불평등한 관계만을 주로 보여줬을 뿐, 남녀 간의 사랑에 대해 가르치지 않았다. 당사자들은 상대의 마음을 얻으려면 어떻게 해야 하는지에 대해 생각할 필요도 없이 결혼했다.

사랑에 관한 담론도 거칠고 성글었다. 사랑에 관한 불후의 한국 고전으로 평가받는 《춘향전》도 요즘 기준에서는 멜로보다는 에로에 가깝다. 이몽룡과 성춘향이 '사랑'으로 결합하는 과정은 무지막지할 정도로 단도직입적이다. 이 고전에서는 우연을 가장한 만남, 은연중에 마음을 전하는 메타포, 무심한 척 건네는 소품, 질투심을 유발하려는 허세 등은 묘사되지 않는다. 이 고전을 읽는 것으로는 상대의 마음을 얻고 거듭 확인하기 위해 현대인들이 구사하는 다채로운 '기술'들을 배울 수 없다. 그보다는 상대와의 잠자리 기회를 얻기 위한 변학도의 투박한 고문 기술에 대한 묘사가 두드러질 뿐이다. 언어로 표현되지 못하는 감성은, 다듬어지지도 않는다.

근대 이전의 사랑은 결혼의 전제도 아니었고, 결혼관계를 지속하기 위한 필수 구성요소도 아니었다. 그랬으니 사랑이 결혼제도 안에서, 부부 사이에 자리 잡은 '원이 부모'는 대단한 행운을 누린 사람에 속했다. 조선시대는 물론 개화기에조차도 기생들이나 사랑을 표현하고 순간이나마 실현할 수 있었다. 사랑은 결혼제도와는 무관했으니 '결혼의 전제는 사랑'이라는 생각이 들어설 공간은 없었다.

1913년 5월 13일, 《매일신보》에 소설 《장한몽》의 첫 회분이 게재됐다. 조중환이 일본인 오자키 고요尾崎紅葉의 《금색야차》를 번안하여 연

〈사진 1〉 1962년 세창서관 판 〈장한몽〉의 표지
《장한몽》은 '사랑과 돈, 주인공 사이의 삼각관계'라는 현대적 연애 콘텐츠의 기본을 갖추고 있었기에 여러 차례 중간重刊됐다. 돈은 근대 연애가 세상에 나오자마자 마주친 가장 강력한 천적天敵이었다. '김중배의 다이아몬드 반지'는 지금도 수많은 콘텐츠 사이를 헤집고 다니며 '순수한 사랑'들을 파탄시키고 있다.

재를 시작한 것이다. 부모의 뜻에 따라 약혼했고 서로 사랑했던 이수일과 심순애의 비극적 행로를 그린 이 소설은 신파극으로도 무대에 올랐다. 극중에 불린 "대동강변 부벽루하 산보하는 이수일과 심순애의 양인이로다"로 시작하는 노래는 이후 수십 년간 한국인의 대표적 애창곡 자리를 지켰다(〈사진 1〉).

소설이 연재되고 극이 상연될 때만 해도, 두 주인공에게 감정을 이입할 수 있는 미혼 남녀는 거의 없었다. 주인공의 감정을 이해할 나이가 된 사람들은 대개 기혼자였다. 그러나 이윽고 '사랑 없는 결혼은 비극'

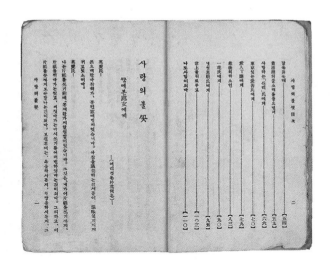

〈사진 2〉 연애 서간집 《사랑의 불꽃》 목차
연애편지 19통을 모아 놓았다. 편자는 노자영이지만 '미국 선교사 오은서'라는 가명을 썼다. 실명으로 내기에는 너무 급진적인 내용이라고 생각했기 때문일 것이다. 이 책은 하루 판매 부수가 30~40권에 이를 정도로 선풍적인 인기를 끌었다[한국근대문학관 소장].

이요 '결혼은 연애의 완성'이라는 메시지를 담은 소설, 연극, 영화, 대중가요들이 쏟아져 나왔고 혼인 연령도 차츰 높아졌다. 연애소설들은 사랑을 표현하는 법, 밀어를 만들고 전달하는 법, 감정의 흐름을 조절하는 법, 접근하고 물러서는 법 등 시쳇말로 '밀당의 기술'도 함께 가르쳐 주었다. 1923년 춘성春城 노자영盧子泳이 낸 연애서간집 《사랑의 불꽃》은 당대의 베스트셀러로서, 많은 청춘 남녀들이 이 책을 통해 사랑의 감성을 다듬어 언어로 표현하는 법을 배웠다(〈사진 2〉).

연애소설을 읽고 애정극을 관람하며 연애편지를 쓰는 것은 '사랑 학습'이었으며, 직접 만나 연애하는 것은 '사랑 실습'이었다. 이 학습과 실습은 세상에서 가장 재미있기도 하고 괴롭기도 했으며, 달콤하기도 하고 씁쓸하기도 했다. 다만 일제강점기에는 젊은 미혼 남녀보다는 젊은 유부남과 미혼 여성, 또는 젊은 유부남과 기생 사이의 연애가 더 흔했다. 해방 후에도 꽤 오랫동안 연애라는 단어 뒤에는 흔히 '나쁜 짓'을 의미하는 '질'이라는 말이 따라 붙었다. 연애는 기성 사회질서와 인간관계를 흔드는 일탈적 행동에 속했다. 사랑이라는 말도 함부로 내뱉어서는 안 되는 '금기의 단어' 중 하나였다.

1980년대 중반, 성당에서 거행된 학교 선배의 결혼식에 하객으로 참석했다. 주례신부가 신랑 신부에게 "신랑 ○○○은 신부 ○○○을 사랑합니까?", "신부 ○○○은 신랑 ○○○을 사랑합니까?"라고 번갈아 묻고는 큰 소리로 대답하라고 했다. 신랑 신부 모두 "네, 사랑합니다"라고 대답했다. 피로연장에서 결혼한 선배보다 7년 연상인 선배가 농담처럼 푸념을 늘어 놓았다. "나도 성당에서 결혼할 걸. 그랬으면 마누라한테 사랑한다는 말을 한 번은 할 수 있었을 텐데." 진담인지는 알 수 없으나, 그때까지 그는 단 한 번도 자기 아내에게 '사랑한다'는 말을 하지 않았다고 했다. 그러나 짐작컨대, 그 뒤로는 많이 했을 것이다. 이제 '사랑'은 더 이상 마음에만 담아두고 민망해서 입 밖으로 꺼내지 못하는 금기의 단어가 아니다. 젊거나 늙었거나, 요즘 사람들은 스스럼없이 사랑이란 말을 입에 담는다.

사랑과 연애는 20세기의 가장 성공적인 담론으로서 엄청난 양의 콘텐츠를 생산했다. 대중가요 중에서는 사랑을 주제로 삼지 않은 것이 오히려 드물 정도다. 사랑에 관한 콘텐츠를 수시로 접하면서, 이 감성의 결에 대한 이해도 높아졌다. 근래 연애 전 단계를 의미하는 '썸타다'라는 신조어가 출현한 것도 사랑이라는 감성이 더 정교하게 세분되고 있다는 증거일 터이다. 그럼에도 사랑에 관한 콘텐츠들의 서사 구조는 대체로 같다. 젊은 남녀의 마음속에 사랑이 싹트고, 자라고, 주고받고, 확인하는 과정이 연애이며, 그 종착점은 결혼이다.

'결혼은 연애의 완성'이라는 말과 '결혼은 연애의 무덤'이라는 말은 같은 말이다. 끝이 곧 죽음이다. 한 세대 전까지만 해도 남의 일이던 높은 이혼율이 순식간에 발등의 불이 됐다. 연애에 관한 콘텐츠는 계속 쏟아져 나오지만, 결혼 생활에 대한 이야기는 대개 동화책의 마지막 문장처럼 "그리고 오래오래 행복하게 살았답니다"로 축약돼 있다. 이제 그동안 축약해 버린 이야기들을 콘텐츠화하는 데에도 관심을 기울여야 하지 않을까? 결혼하기 위해 사랑하는 이야기가 아니라, 더 사랑하기 위해 결혼하는 이야기들이 필요한 때다.

현모양처론, 메이지 시대의 이데올로기 2

오늘날 전 세계 거의 모든 나라의 지폐에는 사람 얼굴이 그려져 있다. 사람의 초상화를 우상으로 여겨 배격하는 이슬람 문화권에서도 지폐에만은 예외적으로 사람 얼굴이 들어간다. 지폐에 사람 얼굴을 그려 넣는 이유는 위조 여부를 판별하는 데에 이 도상圖像이 최선이기 때문이다. 인류는 태곳적부터 타인의 미세한 표정 변화를 통해 그 의사와 감정의 변화를 읽어내는 훈련을 거듭해 왔기에, 다른 어떤 그림보다도 인물화에 대해 뛰어난 식별력을 발휘한다. 그런데 지폐 발행이 일반화한 자본주의 시대는 돈이 '신격神格'을 얻은 시대이기도 해서, 지폐의 도상으로 선택된 인물은 그 액면가에 비례하여 범국민적 숭배 대상이 된다. 따라서 지폐에 그려 넣을 인물을 결정하는 것은 국민 일반의 가치관에 개입하고 그 방향성을 정하는 행위다.

지폐 도상을 결정할 권리를 지닌 자들, 즉 권력자들은 자신들의 가치

지향에 부합하는 인물들을 선정하고, 국민 일반으로 하여금 그들을 숭배하게 함으로써 이념적·규범적 정당성을 확보하거나 강화한다. 지폐에 얼굴을 올린 역사적 인물은 살아서 사람들 사이를 돌아다니며 자기주장을 큰 소리로 설파한다. 그들은 '산 자'들에게 다른 '산 자'보다 훨씬 강력한 영향력을 발휘하는 '죽은 자'다.

지폐 도상을 통해 보자면, 우리나라가 국제적으로 '유교국가'로 분류되는 것도 무리는 아니다. 우리나라 화폐─동전을 포함하여─에 초상을 올린 인물은 모두 조선 전기, 주자성리학을 국가 이데올로기로 정립하기 위한 노력이 범사회적으로 기울여지던 시기에 활동했던 인물들이다. 가장 먼저 태어난 사람은 1397년에 태어난 세종대왕이고 가장 나중에 태어난 사람은 1545년에 태어난 충무공이다. 오늘날의 한국인들은 스스로 반만년 역사를 자랑하면서도, 범국민적 존경을 받을 만한 인물은 고작 150년의 역사적 시간대 안에서만 찾고 있는 셈이다. 이는 충효와 인의라는 유교국가의 가치가 다원화 시대의 민주공화국에서도 여전히 강력한 영향력을 행사하고 있음을 의미한다.

한국 지폐에 얼굴을 올린 인물들의 공통점은 또 있다. 우선 이들 모두 당대의 영정이 전하지 않아 실물이 어떤지 알 수 없는 사람들이다. 한국 화폐의 초상화는 모두 상상화다. 다음으로, 가장 최근에 새로 화폐 인물이 된 신사임당을 제외하면 모두가 이 씨다. 그런데 세계의 일반적 관행을 따른다면, 이 씨와 결혼하여 이 씨 집 식구가 된 신사임당역시 이 씨라 해도 무방하다. 한때 화폐 속 인물이었다가 지금은 화폐에서 사라진 이승만을 포함해도 사정은 달라지지 않는다. 시간대별 배분이라는 측면에서나 성씨의 안배라는 측면에서 한국 화폐만큼 편파적인 것도 찾기 어려울 것이다.

몇 해 전, 정부가 5만원권과 10만원권의 새 고액 화폐를 발행하기로 결정하자, 당연히 새 지폐에 어떤 인물의 얼굴을 올릴 것이냐를 둘러싸고 사회적 논란이 벌어졌다. 이는 어쩌면 헌법 개정에 버금갈 정도로 중대한 문제일 수도 있으나, 세상에 이런 걸 국민투표로 정하는 나라는 없다. 결정권은 국가권력과 밀접한 관계에 있는 당대의 전문가들, 즉 이데올로그들이 가지며 여론조사 결과는 그저 참고자료 정도로 활용될 뿐이다.

다 알다시피 10만원권은 결국 발행되지 못했다. 10만원권이 인플레이션을 유발하고 음성적인 금품 수수를 증가시킬 것이라는 우려가 작용했다지만, 세간에는 새 지폐에 그려 넣을 인물을 김구로 할 것인지 이승만으로 할 것인지를 둘러싼 정치적·사회적 갈등을 봉합할 수 없었기 때문이라는 분석이 널리 유포되었다. 당시의 정치·사회적 지형에서는 김구와 이승만 중 누구로 정하든 격렬한 반발을 피하기 어려웠다.

반면 5만원권 지폐의 도상은 거의 일사천리로 결정되었다. 무엇보다도 화폐의 주인공을 여성으로 한다는 원칙이 선택 범위를 극도로 제한했다. 역사가 아무리 길다 해도 남성 중심으로 이어져 왔기에, 온 국민이 추앙할 만한 여성은 몇 되지 않았다. 그중에서도 신사임당에 대한 지지는 압도적이었다. 대안으로 거론된 인물은 온 국민의 누나인 유관순과 18~19세기 제주도의 여성 사업가이자 자선가인 김만덕 정도였다.

신사임당이 한국에서 가장 비싼 '얼굴'이 된 것은 그 자신이 탁월한 예술가라서가 아니라 세종대왕 바로 아래 자리를 차지할 정도로 많은 사람에게 추앙받는 아들을 둔 덕이다. 당시 신사임당을 새 화폐의 주인공으로 정하는 위원회에 참여했던 분에게 후일담을 들을 기회가 있었는데, 위원회 내부에서 나온 유력한 반대 의견은 "모자를 각각 화폐의 주인공으로 삼은 나라가 지구상에 또 있는가? 한 가문만 너무 띄워 주는 건 곤란하다"라는 것이었다고 한다. 하지만 위원들 다수는 한국 여성의 본보기가 될 만한 '여성다움'의 표상으로 신사임당 말고 다른 사람을 찾을 수 없다고 생각했다. 새 화폐의 주인공으로 신사임당이 유력하다는 보도가 나오자, 어떤 여성단체는 "신사임당은 유교 가부장제가 만들어 낸 이상적 여성의 전형으로 자기 자신이기보다는 이율곡의 어머니요, 이원수의 아내로서 인정받고 있다"며 "어머니, 아내만이 보편적 여성상으로 자리 잡는 것에 반대한다"는 성명을 냈다. 하지만 이런 반대 여론은 극단적 페미니스트들의 상투적인 반발 정도로 치부되었다. '훌륭한 여성'은 남편이나 아들, 즉 남성에게 '훌륭한 여성'을 의미한다고 보는 태도는 요지부동이었다.

그런데 '현모양처賢母良妻(wise mother and good wife)'는 유교 가부장제가 만들어 낸 이상적 여성의 전형이 아니었으며, 설령 그렇다 해도 신사임당은 그 기준에 맞지 않았다. 유교가 여성에게 가르친 기본 덕목은 '삼종지도三從之道'였다. 어려서는 아버지에게, 시집가서는 남편에게, 늙어서는 자식에게 순종하는 것이 여성이 평생 지켜야 할 도리라는 뜻이다. 순종은 자아를 용납하지 않으며 독립적 사유를 배격한다. 시키는 대로 하는 사람에게 필요한 자질은 '말 잘 듣는 것'뿐이다. 그에 반해 현모양처는 여성이 도달해야 할 지향점과 길러야 할 자질을 제시하며 남편과 자식을 보조하는 형식으로나마 여성에게 자율과 능동의 영역을 허용한다.

현모양처론은 중세 유교의 덕목이 아니라 메이지 시대 일본에서 창안되어 20세기 초 한국에 유입된 천황제 국민국가의 여성관이다. 일본 천황제 국민국가가 여성에게 부여한 역할은 남성이 나라에만 충성할 수 있도록 뒤에서 가정을 맡아 꾸리며 자식을 충성스러운 미래의 신민臣民으로 기르는 일이었다. 현모양처라는 용어는 성인 남성을 가정에서 완전히 이탈시켜 천황에 직속된 신민의 일원이라는 자격만을 부여하고, 그에 따라 가정에 생긴 '권위의 공백'을 제국 신민의 아내이자 어머니로서의 책임을 자각한 여성의 자발적 헌신으로 메우려는 의도에서 만들어진 것이다.

그런데 신사임당은 결혼 후 20년 동안 주로 친정에서 살며 시집 일은 거의 돌보지 않았다. 4남 3녀를 낳았지만 율곡 이이 말고 특별히 잘된 자식도 없었고 남편을 크게 출세시키지도 못했다. 오히려 그는 평생 '자기 자신'을 위해 그림 그리는 데 열중했다. 신사임당이 현대에 환생하여 당시에 살았던 방식대로 산다면, 누구도 그를 '현모양처'라 부르지는 않을 것이다(〈사진 3〉).

우리나라에서 처음 현모양처 양성을 목표로 내건 여학교는 1906년에 설립된 양규의숙養閨義塾이다. 이름 자체가 '규수를 양성하는 학교'라는 뜻이다. 이후 최근까지 여성의 자아실현은 현모양처가 되는 것이라는 담론이 대다수 한국인의 의식을 지배했다. 1960~70년대까지도 '뼈대 있는 집안'의 후손임을 자처하는 사람들은 자기 딸에게 대학에 가더라도 '가정학'을 공부하라고 압력을 넣었고, 며느리를 들일 경우에도 이왕이면 '가정학'을 공부한 사람을 선호했다. 동전에는 양면이 있는 법이어서, 현모양처 이데올로기는 남성관까지 지배했다. 밖에서 국

<사진 3> 파주 자운서원의 신사임당과 이원수 합장묘

묘역의 제일 위에는 율곡 부인 묘가 있고 그 아래 차례로 율곡, 율곡의 형 부부, 율곡 부모 합장묘, 율곡 맏아들 묘가 있다. 옆에는 율곡의 매형, 생질, 사돈 묘도 있다. 자식이 부모 위에, 아내가 남편 위에 서지 못하는 원칙과 문중 묘역에 이성異姓을 들이지 않는 관행에 모두 어긋난다. 신사임당 시대에는 현모양처는커녕 삼종지도도 아직 일반화하지 않았다. [출처: 문화재청].

가와 민족, 가정을 위해 땀 흘려 일하면서 '가정사'에는 전혀 개입하지 않는 남편이자 아버지, 가정 안에 자기 자리를 만들지 않는 남편이자 아버지가 좋은 남편이자 아버지라는 생각은 '현모양처론'과 천생연분의 짝이었다.

현모양처의 대표는 사실 신사임당이 아니라 천황제 국민국가의 이데올로기에서 헤어나지 못한 현대의 표준적인 한국 주부들이다. 지난 반세기 넘는 세월 동안 그들은 남편을 출세시키고 자식을 좋은 학교에 진학시키는 데 인생 전부를 걸었다. 그들은 자기를 죽여 남편과 아들을 살리는 것이 여성의 본분이라는 생각을 가장 충실히 실천한 세대였다.

'현모양처론'은 유교적 가부장제 이데올로기와는 상당한 거리가 있지만 그래도 여성이 남성의 눈으로 자신을 규정하고 재구성해 온 긴 역사와 아주 정합적이다. 그러나 근래 자기만의 공간을 찾고 확장하는 여성이 급속히 늘고 있으니, 머지않아 역사의 심층에도 큰 변화가 올 듯하다. 그때가 되면, 신사임당도 현모양처의 대표라는 왜곡된 표상에서 벗어나 제가 살았던 모습 그대로 인정받게 될 터이다.

3 서자와
양자의 분쟁사

"시앗 싸움에 돌부처도 돌아앉는다妻妾之戰 石佛反面"는 옛
말이 있다. 이 집요하고 교묘하며 악착같은 신경전에서 애
정이 점하는 몫은 사실 미미했다. 이 싸움은 본질상 가사 지배권과 상
속권을 둘러싼 권력투쟁이었다. 가정에서든 국가에서든 권력투쟁에
공존의 해법은 없다. 그러니 당사자들은 이기기 위해 모든 것을 걸어
야 했다. 중세 사회에서 가정 내 권력투쟁의 주력 무기는 상속권을 가
진 아들이었으니, 아들 없는 처는 비록 형식상의 지위는 첩보다 높을
지라도 실질적으로는 아들 낳은 첩에게 밀릴 수밖에 없었다. 시부모
나 시누이 시집살이도 서러운 법인데, 아들 낳고 유세 떠는 첩의 꼴을
보면서 벙어리 냉가슴 앓는 본처의 심정이 오죽했으랴. 그러나 쥐구
멍에도 볕들 날 있다는 말대로, 참고 버티다 보면 간혹 통렬한 역전의
기회가 찾아오기도 했다. 역전의 기회가 아예 봉쇄되었다면, 아들 낳

지 못한 본처들이 그토록 긴 인고의 세월을 견뎌내기는 어려웠을 것이다.

평생 첩과 아들만 끼고 돌며 본처에게는 눈길 한 번 주지 않았던 남편이 병석에 누워 시름시름 앓다 의식을 잃으면, 본처는 문중 어른을 찾아가 회의를 소집해 달라고 부탁한다. 문중 어른은 본처가 이런 일이 생길 경우에 대비하여, 또는 이를 기대하고 오래전부터 공들여 온 사람이다. 긴급히 소집된 문중회의 석상에서는 없던 얘기가 사실인 양 튀어나온다. 친척 한 사람이 '그'가 병들기 전에 종질從姪 누구를 양자로 들이려 했다고 운을 떼면, 그 '누구'의 친아버지는 얼마 전에 서로 확약한 바라고 맞장구친다. 본처 역시 그 '누구'를 양자로 들이는 일은 지아비가 평소 바라던 바였고, 그렇게만 된다면 집안에 걱정이 사라질 것이라며 선처를 부탁한다. 제 자식을 양자로 주겠다는 사람, 그를 양자로 받아들이겠다는 사람에 증인까지 있으니 이견이 나올 턱이 없다. 이 자리에 참석할 자격이 없는 첩은 일의 귀추가 어떻게 될지 뻔히 알면서도 속수무책이다. 문중회의에서 번갯불에 콩 볶아 먹듯 양자가 결정되면 첩과 서자는 닭 쫓던 개 신세가 된다(〈사진 4〉).

첩 소생의 자식을 두고도 따로 양자를 들이는 관행이 아주 오래된 것은 아니다. 12세기 남송南宋의 재야 지식인 주희朱熹가 집대성한 성리학―또는 신유학新儒學(Neo-Confucianism)―의 핵심 구성 요소는 세상 만물과 만사를 중화中華와 이적夷狄, 정통과 이단으로 구분하여 이해하고 설명하는 정통론과 명분론이었다. 성리학적 세계관에 따르면, 이단이 정통을 침범하고 서출庶出이 적통嫡統의 자리를 넘보는 것은 명분을 어그러뜨리는 일이었다. 성리학이 세운 또 하나의 기둥

〈사진 4〉19세기의 제사 장면

서자는 장남이라도 제주가 될 수 없었다. 조선시대에 유산 상속은 제사 상속에 따라붙는 권리였다. 적자嫡子가 제사를 통해 가계를 잇는다는 믿음은 서자를 배제하고 양자를 들이는 풍습을 만들어 냈다. 이미 죽은 사람을 양자로 들인 뒤 그 자식에게 대를 잇게 하는 백골양자, 대를 이을 손자를 낳아 줄 때까지만 양자 구실을 하는 차양자 등 양자의 종류도 많았다[기산풍속도, 캐나다 왕립 온타리오 박물관 소장].

은 '도학정치론道學政治論'이었다. 앎과 삶, 지식과 실천의 통일을 강조한 이 논리는 필연적으로 우주의 섭리를 이해할 수 있는 사람이라야 옳은 정치를 펼 수 있다는 주장으로 이어졌다. 이는 남송의 귀족 지배체제에 대한 재야 지식인들의 심정적 불만을 이론화한 것이기도 했다.

고려 말 주자성리학이 전래되자 많은 지식인이 이 새로운 철학에 매료되었다. 특히 권문세가들이 구축한 강고한 정치적 카르텔에 불만을 품었던 지방 지식인들과 하급 관리들은 자기들과 같은 처지에 있었던 중국 남송 대 재야 지식인들의 논리에 크게 공감했다. 이들은 도학정치를 구현하기 위해서는 나라를 통째로 바꿔야 한다고 생각했고, 마침내 무장 이성계를 앞세워 새 왕조를 개창하는 데 성공했다. 그런데 어떤 학문과 사상이든, 그 종지宗旨가 심오할수록, 공부하는 사람의 지적 수준과 이해관계에 따라 이해도에 차이가 생기게 마련이다.

신유학자의 일부는 정통론과 명분론이 성리학의 핵심이라고 이해했다. 그들은 군신君臣의 명분은 결코 바뀔 수 없는 것으로서, 신하 된 자가 군주의 자리를 넘보는 것은 성리학의 원리를 근본에서 부정하는 것이라 믿었다. 이런 입장을 취한 사람들의 대표 주자가 포은 정몽주, 목은 이색, 야은 길재의 이른바 '삼은三隱'이었다. 이들 중 정몽주는 '역성혁명易姓革命'에 반대하다 이방원에게 목숨을 잃었고, 나머지 둘은 낙향하여 은거했다.

"백골이 진토塵土되어 넋이라도 있건 없건" 군신의 명분과 의리를 지키려 한 정몽주가 보기에, "이런들 어떠하리 저런들 어떠하리"라 읊어대는 이방원은 대의와 명분을 모르는 짐승 같은 자였다. 하지만 역사는 이방원의 손을 들어줬다. 그런데 새 왕조의 지배세력이 된 신유학자들은 상당한 딜레마를 느껴야 했다. 신하 된 자가 자기 군주를 몰아내고 왕위에 앉는 일에 협력한 이상, '군신관계는 결코 뒤바뀔 수 없다'는 명분론에 집착하는 것은 염치없는 일이었다. 게다가 새 왕조 개창을 주도한 개국공신들 중에는 '혈통'의 '정통성'에 문제가 있는 사람들이 적지 않았다. 이래저래 그들에겐 명분론을 강력하게 주장할 명분이 없었다. 당연히 성리학적 정통론과 명분론에 맞게 사회 전체를 개조하려는 권력의 의지도 그리 강하지 않았다.

조선 지식인들이 성리학의 명분론을 통째로 받아들일 수 있게 된 것은, 신하가 군주의 자리를 빼앗은 과거의 일에 대한 지적·정신적 콤플렉스를 극복할 수 있을 정도로 충분한 시간이 흐른 뒤의 일이었다. 16세기부터 야은 길재의 학통學統을 이은 영남 사림이 중앙 정계에 진출하기 시작했고, 이들은 명분론에 대해 상대적으로 유연했던 훈구파와 치열한 격전을 벌인 끝에 정권을 장악하는 데 성공했다. 그 무렵부터 국가와 사회 전체를 성리학의 도리에 맞도록 개조하기 위한 움직임이 본격화했다. 아들과 딸의 차별, 적자와 서자의 차별, 문무 양반과 기술직 관료의 차별 등이 모두 심해졌다. 서자는 관직에 오르더라도 가문을 빛낼 수 있는 자리에는 오를 수 없게 되었다. 가문을 위해서는 첩 소생의 친자식보다도 혈통에 문제가 없는 양자가 더 중요했다. 친자식이 적자嫡子라도 자질과 품성이 변변치 못하거나 병약해서 장래를 기약하기 어려울 경우, 친척 중에 똑똑한 아이를 데려다 양자로 삼는 일도 흔해졌다. 가문을 빛내는 일과 무관한 양자도 있었다. 때로는 자식을 낳지 못한 첩을 위해 서자 자격의 양자를 들이기도 했다. 이래저래 양자 문제는 조선 사회 내 일반 가정의 중요 이슈가 될 수밖에 없었다.

적서嫡庶 차별이 공식적으로 금지된 갑오개혁 이후, 특히 적서 차별이 폐습으로 규정된 일제강점기 이후에는, 오래된 관행과 근대법적 시선 사이에 충돌이 일어났다. 적자로 들인 양자는 기득권을 지키려 들었고, 서자인 친자식은 이 기득권의 부당성에 반발했다. 일제강점기의 민사 법정은, 재산 상속권과 가계 상속권을 둘러싼 양자와 서자 사이의 분쟁으로 늘 붐볐다. 일제 법정은 처음 이런 '사소한' 문제로 조선 양반들을 자극할 필요가 없다고 판단하여 가급적 조선인의 관습을 인정해 주었으나, 시일이 흐르면서 이 문제에도 내선일체內鮮一體의 원칙을 적용하려 들었다. 그렇다고 법원이 언제나 법대로 원칙대로 판결하지는 않았다. 지금도 그런데 하물며 식민지 법정에서야.

1919년, 대한제국 때 탁지부대신을 지낸 자작子爵 김성근金聲根이 죽었다. 귀족이자 백만장자였던 그의 후사 문제를 둘러싼 분쟁은 당대 사회에 일대 센세이션을 불러일으켰다. 현대 막장 드라마의 구성 요소를 두루 갖춘 이 분쟁은 1930년대까지 지속되었고, 그 뒤로도 오랫동안 호사가들의 입방아에 오르내렸다. 1932년 《매일신보》는 이 사건의 전말을 '안동 김 씨 문중 비화祕話'라는 제목으로 네 차례에 걸쳐 보도했는데, 거론된 인물들이 친자인지 양자인지에 대해서는 상충하는 기록이 있는데다가 기사 자체로 단편소설을 읽는 듯한 재미가 있어 그대로 전재하는 편이 나을 듯하다. 가급적 원문대로 두되, 현대어로 이해하기 어려운 부분만 수정했다.

구한국시대의 중신 고 김성근 자작의 유산을 가운데 놓고 일어난 양자 싸움은 방금 경성 복심법원에서 심리를 진행하는 중이다. 이 소송싸움 이면에는 청상과부가 20여 년간이나 단신으로 정절을 지키며 음험한 책동과 핍박에 수난을 당한 눈물의 애사哀史가 숨어 있다. 돈 앞에는 정의도 없고 공명公明도 없는가. 숨어 있는 가여운 이 애사에는 한 줄기의 햇빛조차 그 광명을 잃어버린 듯한 느낌이 생긴다. 양자 싸움이 일어나기까지 이 동안에 뒤얽힌 복잡한 사실은 어떠한 내막을 가졌는가.

때는 지금으로부터 7, 80년 전, 김성근 씨는 당시 현관顯官으로 그 세력을 휘날리었다. 벼슬이 점차 높아질 대로 높아진 김성근 씨는 고향인 홍주洪州에 본부인 황 씨를 두고 서울에는 평양댁이라는 유 씨劉氏를 첩으로 두었다. 어두운 것은 치정의 눈인지라 국사에는 명쾌한 수완과 명민한 두뇌를 가졌던 김성근 씨도 첩 유 씨한테는 사로잡힌 것이나 다르지 않게 지냈다.

부귀와 영화를 한 몸에 가진 김성근 씨에게는 대를 이을 후손이 없어 김성근 씨는 드디어 7촌 조카뻘 되는 김병칠을 양자로 데려왔다. 이양자는 김성근과 황 씨의 뒤를 이을 사람이었으나 첩 유 씨의 뒤를 이어줄 사람은 아니었다. 그러므로 유 씨는 첩의 비애를 느끼고 자기 장래의 신세를 한탄했다.

"대감, 대감은 세상을 떠난 후에라도 물 떠 놓을 사람이 있지만 나는 죽은 무덤의 풀포기 하나 베어 줄 사람이 없구려. 양자 하나만 내 앞으로 세워 주구려."

유 씨의 말이라면 소금을 지고라도 물로 들어가게끔 된 김성근 씨는 애첩의 비애에 무한한 동정심을 가지고 첩의 요구를 쾌활히 들어주었다.

김성근 씨가 작고한 오늘 그의 가정에 쟁의가 생긴 것은 이것이 화근을 이룬 것이니 유 씨 앞에서 심부름해 주고 있던 김병욱金炳郁이라는 사람이 유 씨의 양자설을 듣고 자기의 아우 김병팔金炳八을 천거했다. 이때에 김병팔은 나이 열세 살. 오늘의 소송에 문제가 된 양자 김호규金虎圭 자작의 아버지이다. 김병칠은 양모 황 씨를 봉양하기 위하여 오늘의 소송을 일으킨 김발귀金發貴─김병칠의 처─와 고향 홍주에 있었고, 유 씨는 김성근 씨와 같이 지금 김병팔 씨가 들어있는 부내 인사동 193번지에서 살았다. 자기 앞으로 어린 양자를 데려온 유 씨는 김병팔 씨를 금이야 옥이야 애지중지하며 길렀다. 유 씨에게 온갖 마음을 다 주고 같이 지내는 김성근 씨도 어느덧 유 씨의 양자 김병팔 씨를 사랑하게 되었고 자기의 모든 뒤를 이어줄 김병칠 씨의 존재는 오히려 잊어버린 듯한 상태였다. 그러나 오직 시골에서 사는 황 씨만은 김병칠 씨를 친자식같이 사랑하며 평화로운 가정을 이루었다.

세월은 흐르는지라 시대는 달라지고 사회는 변천했다. 그러나 김성근 씨는 그 후 중신의 공로로 자작子爵을 받아가지고 여생을 아무 근심 없이 지냈다. 황 씨는 홍주에서 김병칠 씨를 데리고 지내고 김성근 씨는 서울에서 역시 유 씨와 김병팔 씨를 데리고 화락하게 지냈다. 김병칠 씨는 이 부귀를 대속代續할 운명이 짧았던지 지금으로부터 30년 전 병으로 세상을 떠나고 말았다. 이때 김발귀 여사는 방년 18세. 세상의 물정을 모르고 청상과부로 남편을 잃은 슬픔에 그늘에 핀 한 송이 꽃 같을 뿐이었다. 유교의 교훈을 받은 양반집 며느리인 김발귀 여사는 개가改嫁하는 것은 하늘과도 못 바꿀 여자의 정절을 잃는 것이라고 하여 먼 장래를 규중閨中에 싸여서 쓸쓸히 지내겠다고 쇠와 같은 굳은 결심을 했다.

시집 온 지 다섯 달 만에 남편을 여읜 18세의 청상과부. 이 한 일로 벌써 김발귀 여사는 가여운 운명의 첫걸음을 내걷게 된 것이다. 김발귀 여사는 재가再嫁 아니 할 결심을 한지라 대정大正 원년(1912)에 작고한 김병칠 씨의 전처前妻 송 씨의 몸에서 난 옥희를 데리고 마음을 다해 양육했다. 꽃다운 청춘을 홀몸으로 보내는 김발귀 여사는 옥희의 양육이 유일한 희망이었고 즐거움이었다. 옥희가 갓 피려는 꽃봉오리같이 이쁘게 자라가는 반면에 김발귀 여사를 불쌍히 여기고 사랑해 주는 시어머니인 황 씨와 시아버지인 김성근 씨의 머리에는 백발이 짙어가고 얼굴에는 주름살이 늘어갔다. 자라나는 딸에게는 힘이 없으니 사랑하는 시부모가 늙어갈 때마다 김발귀 여사의 운명은 하늘가에 나부끼는 나뭇잎같이 외로워질 뿐이었다.

황 씨가 마저 세상을 떠나자 김발귀 여사는 서울로 올라와 홀로 남은 시아버지인 김성근 씨를 모시게 되었다. 20이 갓 넘은 규중의 청상과부 김발귀 여사는 김병팔 씨의 집 방 하나에서 침식을 하며 한 가족같이 지냈다. 김병칠 씨의 뒤를 이을 혈육이라고는 옥희밖에 없는지라 나이 어린 딸에게 수만 금의 재물은 맡길 수 없어 드디어 김병팔 씨의 아들 김호규 자작을 김병칠 씨의 양자로 삼았다. 어떠한 내용과 사유로 김호규 자작이 김병칠 씨의 양자가 되었는가는 이에 말하기를 삼가거니와 김병팔 씨의 장자 김호규 자작은 이로부터 백만의 재산을 상속할 사람이 되었다. 이리하여 김호규 자작은 당시 미성년인 관계로 그동안은 역시 김병팔 씨가 재산 전부를 맡아 가지고 살림을 꾸려갔다. 그 후 김호규 자작은 성년이 되어 습작襲爵—작위를 이어받음—을 하고 이어서 가독家督을 전부 상속했다.

혈육으로는 김병팔 씨의 아들이나 법률상으로는 김발귀 여사의 양자였다. 남존여비의 유교의 굳은 사상은 급기야 이 집의 누구보다도 주인인 김발귀 여사에게 재산을 관리할 권리를 아니 주었으니 결국 김병팔 씨의 수중에서 수만의 재물이 들락날락했다. 이리하여 오갈 데 없는 김발귀 여사는 남모를 비애를 맛보게 되었다. 나이 30이 가까워 오매 세상의 물정도 알게 되고 자기의 장래를 생각하는 마음도 생겨 모르는 사이에 마음으로 갈래가 생기고 알력이 일어나 김발귀 여사와 김병팔 씨는 피차에 호시탐탐하게 되었다. 대정大正 8년(1919)에 김성근 씨가 마저 세상을 작고한 후부터는 김발귀 여사와 김병팔 씨 사이에는 더 한층 커다란 개울 같은 간격이 생겨 김발귀 여사가 김병팔 씨를 원망하면 김병팔 씨는 김발귀 여사를 일종의 혹같이 생각했다.

빈 규방을 지켜오던 김발귀 여사는 히스테리 병에 걸려 남달리 날카로운 신경과 감정을 갖게 되었다. 이리하여 김병팔 씨와 알력을 계속하게 된 김발귀 여사는 하루라도 마음 편안한 날이 없었다. 신병身病으로 병원의 침대에 몸을 누이지 않으면 집에서 홀로 울분에 가슴이 어두웠다. "백만금의 재산이 내 손에서 놀아나야 할 것인데 한 달에 쌀과 나무를 동냥하다시피 받고 반찬값으로 매달 25원씩을 받다니."

김발귀 여사는 자기가 주장하고 관할할 재산이 남의 손에서 놀아나고 자기가 식객같이 된 것이 아무리 여자의 마음이라도 분하기 짝이 없었다. 히스테리에 불우한 환경은 때와 날로 김발귀 여사의 심정을 긁어낼 뿐이었다.

울어야 할까 소리를 쳐야 할까 병세만 날로 짙어 가는 김발귀 여사는 오직 어두운 운명만 더듬을 뿐이었다. 인생은 유한한지라 하늘같이 믿고 지내던 김성근 씨도 대정 8년(1919) 1월에 마저 세상을 떠나고 말았다. 김성근 씨가 살아있을 때에는 이러니저러니 하여도 김발귀 여사는 괄시 못할 존재였다. 아무리 모해를 하고 싶을지라도 김성근 씨의 눈앞에서야 김발귀 여사를 건드릴 수가 없었다. 김성근 씨는 김발귀 여사의 우울한 얼굴만 보아도 김병팔 씨를 위시하여 가족들에게 눈물겨운 부탁을 했다.

"저 불쌍한 것을 괄시 말아라. 저것이 너희들밖에는 믿을 데가 어디 있느냐."

김성근 씨는 자기의 여생이 얼마 남지 않은 것을 알 때, 외로이 살아가는 과부며느리의 신세가 무척 불쌍하게 생각되었다.

시아버지의 지극한 사랑에 김발귀 여사는 김병팔 씨와의 알력과 감정을 노골적으로 드러내지 못했다. 그러나 구름 덮인 하늘이 어찌 비를 만들지 않겠는가. 김성근 씨가 세상을 떠난 것을 기화로 김발귀 여사와 김병팔 씨 사이에 엉켰던 감정과 알력은 일시에 폭발되었다. 김성근 씨의 집안싸움에 관한 소문은 시정市井에까지 알려지고 급기야 종중宗中 문제까지 일으켰다. 수만금의 재물을 가운데 놓고 일어난 싸움이기에 돈 내놓기를 싫어하는 김병팔 씨와는 타협할 길이 없었다.

시부모를 모두 잃은 김발귀 여사는 도와줄 사람이 없음을 알았다. 그리하여 김발귀 여사는 칼끝에 목숨이 사라질 최후의 결심을 하고 김병팔 씨에게 싸움을 선포하는 여용사女勇士가 되었다. 이리하여 대정 9년(1920), 김발귀 여사는 김병팔 씨에게 재산을 내놓으라고 강박했다. 명민한 두뇌와 수완까지 가진 김병팔 씨는 김병칠 씨가 세상을 떠날 때에 인계한 토지라고 160석 토지를 내어주었다.

이 토지를 김발귀 여사는 옥희의 장래 생활비로 만들어 놓았다.

"시아버지가 작위를 받으실 때에 현금 5만 원의 하사금을 받았으니 그 것을 내게 주고, 김호규 자작의 양모이니 남은 생에 먹고 살 수 있게 얼마간의 토지의 관리권이라도 내게 내어주시오."

김발귀 여사는 이렇듯이 김병팔 씨에게 요구했다.

"쌀과 나무를 대 드리고 그 밖에 쓰실 돈을 드리는데 돈과 토지를 가 져다가는 무엇을 합니까?"

김병팔 씨는 이렇게 대답하고 요구할 때마다 거절했다.

김발귀 여사는 숙명여학교를 졸업시키고 동경으로 보내어 동경치과 전문학교를 졸업시킨 옥희의 병원 개업도 염려하고 또 자기의 병이 심 상치 않은 것을 알 때 옥희의 믿을 곳 없는 것에 마음을 쓰지 않을 수 없었다.

"나만 죽으면 저것을 누가 돌보아주랴."

김발귀 여사는 자기의 신세, 딸의 신세를 생각하고는 때 없이 눈물을 흘렸 다. 옥희와 김발귀 여사 사이는 계모녀 간이건만 옥희가 어머니에게 하는 효도라든지 어머니가 딸을 생각하는 마음이라든지 보는 사람으로 하여금 탄복케 했다. 더욱이 이 모녀의 가여운 정경을 아는 사람은 이 모녀가 지 내는 것을 보고 감격에 넘치는 눈물까지 흘린 적도 많았다.

"어머니가 세상을 떠나면 나 혼자 누구를 믿고 살겠습니까? 어머니가 원 한을 못 풀고 세상을 떠나면 내가 목숨을 바쳐서라도 이 원한을 풀지요."

효도가 지극한 옥희는 이렇듯 어머니를 위로하고 눈물을 흘린 때도 많 았다.

김병팔 씨와 김발귀 여사 사이에 일어난 싸움은 끝이 날 가망이 없고 심각하여 갈 뿐이었다. 싸움이 심각하여 갈 때마다 김발귀 여사의 신변에는 병아리를 낚으려는 독수리의 발톱 같은 음험한 책동이 일어나 이 젊은 과부는 더 한층 마음이 상하여 자결을 하려 한 때도 여러 번이었다.

"내 사는 것이 죽는 것만 같지 못해요."

김발귀 여사는 만나는 사람마다 이 한마디의 소리를 하고는 흐느껴 울게까지 되었다.

'경성부 낙원동 91 필친전必親展(반드시 직접 전할 것). 김호규 대부인.'

대정 12년(1923) 5월 1일. 우편배달부는 위와 같은 주소 성명을 쓴 편지 한 장을 배달했다. 편지를 받은 김발귀 여사는 본집 이외에는 편지 거래가 없는지라 즉각적으로 수상한 생각이 들어 잠시 편지 뜯기를 꺼리었다.

"글씨도 낯익지 않거니와 발송인의 이름이 없다."

김발귀 여사는 주저하다가 편지를 뜯었다. 편지의 내용은 정랑情郞이 보내는 '에로' 만담을 길게 늘어놓은 연애편지였다.

"인생은 꿈과 같은 것이고 때는 한 번 간 뒤에 돌아오지 않는 것이다. 그러나 그대는 어찌 청춘을 부둥켜안고 빈 규방에서 썩는가. 우리 두 사람은 꽃다운 장래를 이루고 화락한 날을 맞자"는 내용이었다.

편지를 다 읽은 김발귀 여사는 정신이 아득하고 가슴이 찢어지는 듯하여 편지를 움켜쥐고 그냥 자리에 쓰러졌다. 이를 갈고 흐느껴 우나 김발귀 여사의 속을 알아줄 사람도 없고 발뺌할 길도 없었다. 김발귀 여사는 어린 딸 옥희에게 이 이야기를 하고 악착한 세상을 탄식하고 슬퍼했을 뿐이다. 김발귀 여사는 이 편지를 고이고이 싸서 족보나 되는 듯이 건사했다.

"이것을 없애 버리면 나중에 수상한 이야기가 나와도 말할 증거 거리가 없으니 나의 깨끗한 일생에 먹칠하려는 이 음모의 염문 편지를 보존하여라."

김발귀 여사는 오늘까지 그 편지를 가지고 있다.

이 편지가 오기는 김발귀 여사가 인사동 집에서 낙원동으로 옮겨온 이듬해였다. 김발귀 여사가 인사동 집에서 8년간 있는 동안 실로 감옥 속에 갇힌 듯한 생활을 했다. 양반의 집 젊은 과부라 사람을 함부로 만날 수도 없고 또는 함부로 출입할 수도 없었다. 그리하여 김발귀 여사가 있는 집은 정문을 잠그고 김병팔 씨가 든 집의 담을 트고 그리로 내왕했을 뿐이었다. 이렇게 지내던 김발귀 여사가 따로 집을 잡고 살림을 시작하니 자연 외출도 있고 친척과 거래도 있게 되었다. 이런 때에 난데없는 연애편지 한 장이 뛰어들었다. 사람과 접촉을 못하고 산 김발귀 여사. 이 일을 옳다고 인정할 사람도 없고 옳지 않다고 말할 사람도 없었다.

김발귀 여사는 가정 내의 알력과 신병으로 그저 어린 딸 옥희를 생각하는 어머니로 죽지 못해 살아갔었다. 때는 이로부터 수년 후 대정 8년(1919) 음력 8월 17일(착오가 분명하나 정확한 연도는 알 수 없음-필자) 인사동 193번지 김성근 씨 댁으로 김정희金貞姬라고 쓴 편지가 왔다. 김정희라는 이름은 김발귀 여사의 전 이름이었다. 이 편지를 받은 김병팔 씨는 곧 하인을 시켜 김발귀 여사에게 전했다. 편지 내용은 역시 사랑하던 일로부터 돈 거래한 것까지 상세하게 적은 장문의 것이었다. 수년 만에 연애편지를 두 번째 받은 김발귀 여사는 즉시 김병팔 씨 부부를 불렀다. 사연을 이야기하고 이 일을 어디까지든 규명하여 변명을 하도록 하여 달라고 말했다. 말을 다 들은 김병팔 씨는 한숨을 거듭 쉬고 변명할 길이 없다고 대답하고는 가 버렸다. 변명할 길이 없다! 김발귀 여사는 이 한 말에 최후의 결심을 하고 자기의 깨끗함을 죽음으로 증명하겠다고 문을 닫아걸고 식음을 전폐했다. 일주일이 되던 날 김병팔 씨가 찾아와 형수께서 지금 죽으면 오히려 변명할 길이 없으며 살아서 깨끗하게 처신하면 그것이 곧 증명이 아니냐고 위로하여 김발귀 여사는 다시 문을 열고 일어나 음식을 먹었다.

김발귀 여사가 정숙치 못한지 정숙한지 그것은 김발귀 여사 자신이 아니고는 안다고 할 사람이 없을 것이다. 그러나 표면에 나타난 연애편지를 중심으로 수상한 점을 들어보자. 정남情男(내연남)이 있어 편지를 한다면 인사동에서 낙원동으로 옮겨온 지가 수년인 즉 어찌하여 연애편지가 김병팔 씨가 사는 집으로 갔을 것인가. 김정희라는 이름은 어렸을 때 부르던 이름인데 희 자도 계집 희姬 자가 아니고 복희 희羲 자였다. 그리고 두 번째 온 편지의 글씨는 전혀 다르니 이 점으로 보면 정랑情郞(내연남)이 두 사람이나 있어야 할 것이다. 그리고 연문이 오기는 수년에 한 번씩밖에 되지 않은 셈이다. 정랑과 주고받는 편지로는 너무 시일이 늦다. 그리고 편지 내용에는 어디에서 만나서 그윽이 사랑을 속삭였다는 애정과 감격이 드러난 점이 없다. 김발귀 여사와 김병팔 씨의 싸움은 법정에만 나아간 것이 아니라 종중宗中 문제까지 되어 이 싸움은 급기야 사회의 정의와 천하의 여론에까지 호소할 기세를 보이게 되었다. 싸움은 옳고 그르고 간에 피차에 손해를 보는 것이니 김 씨 문중을 위하여 이 싸움은 언제 평화한 날을 맞는 해결의 서광이 비칠 것인가(《매일신보》 1932. 2. 16~19).

집안 문제가 '사회의 정의'와 '천하의 여론'에 관련된 문제로 비화하자 문중이 '궐기'했다. 문중은 회의를 열어 수습책을 논의하고 "병팔 씨가 우리 문중 예법에 없이 고 김성근 공의 소실 유 씨의 양자가 된 것은 김 공 생존시에 한 일이므로 따질 이유는 없으나, 그가 김성근 공의 차양자次養子─손자가 없을 경우 아들 항렬의 사람을 지명하여 그가 낳은 아들을 손자로 삼는데, 이 양손養孫의 생부가 차양자이다─임은 인정할 수 없다"고 결론지었다. 그러나 이미 '문중 재판'의 구속력은 사라진 뒤였다. 김발귀는 법원에 '김호규 양자 연조緣組 무효의 소訴', 즉 김호규를 자기 남편 김병칠의 양자로 들인 것을 무효로 해 달라는 소송을 제기했다. 그와 그의 변호인들은 김호규는 김병팔의 독자이므로 김병팔의 가계를 이어야 하기에 조선 관습상 남의 양자가 될 수 없다고 주장했다. 그러나 일제 법원은 김병칠은 적자嫡子 지위를 계승한 양자이고 김병팔은 서자庶子 지위를 계승한 양자이나 둘 모두 김성근의 양자임은 분명하니 김병팔의 아들이 김성근의 작위와 가계를 잇는 것이 합당하다고 판결했다. 법원은 김발귀와 김호규 사이의 양모·양자 관계를 인정한 것이지만, 이로써 둘 사이의 관계는 사실상 완전히 끊어졌다.

1935년 여름에는 또 하나의 송사가 경남 산청 김참봉 댁 서자와 양자 사이에서 벌어져 세간의 주목을 끌었다. 원고는 서자였는데, 그는 부친이 생전 유언으로 호주 및 재산을 자신에게 상속했음에도 부친 사후에 가족들이 양자를 맞아들였으며, 더구나 그 양자는 자기 친부모의 장남으로서 조선 관습상 자격을 인정할 수 없는 사람이라고 고소했다. 이에 대해 양자는 비록 양부가 정신을 놓은 상태였지만 가족들이 협의하여 입양을 결정했고, 자기 친부모의 동의를 얻었기 때문에 자격에 하자가 없으며, 특히 서자에게 호주와 재산을 상속시키는 것은 '명문대가의 치욕'이라고 맞섰다. 적통嫡統을 이은 양자와 서자庶子인 친자식 사이에 벌어진 이 다툼에서, 재판부는 입양入養이 당사자의 생전에 이루어진 것인지 사후에 이루어진 것인지만 따진 뒤 전자의 손을 들어줬다. 일제 법정은 조선의 이 복잡한 양자 분쟁을 해결하기 위해 '서자의 지위는 유언 양자보다는 낮고 사후 양자보다는 높다'는 원칙을 세웠다.

축첩제도와 입양제도로 인한 분란은 가족관계 전반에 크나큰 상처를 남겼다. 적자와 서자 사이도 어색한 법인데, 법정에서 다툰 서자와 양자가 차례상이나 제사상 앞에 나란히 서기는 어려웠다. 축첩제도가 실질적으로 사라진 오늘날, 서자와 적자 사이의 분란은 아주 예외적이다. 반면 피 안 섞인 형제자매로 자라는 재결합 가정의 아이들이 늘고 있다. 가족 형태가 다양해지는 만큼 명절 풍습도 바뀔 것이니, '전통'은 그렇게 변해 왔고 또 변해 갈 것이다.

장보기, 남자들의 바깥일에서 여자들의 집안일로 4

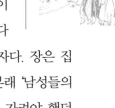

"남이 장에 간다니 똥장군 지고 따라 나선다"는 옛 속담이
있다. 똥장군 진 사람은 당연히 남자다. 이 장 저 장 돌아다
니는 장돌뱅이도, 장돌뱅이와 흥정하는 장꾼도 모두 남자다. 장은 집
바깥에 있는 곳으로서, 내외 구별이 엄격하던 시대에는 본래 '남성들의
공간'이었다. 여염집 여자는 큰 길에서 장옷으로 얼굴을 가려야 했던
관습도, 집에서 장마당까지 거리가 보통 10리가 넘던 공간적 제약도,
장에 내다 팔 물건이나 장에서 사 올 물건이나 한 지게는 족히 되었던
상품의 무게도, 모두 장마당과 여성 사이의 거리를 벌려 놓았다.

　상대적으로 가까운 곳에 시장이 있던 도시에서도 마찬가지였다. 머
슴도 남편도 장성한 아들도 없는 가난한 과부가 아니고서는 시장 바닥
에 얼굴을 내밀 수 없었다. 부잣집 과부는 머슴을 시켜 장을 보게 했고,
가난한 과부 중에도 체면을 따지는 사람들은 대문 앞 또는 대문 안에서

단골 행상들과만 거래했다. 모르는 남정네들과 말을 섞는 것은 남 입에 오르내릴 만큼 수치스러운 일이었다.

사실 여부를 확정하기는 어려우나, 조선시대 서울에는 한때 여성들만 출입하는 시장이 있었다고 한다. 단종이 노산군으로 강등당하고 영월로 유배되자, 왕후였다가 역시 서인으로 강등된 송 씨는 동대문 밖 청룡사 옆에 작은 암자를 짓고 거처하면서 아침저녁으로 앞산에 올라 영월 쪽을 바라보고 남편이 무사하길 빌었다고 한다. 청룡사 앞산에 동망봉東望峰이라는 이름이 붙은 연유다. 그녀는 시녀 세 명과 함께 댕기, 옷고름 등을 만들어 팔아 생계를 이었다고 하는데, 청룡사 뒷산의 샘에서 옷감을 빨면 자줏빛으로 물들였다는 전설이 있다. 그 샘의 이름은 자주색 지초芝草가 피는 샘이라는 뜻의 자지동천紫芝洞泉이며, 그 샘이 있는 봉우리 이름은 자지봉紫芝峰이다.

자지동천 바로 옆에 세종 대 우의정을 지내고 청백리로 선정된 유관柳寬의 집이 있었다. 조선 후기 실학자 이수광의 어머니가 유관의 고손녀로서, 이수광은 어머니에게서 이 집터를 상속받아 새 집을 짓고 비우당庇雨堂이라고 이름 붙였다. 비를 겨우 가리는 집이라는 뜻으로 외가 쪽 조상 유관의 청렴한 삶을 본받겠다는 의지의 표현이었다. 그의 호 지봉芝峯은 자지봉에서 딴 것이다. 좀 과장한다면, 오늘날 동대문 밖에 펼쳐진 섬유, 봉제, 의류 타운의 역사는 단종비 송 씨의 섬유 염색업으로까지 거슬러 올라가는 셈이다.

흰 옷감을 자주색으로 물들여 주었다는 자지동천 설화가 사실일 리는 없다. 당대에 섬유 염색업으로 네 식구가 안정적인 생계를 꾸릴 수는 없었다. 더구나 사가私家와 궁중에서 호의호식하던 전前 왕비임에랴.

송 씨의 사정을 안타깝게 여긴 인근 아낙네들이 일용품과 반찬 등을 가져다 주었으나, 폐비廢妃에 대한 동정심은 새 군주에 대한 역심으로 지목될 수도 있는 상황이어서 맘 편하게 동정을 베풀지는 못 했다. 이에 아낙네들이 한 가지 꾀를 냈다. 낙산 아래에 시장을 만들고, 송 씨 시녀들이 댕기나 띠를 팔러 오면 물건 값을 후하게 쳐서 다른 일용품으로 바꿔 주자는 것이었다. 이것이 이른바 '여인시장' 전설이다. 물론 이 시장에는 남자의 출입이 금지되었다. 여성이 출입하는 시장에 관한 이야기는 이것이 유일하다.

개항 이후 비누, 성냥, 석유 등의 신문물이 쏟아져 들어와 살림살이에서 상품이 점하는 비중이 크게 늘어났어도, 1897년 1월 하루 종일 문을 여는 도시 상설시장이 서울에서 문을 열었어도, 여성이 장보러 다니는 일은 여전히 금기와 같았다. 신상품과 새로운 상업 거점은 지게에 짐을 싣고 집집마다 찾아다니는 행상의 수를 늘리고 그들의 발걸음만 더 바쁘게 했을 뿐이다.

을사늑약 직전인 1905년 6월, 후일 헤이그에서 순사殉死한 이준의 소실이 안국동 자기 집에 '여인상점'이라는 간판을 내걸었다. 기록상으로는 '여인시장' 이래 두 번째 여성 전용 상업 시설이다. 서양식 잡화점이었던 이 집은 곧 장안에서 행세하는 여성들의 '관광 명소'가 됐다. 《황성신문》은 이 상점을 일러 '대한에서 부인 상업의 효시'라고 했다. 그러나 인습은 쉽게 바뀌지 않았다. 1918년 《매일신보》의 어떤 기자는 부인들에게 직접 장을 보라고 권유하면 분명 "아무리 세상이 바뀌었기로 어떻게 바구니를 들고 다니면서 가게나 장거리에서 고기나 콩나물을 살 수가 있단 말인가. 아들 딸 혼인도 못 시키게"라는 대답이 돌아올 것이라고 썼다. 양가 여성이 시장에 얼굴을 내미는 것도, 물건 담은 바구니를 들고 다니는 것도, 모두 자식 혼사에 악영향을 미치는 수치스러운 일이었다(〈사진 5〉).

장보기를 여성의 일로 만든 것은 관념의 변화가 아니라 생활의 변화였다. 사회의 변화 방향이 성 역할에 관한 오래된 관행과 관념을 고집할 수 없게 만들었다. 전차, 기차 등의 대중교통 수단, 극장 등의 신문화 시설은 '남녀칠세부동석'이라는 오래된 관념을 '실천할 수 없는 것'으로 바꾸었다. 신분제의 족쇄에서 해방된 노비들은 '머슴'으로 직업을 바꾸어 주인집에 계속 살면서도 독립적인 경제를 영위할 수 있게 되었다. 이들이 장보기 심부름을 하면서 조금씩 제몫을 따로 챙기는 것은 그다지 흉이 되지 않았다.

가정 내 남성의 역할도 달라졌다. 나라를 잃었다는 사실을 가장 먼저 실감하는 곳이 정부기관이다. 서울 남성들의 직업은 관료, 관료예비군, 군병, 경아전京衙前, 궁궐과 관청의 하예下隷, 공인貢人과 시전 상인 등으로서, 거의 모두가 직간접적으로 정부와 관련을 맺고 있었다. 직업별로 보수는 천양지차가 있었으나, 근무조건은 대체로 좋은 편이었다. 19세기 말부터 20세기 벽두 사이에 서울에 있던 유럽인과 미국인들의 한결같은 증언은, 서울이 남성들의 천국이라는 것이었다. 그들은 어떤 직업을 가진 사람이든 바쁘게 움직이는 모습을 본 적이 없다고 했다. 관리들의 일처리는 속이 터질 정도로 느렸고, 정부에서 보내준 가마꾼들은 가마 드는 일 말고는 어떤 일도 하지 않았다. 유럽인, 미국인, 일본인이 보기에, 서울의 한국 남자들은 낮 시간의 대부분을 노는 데 썼다.

나라가 망한 뒤 이들 중 일부는 조선총독부, 경성부, 헌병사령부, 경

〈사진 5〉 1900년 경의 남대문시장

행상이 때에 맞춰 모여들었다 흩어지는 곳을 '장'이라 하고, 점포가 줄 지어 늘어선 곳을 '시'라 한다. 시장이란 시와 장이 함께 있는 곳이다. 1897년 옛 선혜청 창고 자리에서 문을 연 남대문시장은 우리나라 최초의 상설시장이다. 마음만 먹으면 누구나 언제든 갈 수 있는 곳이었지만, 시장 안에 여성의 모습은 보이지 않는다 [출처: 《사진으로 보는 한국 백년》].

무총감부, 보통학교 등의 하급 관리가 되었으나 대대수는 실업자가 될 수밖에 없었다. 지방에 장토라도 있는 양반은 낙향했고, 일부는 망명했다. 그러나 대대로 서울에서 살아온 탓에 지방에 별다른 연고를 갖지 못한 대다수 사람은, 어쨌든 새 일자리를 구해야 했다. 그러나 이들이 얻을 수 있었던 것은 일은 많고 보수는 낮은 '질 나쁜' 일자리들뿐이었다. 자본주의적 근대는 '시간은 돈'이라는 관념과 함께 펼쳐졌다. 시장에서 이것저것 구경하며 노닥거리는 남자는 좋은 말로는 한량閑良, 보통은 파락호破落戶라는 지탄을 받게 되었다.

1920년 4월, 이영규, 문인순 등 11명의 여성이 서울 종로 네거리에 동아부인상회라는 여성 전용 대형 잡화상점을 설립했다. 윤치호, 한상룡, 김성수 등 돈 많은 남성들의 찬조를 받기는 했으나, 판매원과 고객은 모두 여성이었다. 개점 직후에는 실 한 타래, 연필 한 자루라도 여성이라면 다들 동아부인상회에서 구입한다고 할 정도로 성황을 누렸으나, 얼마 지나지 않아 경영난에 봉착해 1925년 9월 덕원상점 주인 최남에게 경영권을 양도했다. 당시 신문들은 동아부인상회 양도의 이유를 '경영 미숙'에서 찾았으나 그보다는 여성이 출입할 수 있는 다른 상업 공간이 늘어났기 때문이라고 보아야 할 것 같다. 최남은 동아부인상회라는 이름을 그대로 쓰면서도 '여성 전용' 원칙을 폐기했다. 동아부인상회는 대구, 광주, 목포 등지에 지점을 설치하면서 일제강점 말기까지 존속했다.

동아부인상회가 설립될 무렵, 남대문시장과 광장시장의 풍경도 바뀌었다. 장보기는 남자들이 하는 '바깥일'에서 여자들이 하는 '집안일'로 자리를 옮겼다. 여성들은 운반노동의 부담을 지는 대신, 계산하고 협상하는 능력을 키웠다. 한국전쟁을 거치면서, 시장은 아예 '여성들만의 공간'으로 바뀌었다. 시장에서 생선이나 콩나물을 팔아 자식 대학 보낸 여성들에 관한 신화가 널리 유포되는 사이에, 시장에서 물건 값 흥정하는 것은 남자 체면을 구기는 일이라는 생각도 함께 퍼졌다.

시장에서 다시 남자들을 흔히 볼 수 있게 된 것은 대형 할인점이 생긴 뒤다. 대량 구매와 자동차 운반은 장보기에서 '양성평등' 시대를 여는 데 큰 구실을 했다. 고정된 '성 역할'이란 많은 경우 시대가 만드는 허상일 뿐이다.

5 | 가족을 '관객'으로 만든TV

대중이 처음 영화를 접한 공간은 대개 배우들이 무대 위에
서 공연하던 극장이었다. 영화와 연극은 다른 장르여서 영
화 전용 상영관은 영화관이라고 해야 옳지만, 지금도 사람들은 여전히
극장이라고 부른다. 연극만 공연하는 장소는 극장의 지위에서 밀려나
'소극장'이나 '연극장'이 되어 버렸다.

배우들이 무대 위에 서는 대신 무대 뒤 스크린 안에서 연기하는 모습
을 본 사람들은, 자기 집 안방을 극장으로 만들 수도 있겠다고 생각했
다. 대저택의 주인이 아니고서는 자기 집에 무대를 꾸미고 배우들을 데
려다 공연시킬 엄두도 낼 수 없었지만, 영사기와 스크린만 실내에 두는
정도는 어지간한 부자라면 꿈꿀 수 있었다. 이 꿈을 실행에 옮긴 사람도
적지 않았다. 하지만 영사기를 작동시키는 데에는 나름의 전문기술이
필요했고, 변사 없는 무성영화는 재미가 없었으며, 유성영화를 보려면

별도의 음향장비를 갖추어야 했다. 안방을 극장으로 사용하기 위해서는 스크린과 영사기, 음향장비를 통합하는 신기술이 필요했다.

음성을 전기신호로 바꾸어 전달하는 전화처럼, 움직이는 영상을 전기신호로 바꾸어 전달하는 기계를 개발하려는 노력은 19세기 초부터 시작되었는데, 1897년 독일의 K. F. 브라운이 전기신호를 영상으로 변환하는 특수진공관을 발명하고 브라운관이라는 이름을 붙였다. 단일한 영상 신호를 동시에 여러 대의 브라운관으로 전송하는 텔레비전 방송 실험이 성공한 것은 1931년 미국에서였다. 본격적인 텔레비전 방송은 1939년 뉴욕 세계박람회 개회식장에서 처음 시작되었다. 이를 계기로 서민들도 자기 집 안방을 극장으로 꾸미기 위한 구체적 계획을 세우기 시작했다. 물론 한국 서민들이 같은 계획을 세우는 데에는 20년 정도의 시간이 더 필요했지만.

1956년 5월 12일, HLKZ-TV가 개국하여 우리나라 최초로 TV 방송을 시작했다. 하루 두 시간씩, 그것도 격일제로 송출하는 방송이었고, 당시 TV는 300대 남짓에 불과해 전국의 극장 수와 비슷한 정도였다. 그것도 대다수는 밀수품으로 시내 라디오 점포에 비치된 정도였다. 이때의 TV 방송은 거리를 지나다 우연히 TV 화면을 발견한 행인들의 발길을 멈춰 세우는 역할 정도밖에는 하지 못했다. 이런 방송이 상업적으로 성공할 가능성은 전혀 없었다.

이듬해인 1957년, 한국일보 사주 장기영은 적자에 허덕이던 HLKZ-TV를 인수하여 대한방송주식회사로 개편했다. 머지않아 TV시대가 오리라는 것을 예상한 결단이었다. 그러나 그에게는 아쉽게도, 1959년 2월 방송국에 큰불이 나 장비가 모두 타 버렸다. 대한방송은 한동안

AFKN(주한미군방송, 1957년 8월 TV 방송 개시) 채널을 빌려 하루 30분씩 방송을 계속했지만, 결국 1961년 10월 15일 일체의 권리를 국립서울텔레비전방송국(현 한국방송공사)에 양도했다. 그 두 달 뒤, 상업 TV 방송을 표방하고 한국문화방송MBC도 출범했다.

그로부터 5년 뒤인 1966년, 라디오 생산으로 재미를 본 금성사가 처음으로 국산 TV를 선보였다. 가격은 6만 8,350원으로 쌀 30가마니 값에 상당했다. 서민들에게는 입이 떡 벌어질 정도로 엄청나게 비싼 값이었으나 간호사와 광부의 서독 파견, 베트남 파병, 한일협정 등을 계기로 경제의 고도성장이 시작됨으로써 먹고살 만하게 된 사람들이 너도나도 TV를 사들였다. 국내 생산 개시 1년 만에 보급 대수는 5만 6천 대, 시청자는 22만 명으로 늘었다.

TV는 집안에 들어오자마자 다른 모든 가구를 제치고 가보家寶 취급을 받았다. TV는 가장의 능력을 측정하는 바로미터이자 학생의 가정환경을 엿보는 가늠자이기도 했다. 학기 초만 되면 교사들은 학생 가정환경조사서를 펼쳐 놓고는 어린 학생들에게 이렇게 지시하곤 했다. "집에 테레비 있는 사람 손들어." 반장이나 부반장, 하다못해 사육재배부장 같은 학급 임원 물망에 오르는 아이들은 대개 이때 당당하게 손을 번쩍 치켜든 아이들이었다.

TV는 영상과 소리를 함께 전달하는 기계에 머물지 않았다. 이 물건은 가정생활 전반을 뒤바꿔 놓았고 지속적으로 변화시켰다. 이 물건은 사생활 공간인 안방이나 대청마루—그 시절에는 거실이라는 개념에 익숙한 가정이 많지 않았다—가장 좋은 자리에 놓였는데, 처음 한동안은 사생활과 공적 생활의 경계를 모호하게 하는 구실을 했다. 그것은 가

족이 보는 것일 뿐 아니라 남에게 자기 가족의 '수준'을 보여주는 것이
기도 했다. 이웃을 배려하는 좋은 마음에서든 이웃에게 잘난 체 하려는
뒤틀린 심사에서든, 이 물건을 들여 놓은 집은 가까운 이웃에게 일시나
마 관람석을 마련해 주곤 했다. 그런 점에서 이 물건이 놓인 심리적 자
리는 이웃에 대한 시혜와 과시의 경계선 위였다. TV는 이 위태로운 경
계선 위에서나마 소규모 지역 커뮤니티를 만드는 구실도 했다(〈사진 6〉).

그런데 저녁 시간대에 남의 집 식구를 안방에 불러들이는 것도 한두
번이다. 김일과 안토니오 이노키의 레슬링 시합이나 김기수의 복싱 타
이틀 매치처럼 몇 년에 한 번 있을까 말까 한 '세기의 대결' 때에 동네
사람들이 몰려오는 것이야 참을 수밖에 없었지만, 저녁상 치우기도 전
에 일일 연속극 〈여로〉를 보겠다고 매일같이 방문하는 불청객을 항상
웃는 낯으로 대할 수는 없었다. 남의 집 TV를 보는 사람들도 불편하긴
매일반이었다. 미안한 마음에 과일이라도 사 들고 가긴 하지만, 그 짓
도 역시 한두 번이었다. 배삼룡·구봉서가 나오는 〈웃으면 복이 와요〉를
보면서 배를 잡고 웃는 차에 그 집 안주인이 "내일 모레가 시험인데 공
부는 안 하고 테레비나 보냐"며 자기 아이들을 큰 소리로 야단치는 일
을 한두 번만 겪으면, 아무리 낯이 두꺼운 사람도 어지간해서는 그 집
을 다시 찾지 못했다. 하지만 일단 TV에 익숙해진 사람들은 그 '눈맛'
을 잊지 못했다. 남의 눈치 보기 싫어서, 또는 아이들 기죽일 수 없다는
핑계로, 오물세는 못 낼지언정 TV는 사는 집이 급속히 늘어났다.

집집마다 TV를 갖추자, 오랜 세월 '밤마실'이라 불려온 이웃 간의 저
녁 시간 왕래는 끊어져 버렸다. TV는 가뜩이나 위태롭던 도시 공동체
를 완전히 소멸시키며 명실상부한 '가족만의 시대'를 열었다. TV는 단

〈사진 6〉 1970년 경 어느 집 안방의 TV 앞 풍경

가족 구성원 전부에 이웃집 식구까지 TV 앞에 모여 앉아 있지만, 시선은 한 방향이다. TV 앞에서 사람들은 서로 쳐다보지 않고 대화하는 '기술'을 익혔고, 서로가 서로를 소외시켰다[출처:《사진으로 보는 한국 백 년》].

칸방에 옹기종기 모여 사는 가난한 가족은 물론, 가족 구성원 각자가 제 공간을 가지고 있던 부잣집 대가족 구성원들조차 자기 앞으로 불러 모았다. 아랫목에는 손자를 무릎에 올려 놓은 할아버지가 앉고, 그 건너편에 며느리가 쭈그리고 앉아 채소를 다듬는 풍경이 어색하지 않게 되었다.

하지만 이렇게 '결속'된 가족 공동체는 서로에게 시선을 주고 서로에게 관심을 기울이는 온전한 공동체가 아니었다. TV는 가족 구성원 각자에게 향하던 시선을 독점했고, '소통의 의제'를 제약했다. 집안일이나 바깥일에 대해 다른 가족 구성원과 생각을 나누기보다는 TV에 나온 가수의 가창력이나 여자 탤런트의 외모, 드라마의 전개 방향 등이 더 자주, 가족 간 대화의 소재가 되었다. TV는 온 가족을 일정 시간 동안 같은 감성으로 묶어두는 데에는 성공했지만, 이런 감성의 공유는 한 극장에서 같은 영화를 함께 본 관객들의 그것과 크게 다르지 않았다. 영화가 시작될 때 극장 안에 모여들었다가 영화가 끝나면 뿔뿔이 흩어지는 관객의 행동양식이, 규모가 축소된 채 가정 안에 스며들었다.

이로부터 다시 30년쯤 지난 오늘날, 스마트폰 등 다채널 DMB와 결합한 개인용 수신기들은 TV 방송이 제공했던 최소한의 연대 틀마저도 허물고 있다. 지금은 각자 자기 방에서, 때로는 한 공간에 가까이 모여 앉아서도, 자기 보고 싶은 프로그램을 따로 보는 시대다. 이런 시대가 가족 공동체를 어떻게 바꿔 나갈지, 궁금하고 걱정스럽다.

6   '쌀밥에 고깃국', 천년의 소원

쌀은 밀, 옥수수와 더불어 세계 3대 곡물로 꼽힌다. 오늘날 전 세계 경지 면적의 약 20퍼센트가 논이며, 세계 총 농업 생산고의 약 26퍼센트가 쌀이다. 쌀은 다른 곡물에 비해 인구 부양력이 특히 커서 쌀을 주식으로 삼는 지역은 어디나 인구밀도가 높다. 당장 세계 최고의 인구밀도를 자랑하는 중국, 인도, 파키스탄, 방글라데시, 일본, 한국 등이 주된 쌀 소비국이다. 밀은 경작 면적에서 32퍼센트로 1위지만 전 세계 인구의 10퍼센트 정도만이 주식으로 삼는 데 비해, 쌀을 주식으로 삼는 인구는 전 인류의 35퍼센트에 달한다.

쌀 경작은 적도 부근의 아시아에서 기원했고, 지금도 전 세계 쌀의 90퍼센트가 이 지역에서 생산된다. 한국은 쌀 생산 지대의 맨 북쪽에 해당한다. 한반도 사람들이 쌀을 재배하기 시작한 것은 기원전 2000년경이었고, 쌀을 주식으로 삼은 것은 그로부터 1,000여 년 뒤였다. 그런데 한반도는 벼농사에 적합한 지역은 아니었다. 상대적으로 여름이 짧고 강수량이 적은데다가 벼가 한창 생장할 5~6월에는 가물기 일쑤고, 수확을 앞둔 8~9월에는 수시로 태풍이 밀어닥쳤다. 그래서 한반도에 정착한 고대인들의 최대 실수는 쌀을 주곡으로 택한 것이라고 주장하는 학자도 있다. 동남아시아 아열대 기후 지역에서는 1년에 2~3차례나 수확하는 쌀을 한 번밖에 수확하지 못했으니, 나라가 가난하고 백성들이 굶주릴 수밖에 없었다는 것이다.

하지만 아놀드 토인비의 '도전과 응전'이라는 명제를 받아들인다면, 이런 악조건이 '문명의 발전'을 이끌었다고 보아도 좋을 듯하다. 한반도의 기후풍토에 잘 맞지 않는 쌀을 '길들이기' 위해서는 수리 시설을 만들고 농법을 개선하는 등의 지적이고 집단적인 노력이 필요했다.

고대의 한국인들이 쌀을 주식으로 선택한 이래, 쌀은 곧 한국인이자 한국문화였다. 현재 벼농사의 상한선은 중국 흑룡강黑龍江 주변으로까지 거슬러 올라가는데, 이 일대에서 벼농사를 시작한 것은 일제강점기 중국 동북 지방으로 이주한 조선 농민들이었다. 그런데 '벼농사 짓고 쌀밥 먹는 사람들'이라는 한국인들의 집단 정체성에도 불구하고 쌀은 한국인 모두가 충분히 먹을 수 있을 정도로 생산되지 않았다. 쌀은 언제나 '충족되지 않는 주곡主穀'이었다. 한국인들에게 쌀은 현실과 이상, 욕망과 실제의 거리를 표시하는 상징물이었다. 백성 모두가 쌀밥을 배불리 먹을 수 있는 사회가 이상사회였고, 쌀 만 석을 추수하는 논의 소유자, 즉 만석꾼이 되는 것이 세속적 욕망의 종착점이었다.

일제는 한국을 강점하자마자 '미작米作 개량사업'이라는 이름으로 농민들에게 일본인 입맛에 맞는 벼를 재배하라고 강요했다. 헌병·경찰은 일본 품종을 심지 않은 논의 모종을 뽑아 버리기까지 했다. 그들에게 '조선 쌀'은 한국인이 아니라 일본인 소비자를 위해 필요했다. 조선 쌀의 상품가치를 높이는 것은 지주들에게도 좋은 일이어서 품종 변화는 신속히 진행됐다. 한국인들은 어쩔 수 없이 자기 입맛을 일본 품종의 쌀에 맞춰야 했다. 그래서 현대 한국인의 밥맛에 대한 취향과 기호는 100여 년 전 '조선인'들과는 다르고 오히려 일본인들과 같다. 지금 한국에서 가장 인기 있는 쌀 품종들은 아키바레秋晴나 고시히카리越光 등 일본 이름을 가진 것들이다.

한국의 쌀 품종과 한국인 입맛의 일본화는 1920년대에 한층 더 빠른 속도로 진전되었다. 제1차 세계대전 중 유럽 자본이 거대한 중국 시장에서 후퇴한 틈을 타 일본 경제는 자기들 말대로 미증유의 호황을 누렸다. 수출 증대는 투자 확대를 낳았고 다시 고용 증가로 이어져 수많은 농민이 농토를 버리고 도시로 이동했다. 쌀을 중심으로 말하자면, 생산자는 줄고 소비자는 늘어났다. 당연히 쌀값이 오를 수밖에 없었다. 그래도 호황기에는 물가 상승이 그리 큰 문제가 되지 않았다.

그런데 전쟁이 끝나 유럽 자본이 중국 시장에 복귀하고 중국인들에 의한 자본주의적 생산 활동이 늘어나자 사태가 달라졌다. 이른바 '전후戰後 공황'이 일본 경제를 강타했다. 도시 노동자들은 해고와 임금 삭감의 고통에 시달렸고, 음식점 주인이나 하숙집 주인 같은 도시 자영업자들도 생계를 잇기 어려워졌다. 하지만 일단 오른 쌀값은 떨어지지 않았다. 배고픔과 두려움은 언제나 가장 영향력 있는 선동가다. 일본 전역의 주요 도시에서 쌀값 인하, 쌀 공급 확대를 요구하는 소요가 일어났다. 제1차 세계대전 이전과는 판이해진 쌀 수요공급 구조에서, 도시 노동자들의 불만을 잠재우기 위해서는 그들의 입맛에 맞으면서도 값은 싼 특별한 쌀의 생산을 도모해야 했다. 일본 정부가 마련한 대책은 식민지에서 쌀 생산을 대폭 늘려, 일본으로 반입하는 것이었다.

1920년부터 조선총독부는 '산미증식계획'을 최우선 국책사업으로 삼아 강력히 추진했다. 총독부가 제시한 쌀 증산 방식은 두 가지였다. 하나는 수리 시설을 확충해 밭을 논으로 개조하는 토지개량사업, 또 하나는 조선 농민들에게 일본식 '선진농법'을 가르쳐 면적당 생산량을 늘리는 농사개량사업. 그런데 조선 농민들의 농사 기술이 조선총독부가 생각했던 것처럼 '미개'하지 않았기 때문에, 농사개량사업은 별 성과가 없었다. 다만 농지를 가진 지주들로부터 돈을 끌어모아 저수지를 만들고, 그 저수지의 수리 혜택을 입는 '몽리蒙利' 지역을 논으로 개조하는 사업은 상당한 성과를 냈다. 덕분에 조선에서 쌀 생산량은 꽤 늘었다. 사업 시작 연도인 1920년에 1,270만 석(약 190만 톤) 정도였던 것이 1920년대 내내 평년 1,400~1,500만 석 사이를 오르내렸다. 유례를 찾기 어려운 대풍이었던 1928년에는 1,730만 석이 생산되었다. 참고로 2017년 남한의 쌀 생산량은 약 400만 톤이었다.

하지만 쌀밥을 더 많이 먹게 해 주겠다던 조선총독부의 약속과는 반대로, 이 기간 중 조선인의 쌀 소비량은 오히려 줄었을 뿐 아니라 다른 곡물 소비량도 줄었다. 우선 생산 증가분보다 더 많은 양이 일본으로 반출되었다(〈사진 7〉). 게다가 밭을 논으로 개조했기 때문에, 쌀 대신 먹던 다른 잡곡의 생산량도 줄었다. 또 그럭저럭 먹고살 만했던 자작농이나 소지주들이 무거운 수리조합비 부담을 견디다 못해 땅을 팔고 소작농이 되었다. 이들이 팔려고 내놓은 땅을 사 모아 거대 지주가 된 극소수를 제외하면, 조선 농민 전체가 가난해졌다. 일본이 한국을 강점한 1910년 경에는 일본인과 한국인의 1인당 쌀 소비량에 거의 차이가 없었으나, 산미증식계획이 진행되면서 두 배 가까운 차이를 보이게 되었다. 대풍작이었던 1928년의 경우 일본인 1인당 쌀 소비량은 1.13석이었으나 조선인은 0.54석에 불과했다. 이런 상황에서 대다수 조선인에게 쌀밥은 이름뿐인 '주식'이 되었다. 밥상에 쌀밥이 오르는 횟수가 줄어들수록, "쌀밥 한 번 배불리 먹고 싶은" 욕망은 커졌다.

일본인들은 쌀밥에 대한 한국인들의 욕망을 '비정상'이라고 규정했다. 일본인들도 스스로를 '쌀의 민족'으로 형상화하지만, 그들이 보기에 그 시점의 한국인들은 쌀을 유난히 '밝히는' 민족이었다. 1939년 11월, 일본 홋카이도 유바라 탄광에서 조선인 노동자들이 파업에 돌입했다. 그들의 요구 조건은 "밥을 더 달라"는 것뿐이었다. 곧바로 파업을

〈사진 7〉 쌀이 산더미처럼 쌓여 있는 군산항(1920년대) 모습이 담긴 사진엽서
일본이 조선 쌀을 다량 반출해 감에 따라 한국인의 쌀 소비는 크게 줄었다. 더불어 쌀에 대한 갈망도, 쌀밥에 붙은 귀하고 신성한 음식이라는 이미지도 훨씬 강해졌다. 이 시절, '쌀밥을 먹는 것'은 '사람답게 사는 것'과 동의어였다.

진압한 일본인들은 유사 사태의 재발을 막기 위해 조선인 노동자들의 식생활 습관을 조사했다. 그들이 내린 결론은 이랬다.

일본에 막 도착한 조선인 중에는 하루에 한 되 두 홉의 밥을 전부 먹어 버린 기록을 보유한 자가 적지 않다. 그들은 대식가다. 그들은 국에다 밥을 말아 거의 씹지 않고 삼켜 버리기 때문에 포만감을 느끼지 못한다(노동과학연구소, 〈반도 노동자 노동상태에 관한 조사보고〉, 소화昭和 18년 5월 중).

하지만 그들은 한국인들을 대식가라고 조롱하면서도 노동자 가족에게 1인당 하루 5홉 내지 3홉의 쌀만을 공급했다.

해방이 되어 쌀 반출이 중단된 뒤에도, 쌀에 대한 욕망은 수그러들지 않았다. 미국 잉여 농산물 도입과 정부의 의도적인 저곡가 정책으로 인해 농민들의 쌀 생산 의욕이 감퇴한 결과, 쌀 생산량은 계속 소비량을 밑돌았다. 이런 상황에서 정부는 쌀 소비를 억제하기 위해 강압적 수단까지 동원했다. 쌀막걸리 생산을 금지하고, 식당에서 쌀밥을 팔지 못하게 했으며, 학생들에게도 쌀밥 도시락을 싸 오지 못하게 했다. 지식인들도 이 국가 시책을 뒷받침하기 위한 계몽에 열심이었다. 쌀밥은 몸에 해롭다, 혼분식이 건강에 좋다, 서양인들의 체격과 체력이 좋은 이유는 쌀밥을 먹지 않기 때문이다와 같은 담론이 진실처럼 유포되었다.

그래도 쌀밥의 상징성은 요지부동이었다. 내 중학교 동기생 중에 부잣집 아들이 있었는데, 그 녀석은 매일 도시락을 두 개 싸 왔다. 하나는 식전 검사용, 하나는 식사용. 물론 검사용은 보리쌀을 30퍼센트 이상 넣은 보리밥이었고, 식사용은 흰 쌀밥이었다. 그 녀석의 검사용 도시락

덕분에 우리 반에는 점심 굶는 아이가 없었다. 몇몇이 그걸 나눠 먹었으니까.

쌀밥에 대한 한국인들의 열망이 수그러든 것은 1970년대 말 이후였다. 다수확 품종이 개발되는 한편에서 식생활의 서구화가 진전된 때문이다. 쌀막걸리 생산 금지가 철회되었을 뿐 아니라, 쌀과자 같은 것도 생산되었다. 불과 얼마 전까지 '쌀밥은 몸에 해롭다'에 초점을 맞추던 사회적 계몽이, '신토불이身土不二'니 '한국인에게는 한국 쌀'이니 하는 것으로 바뀌었다. 이후 오늘에 이르기까지 1인당 쌀 소비량은 계속 하향 곡선을 그렸고, 이제는 주곡이라 하기도 민망할 지경이다. 그럼에도 쌀은 여전히 다른 모든 곡식을 뭉뚱그려 부르는 '잡곡'과 분명히 대비되며 쌀로 지은 밥과 쌀로 빚은 술은 제사상에 올리는 '신성한 음식'이다. 이제는 쌀이 남아돌아 고민이지만, '귀하고 신성한 곡식'이라는 이미지는 요지부동이다. 몇 해 전 정부가 쌀 생산 농가를 돕는다는 명목으로 쌀을 가공하여 사료로 만드는 방안을 검토한 적이 있다. 남아도는 쌀을 처치하기 위한 방편으로 선택하지 못할 일은 아니겠지만, 그래도 그 '귀한 쌀'을 짐승에게 주겠다는 발상은 아직 너무 낯설다.

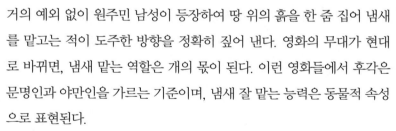

미국의 서부 개척사나 유럽의 아프리카 식민사를 소재로
한 영화들에는 간간이 추적 장면이 나온다. 이런 장면에는
거의 예외 없이 원주민 남성이 등장하여 땅 위의 흙을 한 줌 집어 냄새
를 맡고는 적이 도주한 방향을 정확히 짚어 낸다. 영화의 무대가 현대
로 바뀌면, 냄새 맡는 역할은 개의 몫이 된다. 이런 영화들에서 후각은
문명인과 야만인을 가르는 기준이며, 냄새 잘 맡는 능력은 동물적 속성
으로 표현된다.

오감五感 중에서 후각은 가장 모호한 감각이다. 후각에는 럭스나 디
옵터, 데시벨처럼 계량화할 수 있는 지표가 없다. 건강검진 때에도 시
력과 청력은 검사하지만 '후력'은 검사하지 않는다. 색맹이 아닌 한, 빨
간색은 누가 봐도 빨간색이다. 그러나 어떤 사람은 구수하다고 하는 냄
새를, 다른 어떤 사람은 구리다고 한다. 어떤 사람은 김치 냄새에 군침

을 삼키고, 다른 어떤 사람은 코를 틀어쥔다. 냄새에는 '표준'을 설정하기 어렵다. '좋은 냄새'와 '나쁜 냄새'가 대략 구분되기는 하나, 절대적 기준치가 있는 것은 아니다. 내가 맡는 청국장 냄새와 남이 맡는 청국장 냄새가 같으리라는 보장도 없다. 냄새는 서로 잘 섞이며 일단 섞이면 각각을 구분해 내기도 어렵다.

모든 사물을 최소 단위로 독립시켜 계량화하는 데 능숙한 근대인들에게 후각은 불명확한 감각이었다. 근대화 과정에서 사람들이 가장 많은 힘을 기울인 것도 생활환경 주변에서 냄새를 몰아 내는 일이었다. 인간이 신분으로 나뉘어 있던 시대에는, 냄새도 귀족과 평민을 구분하는 핵심 지표였다. 늘 땀 흘리며 노동하는데다가 변변한 목욕 시설조차 갖추지 못하고 사는 사람들에게, 땀 냄새는 신체에 고착된 요소였다. 땀 냄새가 향기로울 리 없다. '악취'는 노동의 냄새이자 평민의 냄새이며 빈곤의 냄새였다. 평소 노동하지 않는데다가 목욕도 자주 할 수 있었던 귀족들은 땀 냄새를 거의 풍기지 않았으나, 그것만으로는 부족하다고 생각했다. 그들은 자기들이 신神의 은총을 받은 특별한 존재라는 사실을 냄새로도 입증하려고 했다.

그 동네에 죄를 지은 한 여자가 있어 예수께서 바리새인의 집에 앉아 계심을 알고 향유 담은 옥합을 가지고 와서 예수의 뒤로 그 발 곁에 서서 울며 눈물로 그 발을 적시고 자기 머리칼로 닦고 그 발에 입 맞추고 향유를 부으니……(《성경》〈누가복음〉).

음악이 '천상의 소리'라면, 향기는 '신의 냄새'였다. 인류는 먼 옛날부터 신을 부르기 위해, 또는 특정인의 신성성을 입증하기 위해 향기를 이용해 왔다. 이집트, 메소포타미아, 그리스 등 고대 지중해 주변 지역에서는 꽃이나 향초, 꿀 등의 냄새를 축적했다가 발산하는 물질로 향유를 만들어 썼는데, 재료가 귀하고 제조과정이 번거로워 보물에 속했다. 예수 시대 '향유 담은 옥합' 하나의 가치는 보통사람의 1년 치 노동력 가치에 상당했다고 한다.

알코올을 사용한 최초의 향수는 1370년께 헝가리의 수도사들이 왕비에게 바친 '헝가리 워터'였다. 16세기에는 알코올을 사용한 여러 종류의 향수가 개발되어 냄새만으로도 보통사람과 확연히 구별되는 특별한 인간들을 양산했다. 귀족을 배격하면서도 평민과는 다른 위치에 서려고 했던 중세 말~근대 초의 부르주아들은, 귀족의 향기와 평민의 악취 사이에 자신들의 '냄새'를 설정했다. 바로 '무취'였다. 목욕을 자주하고, 주변 청소를 깨끗이 해서 냄새를 없애는 것은 프로테스탄트가 지켜야 할 미덕이었다.

근대 부르주아 국가 역시 냄새 퇴치를 주요 책무로 삼았다. 청결은 '위생'이라는 근대적 개념의 전제이자 근대국가의 표지였다. 1988년 서울올림픽을 앞두고 전국을 뒤덮었던 표어 중 하나도 '청결과 질서는 문화인의 긍지'였다. 근대화는, 개인과 국가가 몸과 생활공간에서 냄새를 퇴치하기 위해 노력하는 과정이기도 했다. 오늘날 '냄새난다'는 말은 '더럽다'나 '의심스럽다'와 같은 뜻으로 쓰인다.

우리나라에 향쫄이 전래된 것은 삼국시대로 추정된다. 《삼국유사》에 따르면, 기원후 5세기 신라 눌지왕 때에 중국 양나라에서 향을 보내 왔는데, 그 이름과 용도를 아는 사람이 없어 수소문 끝에 고구려에서 몰래 들어온 중 묵호자에게 물어 비로소 알았다고 한다. 당시 사람들이 향 타는 냄새에서 어떤 느낌을 받았는지는 알 수 없으나, 이후 향은 모든 제례의 필수품이 되었다. 향을 태울 때 나는 냄새가 시체 썩는 냄새를 가려주기 때문이라는 설이 설득력 있으나, 좋은 냄새가 연기와 함께 하늘로 올라가는 것을 보며 자신의 소원이 신에게 닿는 모습을 상상했을 가능성도 크다. 특별한 사람들에게 특별한 체취를 부착하는 용도로는 주로 사향 등을 넣은 주머니인 향낭香囊이 사용되었다.

하지만 향기로 덮을 수 있는 공간은 아주 좁았고, 그럴 수 있는 시간도 아주 짧았다. 우리나라도 근대 이전에는 냄새나지 않는 공간이 거의 없었다. 방 안은 메주 띄우는 냄새로 진동했고, 방문을 열면 마당 구석에서 두엄 더미가 썩고 있었다. 처마 끝에는 약초나 말린 지네가 걸려 있었으며, 마당에서는 변소와 외양간, 돼지우리에서 나는 냄새가 섞였고, 대문을 나서면 논밭의 거름 냄새가 코를 찔렀다. 전염병이라도 도는 때에는 들판이 시체 썩는 냄새로 뒤덮였다.

1945년 9월 서울에 진주한 미군이 가장 먼저 손을 댄 것도 냄새의 진원지를 찾아 없애는 일이었다. 당시 해방의 기쁨을 '먹는 것'으로 체감하려는 사람들이 많았기 때문에 밀도살이 성행했다. 미군이 기록한 최초의 청계천변 모습은 "도처에 도살 흔적이 있고, 소·돼지·개 등의 피와 내장 일부가 썩으며 악취를 풍기고 있다"는 것이었다. 해방 이후 만주 등지에서 빈손으로 걸어왔다가 쓰러져 죽은 전재민戰災民들의 시체도 방치돼 있었다. 일본 경찰은 치안에서 손을 뗀 상태였고, 건국준비위원회 치안대는 인력이 부족했다. 때는 한여름, 시체는 하루도 지나지 않아 심한 악취를 풍겼다. 당시 미군이 보기에, 한국인의 두드러진 능력은 악취를 견디는 것이었다.

세상을 덮은 냄새의 평균치가 워낙 낮다보니, 현대인이 악취로 분류하는 것도 옛사람들은 '향기'로 취급했다. 대표적인 것이 '담배 냄새'다. 우리나라에 처음 담배가 처음 전래된 것은 17세기 초였는데 그야말로 순식간에, 남녀노소 빈부귀천의 차이를 뛰어넘어 모든 사람의 기호품이 됐다(〈사진 8〉). 20세기 이후 100여 년간 여성의 흡연을 금기시하는 풍토가 있었으나, 19세기까지는 장 보러 간 남편이 아내를 위해 연초를

〈사진 8〉 대한제국 외교 고문 미국인 샌즈William F. Sands가
한국식 관복을 갖춰 입은 채 통역과 함께 담뱃불을 붙이고 있다(1900년 경)
담배는 커피나 홍차, 후추보다 먼저 세계화한 기호품이다. 담배의 약성藥性에 대해서는 여러 얘기가 있었지만, 입 안의 잔 맛을 없애 주고 주변의 냄새를 중화하는 것이 일차적인 효용이었다. 담배를 식후나 용변 시에 주로 피운 것도 이 때문이다[출처: 《서양인이 본 조선》].

사는 게 무척 흔한 일이었다. 개항 직후 조선에 온 외국인들이 흥미롭게 여겨 묘사한 것 중 하나도, 어린아이들이 담배 피는 모습이었다.

담배 시장이 급팽창하다보니, 논을 담배 밭으로 바꾸는 농민도 급증했다. 18세기 유학자들 중에는 "어리석은 농민들이 벼 심을 땅에 담배를 심으니 먹을 것은 줄어들고 태워 없애는 것만 늘어난다"며 담배 망국론을 주장한 사람들도 있었다. 당시 식자들은 담배가 나라에 해롭다는 데에는 대체로 동의했으나, 개개인의 몸에 이로운지 해로운지에 대해서는 의견이 갈렸다. 이익李瀷은 담배를 많이 피우면 "정신과 귀, 눈이 흐려지며 머리칼이 희어지고 얼굴이 창백해지며 이가 빠지고 살이 깎이며 노쇠해진다"고 했다. 반면 담배는 목에서 가래를 빼주며 뱃속의 회충을 진정시킨다고 주장하는 사람도 있었다. 건조하지 않은 담뱃잎은 지혈제로도 쓰였다. 당대인들도 '의학적 효능'에는 반신반의했지만, '악취 제거' 효능에는 의문을 던지지 않았다. 담배 냄새에는 주변의 모든 악취를 제압할 만한 힘이 있었다. 19세기 말~20세기 초에 한국인들이 설립한 담배회사들은 곡향谷香합자회사니 향연香煙합자회사니 해서 상호에 흔히 '향' 자를 썼다. 그 시절 사람들에게 담배 냄새는 분명한 '향기'였다.

담배 '향기'의 마지막 쓸모는 냄새나는 변소와 함께 사라졌다. 한국에서 재래식 변소를 찾아보기 어렵게 된 직후에 공중화장실 흡연이 금지되었다. 오늘날 담배 냄새는 세상에서 축출해야 할 첫 번째 악취처럼 취급된다. 담배 냄새의 위상이 이토록 급전직하한 것은 현대 한국인이 생활공간에서 '냄새' 일반을 축출하는 데 성공했다는 하나의 증표다.

"궂은 비 내리는 날 그야말로 옛날 식 다방에 앉아 도라지
위스키 한 잔에다 짙은 색소폰 소리 들어보렴." 2000년대
초 크게 히트한 대중가요 〈낭만에 대하여〉 가사의 일부. 조금 과장한
다면, 한국인들은 '도라지 위스키'를 아는 세대와 모르는 세대로 나뉜
다. 베이비붐 이전에 출생한 사람들이 '아는 세대'를 구성하고, 그 이후
에 출생한 사람들이 '모르는 세대'를 이룬다. '도라지'는 1960년에 처음
상표로 등록되어 20여 년간 '국산 양주' 또는 '값싼 양주'의 대명사가 됐
던 브랜드 이름이다. 한국전쟁 직후 주한미군은 일본 주류업체 산토리
사 제품인 '도리스 위스키Torys Whisky'를 수입하여 미군 PX에 싼값으
로 배포했다. 당시 미군 PX 물품이 대개 그랬듯이, 그중 일부는 시중에
흘러나와 한국인 주당들에게 전달되었다. 그 맛에 반한 한국인 소비자
가 늘자, 밀수도 성행했다.

전쟁은 생명을 중심으로 구축된 인간의 윤리와 도덕을 전복하는 행위이자 상황이다. 평시의 살인은 흉악 범죄이나, 전시에 적을 죽이는 것은 훈장감이다. 살기 위해 남의 권리를 짓밟는 것은 '전시 생활규범'이다. 휴전 이후에도 한동안은 전시의 생활규범이 작동했다. 폭력배들은 군대에서 흘러나온 무기를 들고 싸우기까지 했다. 1955년에는 서울 명동 사보이 호텔 화장실에서 수류탄이 터질 정도였다. 오죽하면 이 해를 '쌍팔년도'라고 했겠는가? 쌍팔년은 서기 1988년이 아니라 단기 4288년이다. 이 무렵 사람들도 '상표권'에 대한 개념은 있었으나, 그 권리를 무시하는 데에 죄의식을 갖지는 않았다. 더구나 '도리스' 상표권은 일본 기업의 권리였다. 일본인의 권리를 침해하는 일에 주저하면 한국인이 아니었다.

1956년 부산에 있던 국제양조장이 일본에서 수입한 위스키에 향료와 색소, 주정을 배합하여 '국산 위스키'를 개발하고 '도리스' 상표를 붙여 판매했다. 품질이 어떻든 마시면 취하기는 매일반, 국산 도리스 위스키는 일본산 원조 제품보다 값이 쌌기 때문에 선풍적인 인기를 끌었다. 당시에도 일본산 원조 도리스 위스키와 혼동을 야기한다는 지적이 있었으나, 한일 국교 정상화 이전이었기 때문인지 사법 당국도 수수방관했다. 그런데 1960년 갑작스럽게 상표권 침해 문제가 크게 불거져 국산 도리스 위스키 제조사 사장이 구속되었다. 일본산 원조 도리스 밀수꾼들과 관련이 있었는지는 알 수 없다. 결국 국제양조장은 '도리스'를 발음이 비슷한 '도라지'로 바꾸어야 했다. 이름을 바꿨어도 인기는 변치 않아, 1973년 국제양조장은 회사명을 아예 '도라지양조주식회사'로 변경했다.

한국에 위스키를 대표로 하는 양주가 처음 전래된 때는 개항 이전이다. 1871년 신미양요 때 미군에게 포로로 잡힌 조선 군인들이 양주병을 안고 있는 사진이 전한다. 1906년 명월관은 위스키, 브랜디 등 서양 미주美酒를 판매한다고 광고했다. 일제강점기 이른바 '상류층'은 간간이 양주를 마시곤 했으나 양주병을 보거나 양주 냄새를 맡은 사람은 아주 드물었다. 양주 냄새라도 맡은 사람이 흔해진 것은 해방 이후 미군이 진주한 뒤였다(〈사진 9〉).

일본의 식민 통치는 새로운 지배자의 문화에 신속히 적응하는 것이 성공의 지름길이라고 믿는 사람을 대량 생산했다. 사람들은 미군이 마시는 술을 마시고 싶어 했고, 그게 어려우면 비슷한 술이라도 마시려 들었다. 당연히 가짜 양주가 범람했다. 인체에 치명적인 메틸알코올에 안전성이 검증되지 않은 싸구려 향료를 섞어 만든 가짜 양주로 인해 매년 수십 명씩 목숨을 잃었다. 1949년 9월 보건부가 〈식료위생법〉을 기초할 때 일차적 관심을 기울인 것도 가짜 양주였다. 원조물자로 들어온 에틸알코올을 배정받은 제약회사들이 합법적으로 생산한 '위스키'니 '브란듸'니 하는 상품은 가짜 양주로 치지도 않았다.

한국전쟁은 한국의 '가짜 양주'에 새 시대로 나아가는 길을 열어 주었다. 1950년 7월 1일 미국 텍사스의 브루크 육군병원에서 갓 인턴과정을 마치고 콜로라도의 집에 머물던 하비 펠프스Harvey W. Phelps에게 즉시 텍사스의 제6탱크대대로 가라는 지시가 하달됐다. 그는 아내와 아들을 자동차에 태우고 밤새 달려 노스캐롤라이나의 처가에 데려다 주고는 애쉬빌 공항에서 비행기를 타고 댈러스로 날아갔다. 그러나 부대는 이미 샌프란시스코로 이동한 뒤였다. 그는 다시 공항으로 달려가 비행기에 올랐다. 뒤늦게 배치 신고를 마친 그가 쉬지도 않고 바로 달려간 곳은 의무보급대였다. 그는 자기에게 배정된 의약품과 의료기구 외에 다

〈사진 9〉 1946년 4월 18일, 서울에 처음으로 미군 전용 술집이 생겼다

이름은 '성조Stars and Stripes'. 한국인 남성은 출입할 수 없었으나, 이런 술집은 가짜 양주가 돌아다닐 핑계거리를 제공해 주었다. 이 시절에는 미군 술집에서 빼온 것이라는 말에 속아 가짜 양주를 마시고 죽거나 상한 사람이 적지 않았다(출처:《격동 한반도 새 지평》).

른 것이 더 남아 있나 살폈다. 다행히 많이 남아 있었고 그는 쾌재를 불렀다. 그가 찾은 것은 95퍼센트 에틸알코올과 주사용 포도당액이었다. 부대 군의관 중에 제2차 세계대전에 참전한 경험이 있는 사람은 그뿐이었다. 이 흔한 의약품의 진정한 가치를 몰랐던 다른 군의관들은 부산에 상륙한 뒤에야 펠프스의 선견지명에 탄복했다. 펠프스는 이 물건들을 챙긴 덕에 개인용 장비와 물품을 남보다 먼저 손에 넣을 수 있었다.

제2차 세계대전 중 미군 군의관들은 에틸알코올과 포도당액을 반씩 섞은 뒤 분쇄한 비타민 정제 2, 3알을 넣어 술 대용품을 만들었다. 술은 정규 보급품이 아니었기 때문에 군대 안에서 이 대용품의 인기는 매우 높았다. 전쟁이 끝나자 이 '포도당주'는 아무도 거들떠보지 않는 자리로 밀려났으나, 5년 만에 한국전쟁이 일어남으로써 다시 소환되었다. 당시 미군들은 모든 영역에서 한국군의 학습능력을 매우 높이 평가했다. 포도당주 제법은 곧바로 한국군 부대들로 퍼져나갔다. 1953년 휴전협정 체결 직전, 한국군 의무병 한 사람이 의무장교에게 찾아가 에틸알코올과 포도당액, 비타민제를 달라고 부탁했다. 당시 의무장교들이 페니실린 등 고가의 의약품을 빼돌려 암시장에 내다파는 것은 공공연한 비밀이었으나, 실상을 정확히 아는 사람은 직속 부하인 의무사병들이었다. 그 정도 사소한 부탁마저 거절하는 것은 체면이 안 설 뿐 아니라 위험하기도 한 일이었다. 원하는 의약품들을 손에 넣은 의무사병은 정성껏 '포도당주' 몇 병을 조제했다. 며칠 뒤로 다가온 휴가 때 곧 장인이 될 어른에게 인사하기 위해서였다. 예비 장인은 그가 가져온 선물이 무척이나 흡족했다. 밤새 예비 사위와 주거니 받거니 하며 서너 병을 비웠다. 이 자료를 보고 아는 내과 의사에게 이런 술을 마시면 어떻게 되느냐고 물었다. 그는 한두 잔 정도 마시는 걸로야 별 일 없겠지만, 많이 마시면 간이 남아나지 못할 것이라고 대답했다. 이런 술로 인한 사망자는 통계에조차 잡히지 않았으나, 역시 전쟁의 희생자임을 부인하기는 어려울 것이다.

1979년, 대통령 박정희가 가장 믿었던 부하인 중앙정보부장 김재규에게 암살당했다. 대중에게는 평소 막걸리를 즐겨 마시는 소탈한 사람으로 알려졌던 그였다. 그러나 그의 술상에 놓였던 술은 막걸리가 아니라 고급 양주 '시바스 리걸'이었다. 박정희의 죽음이 한국 현대사에서 점하는 무게와는 별도로, 시바스 리걸 등 양주에 대한 이야기들이 세간에 널리 유포되었다. 더불어 '대통령의 술'을 마셔 보려는 사람들의 욕망도 커졌다. 1980년대 말까지도 진짜 위스키와 '가짜 양주'의 경계선상에 있는 '국산 양주'들이 꽤 팔렸으나, 해외여행 자유화 이후 국산 양주들은 대거 몰락했다. 외국에 나갔던 사람들은 거의 예외 없이 허용되는 한도만큼의 양주를 들고 들어왔다. 양주는 선물용으로 제격이었으며, 거실 장식장에 양주병을 늘어놓는 것은 집주인이 '선물(뇌물) 받는 사람'이라는 표시와도 같았다.

오늘날 가짜 양주는 속아서는 마셔도 알고는 못 마시는 술이 됐다. 이제 한국은 세계 제1의 프리미엄 위스키 소비 시장이다. 몇 해 전 세계 유수의 주류 회사 CEO가 고마운 마음으로 한국에 왔다가 잔뜩 화가 나서 돌아갔다는 소문이 돌았다. 자사의 자존심인 30년산 프리미엄 위스키를 '싸구려 맥주'에 '말아' 마시는 사람들을 보고 분통이 터졌다는 것이다. 술을 좋아하지 않는 나도 정말 궁금하다. 한국의 주당들은 그 비싼 양주를 왜 맥주에 섞어 마시는 걸까?

1900년 프랑스 파리에서 만국박람회가 열렸다. 대한제국 정부는 프랑스 귀족의 도움을 얻어 박람회장 안에 독립된 전시관을 세웠다. 경복궁 근정전을 본떠 지은 이 가건물 안에는 갑옷, 활과 칼, 도자기, 부채, 화문석, 악기 등 당대 한국의 특산품들이 전시되었다. 이에 앞서 1893년에도 조선 정부는 미국 시카고 만국박람회에 조선 특산품들을 출품했으나, 독립된 전시관을 만들지는 못했다(〈사진 10〉).

당대 프랑스인 중에는 박람회장 안의 한국관을 보고 동아시아에 Corea라는 나라가 있다는 사실을 처음 알게 된 사람이 많았다. 전 세계의 모든 것을 한 장소에 모아 전시하는 만국박람회는, 개최국의 국위를 과시하는 행사인 동시에 개최국 사람들에게 세계에 관한 정보를 집약해 전달하는 '공간 매체'이기도 했다. 이미 끝물이기는 했으나, 그때까지도 유럽인들의 의식 한편에는 미지의 세계를 발견, 정복하려는 의지의 잔불이 남아 있었다.

　이듬해, 프랑스인 안톤 프레상Anton Plaisant이 서울에 왔다. 아마도 그
는 파리 만국박람회장에서 한국에 관한 정보를 입수했을 것이다. 그 무
렵 한국에서 사업 기회를 잡으려 한 유럽인과 미국인들은 대개 한국 특
산품을 자국으로 반출하는 데에 관심이 있었다. 자국민들이 좋아할 만
한 물건을 찾아 서울 거리를 배회하는 것은 그들의 직업활동이자 취미
생활이었다.

　어느 날 종로 길가에서 화문석花紋席을 늘어놓고 파는 장사꾼을 발견
한 한 독일인이 그에게 다가가 말을 걸었다. "이거 얼마요?" 장사꾼은

〈사진 10〉 프랑스 잡지 *Le Petit Journal*에 실린 만국박람회장 내 한국관 그림
박람회장의 한국관 건축은 프랑스인들이 주도했으나, 대한제국 정부도 목수들을 파견하여 공사를
도왔다. 그 결과 파리 만국박람회장의 한국관은 해외에 지어진 최초의 한국식 건물이 되었다.

처음 보는 양인洋人이 서툰 한국말로 묻자 화들짝 놀랐으나, 생명보다 돈을 귀하게 여기는 것이 직업적 소명인지라 가슴을 쓸어내리고 대답했다. "5원이요." 독일인은 다시 물었다. "그럼 내가 100장을 주문하면 얼마에 주겠소?" 공장 생산품의 박리다매에 익숙했던 독일인은 당연히 더 싸게 부르리라 예상했지만, 장사꾼의 대답은 의외였다. "6원씩에 팔겠소." 상식에 위배되는 대답을 들으면 누구나 화가 나는 법이다. 독일인도 세상에 그런 법이 어디 있느냐며 화를 냈다.

그러나 한국인 장사꾼의 상식으로는 독일인이 느낀 황당함과 분노를 이해할 수 없었다. 그는 속으로 '서양 오랑캐는 역시 사리에 어둡구나'라고 생각하며 차근차근 조리 있게 설명해 줬다. "그대는 처음 한 장에 얼마냐고 물었고, 나는 5원이라고 했소. 그랬더니 그대가 100장을 사겠다고 하지 않았소? 이거야말로 한 장에 5원은 너무 싸다는 증거 아니겠소? 나는 그렇게 밑지고는 팔 수 없소. 누굴 바보로 아시오?" 구미인 사업가들의 '자본주의적 영악함'은 한국인 장사꾼들에게는 별 쓸모가 없었다. 한국 정부에 총기류를 팔거나 한국 정부로부터 광산채굴권이나 철도부설권을 얻는 것 말고, 구미인 사업가들이 한국 민간 상인을 상대로 큰 재미를 볼 기회는 많지 않았다.

다른 구미인 사업가들의 실패 사례를 조사했음인지, 프레상은 처음부터 한국 상품을 한국인에게 팔아 돈을 벌겠다는 기상천외한 계획을 세웠다. 그가 언제 서울에 들어왔는지는 정확히 알 수 없으나, 가을에서 겨울 사이였을 가능성이 높다. 그 시절 이 계절에 서울에서 가장 많이 거래된 물건은 시탄柴炭, 즉 땔감이었다. 당시 서울의 집은 약 5만 채, 난방용으로든 취사용으로든 나무와 숯 말고 다른 연료는 없었다. 겨울 한

철을 나려면 집집마다 자기 집 크기와 맞먹는 양의 나무를 때야 했다. 미아리고개를 거쳐 혜화문을 통해 종로에 이르는 길, 무악재를 넘어 돈의문을 통해 황토현에 이르는 길, 왕십리를 지나 흥인지문을 통해 종로에 이르는 길은 땔나무를 실은 우마차나 장작을 진 지게꾼들로 늘 붐볐다(〈사진 11〉). 도성 안 빈터 곳곳에는 상설, 비상설 땔나무시장들이 있었다. 동대문 안 나무장으로는 현재의 돈의동 쪽방촌 자리가 컸고, 서대문 안 나무장으로는 현재의 세종문화회관 뒤쪽이 유명했다. 땔나무시장마다 도성 밖 나무꾼들이 지게 또는 수레로 가져 오는 땔나무를 매점해서 산매散賣하는 객주들이 있었다. 가난한 사람들은 직접 지게를 지고 나무시장에 가서 땔나무를 샀고, 조금 여유가 있는 사람들은 웃돈을 얹어 주고 행상으로 하여금 자기 집 마당이나 뒷간에 땔나무를 쌓아 두게 했다. 1894년 갑오개혁으로 물종별 객주의 특권이 소멸한 뒤에는 땔나무 거래중개권을 둘러싸고도 치열한 경쟁이 벌어졌다. 이 경쟁에서 승리하여 나무시장의 큰손으로 떠오른 이는 최순영崔淳永이었다. 그는 서울 도처에 빈터를 확보하고 땔나무 도매시장으로 삼았다. 종침교琮琛橋 남쪽, 현재의 세종문화회관 뒤쪽 나무시장도 그의 영업권이었다.

안톤 프레상은 서울에서 가장 거래량이 많은 물종인 땔감에 주목했다. 그는 먼저 종침교 남쪽 시탄시장의 사용권을 얻었는데, 그 경위는 불분명하나 프랑스 공사가 주선했을 가능성이 있다. 파리 만국박람회장에 한국관을 설치할 때 주한 프랑스 공사 빅토르 콜랭 드 플랑시 Victor Collin de Plancy의 도움을 받았던 대한제국 정부로서는 그가 가볍게 흘린 말이라도 무시하기 어려웠을 터이다. 사업 아이템을 정하고 장소를 확보한 프레상은 한국인들을 상대하기 위해 자기의 한국식 이름을 '부富가 다가오니 상서롭다'는 뜻의 부래상富來祥으로 지었다.

처음 정동 프랑스 공사관 인근에 거처를 마련했던 부래상은 곧 현재의 돈의문 박물관 마을 한복판에 새 집을 지어 이주했다. 그는 화살통만한 보온병에 커피를 가득 담아서는 새벽부터 종침교 남쪽 언저리에 서서 서대문으로 들어오는 나무장수들을 기다렸다. 나무장수가 나타나면 보온병에 든 커피를 잔에 따라 건네며 "고양高陽 부 씨입니다"라고 인사한 뒤 흥정을 붙였다. 나무장수들은 색깔과 맛이 한약과 비슷한 커피를 '양탕국'이라고 불렀으며, '좋은 약은 입에 쓰다'는 속설을 믿고 계속 받아 마시다가 드디어 인이 박히고 말았다. 부래상은 한국식 본관을 가진 최초의 외국인이자, 궁중에서나 마시던 가배차를 대중화한 일등 공로자였던 셈이다. 하늘에서 떨어졌는지 땅에서 솟았는지 알 수 없는 도깨비 같은 경쟁자가 급속히 상권을 확장하는 데에 당황한 최순영도 탁배기 한 사발 서비스를 개시했다. 그러나 그 시절에도 막걸리로 커피를 누를 수는 없었다.

서울의 땔감시장을 둘러싼 경쟁은 일본 제국주의자들이 고종을 황위에서 끌어내리고 숱한 관리들을 해고하며 군대까지 해산시킨 1907년부터 한층 격렬해졌다. 해고된 하급 관리와 군병들은 새 생계 방도를 찾기 위해 쥐꼬리만 한 은급금恩給金—일본 제국주의자들은 갑작스럽게 해고된 한국인들의 불만을 무마하기 위해 몇 달 치 봉급에 해당하는 소액을 은급금이라는 명목으로 지급했다. 은급금이란 '은혜를 베풀어 지급하는 돈'이라는 뜻인데, 은혜를 베푸는 주체가 한국 황제인지 일본 천황인지는 불분명했다—을 모아 이런저런 회사를 설립했다. 땔감 배달업은 소자본 창업에 특히 유리한 업종이었다. 한성재목시탄주식회사, 시탄주식용달회사, 시탄합명회사 등 근대 기업의 형식을 빌린 땔감 배달업체들이 속속 출현했다. 그러나 이들 중 1920년대까지 명맥을 유지한 것은 한성재목시탄주식회사뿐이었다. 부래상과 최순영은 신설 업체들의 공세를 막아내는 데 성공했다. 1920년대 중반, 부래상은 돌연 땔감장수를 그만두고 프랑스 화장품과 향수 등을 수입해 팔기 시작했다. 서울의 인구는 늘었으나 다른 연료가 등장해서 땔나무시장이 축소되었기 때문이다.

삼국시대 이전 사람들도 불에 타는 돌이 있다는 사실은 알았다. 하지만 잡목과 볏짚이 지천인 상황에서 굳이 불에 타는 돌을 주워 지독한 냄새 맡아 가며 태울 이유는 없었다. 우리나라 사람들이 석탄 채굴회사를 설립하기 시작한 것은 19세기 말의 일이었다. 1899년에는 경성매광회사鏡城煤礦會社와 석탄매광회사石炭煤礦會社, 1900년에는 광달회사礦達會社와 매광합자회사煤礦合資會社가 설립되었다. 석탄의 대부분은 증기선 연료로 사용되었으나, 일부는 가정 난방용으로도 공급되었다. 이 무렵 석탄은 '목탄(炭)' 대용품으로 취급됐다. 연탄은 냄새가 심하고 연기가 많이 났지만, 값은 한참 싸서 가난한 사람들에게 환영받았다. 1910년대에는 난형탄卵形炭이 개발되었고, 1920년대에는 이공탄과 삼공탄이 나왔으며, 1930년대에는 구공탄이 연탄을 대표하는 이름이 됐다. 구멍이 많을수록 불이 잘 붙고 잘 꺼지지 않았기에, 제조 기술이 발전함에 따라 구멍 수도 늘어 해방 뒤에는 19공탄, 22공탄, 25공탄 등이 속속 출시됐다.

1925년 1월, 서울 관철동에서 행랑살이하는 열아홉 살 먹은 처녀와 열다섯 살 먹은 사내아이가 연탄가스에 중독되어 숨졌다. 날이 너무 추운데도 아궁이에 나무를 땔 수 없어 연탄 두 개를 좁은 방 화로에 피워

〈사진 11〉 무악재 고개의 나무장수들

오늘날의 서대문구와 은평구 일대는 조선시대 거대한 땔나무 채취장=시장柴場이었다. 이 일대 주민들은 매일 잡목들을 베어 묶어서는 무악재를 넘어 서대문을 통해 도성 안으로 들어왔다[출처:《사진으로 보는 한국 백 년》].

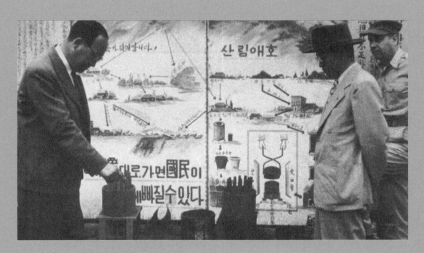

〈사진 12〉 1952년 7월 15일의 구공탄 사용 설명회

산림애호라는 글과 아궁이용 연탄화로, 연탄집게 사용법 등의 그림이 있는 벽보 앞에서 연탄 사용 시범이 진행 중이다. 오른쪽 끝에서 미군이 지켜보고 있다. 연탄 이용의 확산에는 정부의 산림애호 의지도 한몫 단단히 했다. 심하게 말하자면, 오늘날 한국의 울창한 산림은 십 수만 명의 목숨과 맞바꾼 격이다[출처:《사진으로 본 감격과 수난의 민족사》].

놓고 자다가 당한 참변이었다. 일제강점기까지 연탄은 방안의 화로에 숯 대신 넣고 때는 '실내용' 연료였다. 겨울이 되기 전에 땔나무를 쟁여 놓은 집에서는 굳이 연탄을 사용할 필요가 없었다. 그래서 연탄가스 중독으로 인한 사망사고는 거의 도시의 가난한 집에서 일어났다.

인천상륙작전 일 주일 뒤인 1950년 9월 22일, 서울 탈환 전투가 치열하게 벌어지는 동안 임시수도 부산에서 농림부 장관 윤영선은 난데없이 기자들을 불러 놓고 대통령 지시사항이라며 겨울철 연료 대책을 발표했다. 요지는 산림녹화를 위해 향후 신탄新炭 채벌을 엄금하며, 그 대신 연탄을 공급할 터이니 집집마다 아궁이를 개량하라는 것이었다. 40만 명 정도였던 부산 인구가 100만 명에 육박할 정도로 늘어난 상태였으니, 다가오는 겨울에 예전과 같은 난방 연료를 썼다가는 주변 산의 나무가 남아나지 않을 것임은 충분히 예상할 수 있는 일이었다(〈사진 12〉).

그러나 인명조차 돌보기 어렵던 전시에, 뜬금없이 나무를 보호하자는 얘기가 나온 데에는 미군의 조언이 있었던 듯하다. 낙동강 방어선 전투를 치르면서, 미군은 한국의 야산에 나무가 없는 데에 자주 당혹감과 분노를 표시했다. 엄폐물이 없는 탓에 병사들의 공포감은 극에 달했고, 미군 3명 중 1명꼴로 정신과적 문제를 겪었다고 한다. 이 직후 연탄 화로를 넣었다 뺐다 하며 취사와 난방을 겸할 수 있도록 아궁이를 '개량'하는 사업이 시작되어 휴전 후까지 계속됐다. 사업은 성공적이었고, 바퀴 달린 연탄 화덕은 불티나게 팔렸다.

그러나 이로부터 30여 년간, 해마다 수십만 명이 연탄가스에 중독됐고, 그중 수천 명씩 죽었다. 한 세대 전만 해도 연탄가스로 인한 사망자는 하루 열 명꼴이어서 교통사고 사망자 수보다 많았다. 한국인이 독자

개발한 세계 최초의 국산 의료기는 밀폐된 쇠 상자 안에 고압 산소를 주입하는 '연탄가스 중독환자 집중 치료기'였고, 박정희 정권은 연탄가스 중독을 막을 수 있는 기술 개발에 거액의 현상금까지 걸었다. 문제는 연탄이 아니라 집이었다. 아궁이만 고치고 구들장은 그대로 둔 것이 화근이었다. 부자들은 주택 구조를 바꿔 연탄가스 중독의 위험에서 벗어났지만, 가난한 사람들은 그럴 수 없었다. 사람들은 연탄가스가 언제든 저승사자로 변신하여 찾아올 수 있다는 사실을 잘 알았으나, 다음날 아침에 무사히 일어날 수 있게 해 달라고 기도하며 잠드는 것 말고는 다른 방법이 없었다. 기압이 낮을 때에는 연탄가스 중독 위험이 몇 배로 높아졌다. 그런 밤이면, 식구 중 한 사람이 불침번을 섰다. 나도 연탄가스에 중독되어 저승 문턱까지 다녀온 적이 있다. 어머니가 호되게 뺨을 때리며 마구 몸을 흔든 덕에 천근 무게의 몸을 억지로 일으킬 수 있었던 그 아침의 기억이 아직도 생생하다.

1975년, 구들장을 그대로 둔 채 온수 배관을 시공할 수 있게 한 새마을보일러가 발명되었다. 새마을보일러의 보급 속도에 비례하여, 연탄가스 중독 사망사고도 줄어들었다. 연탄보일러의 시대가 열린 지 20년도 되지 않아 난방용 연료는 다시 경유, LPG, LNG 등으로 바뀌었다. 오늘날에는 자다가 '본의 아니게' 죽을 걱정 하는 사람은 거의 없다. 절대다수 사람에게 연탄은 보기조차 어려운 희귀한 물건이다. 추억을 파는 연탄구이 음식점들에서나 가끔 볼 수 있을 뿐. 연탄가스 중독의 공포에서 해방된 것은 참으로 다행스런 일이다. 하지만 연탄가스의 공격을 받지 않은 몸으로 맞는 아침이 얼마나 소중한지 모르게 된 것까지 다행이라고 하기는 어려울 것이다.

10 과거사가 된 '셋방살이 설움'

1908년 9월, 한성부는 〈세거貰居 규칙〉을 반포하여 가옥주가 집을 팔 경우 미리 세입자에게 통지하도록 했다. 집주인이 세입자 모르게 집을 팔아 치워 세입자를 당혹케 하는 일이 많았기 때문이다. 한성부가 이 규칙을 제정한 첫째 이유는 러일전쟁 이후 서울에 밀려들어 온 일본인 세입자들의 요구 때문이었다.

1904년 러일전쟁에서 일본이 승리하자, 수많은 일본인이 일확천금의 기회를 노리고 한국으로 몰려왔다. 일본인 인구 증가가 특히 두드러졌던 곳은 한국의 수도 서울이었다. 일본이 대한제국 정부 기구를 축소하고 그 권한을 탈취함에 따라 수많은 한국인 관리가 실직했고, 그 빈자리를 일본인 관공리들이 메웠다. 수백 년간 왕실과 관청에 납품했던 공시인貢市人들이 잃어버린 거래처에 일본 상인들이 드나들었다. 한국 식민지화를 위한 기반 조성사업으로 진행된 항만, 도로, 관청 건축 등 각종 관급 공사도 일본인 업자들이 독점했다. 용산에 일본군 2개 사단이 주둔했고, 대한제국 군대는 해산당했다. 서울에는 관공리, 상인, 건축업자, 노동자, 군인, 사업가 행세하며 떠도는 낭인, 그들의 주머니를 노린 유녀遊女 등 온갖 직종의 일본인들이 넘쳐 났다. 1903년 3,865명이던 서울과 용산 거주 일본인은 1910년 군인을 제외하고도 4만 7,148명으로 10배 이상 늘어났다. 갑작스럽게 5만 명 가까운 새 주민을 받아들인 서울은 주택난으로 몸살을 앓았다.

서울에 온 일본인들이 모두 자기 집을 살 수 있을 정도로 부자는 아니었다. 설령 돈이 있다 해도 살 집이 없었다. 일본인 절대다수는 일단 셋방살이나 셋집살이로부터 시작하는 수밖에 없었다. 먼저 자리 잡은 일본인 집 방 한 칸이라도 얻은 사람은 그나마 운이 좋은 편이었다. 나머지는 한국인 집의 세입자가 되는 데에 만족해야 했다. 그런데 주택난이 극심하면 집값은 급등하기 마련이다. 하룻밤 자고 나면 집값이 오르니 한국인끼리 집을 사고파는 일도 활발해졌다. 그때까지 한국인들의 관행으로는 집을 매매하면서 세입자에게 통지할 이유가 없었다. 바뀐 집주인이 세입자에게 당장 나가라고 하는 경우도 많지 않았다. 특별한 사유가 없는 한 세입자의 권리는 소작농의 권리처럼 관습적으로 인정되었다. 그러나 일본인 세입자에 대해서는 사정이 달랐다. 자기 집에 일본인의 자취를 남기기 싫은 사람, 혹은 일본인에게 세를 줬다고 비난받을까 걱정한 사람들은 집을 사자마자 일본인 세입자를 내보내려 했다. 일본인의 주거 불안이 식민지 통치 기반을 안정적으로 구축하는 데 장애가 된다고 판단한 일제는 한성부를 압박하여 한국 최초의 세입자 보호 법규를 마련하게 했다.

조선시대에도 서울에는 남의집에 세 들어 사는 사람이 적지 않았다. 시골에 살다 과거에 합격해서 관리가 된 사람들, 서울 세도가와 연줄을 맺어 보려 상경한 사람들, 부모 집에서 형제와 함께 살다가 결혼 후 분가한 사람들, 노름빚이나 송사訟事 비용 때문에 남에게 제 집을 넘겼지만 서울을 떠날 수 없었던 사람들이 세입자군을 구성했다. 주택 임대차도 보통의 거래관계였기에, 세입자가 집주인에게 별다른 불이익을 당하지는 않았다. 다만 집주인이 세입자의 사정을 봐주지 않고 아무 때나 나가라고 할 때 불쾌감이나 억울함을 느끼기는 했을 터이다. 그런데 '셋집'이 아니라 '셋방'일 때는 사정이 전혀 달랐다.

본래 식구란 한 집에 함께 살며 한솥밥을 먹는 사람들을 가리키는 말로 가족과는 다른 뜻이다. 거느린 노비는 한 식구지만, 남의집에 양자 간 친아들은 다른 집 식구다. 본디 집은 식구 단위의 주거 공간이다. 안방, 사랑방, 건넌방, 뒷방이 다 용도와 임자가 정해진 방이었다. 안주인의 거처인 안방을 남에게 내어주는 것도, 바깥주인의 거처이자 응접실인 사랑방을 남에게 내어주는 것도, 다 해서는 안 되는 일이었다. 노비를 부리는 집에서 노비의 거처인 행랑방을 남에게 내줄 수도 없었다. 그러니 제 집에 모르는 행인을 유숙시킬지언정, 다른 식구들과 집을 나눠 쓰지는 않았다. 그러나 을사늑약을 전후로 해서 도시에서는 집의 일부 또는 방 하나를 다른 식구들에게 빌려주는 일이 나타났고, 곧 엄청난 속도로 늘어났다(《사진 13》).

갑오개혁으로 해방된 노비들이 떠나 버려 행랑채가 빈 부잣집들에서는 남의 식구들을 불러들여 노비가 하던 일을 맡겼다. 행랑아범이나 행랑어멈은 종이 아니었으나 언제라도 '주인집'이 원할 경우 노동력을 제

〈사진 13〉 1971년 서울 청계천변의 판자촌

한국전쟁 이후 서울 인구가 급팽창하면서 변두리는 어느 곳이나 무허가 판잣집들로 가득 찼지만, 이런 집들조차 식구 단위의 '안돈'을 허용하지 않았다. 아파트가 일반화하기까지, 서울의 주택들은 대개 '주인집'과 '세들어 사는 집'의 두 식구 또는 그 이상의 식구들에 의해 분할 이용됐다[출처:《71 서울》].

공해야 했다. 주인집 잔칫날이나 김장 때 무상으로 노동력을 제공하는 것은 행랑어멈의 당연한 의무였다. 초가지붕 이엉을 새로 이을 때에는 주인집 바깥양반 대신 행랑아범이 지붕 위에 올라갔다. 본래 관료와 군인, 상인들의 도시였던 서울이 일제 침략에 따라 '실업자의 도시'로 바뀌었기 때문에, 공짜로 방을 얻을 수 있다면 노비 취급 받아도 좋다는 사람은 널려 있었다. 노동력보다 돈이 더 절실했던 집에서는 돈을 받고 방을 내주었지만, '행랑살이'와 '셋방살이' 사이의 거리는 아주 짧았다. 집주인들은 돈을 받았음에도 노비 주인처럼 행세했고, 세입자들은 노비 대접을 받으면서도 대놓고 불평하지 못했다.

1925년 8월, 서울 돈의동에서 셋방살이 하던 임신 6개월 된 젊은 여성이 갑자기 죽었다. 동네 사람들은 이 여성이 월세를 제때 못내 집주인에게 매 맞는 것을 보았으며, 그 때문에 죽었을 것이라고 경찰에 고발했다. 월세를 안 냈다고 사람이 죽을 정도로 무지막지하게 구타하는 건 심한 사례지만, 세입자들을 자기와 같은 사람으로 취급하지 않는 안하무인 격 태도는 집주인들의 고질병과도 같았다. 1920년대 초부터 1980년대 말까지, 서울의 인구 증가율은 늘 주택 증가율보다 높았다. 이전 세입자가 급살을 맞았거나 갑자기 패가망신했거나 관헌에게 체포되었거나 하여 '하자 있는 집'으로 낙인찍힌 경우를 제외하면, 집주인은 언제나 왕이었다. 왕의 상대편은 신하의 자리일 수밖에 없다.

집주인은 계약 전부터 세입자의 신원을 면밀하게 조사할 권리를 누렸다. 식구는 몇인지, 식구 중에 혹시 병자나 부랑자는 없는지, 개·고양이·새 따위를 기르는지, 집주인 모르게 군식구가 추가될 가능성은 없는지, 친척이 많아 뻔질나게 드나들 우려는 없는지 등. 방 한 칸을 내

준 뒤에는 마당 쓸기, 물 길어 오기, 장작 패기, 설거지 등 자기 식구를 위한 가내노동의 상당 부분 또는 대부분을 셋방살이하는 식구들에게 떠넘겼다. 집집마다 수도가 보급되고 방방마다 전등이 설치된 1970~80년대에도, 수도요금과 전기요금을 세입자에게 몽땅 떠넘기는 악덕 집주인이 적지 않았다.

셋방살이하는 사람들은 '돈 없는 죄'를 진짜 죄로 인정하고 살아야 했다. 그들은 밤에 부부싸움도 함부로 할 수 없었고, 자기 아이들이 주인집 아이들과 싸우거나 더 좋은 성적표를 받아오더라도 전전긍긍해야 했다. 셋방살이하는 인생은 설움의 연속이었다. '집 없는 설움'이나 '셋방살이 설움'이라는 말은 한국 현대 도시문화를 설명하는 핵심 키워드 중 하나였다.

11 | 375칸짜리 '장안 제일가'와 옥인동 아방궁

 조선 말, 고종의 생모 민 씨의 조카뻘인 민영주閔泳柱라는 이
가 있었다. 무리를 모아 돌아다니며 무전취식과 폭행을 일
삼았기에 '망나니'라는 별명이 붙었다. 훗날 주러시아 공사로 갔다가 경
술국치 후 자결한 이범진이 그에 관한 소문을 들었다. 이범진에 관한 세
평도 썩 좋지는 않았으나, 그는 나름 의협심이 있었고 무예도 출중했다.
　민영주 일당을 혼내 주려고 벼르던 이범진은 어느 날 장탕반醬湯飯(오
늘날의 장국밥) 집 앞에서 행패 부리던 그들과 마주쳤다. 그는 혼자 몸으
로 예닐곱 명의 장정을 때려눕히고 우두머리인 민영주를 흠씬 두들겨
팼다. 이범진에게 맞고 나서 더 이상 망나니짓을 못하겠다고 판단한 민
영주가 사정했기 때문인지, 그 얼마 뒤 그의 족형族兄 민영준(후에 민영
휘로 개명)이 고종에게 넌지시 부탁했다. 왕의 인척이 '망나니'로 불리는
건 나라의 체모와도 관계된 일인 바, 민영주의 망나니짓을 고치려면 아

무래도 벼슬을 주는 수밖에 없겠다고. 고종은 그럴 법하다고 여겨 군수 자리 하나를 내주었다. 하지만 무전취식하던 망나니에게 군수 자리를 주면 탐관오리가 될 거라는 생각은 미처 못했던 모양이다. 아니면 망나니보다는 탐관오리가 낫다고 생각했던지. 민영주는 무서운 기세로 돈을 긁어모아서는 이윽고 서울에 100칸이 넘는 큰 집을 짓기 시작했다. 때는 1880년대 말이었다.

민영주가 국법을 무시하고 대궐 같은 집을 짓는다는 소문은 고종의 귀에도 들어갔다. 고종은 그를 불러 물었다. "네가 대궐을 짓는다지?" 민영주는 펄쩍 뛰며 부인했다. "천부당만부당하십니다. 소신이 짓는 것은 절이옵니다." 꽤 시간이 지난 후 고종이 다시 민영주를 불러 물었다. "그래. 절은 다 지었느냐?" "예." "그 절에 어떤 부처님을 모셨느냐?" "사람들이 소신더러 금부처라고들 하옵니다." 민영주가 뚱뚱한데다가 워낙 돈을 밝혀 그런 별명이 붙었던 모양이다. 고종은 피식 웃고 그냥 돌려보냈다. 이상은 《매천야록》에 기록된 이야기다. 도성 안에 절을 지을 수 없던 시절이니 이런 대화가 오갔다는 이야기 자체가 천부당만부당하지만, 매천은 그런 점을 의심하지 않았던 모양이다.

민영주가 지은 집은 375칸, 조선 역사상 민가로서는 최대 규모였다. 100칸을 넘는 민가는 지을 수 없다는 규제는 조선 말기에 유명무실해진 상태였으나, 그래도 너무 컸다. 대원군의 운현궁도 이보다 훨씬 작았다. 이 집에는 곧바로 '장안 제일가長安第一家'라는 별명이 붙었다. 고종이 내놓으라고 그랬는지, 아니면 민영주 스스로 고종의 진노를 사는 게 두려워서 그랬는지는 정확히 알 수 없으나, 이 집은 갑오개혁 이후 왕실 소유가 되었다. 고종은 이 집을 금릉위 박영효에게 내주었다. 아관파

천으로 박영효가 다시 일본으로 망명한 뒤에는 일본인 내각 보좌관 츠네야 모리노리恒屋盛服가 1899년 귀국할 때까지 이 집에서 살았다. 이후 1900년까지 이 저택에서 누가 살았는지는 알 수 없다. 1900년 대한제국 궁내부 직속으로 서북철도국이 설치되자 그 청사가 되었으나, 얼마 지나지 않아 일본인 궁내부 고문 가토 마스오加藤增雄의 관사로 바뀌었다.

1905년 을사늑약 이후 일본은 한국 식민지화를 위한 기반 조성사업으로 '제실帝室 재산' 정리에 착수했다. 국유 재산과 황실 소유 재산의 구분을 명확히 하여 재정 운영을 효율화한다는 명분을 내걸었으나, 실제 목적은 고종을 무력하게 만들고 일본인 재정고문의 힘을 키우는 것이었다. 일본인 재정고문 메가타 다네타로目賀田種太郎가 주도하고 부일附日 한국인 관리들이 협력한 이 '재산 정리'의 결과 막대한 황실 재산이 '국유'로 편입되었다. 이때의 '국國'은 통감부가 지배하는 영역이었다. 이 과정에서 민영주가 지은 집도 국유가 되었고, 통감부는 이를 곧바로 매각했다. 매수자는 장사로 큰 돈을 모은 김용달이었다. 그는 지은 지 20년이 넘은 이 집을 대대적으로 수리했다. 집의 칸수는 줄였으나 호화롭게 꾸몄다.

김용달은 제1차 세계대전 직후에 불어닥친 전후 공황을 견디지 못하고 파산했다. 채권자였던 한성은행이 이 집의 소유자가 되었다. 한성은행은 이 집을 남작 조동윤에게 팔았다. '장안 제일가'에 대한 욕심으로 덜컥 이 집을 사들인 조동윤은 곧 후회했다. 생각해 보니, 민영주도 망했고 김용달도 망했다. 소유자가 망해 나가는 집을 흉가 취급하는 문화는 1980년대까지도 남아 있었다. 그 집에 들어가 살았다가는 큰 일을 당할지도 모른다는 두려움에 휩싸인 그는 엄청난 손해를 감수하고 헐값에 다시 내놨다. 그러나 사려는 사람이 없었다. 아무리 싸다 해도 규모가 규모인 만큼, 그 집을 살 수 있는 사람은 손가락에 꼽을 정도였다. 조동윤이 그 집을 싸게 내놓은 이유가 안 팔리는 이유이기도 했다.

이 와중에 흉가에 관한 통념을 과감하게 무시한 사람이 있었다. 일찌 감치 집안 전체가 기독교로 개종한 윤치소였다. 흉가라는 통념에 맞섰 기 때문인지, 아니면 이 집의 기운이 앞선 둘을 망하게 하고 세 번째를 흥하게 하는 것이었기 때문인지는 알 수 없으나, 윤치소의 가문은 '대 한민국 제일가'가 되었다(〈사진 14〉). 그의 장남 윤보선은 대통령이 되었 고, 3남 윤원선은 경기도지사를 지냈다. 아들보다 한 살 어린 동생 윤치 영은 초대 내무부 장관과 공화당 의장, 서울시장을 역임했고, 사촌동생 윤치왕은 육군 군의감, 조카 윤일선은 서울대학교 대학원장, 다른 조카 윤유선은 세브란스 병원장, 당질 윤영선은 농림부 장관을 지냈다.

윤치소의 대저택과 쌍벽을 이룬 집이 현재 '가회동 백인제 가옥'이라 는 문화재 명칭이 붙은 한상룡 저택이었다. 이윤용·이완용 형제를 외 삼촌으로 둔 한상룡은 우연한 계기에 한성은행 총무가 된 뒤 그 시절 양반가 자제로는 특이하게도 '조선의 시부자와 에이이치澁澤榮一(일본 제일은행 설립자)'가 되기를 꿈꿨다. 관립 영어학교를 졸업하고 일본 육 군사관학교의 전신인 세이죠학교成城學校를 중퇴한 그는 일본인들과 폭 넓은 교분을 쌓았다. 그가 보기에, 대한제국이 일본에 병합되는 것은 시간문제였다. 그는 곧 망할 나라에서 관리 노릇 하는 것보다는 사업가 의 길을 걷는 것이 낫다고 판단했다.

한상룡이 경영을 맡은 한성은행은 일본의 한국 강점 이후 조선총독 부의 지원하에 한동안 승승장구했다. 일본은 병합에 공이 있는 조선인 들에게 귀족 작위와 함께 거액의 은사금을 채권으로 주었다. 조선총독부는 이 채권을 모두 한성은행에 예치하도록 하고, 현금으로 교환을 원할 경우 조선총독의 허가를 받아야 한다고 규정했다. 조선 귀족들이 받은 채권을 당장 현금으로 교환해 줄 여력이 없었기 때문이다. 은사공채 자금을 예치한 덕에 한성은행은 일약 식민지 최대의 조선인 기업이 되었다. 외삼촌 이윤용을 은행장으로 모시고 실권을 장악한 한상룡도 조선 제일의 경영자가 되었다.

한상룡은 시부자와 에이이치에게 기업 경영에는 무엇보다도 '외교'가 중요하다는 것을 배웠다. 특히 식민지 원주민 기업가에게 외교는 사활이 걸린 문제였다. 조선총독, 정무총감, 식산국장, 경무총감부장, 조선은행장, 일본 제국의회 의원, 일본 대장성 관리 등이 모두 외교 대상이었다. 그는 매년 골동품을 비롯한 뇌물을 싸들고 일본을 방문했다. 그는 일본인 관리와 기업인들을 자기 집으로 초대하는 것도 사업상 도움이 되리라고 판단했다. 그러기 위해서는 '조선 정취'를 보여줄 수 있으면서도 현대적인 저택이 필요했다.

한상룡은 을사늑약 이듬해인 1906년 4월부터 여러 해에 걸쳐 재동의 가옥 12채를 사들였다. 그러던 중에 '경성박람회'가 열렸다. 조선의 '사업적 가치'를 일본인들에게 광고하기 위한 행사였는데, 이 박람회에 백두산 흑송黑松이 출품됐다. 조선은 본래 적송赤松의 땅이었다. 바닷가 소나무든 내륙 소나무든, 조선 소나무는 목질이 붉은 것이 특징이었다. 조선 땅에서 흑송이 나는 곳은 울릉도와 백두산 기슭뿐이었다. 흑송은 일본 땅에도 많았다. 일본인과 러시아인들은 흑송을 더 좋은 목재로 쳤다. 적송은 구불구불 자라는데다가 가공 후 옹이가 많이 남기 때문이다. 아관파천 이후 조선 정부는 러시아에 울릉도와 백두산 일대 목재

채벌권을 주었다. 러일전쟁에서 승리한 일본은 러시아가 가지고만 있으면서 행사하지 않은 권리를 탈취하고 채벌을 시작했다. 박람회장에서 이 목재를 본 한상룡은 백두산 흑송으로 집을 짓는 것이 여러모로 의미 있겠다고 판단했다.

1913년 초봄, 경의철도 편으로 운반된 백두산 흑송을 주재료로 한 대저택 건축공사가 서울 재동에서 시작되어 반년 만에 완료되었다. 조선주택으로는 드물게 2층 건물을 세웠고, 일부 공간은 일본식으로 꾸몄다. 대지는 907평, 건평은 110여 평이었다. 재동 언덕배기에 있어, 집 뒤쪽 별채에서 담장 너머로 경성 전역을 내려다볼 수 있었다. 달리 말하면 경성 전역에서 보이는 집이었다. 한상룡은 이 집을 지은 후 네 차례 낙성식을 거행했다. 처음엔 가까운 친척과 친지들을 불러서, 두 번째는 조선총독과 총독부 고관들을 불러서, 세 번째는 경성의 각 실업단체 회원들을 불러서, 마지막으로는 장안 명사 1천여 명을 명월관으로 초대해서. 그가 지출한 낙성 피로연 비용만 해도 엄청났다.

초대 총독 데라우치 마사다케寺內正毅, 2대 총독 하세가와 요시미치長谷川好道, 3대 총독 사이토 마코토齋藤實가 모두 그의 집을 방문하고 기념사진을 찍었다. 간토關東 대지진으로 한성은행 일본 지점이 초토화하지 않았더라면, 그래서 한상룡이 계속 이 집을 소유했더라면, 역대 조선총독이 모두 이 집에서 기념촬영을 했을 가능성이 크다. 일제강점기 조선총독이 한국인 집을 직접 방문하는 것은 극히 이례적이었다. 그런데 세 명의 총독이 잇달아 방문했으니 그의 집이 '조선을 대표하는 대저택'이라는 명성을 얻은 것은 당연한 일이었다(《사진 15》).

1921년 세계 제일의 대부호 록펠러의 아들이 중국으로 가던 도중 조선에 들렀다. 경성역에 도착한 그는 창덕궁 이왕李王(순종)과 조선총독을 잇달아 예방한 뒤, 곧바로 한상룡 저택에서 열린 환영연에 참석했다. 이곳에서 '조선주朝鮮酒'를 대접받은 그는, 후일 그 맛을 잊지 못하겠다며 한상룡에게 감사편지를 보냈다. 규모는 윤치소 저택이 컸으나, '조선 제일 저택'이라는 명성은 한상룡 저택 몫이었다. 하지만 이 집을 '아방궁'이라고 부르는 사람은 없었다. 당대의 한상룡은 부자이면서도 첩을 두지 않은 특이한 조선인이었다.

간토 대지진에 후속한 1923년의 진재공황震災恐慌과 1927년의 금융 공황으로 인해 일본 전역의 은행들이 심각한 피해를 입었다. 도쿄 지점이 지진으로 붕괴한 한성은행의 피해는 더 심각했다. 1928년, 조선총독부는 한성은행 특별정리위원회를 구성하고 은행 회생 방안을 강구했다. 위원회는 은행에 긴급 구제자금을 지원하는 대신 두취頭取(오늘날의 은행장에 해당) 한상룡의 퇴진과 사재私財 출연을 요구했다. 총독부의 결정에 반발할 수 있는 조선인은 없었다. 그는 울며 겨자 먹기로 자기의 자랑거리이자 사업 도구였던 저택을 내놓았다. 한성은행은 이 집을 매물로 내놓았으나 이번에도 '망한 사람'의 저택을 사려는 사람은 없었다. 부득이 시골 부호의 첩에게 셋집으로 내주었다. 그가 2년 살고 나간 뒤에는 천도교단이 입주하여 지방에서 올라온 신도들의 숙소로 사용했으나, 경찰이 전세 기간 연장에 반대했다. 집이 높은 곳에 있어 감시하기 불편하다는 이유에서였다. 한성은행을 곤경에서 구출해 준 사람은 최선익이라는 서른 살 먹은 청년부호였다.

1905년 개성에서 출생한 최선익은 어려서 큰아버지 최성구의 양자가 되었다. 그의 양부는 개성에서 다섯 손가락 안에 꼽히는 인삼밭 부

〈사진 14〉 안국동 윤보선 가옥 내부

조선시대 최대 규모의 민가였고 지금도 서울 최대 규모의 한옥이다. 집을 지은 사람과 최초 매수인이 다 망했으나, 네 번째 소유주 일가는 최상의 영화를 누렸다. 박정희 정권 때에는 이 집 안의 동정을 감시하기 위해 중앙정보부가 대문 바로 앞에 고층 건물을 지었다.

〈사진 15〉 백인제 가옥 내부

1913년 한상룡의 저택으로 준공되었으나, 문화재 명칭에 '친일파'의 이름을 써서는 안 된다는 여론에 따라 마지막 소유주의 이름을 따서 '백인제 가옥'으로 명명되었다. 백인제가 이 집에서 산 기간은 6년뿐이고 그나마 후손이 서울시에 매각했는데도 백인제를 기념하는 건물처럼 되었다.

자였으나, 워낙 자린고비라서 별명이 '검은띠'였다. 허리띠에 손때가 묻어 새카매져도 바꾸지 않았기에 붙은 별명이다. 고향에서 보통학교를 졸업한 최선익은 서울 중앙고등보통학교에 입학했다. 졸업을 앞둔 4학년 봄, 갑자기 양부가 사망했다. 그는 학교를 중퇴하고 귀향하여 가업을 물려받았다. 그가 물려받은 양부의 재산은 대금업체 하나, 상사商社 하나, 그리고 방대한 삼포蔘圃였다. 당시 시가로 100만 원을 훌쩍 넘는 엄청난 규모였다. 서울의 어지간한 집 한 채에 500원, 쌀 한 가마니에 15원 정도 하던 시절이었다. 중앙고보 시절에 3·1운동을 겪었기 때문인지, 그는 양부와는 다르게 통이 컸다. 그는 1920년대에 활발하게 전개된 민족·사회운동 단체에 자주 거액을 기부했다. 개성에 스무 살도 안 된 돈 많은 독지가가 있다는 소문이 서울에까지 알려졌다.

최선익이 만 열아홉 살 때인 1924년 9월, 3·1운동 직후 부임한 조선총독 사이토 마코토의 신시정新施政을 상징하는 신문사였던 《조선일보》가 매물로 나왔다. 본래 친일단체 대정실업회의 기관지로 창간되었으나, 대중의 외면을 받아 경영난에 허덕이던 신문이었다. 이 신문사를 매수하여 민족언론사로 개편할 마음을 먹은 신석우가 그를 찾아갔다. 최선익이 망설였는지 어땠는지는 알 수 없으나, 결국 그는 《조선일보》의 최대 출자자가 되었다. 하지만 고등보통학교 중퇴 학력에 나이도 어려 임원은 되지 못하고 '영업부장'이라는 직함만 얻었다. 그는 영업부장으로 있으면서 《조선일보》 직원 자녀들을 위한 유치원을 설립하고 그 원장도 겸했다. 1927년 '민족단일당' 신간회가 출범할 때에는 발기인 27인 명단에도 이름을 올렸다. 약관 22세로 최연소였으니, 신간회 창립 자금의 일부도 그가 부담했을 가능성이 크다.

최선익은 신간회를 비롯한 민족·사회운동 단체에서 활동하는 한편, 1930년에는 개성상사주식회사를 설립하고 그 사장이 되었다. 이듬해 신간회가 해산되자 기업 경영과 언론활동에만 전념했다. 1932년 《조선일보》 사장 안재홍이 '만주 동포 구제금 횡령' 혐의로 투옥된 사이, 《조선일보》에 1만 7천 원을 대출해 주었던 임경래가 편집 겸 발행권을 탈취하는 사건이 일어났다. 이 사건의 배후에 조선총독부가 있다고 판단한 최선익은 조선일보사를 사직했다. 그동안 투자한 돈은 건지지 못했으나, 재판 끝에 사옥만은 그의 소유로 인정받았다. 그는 휴간 중이던 《중앙일보》를 인수, 《조선중앙일보》로 제호를 바꾸고 이 건물에 입주시켰다. 그의 나이 28세 때였다. 《중앙일보》 인수자금 거의 전액을 부담하기는 했으나, 자기가 사장이 되기에는 여러모로 부족하다고 판단한 그는 여운형을 사장으로 추대하고 부사장 겸 주간이 되었다. 《조선중앙일보》 사원들은 그를 '아기 부사장'이라고 불렀다.

여운형은 1936년 이른바 '일장기 말소사건'으로 《조선중앙일보》가 폐간될 때까지 사장 자리를 지켰다. 그러나 최선익은 1935년 5월 말, 돌연 부사장직을 사임했다. 그가 한성은행으로부터 '장안 제일가'를 매입한 것은 사임 넉 달 전인 그해 1월이었다. 이유는 알 수 없다. 수십 만원을 쏟아부었지만 별 성과를 내지 못한 언론활동에 회의를 느꼈을 수도, 가족들의 원망에 부담을 느꼈을 수도, 자기를 '아기 부사장'이라고 부르는 직원들에게 불만을 느꼈을 수도 있다. 총독 정치를 가장 강력하게 비판하는 신문들에 거듭 출자하는 그를 괘씸하게 여긴 총독부의 압력이 있었는지도 모를 일이다.

그가 '장안 제일가'를 매입하여 칩거한 지 1년 뒤, 잡지사 《삼천리》

기자가 가회동 집을 찾아갔다.

씨가 약관 때부터 수십 만의 사재를 아낌없이 던져 조선 신문계와 육영
사업에 심력을 많이 쓴 것은 우리로서는 잊히지 않는 큰 존재인데 이 뜻
을 받아주지 못하는 것을 보자 즉시 그 사업에서 손을 떼고 후일을 기약
하는 그 심경을 우리가 다시금 음미할 때에는 거기서 커다란 무슨 교훈
을 받음이 있다. 그러나 씨는 하루라도 일찍 우리가 기대하는 새 사업에
착수하여 주었으면 한다. 물론 씨 자신으로도 새로운 웅도雄圖가 있을
줄 믿으나 어쨌든 씨의 조선을 사랑하는 그 마음속에서 우리가 바라는
뜻 있는 사업에 일각이라도 속히 착수하여 주기를 다시금 빌어 마지않
는 터이다(《삼천리》 제8권 제11호, 1936. 11. 1).

기자는 그가 조선 사회 일반에 '서운함'을 품었다고 느꼈던 듯하다.
태평양전쟁이 막바지로 치닫던 1944년, 최선익은 이 집을 외과 의사로
명성을 날리던 백인제에게 팔았다. 전쟁 통에 재정 형편이 나빠졌기 때
문일 것이다. 백인제는 한국전쟁 중에 납북되었고, 그 뒤로는 그의 처가
이 집을 지켰다. 물론 최선익과 백인제 일가가 살던 때에도, 이 집이 '아
방궁'이라고 불린 적은 없었다. 두 사람 모두 가정생활에서는 모범적이
었다. 특히 '청년 독지가' 최선익이 살 때에는, 있는 듯 없는 듯 '청수淸
修'한 집으로 꼽혔다. 주인의 품성이 집의 이미지를 규정했기 때문이다.
이들 외에도 호화주택은 언제나 있었다. 철종 대에는 철종의 친형 영
평군 이경응의 집이 유명했다. 형을 제치고 왕위에 오른 게 미안했던
철종은, 형에게 대저택과 많은 노비를 하사했다. 노비들이 기거하는 행

랑이 길게 늘어서 있었기에, 그의 저택은 '줄행랑집'이라고 불렸고, 그 저택이 있는 동네에는 '익랑翼廊골'이라는 이름이 붙었다. 익선동益善洞이라는 지명은 여기에서 유래했다. 일제강점기 양옥으로는 운현궁 이준용 집과 옥인동 윤덕영 집이 초호화 주택으로 꼽혔다. 동대문 밖 임종상 집과 서대문 안 최창학 집(죽첨장, 해방 후 경교장)도 유명세를 누렸다. 그러나 이들 중 '아방궁'이라는 별명을 얻은 집은 단 한 집, 순정효황후의 큰아버지 윤덕영의 옥인동 저택뿐이었다(〈사진 16〉).

을사늑약으로 대한제국의 외교권을 박탈한 일본은, 곧바로 대한제국의 외국 공관을 모두 폐쇄했다. 당시 주프랑스 공사는 민영환의 동생

〈사진 16〉 옥인동 47번지 언덕 위에 성채처럼 솟은 전前 윤덕영 저택(1950년께)
프랑스 귀족 저택의 설계도에 따라 1911년부터 짓기 시작한 이 집이 완공되는 데에는 10년 이상이 걸렸다. 해방 직후 '조선인민공화국' 청사, 미군 숙소 등으로 쓰이다가 화재로 소실됐다[출처: 《서울 육백 년》].

민영찬이었다. 형의 자결 소식에 충격을 받은 그는 러시아와 미국의 외교부를 방문하여 을사늑약이 무효임을 주장했으나 아무런 소득도 얻지 못하고 귀국했다. 그러나 아주 빈손은 아니었다. 프랑스 공사로 있는 동안 파리의 저택들에 감명받은 그는, 프랑스인 건축가에게 설계도를 주문했다. 하지만 끈 떨어진 연 신세가 되어 귀국한 그에게는 설계도대로 집을 지을 만한 힘이 없었다. 그냥 주었는지 돈 받고 주었는지는 알 수 없으나, 이 설계도는 순종황제의 처삼촌인 윤덕영에게 넘어갔다.

일본의 한국 강점 이후 이왕직 장관이 된 윤덕영은 옥인동 언덕 위에 설계도대로 집을 짓기 시작했다. 10년이 넘는 대역사大役事를 거쳐 마침내 완공된 이 집은 '벽돌 한 개가 범연한 것이 없고 유리 한 장도 보통의 물품은 쓰지 아니한 장안 제일의 호화주택'이었다. 이 집이 완공된 직후 불려갔던 기생 이난향의 회고에 따르면, 심지어 '수세식 양변기'까지 있었다고 한다. 그는 '동무 기생'이 측간에 갔다가 옆에 물항아리처럼 생긴 물건이 있는 것을 보곤 그 물을 바가지로 떠서 마셨다고 기록했다.

윤덕영은 일본 제국의회 칙선의원 등을 지내며 천수를 누리다가 1940년에 사망했다. 해방 이후 그의 집은 잠시 '조선인민공화국' 정부 청사로 쓰이다가 병원이 되었다. 한국전쟁 중에는 미군이 징발하여 장교 숙소로 사용했으며, 휴전 이후에는 유엔한국통일부흥위원단 UNKURK이 이 집에 입주했다. '언커크'가 무슨 뜻인지 몰랐던 근동 사람들은 이 집으로 올라가는 고개를 '엉겅퀴 고개'라고 불렀다. 1966년 화재로 2, 3층이 전소된 뒤 흉물로 남아 있다가 얼마 후 헐렸다. 이 저택의 문기둥 일부가 주택가 골목에 장식품처럼 남아 옛 저택의 영화를 전하고 있다.

그런데 이 저택이 '아방궁'으로 불린 것은 규모가 크고 호화로웠기 때문만은 아니다. 아방궁은 진시황이 70만 명의 포로와 죄수를 동원하고도 생전에 다 짓지 못한 궁이다. 규모도 규모려니와 중국 전역의 미인들을 끌어모아 즐기기 위해 지은 것이기 때문에 이후 수천 년간 사치와 향락을 위한 건물의 대명사가 되었다.

윤덕영은 세 가지로 유명했다. 특별히 주문 제작한 모자가 아니면 맞지 않을 만큼 머리가 커서 '윤대갈'이라는 별명을 얻은 것이 하나요, 기생이나 여학생 첩을 옆에 끼고 궁둥이를 두드리며 노는 '고상한' 취미가 둘이며, 옥인동의 저택이 셋이다. 그런데 두 번째와 세 번째는 서로 연결돼 있었다. 옥인동의 윤덕영 저택에 '아방궁'이라는 별명이 붙은 것은, 사람들이 이 집을 '향락의 공간'으로 인식했기 때문이다.

노무현 전 대통령이 퇴임 후 거처할 사저를 지을 때부터, '아방궁'이라는 말이 새삼 인구에 회자되기 시작했다. 정치인들이 먼저 아방궁이라는 이름을 붙였으며, 유력 언론들이 호응했다. 그러나 이 말은 대통령을 호색한으로 매도하지 않는 이상 애초에 써서는 안 되는 말이었다. 아방궁은 퇴폐 향락업소에나 어울리는 이름이다. 실제로 인터넷 포털에서 '아방궁'을 검색하면, 지도에 나오는 건 전부 술집들이다.

3부

직업과 경제생활

직업은 사람의 정체성을 이루는 근본 요소다. 성인들은 잠
자는 시간을 제외한 대부분의 생활시간을 직장에서 보내
며, 직업활동을 통해 세계를 구체적으로 경험한다. 사람들의 세계관은
그의 직업적 이해관계와 밀접히 결합해 있다. 당장 '알려는 의지' 자체
가 일차적으로 직업에 규정된다. 사람들은 자기 직업활동에 도움이 되
는 지식만 '참 지식'으로 평가하고, 도움이 되지 않는 지식은 '쓸데없는
지식', 방해가 되는 지식은 '가짜 지식'으로 취급한다. "그런 걸 알아서
뭐 하려고?"만큼 앎에 대한 태도를 여실히 드러내는 말도 달리 찾기 어
렵다. 자기에게 필요한 것, 알고 싶은 것만 끌어 모아 구축한 지식세계
가 그의 신념이자 가치관이며 세계관이다.

직업은 또 사람의 지위, 품성, 교양 등의 정체성을 평가하는 척도이
기도 하다. 자신을 찾아온 낯선 사람에게 "누구십니까"라고 묻는 것은

결코 그의 이름이 궁금해서가 아니다. 이 질문은 "당신 뭐 하는 사람이오?"나 "당신 직업이 뭐요?"로 바꿀 수 있으며, 근본적으로는 그의 '정체'를 묻는 것이다. 그래서 인구의 대다수가 농민이던 옛날에는 사람을 이해하는 데에 '피는 못 속인다'는 말이 쓸모가 있었으나 지금은 '직업은 못 속인다'는 말이 더 유용하다(〈사진 1〉).

중세 사회에서 직업은 문자 그대로 천직天職이었다. 타고난 천분[天分]이 직업을 결정했으며, 일단 정해진 직업은 바꾸기 어려웠고 대체로 세습됐다. 사농공상士農工商은 직업의 구분일 뿐 아니라 신분의 구분이기도 해서 관리官吏의 아들은 관리가, 농사꾼의 아들은 농사꾼이, 장사꾼

〈사진 1〉 구직이라 쓴 표찰을 가슴에 걸고 서 있는 청년
휴전 직후, 전쟁터에서 한 팔을 잃은 청년이 구직이라 쓴 표찰을 가슴에 걸고 하염없이 서 있다. 직업은 생계수단일 뿐 아니라 '정체正體'이기도 하다. 취직은 자신의 정체를 확립하는 일이며, 해고는 타인의 정체성을 파괴하는 일이다[출처:《정부수립 40년》].

의 아들은 장사꾼이, 장인匠人의 아들은 장인이 되는 것이 상례常例였다.

근대의 산업화는 이 안정적인 직업세계를 허물었다. 농민이 인구의 절대다수를 점하고 신분 이동이 사실상 불가능하던 시대에는 아이들에게 "너 커서 뭐 되고 싶니?" 같은 질문을 할 이유가 없었다. 그들이 타고난 신분과 직업에서 벗어날 생각을 한다면, 사회는 이를 '역심逆心'으로 취급했다. 그러나 농촌에서 농민을 이탈시켜 도시 노동자로 삼는 자본의 원시적 축적이 진행되면서, 직업은 개념상으로나 현실적으로나 선택할 수 있는 것으로 바뀌었다. 농민들과 그 아들들이 도시에 들어와 상점 점원이 되고 공장 노동자가 되고 회사 사무원이 됐다. 게다가 시간이 흐를수록 도시 직업은 세분화, 전문화했고 당연히 그 종류가 늘어났다. 이런 상황에서 직업의 세습은 오히려 예외적인 일이 되었다. 오늘날에는 아버지와 아들, 형과 동생이 서로 다른 직업을 갖는 것이 정상이고, 그 반대가 비정상이다. 때로는 한 사람이 일생동안 여러 직업을 거치는 경우도 드물지 않다. 그런 점에서 근대화는 체험 주체의 관점에서 보자면 안정적이고 고정적이던 직업세계가 다양화하고 유동화하는 과정이라고도 할 수 있다. 그런데 이 시절의 도시 노동자 중에는 회사의 직원이나 공장의 직공 등 장기 고용되는 노동자는 적었고 인력거꾼, 지게꾼, 날품팔이 등 하루 벌어 하루 먹는 사람이 훨씬 많았다.

한 달에 한 번 보수를 받는 노동자들을 일반 노동자들과 구별해 부르는 말이 '월급쟁이'였는데, 당시의 취업 사정에 비추어 월급쟁이라는 말에는 상당한 동경憧憬이 담겨 있었다. 점쟁이, 침쟁이, 미장이, 땜장이 등은 기술만 배우면 다 할 수 있었으나 월급쟁이는 되고 싶다고 아무나 되는 '쟁이'가 아니었다. 월급쟁이가 되려면 상당한 학력과 사회적 배경, 개인적 운이 따라야 했다. 하지만 어렵게 월급쟁이 지위를 얻은 사람이라고 해서 '일당 노동자'들보다 사정이 현격히 좋은 것도 아니었다. 극소수의 고위직 관공리나 성직자, 교직자를 제외하면 정년이 보장되는 직업은 거의 없었다. 관리가 정년퇴직하면 관보官報에 실리고, 교육자나 성직자가 정년퇴직하면 신문에 보도되는 게 상례였다.

그보다 대다수 직업에서 정년이라는 개념 자체가 필요 없었다. 20세기 중반까지도 한국인의 평균 수명은 40세를 조금 넘는 정도였고, 영유아기나 유소년기의 고비를 넘긴 사람이라도 환갑잔치를 치르면 "오래 살았다"는 소리를 들을 정도였으니, "정년까지 일하라"는 말은 "죽을 때까지 일하라"는 말과 비슷한 뉘앙스였다. 그것은 덕담보다는 오히려 욕에 가까웠다. '자기 사업'을 하는 자영업자들의 '일할 나이'에 대한 개념도 그리 다를 바 없었다. 변호사나 의사, 예술가 같은 전문직업인의 경우 70세를 넘도록 일하는 경우도 간혹 있었으나 대다수 장사꾼들은 계속 일하고 싶어도 자본주의적 경쟁이 이를 용납하지 않았다. 1920~30년대 서울 종로 상인의 경우 제자리에서 5년을 버티는 사람도 드물었다.

한국인들이 '평생직장'이라는 개념에 현실감을 갖게 된 것은 고도 경제성장이 본격화한 1960년대 이후였다. 수천, 수만 명을 고용하고 관리하는 대규모 기업들이 우후죽순 격으로 생겨났고, 그들 중 일부는 재벌이 됐다. 기업 규모가 확대됨에 따라 고용 인원도 늘었고, 먼저 취업한 사람들은 몰려오는 후배 사원들을 딛고 때맞춰 승진할 수 있었다. 큰 잘못을 저지르지 않는 한 평생을 한 회사에서 근무한 뒤 정년퇴직하는 것이 당연한 인생행로처럼 되었다. 한 기업에 평생 몸담게 됨으로써 이들은 자연스럽게 기업의 논리, 더 정확히는 기업 소유주의 논리에 충실한 노동자가 되었다. 이들은 자본주의 기업의 단순한 피고용인이 아니었다. 자기를 고용해 준 기업이 잘 되어야 세상이 잘 돌아간다고 믿는 충성스런 '조직원'이었다.

그러나 1997년의 외환위기는 한국인들의 직업 세계를 반세기 전으로 되돌려 놓았다. 안정적인 직장은 줄고, 불안정하며 처우도 나쁜 직장이 늘었다. 더불어 이 직업 저 직업을 전전하는 사람도 늘었다. 당장 내가 아는 사람 중에도 음식점 배달부, 건설 노동자, 풀빵 장수, 군고구마 장수, 도배 기술자, 택배 사원 등의 직업을 거친 이가 있는데, 그의 소망은 자기 자식이 '안정된 직장'을 갖는 것이다. 얼마 전에는 장래 희망을 묻는 교사의 질문에 '정규직'이라고 답한 초등학생에 관한 이야기가 한동안 화제가 된 적도 있었다. 평생 일할 수 있는 '안정된 직장'이 평범한 사람들의 '소망'이 되었다는 사실은, 그런 직장의 희소성이 앞으로 더 심해질 것임을 보여준다.

근대 이후 가족 내 '세대 갈등'은 부모 자식이 서로 다른 직업을 가진 데에서 말미암은 바 크다. 그러면 일생동안 여러 직업을 거치는 개인의 '정체성'은 어떻게 될까? 신자유주의 경제 논리가 지배하는 상황에서 비정규직이 양산되는 것은 전 세계적 현상이며 기업의 '경쟁력'을 확충하기 위해서는 고용의 경직성을 극복해야 한다는 주장에 일리가 없는 것은 아니다. 하지만 평생직장이 사라진다는 것은 곧 자기 정체를 확정하지 못하는 사람이 늘어난다는 것과 같은 의미다. 정체가 불분명한 사람이 많은 사회는 건강한 사회일 수 없다.

2 '정경유착'과 '가족 같은 회사'의 민낯

오늘날 직업을 가진 한국인의 반 가까이는 '회사원'이다. 법무법인 변호사와 언론사 기자, 증권사 펀드매니저와 공장의 생산직 노동자는 서로 다른 직업인이지만 그래도 모두 회사원이다. 회사원이 아닌 사람도 회사를 상대하지 않고는 살지 못한다. 지금은 먹는 것 일부를 제외한 거의 모든 생필품에 회사 이름과 로고가 붙어 있다. 현대는 회사의 시대다. 우리나라에서 회사라는 조직은 언제부터 이렇게 사람들의 일상을 포획했을까?

1883년 10월 21일, 《한성순보》에 〈회사설〉이라는 논설이 실렸다. 우리 역사 무대에 회사라는 이름이 처음 등장하는 순간이었다. 이 논설은 "대저 회사란 여러 사람이 자본을 합하여 여러 명의 농업 공업 상업의 시무時務를 잘 아는 사람에게 맡겨 운영하는 것"이라 하여 소유와 경영의 분리를 회사의 첫 번째 특징으로 규정했다. 이어 정부가 회사와 계약하여 영업 기반을 마련해 주거나 이익을 보증하는 외국의 예에 따라 조선 정부도 회사를 육성, 보호할 필요가 있다고 주장했다. 이른바 '정경유착'의 필요성을 제기한 셈인데, 이는 후발 자본주의 국가들의 산업화 초기 국면에서 일반적으로 나타나는 현상이다. 우리나라 정경유착의 뿌리도 가까이에는 여기에 닿는다고 할 수 있다. 멀리까지 거슬러 올라가면 근대 이전에는 경제經濟 자체가 국가의 일이었다. 경제는 경세제민經世濟民의 줄임말로서, 본래 군주가 하는 일이었다.

《한성순보》에 〈회사설〉이 실린 지 얼마 되지 않아 의주 상인들이 의신회사義信會社를 창립했는데 이것이 우리나라 최초의 회사다. 뒤이어 서울 상인들도 장통회사長通會社를 설립했다. 위치는 정확히 알 수 없으나 이름으로 보아 본사를 청계천 장통교 부근에 두었을 것이다. 이 두 회사는 때로 상회商會라는 이름을 쓰기도 했다. 당시 사람들에게 '돈과 사람이 모여 만든 결사'라는 뜻의 회사와 '상인들의 모임'이라는 뜻의 상회는 잘 구분되지 않는 개념이었다. 이 둘이 명확히 구분되어 회사는 큰 기업으로, 상회는 구멍가게로 분리되기 시작한 것은 20세기에 접어든 뒤였다. 대규모 회사 대표나 구멍가게 주인이나 사장으로 불리기는 매일반이지만.

회사라는 신식 이름이 생기기 전에도 '결사영상結社營商', 즉 조직을 이뤄 장사하는 것은 보편적이었다. 시전 상인들은 업종별로 도중都中이라는 조직에 묶여 있었고, 떠돌이 행상들도 상단商團에 가입하지 않고서는 장사할 수 없었다. 모든 결사체의 운영 원리는 중세적 공동체 의식을 토대로 삼았다. 초창기 회사들의 규약에는 거의 빠짐없이 '가족 같은 관계, 형제 같은 우애'를 강조하는 문구가 들어갔다. "회원은 매사에 서로 믿어 화평함에 힘써야 하며 형제와 같은 우의를 지녀야 한다. 충효와 덕업德業으로 권면하고 애경사哀慶事에 서로 참여하며 환난을 서로 구제하기를 세세자손이 한집안 식구처럼 해야 한다"(1885, 경성농상회사京城農桑會社). "사원들끼리 서로 사랑하기를 친척과 같이 한다"(1897, 인천 신상회사紳商會社. 1904, 창성사昌盛社 등).

초창기 회사와 중세적 상인조직의 차이는, 대표를 뽑아 경영을 맡긴다는 점과 정부의 보호를 받는다는 점이었다. 그런데 정부가 보호했다고 말하기에는 조금 어폐가 있다. 깡패가 포장마차 상인을 '보호'하는 것과 비슷한 감이 있기 때문이다.

임진왜란과 병자호란은 조선 사회 전반에 심각한 악영향을 미쳤다. 당장 인구가 줄었고, 난리 통에 농사짓지 못하고 버려둔 땅이 황폐해졌다. 하지만 위기는 '위협이자 기회'라는 말은 대체로 진실이다. 언제나 어느 곳에서나, 대규모 전쟁을 겪고 살아남은 세대가 가장 행복했다. 인구 압력이 줄어들고 1인당 경작 면적이 늘어났다. 영양 상태가 나아져 영유아 사망률이 줄었다. 전쟁 중에 인구가 급감하고 전쟁 직후에 인구가 급증하는 것은 보편적인 현상이다. 역사에서 보자면, 한국전쟁 직후 한국이 겪은 '베이비붐'은 특별한 현상이 아니다. 중세에도 인구는 수십 년 만에 전쟁 전 수준으로 회복되었다. 그런데 인구가 줄어든 상태에서 새롭게 형성된 노동력과 토지의 비례관계는, 인구가 회복된 뒤 심각한 사회적 갈등을 낳는다. 호당 경작 면적을 전쟁 전 수준으로 재분배하면 해결될 문제일 수 있었으나, 인류는 그런 문화를 만들어 본 적이 없다. 일단 확보한 생산력 수준을 되돌리지 않았기에 역사가 발전했다.

토지가 경작자로 수용할 수 없는 인구, 즉 과잉인구는 어쩔 수 없이 농촌을 떠나 다른 일자리를 찾아야 했다. 이들에게는 다행하게도, 과잉인구가 발생한 만큼 잉여생산물도 늘었다. 전쟁 전보다 더 넓은 땅을 경작하게 된 농민들은 당연히 더 많은 생산물을 얻었지만, 이를 모두 자가自家에서 소비하지는 않았기 때문이다. 과잉인구의 상당수는 이 잉여생산물의 유통, 즉 상업商業에 투신했다. 유민으로 떠돌다가 화적이나 깍쟁이(거지의 옛말)가 되는 것보다는, 비록 사농공상士農工商의 최하층이나 그래도 생업을 가진 백성이 되는 편이 나았다.

전쟁의 피해가 회복되자, 상인의 수가 늘었다. 동업자 수가 늘어나는 걸 반기지 않는 것도 인간의 주요 습성이다. 기득권자들은 새로 상업계에 투신하는 사람들을 막기 위해 여러 가지 방법을 고안했다. 서울 시전 상인들은 정부에 역役을 제공하는 대가로 금난전권禁亂廛權을 획득했다. 보부상들도 상단商團을 꾸려 그에 소속되지 않은 사람들의 장사를 막았다. 하지만 먹고살려는 인간의 의지는 법적·제도적 장애에 쉬 굴하지 않는 법이다. 금난전권이란 문자 그대로 '난전亂廛을 금지하는 권리'였는데, 이 권리의 실현 방법은 무척 폭력적이었다. 예컨대 서울 근교에 사는 농민이 능금이나 복숭아 몇 개를 성 안으로 가져와 팔다가 모전毛廛―과일 파는 시전―상인에게 발각되면, 모전 도중都中 소속원들이 떼로 달려들어 '무수난타無數亂打' 하고 물건을 빼앗는 식이었다. 이를 '속공屬公'이라고 했다. 속공 방식이 얼마나 난폭했던지, '각전各廛 상민商民 난전亂廛 몰 듯한다'라는 속담까지 생겼다. 아주 거칠게 몰아치는 모습을 표현할 때 쓰던 말이다.

금난전권은 시전 상인들이 정부에 노동력이나 물품을 무상으로 제공한 대가로 얻은 것이니, 그 비용이 상품 값에 더해지는 것은 당연한 경제 원리다. 금난전권으로 인해 도성 안의 물가는 다락같이 올랐다. 먼 곳까지 가서 싸게 살 것이냐, 비싸도 가까운 데에서 살 것이냐는 소비자들이 늘 하는 고민이다. 금난전권이 미치지 않는 도성 밖 교통의 요지나 한강변에 근교 농어민들이 가져온 상품을 매집해 되파는 객주客主들이 늘어났다. 객주업에 투신하는 자들이 계속 늘어나자, 먼저 객주가 된 자들은 '진입 장벽'을 세우고자 했다. 시전 상인들의 금난전권과 비슷한 독점권을 가지려 한 것이다. 조정에서도 이 문제를 어떻게 처리하는 게 좋을지를 둘러싸고 논란이 벌어졌다.

노론老論 관료들은 "공께서는 어찌 이利를 말씀하십니까? 오직 인의가 있을 따름입니다"라는 《맹자》의 말을 근거로 재부財富는 민간에 흩어주는 것이 군주의 도리라고 주장했다. 남인南人 관료들은 나라가 모두 군주의 것이니 재화에 대한 권리도 군주에게 있다고 설파했다. 노론은 경제적 기득권을 가진 세력이었고, 남인은 경제 이권에서 소외된 집단이었다. 그 시절에도 시장은 참여자의 자율에 맡겨야 한다는 주장과 국가의 적극적 시장 개입이 필요하다는 주장이 맞섰던 셈이다. 예나 지금이나, '시장 만능주의'는 경제적 기득권자의 논리다. 영·정조의 탕평蕩平에도 불구하고, 숙종 말년 이후는 노론의 시대였다. 중앙 정부는 도성 밖 시장에는 개입하지 않기로 결정했다.

군주가 포기한 권리를 신하들이 나눠 갖는 것은 늘 있는 일이다. 궁방宮房, 군문軍門들은 군주의 권력 일부를 사유화하여 경강변京江邊을 비롯한 각 포구의 유력 객주들에게 독점권을 보장해 주고, 그 대가로 이익을 나눠 갖는 상업 체제를 구축했다. 이를 학술용어로 '도고都賈 체제' 또는 '도고상업 체제'라고 한다. 지나친 단순화라는 혐의를 벗을 수는 없지만, 그래도 이 체제가 형성되는 경위를 간략하게나마 소개할 필요는 있을 듯하다.

본래 객주란 문자 그대로 여기저기 떠돌아다니는 상인, 즉 객상客商의 임시 주인 노릇하는 사람이라는 뜻이다. 가호家戶 단위로 인정人丁을 파악하던 시대였으니, 떠돌이들은 각 지역에 주인집을 정해 두어야 했다. 처음에 객주들은 객상에게 숙식을 제공하는 일만 담당했기에, 객줏집을 여각旅閣이라고도 했다. '여행자의 집'이라는 뜻이다. 그런데 상인이 맨몸으로 떠돌아다니지는 않는다. 배 타고 다니는 선상船商들에게는 보통 수백 가마니의 쌀이나 수백 상자의 특산물이 딸리며, 뭍으로 다니는 육상陸商들도 수십 지게의 짐과 함께 투숙한다. 객주는 상인을 재워 줄 뿐 아니라 짐도 맡아 줘야 했다. 16세기 객주라는 명칭이 처음 등장했을 때에는 숙박업과 창고업을 겸하는 자라는 의미일 뿐이었다. 그런데 창고업은 스스로 다른 사업 영역을 만들어 냈다.

조선시대 한강을 오가는 선상船商들은 물때를 잘 맞춰야 했다. 바닷길은 돛 조작만 잘하면 아무 때나 다닐 수 있었지만, 무거운 짐을 실은 배가 바람의 힘만으로 강을 거슬러 운항할 수는 없었다. 선상들에게는 다행하게도, 한반도 서해안 조수간만의 차는 최대 11미터에 달했다. 그들은 일단 강화도에 배를 댄 뒤 만조를 기다렸다가 바닷물이 강으로 역류하는 힘을 빌려 마포나 용산나루에 도달했다. 사정이 이랬으니, 선상들은 장사 일정을 물때에 맞출 수밖에 없었다. 다음다음 물때에 맞춰다시 오려면 내일 떠나야 하는데 싣고 온 짐의 태반이 아직 객줏집 창고에 쌓여 있을 경우, 선상은 그 짐을 다시 싣고 가든지 객주에게 팔아 달라고 부탁하든지 둘 중 하나를 선택할 수밖에 없다.

근대 이전의 상품 중에는 썩지 않는 물건이 거의 없었다. 시간은 상품가치의 적이었다. 물건을 도로 가져가는 것보다 싸게라도 처분하는 게 낫다는 걸 모르고서는 장사꾼이라고 할 수 없었다. 게다가 타지에서 온 장사꾼보다는 현지에 사는 객주가 물건의 새 임자를 찾는 데 더 능했다. 이 부탁을 들어주는 순간부터 객주에게는 '위탁판매업'이라는 일이 하나 더 생겼고, 곧 이 일이 본업이 되었다. 일제강점기 객주의 사전적 정의는 '위탁판매업자'였다. 위탁판매업과 일반 도소매업이 다른 점은 상품에 대한 책임 소재였다. 객주는 상품의 보관 책임만 졌다. 팔리지 않는 것은 그의 책임이 아니었다. 상품을 대신 파는 데 성공하면 상인에게 구문口文이라는 이름의 수수료를 받았으나, 못 팔아도 그만이었다. 객주에게 위탁판매업은 가외수입을 올릴 수 있으나 손해는 거의 없는 아주 좋은 일이었다.

하지만 선상 처지에서는 객주의 신의성실만 믿고 물건을 맡기기에는 아무래도 불안했다. 숙박업자로서는 최고의 객주라 하더라도 위탁판매까지 잘한다는 보장은 없었다. 상인은 짐짓 "물건이 팔리면 그 돈으로 서울 물건 사서 시골에 되팔 작정이었는데, 팔리지 않아 큰일"이라며, 객주에게 장사 밑천을 꿔 달라고 부탁한다. 담보는 물론 객주에게 맡긴 물건이다. 거절했다간 단골 고객을 다른 객주에게 빼앗길 게 뻔했으니, 부탁을 안 들어줄 도리가 없었다. 이렇게 해서 '대금업'도 객주의 일로 추가되었다.

돈을 꿔 주다 보면 큰돈 꿔 줄 일도 생기게 마련이다. 단골 선상이 낭패한 몰골로 객주를 찾아온다. 그는 시골에서 한 배 가득 짐을 싣고 오던 중에 풍랑을 만나 배가 침몰했다며 여러 목숨 죽게 생겼으니 제발 살려 달라고 애원한다. 대대손손 결초보은하는 마음으로 빚을 갚겠다 며 읍소하는 모습에 마음이 흔들린 객주는 앞으로 이 근동에서는 자기 와만 거래하겠다는 약조를 받고 돈을 꿔 준다. 물건 팔고 받은 돈에서 이자와 원금 일부를 제하고 상인에게 건네주면 되었으니, 장기적으로 는 외려 남는 장사였다. 이로써 객주는 선상이 가져온 물건에 대한 독 점권을 확보한다. 문자 그대로 객상客商의 주인이 되는 것이다.

객주가 상인에게 행사하는 권리를 '주인권主人權'이라고 했는데, 아무 리 신뢰관계를 기초로 하는 사회였다고 해도 쌍방의 약조만으로는 그 권리의 안정성을 담보할 수 없었다. 객상이 다른 객주의 유혹에 흔들려 약조를 어기지 않도록 할 다른 보증이 필요했다. 객주는 상인과 약조한 문서를 들고 궁방이나 군문을 찾아가 전후사정을 이야기하고, 앞으로 매년 수입의 일정 부분을 상납할 테니 자기 권리를 보증하는 문서를 써 달라고 한다. 해당 기관의 우두머리로서는 문서 값을 두고 흥정할 필요 는 있었겠으나, 발급을 거부할 이유는 없었다. 이렇게 특정 궁방이나 군문, 아문이 발급해 준 문서를 가진 객주를 '유문권有文券 주인'이라고 했다.

큰돈 꿔 주고 예속시킨 객상과 거래해 보니, 뜨내기 객상과 거래하는 것보다 그 이익이 몇 곱절 많았다. 자본주의 이전 시대에도 독점은 황 금알을 낳는 거위였다. 객주는 기회 있을 때마다 객상들을 예속시켰다. 한강변이나 바닷가 주요 포구에는 특정 물종을 독점하는 유문권 주인 이나 특정 지역 산물을 독점 취급하는 유문권 주인들이 생겨났다. 이들 을 사상도고私商都賈 또는 도고都賈라고 했다. 중앙 정부의 공인公認 없이 매점매석하는 상인, 또는 독점상인이라는 뜻이다.

거래 규모가 커지니 혼자서는 다 취급할 수 없었다. 옆에서 같이 객주 영업하다가 손가락 빨고 있는 이웃을 모른 체하는 것도 도리가 아니었다. 그는 자기가 돈을 내고 얻은 주인권의 일부를 역시 돈을 받고 그에게 나눠 준다. 예컨대 "마포나루에 들어오는 새우젓은 다 내가 취급해야 마땅한 것이나, 다른 객주들도 취급할 수 있게 해 줄 터이니 대신 새우젓을 팔아서 얻는 구문의 10분의 1을 내라"고 하는 식이다. 이렇게 사적 또는 준공적準公的 권력을 배후에 둔 객주가 독점권의 침해를 허용하는 대가로 다른 객주들에게 받는 돈을 푼세分稅라고 했다. 물론 객주가 내는 푼세는 상인들의 부담으로 전가되었고, 이는 다시 물가에 반영되었다.

18세기 중엽부터 궁방이나 군문, 지방관아를 뒷배로 둔 거상巨商들이 영세상인들에게 푼세를 뜯는 관행이 일반화했다. 중앙 정부는 여러 차례 이를 '무명잡세無名雜稅'로 규정하여 단속했지만, 효과는 없었다. 궁방을 단속하자니 그 주인이 왕의 친척들이었고, 지방관아나 군문을 단속하자니 부족한 재정을 메워 줄 방도가 없었다. 무명잡세란 이름 없는 잡세가 아니라 명분 없는 잡세라는 뜻이다. 조선시대 사람들의 생각으로는 세상에 추가되지 않은 물건에 세금을 매기는 것은 명분 없는 짓이었다. 하지만 명분 없는 짓도 일단 관행이 되면 중단시키기 어려운 법이다.

개항 이후 외국과 통상을 개시한 뒤, 조선 정부는 관세 등의 통과세가 오히려 국제 표준이라는 사실을 알았다. 유교적 왕도정치론에 없던 상업세 징수의 명분은 만국공법이 제공했다. 조선 정부는 궁방, 군문,

지방관아 등이 지닌 푼세 징세권을 회수하지는 못하더라도 대외무역 개시에 따라 늘어난 상품 거래에는 직접 세금을 부과하고자 했다. 상업세 징수기관은 보부상의 경우 혜상공국惠商公局, 선상과 기타 상단의 경우 외교통상 업무 전반을 담당한 통리교섭통상사무아문(통리아문)으로 정했다. 상인들 처지에서도 한 지역에서 다른 지역으로 이동할 때마다 각지 도고들에게 고율의 구문을 내는 것보다는 상납기관을 통리아문으로 단일화 하는 편이 훨씬 나았다. 정부가 수세收稅 방식을 변경하자, 상인들도 그에 적합한 체제를 갖추어야 했다. 한국 초창기 회사들은 이 과정에서 생겨났다. 상인들이 모여 회사라는 이름의 상업 결사체를 만들고, 통리아문에 허가해 달라고 신청한다. 신청서에는 당연히 매년 납세액을 기재한다. 통리아문은 신청서를 검토하고 납세액이 적당하다고 판단되면 인가장을 내준다. 인가장을 받은 회사는 정부가 보호하는 상인 단체가 된다. 회사는 각지로 돌아다니며 장사하는 조직원들에게 '사원社員'이라는 증명서를 발급한다. 지방관청이나 각지 도고들은 이 사원증을 가진 상인들에게 관행을 적용할 수 없었다. 아무리 기세등등한 지방권력이라도 통리아문에서 '보호'하는 상인을 건드릴 수는 없었다.

'중앙권력이 보호하는 상인조직'이라는 성격은 한국 회사의 DNA에 각인되었다. 1890년대 말부터 합자회사, 합명회사, 주식회사 등 세련된 명칭을 가진 근대기업이 속속 출현했으나, 대개 정부와 깊은 관련을 맺은 것들이었다. 설립자도 고관이나 고관 출신이 많았다. 일제강점기에도 한국인 회사는 식민지 통치권력의 후원을 받거나 최소한 양해를 얻지 않으면, 성장하기는커녕 존립하기도 어려웠다. 해방 후 경제 재건과 압축 성장과정에서도 정경유착은 한국 경제의 근본 특징이었다. 심지어 '권력이 시장으로 넘어간' 현재에도, 비록 주객관계가 바뀌기는 했으나 자본과 정치권력은 남이 아니다.

주식회사라는 이름을 쓴 우리나라 최초의 회사는 1898년 김익승金益昇이 설립한 부선주식회사艀船株式會社인데, 김익승은 독립운동가 김규식의 삼촌이며, 〈학교종이 땡땡땡〉의 작사가인 김메리의 아버지다. 원래 이름을 지금껏 유지하고 있는 회사로 가장 오래된 것은 1905년에 설립된 광장주식회사다. 초창기 회사의 명맥을 아주 조금 이은 회사로 가장 오래된 것은 신한은행이다. 1897년에 설립된 한성은행이 1943년 동일은행과 합병해서 조흥은행이 되었고, 신한은행은 이를 2006년에 합병했다. 그다음은 1899년에 설립된 대한천일은행의 맥을 이은 우리은행이다. 대한천일은행은 1911년에 조선상업은행, 1950년 한국상업은행으로 각각 상호를 변경했다가 1998년 한일은행과 합병하여 한빛은행이 되었으며, 2001년 다시 우리은행으로 이름을 바꿨다(〈사진 2〉).

그런데 초창기의 회사원은 직원이 아니라 출자자나 주주라는 뜻이었다. 회사의 운명에 연대 책임이나 무한 책임을 지는 사람들만 회사원이었고, 회사에 고용되어 급료를 받는 사람들은 '고원雇員'이나 '용인傭人'으로 불렸다. 고용인에도 여러 부류가 있어 부기나 경리 업무를 전담하는 사무원, 영업을 담당하는 외교원, 공장의 직공 등으로 나뉘었다. 사원이면서 회사 업무를 지휘하는 사람은 보통 '총무'라는 직함을 가졌다.

일제강점기에 회사원은 일본의 예를 따라 취체역取締役이나 중역重役이라는 새 이름을 얻었다. 취체역이란 단속, 또는 감독하는 업무라는 뜻이고 중역은 중요한 업무라는 뜻이다. 사원이 중역이 되자, 사무직과 영업직 고용인이 회사원이라는 이름을 차지했다. 그러자 놀라운 '이름

〈사진 2〉 1896년에 설립된 한성전기회사 사옥

한성전기회사는 한성전기회사, 한미전기주식회사, 일한와사전기주식회사, 경성전기주식회사, 한국전력주식회사를 거쳐 한국전력공사로 이어졌다. 설립 당시에는 서울 시내의 전차, 전등사업만을 담당하던 작은 회사였으나 115년이 지난 지금은 2만 명에 달하는 사원을 거느린 세계적인 회사가 됐다. 회사는 회사원과 함께 근대화를 이끌었으나 지금은 둘 사이의 연계가 약해졌다[출처: 《사진으로 본 한국 백 년》].

의 마술'이 펼쳐졌다. '지금 다니는 회사'가 갑자기 '우리 회사'로 바뀌었고, 회사와 자신이 운명적으로 결합됐다고 생각하는 사람이 늘어났다. 회사원과 그 가족들은 '같은 값이면 다홍치마'가 아니라 '같은 물건이면 우리 회사 제품'을 골랐다.

회사들은 고용인의 명칭을 살짝 바꾸어줌으로써 충성심에 불타는 엄청난 지원군을 얻었다. 1920년대 중반부터는 연말 보너스를 지급해 사원들의 충성심에 보답하는 회사도 생겼다. 물론 모든 고용인이 사원으로 승격하지는 않았다. 임시 직원은 여전히 고원이었고, 공장에서 일하는 육체노동자들은 그보다도 한 등급 아래인 직공으로 불렸다. 일제강점기 내내 식민지 조선의 회사 수가 늘어나기는 했으나, 그래도 인구의 절대다수는 농민이었다. 직업란에 '회사원'이라고 쓸 수 있는 사람은 일제강점 말기에도 전 인구의 3~4퍼센트 정도에 불과했다.

1960년대 중반 이후 압축성장과 더불어 경제활동 인구의 다수가 회사원인 시대가 열렸다. 이 시기 회사들은 개항 직후의 초기 회사들이 그랬던 것처럼 "회사를 가정처럼, 사원을 가족처럼"이라는 구호를 천편일률로 내걸었다. 한 사회의 자본주의화 과정은 곧 중세적 공동체의 해체과정임에도 불구하고, 회사원들에게 공동체 의식을 요구했다는 것 자체가 한국 기업 역사의 아이러니이기는 하다. 그런데 말로는 '공동체 의식'이었으나, 엄밀하게는 '가부장제 윤리'였다. 회사 사장이 말하는 가족은 정확히 '가부장제 가족'이었다. 사장은 무한한 권력을 누리는 가부장이고, 사원은 가부장이 시키는 대로 무조건 복종하는 가족 구성원들이어야 했다. 그런 허위의식 속에서나마, 회사가 계속 성장하는 동안에는 사원들도 성장하는 느낌을 가질 수 있었다.

그러나 1997년 외환위기와 뒤이은 기업 구조 조정, '노동시장 유연화'라는 신자유주의 정책을 계기로 수많은 회사원이 '가족같던 회사'에서 쫓겨났다. 비정규직 노동자들은 회사원 신분에서 다시 임시 고용인으로 격하되었다. 신자유주의 기업문화는 사원들 사이의 공동체 의식을 확실히 파괴했다. 오늘날 많은 정규직 노동자가 비정규직 노동자들을 같은 직원으로는 물론, 사람으로도 취급하지 않는다. 같은 식당에서 함께 밥 먹는 것조차 거부하는 정규직 노동자들이 허다하다. 하지만 엄밀한 의미에서는 정규직이나 비정규직이나 다 같은 고용인일 뿐이다. 차라리 옛날처럼 주주와 임원만 사원이라 부르고, 월급 받는 노동자들은 모두 고용인이라고 부르는 게 이런 야만적인 기업문화를 개선하는데에 도움이 될 것도 같다.

3

위세의 상징,
가마에서 인력거로

"차라리 금강산 중 노릇을 하지."

조선시대에 견디기 어려운 고역을 떠맡게 된 사람들이 하던 말이었다. 요즘엔 고역이 '힘든 일'을 지칭하는 일반명사로 쓰이지만, 역役은 본디 '강제로 하는 일'이라는 뜻이다. 먹고살기 위해 하는 일은 업業이고, 국가가 시켜서 하는 일이 역이었다. 조선시대에 16세 이상 60세 이하의 모든 양인良人 남자에게는 국가에 노동력을 무상으로 제공할 의무, 즉 역이 부과되었다. 이는 다시 군졸이 되거나 군졸이 된 이웃의 농사를 대신 지어 주는 군역軍役과 도로를 닦거나 성을 쌓거나 세곡稅穀과 공물貢物을 운송하는 등의 요역徭役으로 나뉘었다. 무기, 도자기, 목기, 일상 집기 등 각종 관용 물자도 공장工匠들을 징발하여 한곳에 모아 놓고 '강제 노동'을 시켜 조달했다. 쉽게 말하자면 중세 국가의 행정은 관청에 소속된 하예下隸(종)가 담당하는 소소한 일상 업무 일부를 제외하면, 거의 모두를 양인 남성의 노동력에 의존해야 했다.

사람이 감당하기 어려운 역을 '고역苦役'이라 했는데, 역제役制가 폐지된 지 이미 오래임에도 이 말은 지금껏 남아 널리 사용되고 있다. 대표적인 고역이 노 젓는 역이었다. 고대 지중해 세계에서도 갤리선의 노젓는 일은 노예의 몫이었다. 임진왜란 때 해전에서 연전연승한 것을 순전히 이순신 장군의 공으로만 돌릴 수는 없다. 거북선 바닥에서 젖 먹던 힘까지 짜내며 노를 저은 수군들 공도 컸다. 나룻배처럼 작은 배 노젓는 것도 만만한 일이 아닌데, 대포와 포탄, 전투병까지 실은 군선이나 조세곡을 가득 실은 세곡선稅穀船을 노의 힘으로 움직이는 일은 가히 살인적이었다. 수군역水軍役과 조군역漕軍役은 국가가 공인한 고역이었고, 그만큼 기피하는 사람도 많았다. 조선 후기에는 군역을 면하기위해 고의로 호적에 누락되었다가 발각된 자들을 수군으로 삼는 법이만들어지기도 했다(《대전후속록大典後續錄》).

봉수군역烽燧軍役도 만만치 않았다. 조선시대에는 전국 해안과 변경으로부터 도성 안 남산에 이르기까지 봉수망이 연결되어 있었는데, 봉수대는 대략 해발 400~500미터 정도 되는 산의 정상에 만들어졌다. 평시에는 한 개, 먼 곳에 적이 보이면 두 개, 적이 접근하면 세 개, 적이국경을 넘으면 네 개, 전투가 벌어지면 다섯 개를 올리도록 규정되었기에, 평시에도 매일 불을 피우고 연기를 올려야 했다. 봉수대 하나에 배속된 봉수군은 5~10명이어서, 봉수군이 봉수대에 오르는 주기는 대략5일에 한 번이었다. 이 일뿐이라면 고역이라 할 수 없겠으나, 농번기든한겨울이든 빼먹을 수 없었던 데다가 봉수대 옆에 나뭇단 쌓아 두는일, 비 내린 뒤 봉수대 수리하는 일, 폭설 뒤에 눈 치우는 일 등이 따라 붙었다. 아무 일도 없는데 평생 주기적으로 높은 산을 오르내리다 보면 지루해지는 게 인지상정이다. 어떤 조직에나 "나 하나쯤이야"라고 생각하는 사람은 있게 마련이고, 이런 생각이 네트워크 전체를 붕괴시키는 경우도 흔하다. "우리 봉수대에서 연기가 피어오르지 않아도 다음 봉수대 봉수군들이 알아서 하겠지"라는 생각으로 봉수대를 방치했다가 발각되어 엄형에 처해지는 사람도 적지 않았다.

말 기르는 일은 그다지 힘들지는 않았으나, 만일의 경우 온 가족이 야반도주할 각오를 해야 하는 일이었다. 말이 죽을 경우 말 기르는 집에서 새 말을 구해 마릿수를 채워야 했기 때문이다. 말값이 집값보다 비쌌으니, 가난한 양인이 부담할 수 있는 책임이 아니었다.

이 모든 고역보다도 힘든 일이 '금강산 중 노릇'이었다. 물론 중 노릇은 역이 아니다. 중은 천민으로 취급받았기에, 원칙적으로 양역良役 부과 대상이 아니었다. 그러나 왕조 정부는 필요할 때마다 중의 노동력을 징발했다. 미안한 마음이 들면 사찰을 보수하거나 중창重創해 주기도 했지만, 무보수로 징발해도 중들이 항변할 수는 없었다. 임진왜란 이후에는 중들에게 아예 산성 축성과 경비를 맡기는 게 관행이 되어 이를 '승역僧役'이라고 했다. 승역 또한 고역에 속했다. 그런데 금강산 중들은 다른 산의 중들과는 또 다른 특별한 승역을 부담했다. 강원도관찰사가 새로 부임하면 산하의 군수 현령과 친지들을 불러 모아 금강산 구경에 나서는 게 관례였는데, 물론 귀하신 양반네들이 제 발로 걸어 산에 오르지는 않았다. 험한 산길에서 관찰사 대감의 가마를 평범한 가마꾼들에게 맡겼다가 자칫 실족이라도 하면 큰일이었으니, 그 일에는 아무래도 숙달되고 요령 있는 사람들이 필요했다. 그 일을 전담한 이들이 '금강산 중'이었다. 맨몸으로 오르기도 힘든 험한 산길을, 필경 중보다 무거웠을 양반이 탄 가마를 앞뒤로 나눠 들고, 전후좌우 균형을 맞춰 가며 짚신 신은 발로 오르는 일은, 현대의 능숙한 산악인이라도 상상조차 하기 어려운 일이었다(〈사진 3〉).

금강산 중 정도는 아니지만, 평지에서 일하는 가마꾼에게도 상당한 숙련과 요령이 필요했다. 두 사람이 드는 이인교二人轎든 네 사람이 드

〈사진 3〉 겸재 정선의 〈단발령망금강산斷髮嶺望金剛山〉(1711)
해발 834미터의 단발령에서 금강산을 구경하는 갓 쓴 양반들과 그들이 타고 온 가마 옆에 앉거나 서 있는 승려들.

는 사인교四人轎든, 가마꾼들 사이에 호흡이 맞지 않으면 가마에 탄 사람이 멀미로 고생했다. 그래서 고관과 부호 집에는 가마를 전담하는 노奴들이 있었다. 그런데 이 가마꾼들의 '전문 직업인 의식'이 상당했던 모양이다(《사진 4》). 19세기 말 서울에 온 한 외국인은 가마꾼들과 실랑이를 벌인 사연을 이렇게 기록했다. "조선 정부에서 가마꾼을 네 명이나 보내줬는데, 나는 불편하고 빠르지도 않은 가마를 탈 생각이 전혀 없었다. 그들에게 다른 일을 시키려고 했지만, 그들은 가마 드는 일 말고는 할 수 없다며 완강히 거절했다. 내게는 그들을 돌려보내는 것 말고는 달리 선택할 길이 없었다."

가마 드는 일은 힘든 노동이었으나 대신 쉬는 시간이 많았다. 또 가마꾼은 숙련 직업인이었기 때문에 그들 사이에는 탄탄한 네트워크가 구축되었다. 조선시대 가마를 타고 입궐하거나 등청하는 관리들은 하마비 앞에서 내려야 했기에, 하마비 주변 골목은 가마꾼들의 대기 장소였다. 그들은 각자의 상전이 퇴궐退闕, 퇴청退廳할 때까지 여기저기 모여 앉아 인물평이나 시국담을 나눴다. 공직 인사를 둘러싼 세평을 '하마평'이라고 하는 것은 여기에서 유래했다.

19세기 말까지, 가마는 신분을 표시하는 대표적 수단이었다. 가마 타는 일도 가마 드는 일만큼이나 고역이었다. 가마 타는 것보다는 걷는 편이 빠르고 편했지만, 돈과 권력을 가진 사람들은 다른 사람을 말처럼 부리는 모습을 남에게 보여줌으로써 권위를 세우고자 했다. 신분에 따라 탈 수 있는 가마의 종류가 정해져 있었고, 부릴 수 있는 가마꾼의 수도 달랐다. 이렇다 보니 서울에는 고관과 부호를 합한 수보다 몇 배나 많은 가마꾼이 살았다. 그런데 20세기에 접어들 무렵, 갑작스럽다 싶을

〈사진 4〉 가마 타고 학교 가는 양반집 딸들(새뮤얼 모펫 사진)

두 사람이 탄 가마를 두 사람이 들었다. 가마 무게까지 합하면 가마꾼 한 사람이 자기 몸무게 이상
을 감당해야 했다. 가마꾼끼리 호흡이 맞지 않으면, 저렇게 들고 걷거나 뛰면서 가마의 균형을 잡을
수 없었다[출처: 《서울—뿌리 깊은 나무》 78].

〈사진 5〉 20세기 초의 인력거

챙이 좁은 갓을 쓴 젊은이는 인력거 위에 다리를 꼬고 앉아 웃고 있는데, 중절모를 쓴 길 가의 청년
이 아니꼬운 듯 쳐다보고 있다. 목적지에 빨리 도달할 양이면 직접 걷는 편이 나았을 테지만, 이 승
객은 남을 '부리는' 지위를 과시하고 싶었을 것이다[출처: 《서양인이 본 조선》].

정도로 빠르게 가마 타는 풍습이 사라져 가마는 혼례 등의 특별한 행사 때에나 쓰는 물건이 됐다. 인력거가 새로 등장했기 때문이다.

1869년 일본에서 처음 개발된 인력거가 이 땅에 첫 선을 보인 것은 1883년이었다. 그해 12월 미국인 천문학자 퍼시벌 로웰Percival Lowell이 조선 정부 초청으로 입국하면서 인력거 두 대를 가져 왔는데, 도로 사정이 나빴던 데다가 인력거를 몰 줄 아는 사람도 없어 금세 망가졌다. 인력거가 다시 등장한 것은 청일전쟁 중인 1894년이었다. 하나야마花山 라는 일본인이 10대의 인력거를 들여와 일본인들을 상대로 영업을 개시했다. 1895년 가을부터는 서울에서 대대적인 도로 개수 공사가 진행되었는데, 그 덕에 인력거는 꽤 안락한 탈것이 됐고, 바로 한국인들의 눈길을 끌었다(〈사진 5〉).

1899년 2월 21일, 궁내부대신 이재순과 군부대신 민병석이 가마 대신 인력거를 타고 등청했다. 민병석은 의아해하는 부하 장교들에게 "새 복장(양복)에는 인력거가 좋으니 앞으로 자네들도 다 타고 다녀라"라고 권했다. 인력거는 가마처럼 종류도 많지 않았고, 당장 국내에서 제작할 수도 없었다. 그래서 처음부터 지위고하를 가리지 않고 돈 내는 사람이면 다 태웠다. 처음에는 인력거도 가마처럼 승객의 '위세'를 돋우는 탈것이었으나, 전차가 등장하자 이들과 경쟁하는 교통수단의 기능이 부가됐다. 인력거꾼은 사람을 태운 수레를 끌고 빨리 달려야 했을 뿐더러, 젊은 기생이든 어린 학생이든 부르기만 하면, "예" 하고 대령해야 했다. 몸도 고되고 자존심도 상하는 직업이어서, 일제강점기에는 '천한 직업'의 대표 격이었다. 예전 가마꾼들이 인력거꾼으로 변신한 경우도 있었겠지만, 1930년대에 이광수는 "서울 인력거꾼의 태반은 구한국 병정 출신"이라고 기록했다. 군대 해산 이후 먹고살기 위해 이 직업 저 직업을 전전하던 옛 병정들의 손에 마지막으로 쥐어지는 것이 인력거 손잡이였다. 현진건의 소설 〈운수 좋은 날〉에서 가난 때문에 아내의 죽음을 방치했던 가련한 주인공의 직업도 인력거꾼이다. 해방 후에는 광부 일이 인생 막장이었지만, 일제강점기에는 인력거 끄는 일이 인생 막장이었다.

자동차가 등장한 뒤, 인력거업은 사양산업이 되었다. 1930년대의 인력거는 주로 기생조합인 권번과 요릿집 사이를 왕복하는 특수 교통수단이었다. 그래도 서울에서는 1950년대까지 인력거를 볼 수 있었다.

고급차가 줄을 지어 흘러다니는 서울 거리 한복판에 세기의 유물인 인력거가 건재.
등장하는 시간은 해가 지고 어두컴컴해질 무렵부터 밤 11시경까지. 그리고 장소는 종로 3정목과 인사동 근처 길목. 타는 손님은 예전 같으면 으레히 기생 아가씨들이건만 요즘 등장한 밤거리의 인력거가 기다리는 손님은 오직 놈팽이들. 그리고 가는 곳은 인육시장.
혼탁한 이 사회의 갖은 추악과 더불어 세기의 유물 인력거여, 한시바삐 우리들 눈앞에서 사라지사이다(《동아일보》 1955. 5. 22).

몇 해 전 유람 차 중국 장가계에 갔을 때 일이다. 그리 가파르지 않은 산길 옆에 가마를 세워 놓고 손님을 찾던 사람들에게 붙잡혔다. 가마 타고 금강산에 오르던 옛사람들이 생각나 타볼까 싶은 마음도 살짝 들었지만, 그보단 미안한 마음이 앞서 끝내 사양했다. 그들에겐 가마 타

지 않는 사람이 오히려 야속했겠지만. 요즘엔 얼마 전까지 박물관에서
조차 구경하기 어려웠던 인력거도 서울 거리에 재등장했다. 인력거 타
는 기분을 느껴 보고 싶은 생각이 없는 것은 아니나, 역시 인력거 끄는
사람에게 미안해서 타지 못한다. 하지만 스스로 할 수 있는 일, 해도 되
는 일, 하는 게 오히려 편한 일에 굳이 남을 부리면서 위세를 드러내려
는 사람은 어느 시대에나 있었다. 아마 자율주행 자동차가 일반화한다
해도, 남의 힘으로 이동하는 문화가 완전히 사라지지는 않을 것이다.
하지만 새 시대는, 그런 문화가 사라져야 열릴 것이다.

조선시대 왕경王京인 서울에 사는 양인들은 조세, 공물, 군
역의 의무 일체가 면제되었다. 도성 안에서는 농경이 금지
되었으니 자연 전세田稅를 낼 이유가 없었고, 특산물이라고 할 만한 것
이 없었으니 공물貢物이나 진상품을 조달하느라 애먹을 필요도 없었다.
또 도성 안에 사는 것만으로도 임금을 보필하는 셈이어서 따로 군역을
부담하지도 않았다. 그러니 당시 도성민이야말로 명실상부한 '특별시
민'이었다. 다만 도성을 왕경답게 가꾸고 유지하는 데에는 아무래도 사
람 손이 필요했으니 이런 일들은 도성 안 각 가호家戶가 분담했다. 이를
방역坊役이라 했는데, 요즘 말로 하면 '동네 일' 정도가 될 터이다.

　장마철 호우로 파인 도로를 정비하는 일, 왕의 행차를 앞둔 때에 대
로 위의 오물을 깨끗이 치우는 일, 가을과 겨울에 대궐 안에 쌓인 낙엽
과 눈을 치우는 일, 대궐과 관청의 각 방을 도배하는 일, 국상國喪 때 상

여 메는 일, 서울 주변 산에서 송충이 잡는 일 등이 동네별로 할당됐다. 특정 방역을 맡은 단위를 '계契'라 했는데, 조선 후기에는 이 계契가 동 洞과 더불어 행정구역 명칭으로까지 사용되었다.

그런데 성 안에 사는 사람들의 방역은 헐한 축이었다. 한강변 사람들은 도성 안 사람들과 마찬가지로 한성부 관할에 속했지만, 그들은 성 안 사람들보다 더 고된 역을 졌다. 한강 나루에 정박한 배에서 곡식을 내려 성 안으로 옮기는 태마운부역駄馬運夫役, 겨울철 한강의 얼음을 떠서 빙고氷庫에 쟁이는 장빙역藏氷役 등이 그들의 몫이었다. 특히 한강물이 꽁꽁 얼 만큼 추운 날씨에 변변한 방한 장구도 없이 차디찬 얼음을 만져야 했던 장빙역은 자칫 동상으로 손가락, 발가락을 잃거나 심하면 목숨까지 잃을 수 있는 고역이었다.

그런데 사람이 고역을 피하는 방식은 옛날이라고 해서 지금과 다를 바 없었다. 내가 하기 싫은 일은 남도 하기 싫은 법이지만, 나와 남의 처지가 같으라는 법도 없다. 이런 종류의 떠넘기기 시합에서는 언제나 약점 있는 자가 지기 마련이다. 배고픈 자에게는 밥이 약점이고, 가난한 자에게는 돈이 약점이다. 밥만 먹게 해 준다면 어떤 고역이라도 마다 않을 준비가 된 사람만 있다면, 계약은 바로 체결된다. 마침 17~18세기 서울에는 더는 농촌에서 살 수 없어 숨어들다시피 도성 안팎으로 모여든 유랑민, 거지가 무척 많았다. 임진壬辰·병자丙子 양란兩亂 이후 전란의 피해를 극복하기 위한 노력이 범사회적으로 기울여졌고, 그 결과 농촌에서는 토지와 노동력 사이의 오래된 비례관계가 바뀌었다.

17~18세기 농촌에서 벌어진 현상은, 기업의 규모는 커지는데 일자리는 오히려 줄어드는 오늘날의 현상과 비슷했다. 일자리를 줄이는 주범

은 언제나 기술 혁신이었다. 농사지을 땅을 차지할 수 없는 '무토불농지민無土不農之民'들이 살기 위해 선택할 수 있는 길은 많지 않았다. 생산량은 늘고 인구는 줄어든 데 따른 '잉여생산물'의 거래를 담당하는 상인이 되거나, 광산·삼포蔘圃 등 새로 개척된 산업 현장의 노동자가 되거나, 죽을 각오를 하고 남을 해쳐 먹고사는 화적이 되거나, 타인의 동정심에 의지하여 빌어먹는 거지가 되는 것 등이 그들 앞에 놓인 길이었다.

거지가 되기로 작정한 사람들이 처음 해야 하는 일은 아는 사람들과 관계를 끊는 것이다. 친척, 친지, 이웃 등 '아는 사람'들에게 손을 벌려 먹고살 수 있는 동안에는, 뒤에서 거지라는 손가락질을 받더라도 그 자신은 거지임을 자각하지 못한다. 생면부지인 사람에게 거리낌 없이 손을 내밀 수 있을 때라야, 자타공인 거지가 된다. 마을 공동체에 더 이상 용납될 수 없어서, 또는 더 이상 이웃에게 손을 벌릴 염치가 없어서 고향을 떠나 유랑민이 된 사람들이 '모르는 사람'들 틈으로 들어가기에 가장 쉬운 곳은 서울이었다. 서울에는 남에게 동정을 베풀 수 있을 만큼 삶에 여유가 있는 부자가 많았고, 무엇보다 '왕경에서 굶어죽는 사람이 나오는 것은 제왕의 수치'라고 생각하는 임금이 있었다.

굶주린 유랑민들에게 서울 성벽은 자신을 죽음의 늪에서 건져 주는 생명줄과 같았다. 광희문 밖과 소의문 밖에 있던 활인서活人署에 도착하기만 하면, 일단 당장 죽을 염려는 덜 수 있었다. 왕조 정부의 원칙은 유랑민이 죽도록 방치하지는 않되 도성 주민으로 편입하지는 않는다는 것이었으나, 어떤 원칙도 살려는 의지를 꺾지는 못하는 법이다. 많은 유랑민이 장사꾼들 틈에 섞여서, 또는 성벽의 허물어진 곳을 타고 넘어서, 도성 안으로 들어와 도성 주민이 되었다. 병자호란 때 인조가 청 태종에게 항복하면서 '도성이 허물어져도 새로 쌓지 않는다'고 한 약조는, 유랑민들이 서울로 숨어드는 데 큰 도움이 되었다.

17~18세기 서울에 얼마나 많은 거지가 있었는지는 정확히 알 수 없다. 숙종 23년(1697) 음력 3월 6일, 왕은 병조판서 민진장으로 하여금 도성 안 거지들에 관한 업무를 주관하게 하고 쌀 1만 석을 구휼비로 쓰도록 했다(《숙종실록》 31). 이것이 거지 문제 해결을 국가의 정책 과제로 삼은 최초의 사례다. 이때 지급한 쌀 1만 석이 전부 거지 구휼용은 아니었으나, 이 사실만으로도 도성 안에 거지가 수천 명이 있었을 것임은 충분히 짐작할 수 있다. 이 무렵 도성 안 인구는 20만 명 정도였다. 영조 때에는 거지들에게 은전을 베푸는 일이 왕의 자애로움을 드러내는 상징적 의례처럼 되었다. 그럴수록 도성 안으로 들어와 거지가 되는 유랑민은 늘어났다. 거지의 옛말이 깍쟁이인데, 이 무렵에 '서울깍쟁이'라는 말이 생겨난 것은, 거지가 서울 시민을 대표할 정도로 늘어났기 때문이다.

도성 안 거지들 대다수는 노동력을 상실한 사람이 아니라 노동할 기회를 잃었을 뿐인 사람이었다. 이들은 일거리가 있으면 일해서 돈을 벌었고, 없으면 구걸해서 먹고 살았다. 고역을 맡은 도성민으로서는 이런 거지들이 있는 게 고마운 일이었다. 돈 몇 푼 집어 주면 고되고 번거로운 방역을 대신 시킬 수 있는데, 돈이 있으면서 그걸 마다할 사람은 없었다. 이렇게 돈을 주고 사람을 고용하여 자기가 맡은 역을 대신 시키는 행위를 '급가모립給價募立'이라고 했다.

욕망이 비슷하면 그 실현 방법도 비슷하다. 지금은 어떤지 모르지만, 내가 민방위훈련 받던 때만 해도 심부름센터에서 대신 나온 것이 분명해 보이는 사람이 더러 눈에 띄었다. 지금 민방위훈련 대행이 합법이라면, 아마 훈련이 있기 며칠 전부터 아파트 현관문마다 '민방위훈련 대행'이라 쓰인 전단지가 나붙을 것이다. 지금은 이런 게 불법이지만 18세기의 왕조 정부는 몸으로 때우나 돈으로 때우나 매일반으로 취급해 줬다. 돈 받고 남의 방역을 대신해 주는 사람이 늘어나자, 이들의 조합이 생겼다. 중세 유럽의 도시들에 길드라는 동직자同職者 조합이 있었던 것처럼, 조선에도 직종별로 조직된 도중都中이 있었다. 당시 조선에서는 어느 직종이든 직업활동을 하기 위해서는 먼저 도중에 가입해야 했다.

몇몇 방역坊役에서는 도중에 소속된 직업적 '대행 노동자'들과 몸으로 때우는 주민들이 함께 일하는 상태가 한동안 지속되었다. '대행 노동자'들이 몸으로 때우는 주민들과 대등한 수가 되거나 더 많아지자, 아주 자연스럽게 다음 수순이 진행되었다. 도중의 조직원들은 돈을 내느니 몸으로 때우겠다는 주민들을 방역 현장에서 내쫓기 시작했다. 돈을 아끼기 위해 몸으로 때우는 사람이 있으면, 돈을 벌기 위해 그러지 못하게 막는 사람도 있는 법이다. 이렇게 해서 몇몇 방역은 직업적 대행 노동자들이 전담하는 직업이 되었다. 국가의 지시에 따라 강제로 하던 '역'이 돈벌이를 위해 자발적으로 하는 '업'이 된 것이다. 그런데 역과 업의 가장 중요한 차이점은, 역이 위에서 시키는 만큼만 하면 그만이었던 데 반해 업은 할 수 있을 만큼, 또는 팔 수 있을 만큼 해야 한다는 데에 있었다.

한강변 주민들을 고달프게 했던 '장빙역'이 '장빙업藏氷業'이 된 것도 이 무렵이다. 한강이 꽁꽁 얼 정도의 혹한 속에서 일해야 했기 때문에 빙부氷夫들이 동상을 입는 건 예삿일이었지만, 손가락 발가락을 잃을 수 있다는 사실을 알면서도 이 일을 하겠다고 나서는 사람은 많았다. 이런 사람들을 모아 채빙採氷을 전담하는 민간업자들이 생겨났고, 이들은 한강의 얼음을 캘 수 있는 대로 캐어 일부는 관청에 납품하고 나머지는 사설 빙고를 만들어 저장해 두었다가 여름이 오면 민간에 팔았다. 이렇게 시작된 장빙업은 이후 집집마다 냉장고를 갖추게 되기까지, 수 세기 동안 한강변의 대표 산업으로서 명성과 권위를 누렸다.

일제강점기인 1921년 겨울, 경기도청은 '하천사용허가'를 받은 업자에 한해 사용료를 받고 지정된 구역에서만 채빙을 허가한다는 방침을 발표했다. 또 위생 상태가 불량한 빙고는 사용하지 못하게 했다. 그 이면에는 이 해에 설립된 두 개의 일본인 회사, 조선천연빙주식회사와 경

〈사진 6〉 1920년대 한강의 채빙採氷 모습을 담은 엽서
"추운 나라에서는 그리 진기한 장면이 아니지만 긴 톱과 갈고리로 얼음을 뜨는 저 백의의 무리는 이채롭다"는 설명이 붙어 있다. 한강에서 채빙하려면 얼음 두께가 20센티미터 이상은 될 만큼 날이 추워야 했으니 동상은 빙부의 직업병이었다.

성천연빙주식회사에 특혜를 주려는 의도가 있었다. 이 조치에 따라 조선인이 경영하던 영세한 채빙업체 다수가 문을 닫았다. 이후 두 회사는 매년 한강 채빙량의 80퍼센트 이상을 독점했다. 서빙고, 동빙고, 동작동에 사는 가난한 한국인들 500~600명이 겨울이면 이들 회사의 '임시직 노동자'가 됐다. 1927년부터 공장에서 생산하는 인조빙人造氷이 출현했지만 천연빙은 상대적으로 싼 가격과 '우수한 빙질'을 무기로 매년 2만~3만 톤의 시장 규모를 유지했다(《사진 6》).

1937년 겨울, 경기도청은 위생에 좋지 않다는 이유로 돌연 한강 얼음 채취를 금지했다. 두 회사야 무리를 해서라도 인조빙 생산으로 전환하면 되었으나 당장 생계가 막막하게 된 것은 고작 20원 안팎의 수입을 위해 한겨울 고역을 마다 않던 빙부들이었다. 빙부들에게 행인지 불행인지, 이 조치는 오래 가지 않았다. 전쟁이 예상보다 길어지자, 일제 당국은 슬그머니 천연빙 채취를 재개하도록 했다. 인조빙 생산에 소요되는 전력이 아까웠기 때문이다. 한강변의 장빙업은 1950년대 말까지 지속되었다.

남이 싫어하는 일을 하는 사람들은 그 일만으로도 이미 서럽다. 그런데도 이런 일자리들은 거의가 비정규직이다. 비정규직 800만 시대에, 이들은 수시로 해고당하고 동종의 정규직에게까지 멸시당한다. 이미 서러운 사람들 가슴에 또 다른 대못을 박는 것은, 오래되었지만 속히 청산해야 할 문화다.

5 침모, 식모, 파출부, 가사도우미

1933년 초여름의 어느 날 밤, 남산 기슭을 순찰하던 일본인 자경단 일행이 으슥한 곳에서 풍기문란 행위를 하던 젊은 남녀를 발견했다. 그들은 남자를 무수히 난타하고 여자에게 온갖 모욕을 준 뒤, 밧줄로 묶어 혼마치경찰서(현재의 중부경찰서)까지 끌고 가서는 경찰에게 인계했다. 이 둘이 부부라는 사실을 확인한 경찰은 이 계절이면 흔한 일이라 한바탕 훈계만 늘어놓은 뒤 풀어 주었다. 경찰서 문을 나선 부부는 잠시 눈길을 교환하고선 남편은 북쪽으로, 아내는 남쪽으로 걸어갔다. 북촌에 집을 두고 일본인 집에서 '요보'로 생활하던 조선인 여성이 잠시 남편을 만나러 나왔다가 당한 봉변이었다.

조선시대 노비는 소유 주체에 따라 관청 소유의 공노비와 사가私家 소유의 사노비로 나뉘었고, 거주 형태에 따라 주인집에 기식하는 솔거노비와 독립된 가구를 이루는 외거노비로 나뉘었다. 조선 왕조 정부는 원院, 역驛 등의 지방관서에 농토를 떼어 주어 그 소출로 경비를 충당하게 했는데, 이런 관서에 소속된 공노비 일부와 사노비 중 외거노비의 생활은 양인良人 농민과 거의 다르지 않았다. 반면 관청 안에서 근무하는 공노비와 도시의 솔거노비는 농사를 짓지 않았다. 관청 소속 공노비는 문서 송달, 시설 관리, 급수汲水, 세탁 등의 허드렛일을 맡았으며, 도시의 솔거노비들도 가사 노동 전반을 담당했다. 노비를 여럿 거느린 부잣집 노비들은 그들 사이에도 위계와 분업체계가 있었다. 노奴의 경우 대문 개폐와 손님맞이, 다른 노들에 대한 지휘 통솔을 맡은 청지기, 주인의 신발 정리와 청소 등을 맡은 마당쇠, 가마 드는 가마꾼, 주인의 수행비서 노릇을 하는 몸종 등으로 나뉘었다.

부이색富而嗇, 즉 부유하나 인색한 자를 수전노守錢奴라고 하는데, 실제로 돈 궤짝 지키는 일을 맡은 노비도 있었다. 우리나라에서 금속화폐 사용의 역사는 고조선시대로까지 거슬러 올라간다. 고조선의 팔조법금에는 "남의 물건을 훔친 자는 데려다 노비로 삼으며, 속죄하고자 하는 자는 1인당 50만 전錢을 내야 한다"는 내용이 있다. 평안도 지역에서는 기원전 3세기 경의 중국 전국시대 화폐인 명도전이 출토됐으며, 고려시대에는 해동통보, 동국통보, 삼한통보 등이, 조선 초기에는 조선통보가 발행됐으나 유통경제가 충분히 성숙하지 못한 탓에 모두 널리 통용되지 못했다. 금속화폐의 유통망이 시골 구석구석까지 확장된 것은 17세기 중엽 상평통보가 발행된 뒤의 일이다.

화폐를 돈이라고 하는 것은 '돌고 돌기 때문'이 아니다. 지금도 금과 은은 돈 단위(1돈 =3.75g)로 사고파는데, 금속의 칭량秤量 단위인 '돈'이 바로 그 '돈'이다. 열 돈이 한 냥이며, 열 푼이 한 돈이다. 돈과 같은 뜻의 한자가 전錢인데, 쇠 금金과 상할 전戔을 합친 글자로서 쇳조각, 쇠 부스러기, 시쳇말로 쇳가루에 해당한다. 조개껍데기를 화폐로 쓰던 시대부터 조개 패貝 자는 재산財産, 화물貨物, 자본資本, 상품賞品 등 가치 있는 물건을 뜻하는 글자들에 거의 빠짐없이 들어가는데, 유독 전戔 자와 결합하면 가치 없다는 뜻의 천賤이 된다. 돈 전錢과 천할 천賤 자가 상통하는데다가, 천한 쇠 부스러기를 주고 남의 귀한 물건을 얻는 것은 군자의 도리가 아니라는 생각이 있어 조선시대 사대부들은 돈을 천하게 취급했다. 물론 돈을 싫어하지는 않았다. 그들에게 돈은 천하게 여기면서도 좋아하는 것이라는 점에서 기생과 비슷했다. 그래서 사대부들은 돈을 직접 지니거나 만지지 않았다. 돈을 쓸 일이 있으면 노奴로 하여금 들게 하고 노로 하여금 지불하게 했다. 돈을 담당하는 노, 즉 수전노는 아무리 많은 돈을 가졌어도 제 맘대로는 한 푼도 쓸 수 없었으니, 남에게 '돈은 많으나 인색한 자'로 보이는 것도 당연한 일이었다.

사대부들은 노奴가 따라 들어올 수 없는 곳, 기방妓房 같은 곳에서 기생에게 돈을 줄 때에도 직접 만지지 않고 젓가락으로 집어 줬다. 물론 모든 사대부가 수전노를 거느릴 정도로 부자는 아니었다. 가난한 사대부는 어쩔 수 없이 직접 돈을 운반하고 지불해야 했다. 그런 경우에도 지켜야 할 원칙이 있었다. 영단어 right에는 옳다, 바르다라는 뜻과 오른쪽이라는 뜻이 있다. left는 나머지라는 뜻이자 왼쪽이라는 뜻이다. 우리말의 오른쪽과 왼쪽도 이와 완전히 같다. 오른손, 바른손right hand은 옳고 바른 일을 담당하며, 왼손left hand은 그 나머지 온갖 일을 맡는다. 오른손은 선한 손이고, 왼손은 불선不善한 손이다. 밥 먹거나 글씨 쓰는 등의 옳은 일을 왼손으로 하는 사람들을 차별하는 것이 구시대 세계의 보편문화였던 것도 이 때문이다.

사대부가 부득이하게 돈을 만질 때에는 왼손을 사용해야 했다. 그러려면 돈을 오른쪽 소맷자락에 넣어 두는 것이 편했다. 도포 입은 양반의 오른쪽 소맷자락이 왼쪽보다 밑으로 쳐져 있는 것은, 백발백중 돈이 들었기 때문이다. 번잡한 거리에서 그런 양반을 발견한 무뢰한은, 짐짓 발을 헛디딘 척 하며 뒤에서 그의 오른쪽 소매를 친다. 그 충격에 양반의 팔은 위로 올라가고 소맷자락에 넣어 두었던 돈은 길바닥에 떨어진다. 소매를 친 무뢰한과 미리 약속해 둔 다른 무뢰한이 땅에 떨어진 돈을 주워 냅다 달아난다. 영어로는 pick pocket, 즉 '주머니 뽑기'라고 하는 것을 우리말로는 '소매치기'라고 하는 이유다.

이야기가 잠시 옆으로 샜지만, 대가大家의 주부主婦도 비婢들의 일을 주관하고 점검했을 뿐, 직접 바느질이나 물일을 하지는 않았다. 비婢 역시 각자의 전문 분야가 있었다. 손끝이 야무지고 성품이 차분하면 바느질 담당 침선비針線婢, 그렇지 못하면 주로 물일 담당 급수비汲水婢가 되었다.

1894년 갑오개혁으로 신분제가 폐지된 뒤에도, 가내노비가 실제로 소멸하기까지에는 반세기 이상의 시간이 더 걸렸다. 한국전쟁 이전까지는 가족 단위로 주종관계를 맺은 사람들이 적잖이 남아 있었다. 세계사적 관점에서 보자면, 제도의 폐지에서 의식의 소멸까지 반세기밖에 안 걸린 것도 극히 이례적이다. 노비 신분에서 해방되었다고 해서 바로 주인집을 떠나는 노비는 많지 않았다. 주인이 부자인 한, 노비로 계속 머물러 사는 편이 굶주림의 위협을 줄이는 길이었다. 빈손으로 주인집을 떠나 봤자, 훨씬 힘들면서 수입은 변변찮은 일자리만 얻을 수 있었다. 노비에게 자립할 수 있을 정도의 돈을 주어 내보내는 양반이 없지는 않았으나, 노비제가 폐지된 지 10년이 훨씬 지난 뒤에도 이런 선행은 신문에 실릴 정도였다. 노비 처지에서나 주인 처지에서나 특별한 사정 변화가 없는 한, 살던 대로 사는 편이 나았다. 그러나 결국 특별한 사정 변화가 생겼다. 특히 서울에서.

을사늑약 이후에는 눈치 없는 한국인 고관들도 앞으로 더 진급할 희망은 없으며 자기 자식들에게도 관직 얻을 기회가 오지 않으리라는 것을 깨달았다. 많은 사람이 할 일 없이 서울에 남아 가산만 축내느니, 팔 수 있는 것만이라도 팔아 연고가 있는 지방으로 내려가는 편이 낫다고 판단했다. 개중에는 왜적의 치하에서 굴욕을 겪느니 망명하여 복수설치復讐雪恥의 길을 걷기로 결단한 사람도 있었다. 가재도구는 물론이고 골동서화조차 팔리지 않은 것은 버리고 가야 하는 형편에, 노비를 모두 데리고 가는 사람은 거의 없었다. 인정 있는 주인은 노비들에게 몇 푼씩 주어 내보냈고, 보통의 주인은 그냥 따라오지 말라고만 했다. 살아 돌아올 수 있을지 기약할 수 없는 망명의 길에 주인 따라 나서는 충직한 노비도 많지 않았다. 이래저래 많은 집에서 대를 이어 지속된 주인과 노비의 연이 끊어졌다.

서울에 남은 집들도 대개는 살림 규모를 줄여야 했다. 수입이 줄었는데도 노비들을 계속 두고 부리는 것은 무모한 짓이었다. 신지식인들과 총독부 관영 매체들도 하인이나 머슴으로 이름이 바뀐 노비들을 집안에 계속 두는 것은 문명시대에 맞지 않는 일이라는 계몽적 담론을 유포했다.

쌀 한 되에 스무 냥 하는 것은 아무리 한데도 열 냥으로 졸지에 내릴 수는 없고 그렇다고 한 그릇 먹던 밥을 반 그릇 먹을 수는 없고 쌀값이 비싸니까 경제를 한다기도 어려운 일이지마는 우리는 경제하는 근본으로 우선 식구를 줄이는 것이 긴요한 줄로 생각하노라. 식구를 줄인다 하면 아이를 남의 집 살림 보내고 아들은 수양을 주어서라도 식구를 줄인다는 것이 아니라 군식구를 줄여야 한다는 말이니, 군식구를 줄이려면 첫째 하인의 식구를 줄이는 것이 제일이라.

원래 조선 가정에서 조석朝夕이나 간신히 먹으면 하인을 두던 것은 자래自來로 가정의 부녀가 밖에 나가지 못하는 풍속이 있는 까닭에 부득이한 사정으로 그러한 것인데, 이제는 내외하는 풍속도 없어졌은즉 하인의 필요도 이전보다 줄었으며, 또 일본 사람의 가정을 보면 한 달에 백 원 이상의 수입이 있는 사람이 아니면 계집 하인 하나도 엄두를 내지 않고 물 긷고 장작 패는 일까지라도 부인이 모두 행하는데 조선 가정에서는 한 달에 30~40원 수입만 있으면 의례히 남녀 하인을 갖추어 부리려 드니 이는 사치 중에도 사치이다.

이전 세상과 같이 벼슬이든지 구실을 얻으면 평생을 먹고살게 되고 물가도 흔한 때에는 이만한 사치를 하여도 능히 견디어 갔을 것이나, 쌀 한 되에 20냥이 넘어가는 이 세상에서 한 달에 한 말 이상 먹는 하인을 두 식구, 세 식구씩 기르면서 쌀값이 올라 살 수 없다고 탄식하는 것은 어리석은 중에 어리석은 일이라.

하인이라는 것은 대개 먹는 것이 과할 뿐 아니라 주인의 물건을 아끼지 않는 풍습이 있어 나무든지 세간붙이든지 모두 헤프게 쓰는 고로 가족보다 씀씀이가 지나치며 조금 심한 자는 밖으로 빼돌려 떼어먹는다. 음식을 훔치는 일도 적지 아니한 고로 어느 면으로 보던지 식구가 단출하고 주부의 힘으로 살림을 휘어잡아 갈 만한 집에서는 이즈음 단연코 하인을 폐하는 것이 상책이라.

"그래도 하인을 부리던 집에서 졸지에 하인을 내보내고야 견딜 수가 있나" 하는 사람도 있을 터이나 이러한 사람은 아직도 생활 곤란이 어떠한 것인지 깨닫지 못하거나 그렇지 않으면 결단성이 없는 사람이라. 하인을 내보낸 뒤에 행랑방에다 행랑살이하는 사람이나 두고 물과 빨래 등의 심부름을 시키고 큰일이 있으면 사나이라도 불러서 심부름을 시키고 집안일은 주부가 맡아 하여도 좋을 것이오. 또 어린아이가 여럿이 있어서 주부가 진정 손 쓸 여력이 없을 때에는 계집사람에게 심부름이나 시키고 밥이나 짓게 하고 한 입이나 먹였으면 넉넉할 것이라. 백 가지 물종의 값이 오르는 이 세상에 두 식구, 세 식구씩, 많으면 네, 다섯 식구씩 길러서 겉치레를 한다는 것은 얼마나 어림없는 일인가.

또 "하인이 없으면 무엇을 사 먹을 수가 있어야지요" 하는 부인도 있지만은 이것은 아주 개화한 세상의 살림을 모르는 사람이라. 비록 하인이 있는 집이라도 음식을 만들어 먹는 재료는 그를 주관하는 부인이 반드시 나와서 사는 것이 옳으니, 첫째는 마음에 맞는 대로 고르는 이익이 있으며, 둘째는 내가 친히 사면 하인이 사는 것보다 값싼 것이 많은 까닭이라. 저 영국이나 덕국에서는 하인을 매우 심하게 부리고 온갖 장사치가 아침저녁으로 물건 팔러 집집마다 찾아다니지만 하인을 둘씩 셋씩 부리는 상류층 가정에서도 물건을 살 때에는 반드시 주부가 바구니를 들고 시장으로 나가나니, 내외법이 전폐全廢된 오늘에 조선 부인이 영국이나 외국 부인보다 더 기피해야 할 일이 무엇이기에 흥정하러 나가지 못한다는 말인가? 얌전한 바구니를 가지고 나가서 반찬거리라도 꼭 덮어 들고 오거나, 그렇지 아니하면 가게 사람에게 깔끔하게 싸 달라고 해서 들고 와도 모양 흉할 것이 조금도 없으며, 가벼운 것은 손수 들고 무거운 것이면 짐꾼에게 삯을 주어서 지고 오게 해도 무방할 것이라.

어떤 부인은 "아무리 이러한 세상이기로 어떻게 바구니를 들고 다니면서 가게나 장거리에서 고기니 콩나물이니 살 수가 있다는 말인가. 아들딸 혼인도 못 시키게"라는 말도 하겠지만은 그것은 아주 그릇된 생각이라. 몸치장하는 화장수나 비단우산은 친히 가서 사는 마당에 먹고사는 데 제일 중대한 반찬을 사는 것이 창피할 리 없으며 수백 명, 수천 명 모인 연극장 구경터에는 당당히 가면서 먹고사는 데 제일 중대한 음식을 사러 시장에 가기가 어렵다 하면 이는 살림살이보다 몸치장이나 놀이를 중히 여기는 계집이라. 어찌 수신제가하는 양가의 부인이라 일컬으리오.

물론 다년 부리던 하인을 졸지에 폐하면 다소 곤란한 일도 많지만은 곤란한 일보다는 이익 되는 일이 많은데, 더욱 이처럼 백 가지 물종 값이 뛰어올라 중류사회의 생활이 지극한 곤경에 빠져있는 판에 하인을 폐하지 않고 어찌하리오. 덮어놓고 하인을 폐한 후에 한 달만 지내어 보면 곤란보다 이익이 더 많은 줄을 알 것이라. 그러하므로 넉넉지 못한 가정에서 하인 폐하기를 반대하는 부인은 그 가장을 곤란한 지경에 빠지게 하는 것이오. 하인 폐하기를 주저하는 가장은 스스로 섶을 지고 불로 들어가는 셈이라고 모 관리는 말하더라(《매일신보》 1918. 3. 10. 기사를 현대어법에 맞추어 일부 수정).

재미는 있으나 장황한 인용문이라 요지를 짧게 정리할 필요가 있겠다. 첫째, 요사이 물가가 너무 올라서 다들 생활하기 어렵다. 둘째, 생활이 어려운 건 식민지 수탈정책 때문이 아니라 조선인들의 생활문화가 낙후한 탓이다(일제강점기에는 물론 해방 이후 독재정권하에서도 권력은 생활곤란의 책임을 늘 개인들에게 돌렸다). 셋째, 생활난에 대처하는 방법으로는 군식구를 줄이는 게 최선이다. 넷째, 하인은 다른 가족 구성원을 위해 절약할 줄 모르는 군식구니 빨리 내보는 게 상책이다. 다섯째, 하인을 거치지 않고 직접 소비하는 것이 개명한 주부가 되는 길이다. 여섯째, 정 하인이 필요하면 행랑방을 빌려주고 행랑어멈과 행랑아범을 부리면 된다. 이상.

이 글에서 '먹는 것' 말고 하인을 부리는 데에 필요한 다른 비용은 일체 언급되지 않았다. 하인은 말 그대로 '식구食口'였다. 이 글에서 권장한 대책은 식구를 내보내고 밥조차 먹일 필요 없는 외부인을 행랑방에 들이라는 것이었다. 일제가 한국을 강점한 직후부터, 특히 서울에서는, 이 권장 사항을 실행할 수 있는 여건이 성숙해 갔다.

중세 도시의 직업군이라는 게 본디 뻔해서, 조선시대 서울 사람은 왕족, 관료와 관료 예비군, 말단 관리인 경아전京衙前과 시전상인, 그리고 이들의 노비가 거의 다였다. 이밖에 1년에 반만 서울에서 일하는 경공장京工匠과 2년마다 8개월씩 서울에서 복무하는 번상병番上兵 등 '반 서울 사람'이 있었다. 서울이 근대 도시로 발전하기 시작한 조선 후기에도, 관청 용달상인인 공인貢人과 상비병이 여기에 추가된 정도였다. 요컨대 중세 수도首都의 주민은 거의가 왕실과 관청, 즉 국가에 빌붙어 먹고사는 사람들이었다. 그런데 식민지화는 다름 아닌 국가의 소멸이다.

관리는 해고되고 군대는 해산됐으며, 관청 용달상인들은 거래처를 일본 상인들에게 빼앗겼다. 근대 기업이 출현하고 건축 공사가 늘어나는 등 일부 다른 일자리가 생겼으나, 좋은 자리는 전부 일본인 차지였다. 한국인들에게 허용된 자리는 인력거꾼, 지게꾼, 날품팔이, 행상 등 질 낮은 일자리뿐이었다. 1907년 이후 서울의 한국인들은 만성적인 일자리 공황에 빠져들었다.

예나 지금이나 일자리를 잃은 사람들이 이리저리 살길을 찾다가 마지막에 처분하는 게 집이다. 장사 밑천 마련한다고 집문서 잡히고는 쫄딱 망하는 사람들, 한 푼 두 푼 꾸어 쓴 생활비를 갚지 못하고 결국 집문서를 내놓는 사람들이 하루하루 늘어갔다. 그 집들 대부분이 일본인 소유로 넘어갔다. 한국인들의 대처 방안은 1인당 거주 공간을 줄이는 것밖에 없었다. 그래도 한국인들에게는 집과 방이 턱없이 부족했다. 이런 상황에서 방만 빌려준다면 무상으로 일해 주겠다는 사람들이 거리에 차고 넘쳤다.

그나마 버틸 여력이 있던 '중류 이상'의 사람들은 행랑에 살던 하인＝노비를 내보내고 세를 놓았다. 행랑방이 곧 셋방이었기에 세들어 사는 사람들은 행랑아범, 행랑어멈이 되었다. 이들은 전세든 월세든 제 돈 내고 방을 얻었으면서도, 주인집에 바쁜 일이 있으면 무상으로 노동력을 제공해야 했다. 이때부터 20세기 후반까지, '집 가진 권세'와 '집 없는 설움'이 공존, 대립하는 문화는 한국 도시문화의 주요 구성 요소였다.

세 내줄 방은 없으나 살림에 여유가 있는 사람들, 또는 남의 식구 전부를 제 집에 들이지 않아도 되었던 사람들은 성인 여성 한 사람만 '고용'했다. 집에서 돈을 주고 부리는 여자 일꾼을 한국인들은 '침모針母'라 했고, 일본인들은 '요보' 또는 '오모니'라 불렀다. 의도적으로 부인이나 어머니를 뜻하는 한국어를 사용함으로써 한민족을 멸시하는 뜻을 드러낸 것이다(〈사진 7〉).

침모도 엄연한 직업인이었지만, 생활조건은 옛날의 비婢만도 못했다. "아침부터 저녁까지, 밤이나 새벽이나 잠시도 마음을 놓지 못하고 주인집 아이 거두기, 주인집 정리해주기, 주인집 지켜주기, 바느질하기, 갖은 살림을 다 맡아 보아 주고 한 달에 겨우 5원이 보통"이었다. 당시 남자 일꾼의 일당은 1원 정도였다. 주인집에서 먹고 자는 침모들은 아예 봉급이 없는 경우도 많았는데, 이들은 남편과 자식을 만나기도 어려웠다. 특히 일본인 중에는 자기 집에서 부리는 요보와 오모니에게 연간 단 하루도 휴가를 주지 않는 자들이 매우 많았다. 이 때문에 초여름 밤이면 남산 기슭에서 부부 사이에 '풍기문란 해프닝'이 자주 일어날 수밖에 없었다.

여성 가사노동자를 부르는 호칭이 바느질하는 어미라는 뜻의 침모에서 밥 짓는 어미라는 뜻의 식모로 바뀐 것은 대략 1930년께부터다. 그 전에도 식모라는 말이 있기는 했으나, 가사노동자가 아니라 학교나 공장 기숙사 등의 요리사에게 붙이는 이름이었다. 식모가 침모를 대신하게 된 것은 이들 '근대적 여종'의 연령대와 충원 방식, 주된 업무가 두루 바뀌었기 때문인 것으로 보인다.

서울과 인근 지역 인구는 3·1운동 이후 꾸준히 늘다가 1920년대 말부터 급증하여 1930년대 중반 60만을 돌파했다. 대륙 침략을 위해 경제 통제를 일원화하는 것이 효율적이라고 판단한 조선총독부는 1936년 '경성부역 확장'을 단행했다. 이로써 서울은 명실상부한 대경성大京城이 되었다. 이 무렵에도 서울 사람의 반 정도는 시골 출신이었으나, 그들은 오늘날의 서울 사람들보다 훨씬 더 혈연과 지연에 속박되어 있었다. 서

〈사진 7〉 바느질에 열중하는 1920년대 두 여성

연출된 사진이어서 입성과 외모가 모두 깔끔하지만 재봉틀 뒤에 있는 사람이 주부, 그 옆에서 거들고 있는 사람은 침모인 듯하다. 처음에는 살림 경험이 있는 여성들이 침모가 됐지만, 농촌생활이 갈수록 피폐해짐에 따라 열 살 안팎에 남의 집 식모로 가는 일이 흔해졌다[출처: 《사진으로 본 서울의 어제와 오늘》].

울에서 그나마 번듯한 직장을 잡은 사람들, 가진 것이라고는 작은 점방
店房 하나뿐이지만 먹고사는 데에는 큰 지장이 없는 사람들에게는 가난
한 고향 친척이나 친지를 돕는 게 도리였다. 돈이나 쌀을 줄 필요는 없
었다. 그저 '먹는 입' 하나 줄여 주면 되었다. 고향 친척이나 친지 집의
열 살도 안 된 어린 계집아이를 데려 와서 최저 수준으로 먹이고 입히며
집안일을 가르치고 부리는 것이 '중류층' 이상 가정의 의무처럼 되었다.

한편 침모의 정체성을 구성했던 야무진 바느질 솜씨는 점차 무의미
해졌다. 이 땅에 재봉틀이 첫 선을 보인 것은 1876년, 미국 싱어 미싱상
회가 한국 대리점을 설치한 것은 1902년이었다. 싱어 미싱상회는 월부
판매라는 새로운 판매기법을 선보이며 급속히 판로를 확장했다. 1930
년께 싱어 미싱회사의 조선 지점 판매사원은 1천 명이 넘었다. 한 달에
5원이나마 돈을 주고 침모를 부리는 것보다는 재봉틀을 월부로 사는
편이 나았다. 재봉틀의 바느질 솜씨도 침모보다 나았다. 침모를 부리던
집에서도 침모를 내보내고 어린 식모를 들이는 일이 흔해졌다. 열 살도
안 된 계집아이에게 '어미'라는 이름을 붙이는 기현상을 이상하게 여기
는 사람은 거의 없었다.

이촌향도離村向都는 해방과 전쟁, 산업화 과정에서도 계속되었기 때
문에 식모는 가장 많은 여성이 취업하는 도시 직업 중 하나였다. 1970
년대에는 공장 노동자, 버스 안내원과 식모를 묶어 '삼순이'라고 부르
기도 했다. 각각을 구분해 부르는 이름은 공순이, 차순이, 식순이였다.
취업이라고는 했지만 식모에게는 유년노동 금지도 최저임금도 해당하
지 않았다. 먹이고 입히고 일 가르치고 부리다가 때맞춰 시집보내는 사
람은 맘씨 좋은 주인이었다. 가끔 용돈이라도 쥐어 주는 주인을 만나는

건 더할 수 없는 축복이었다. 다만 남자 주인에게 돈을 받는 건 의심 받을 사유였다. 많은 식모들이 주인 남자는 물론 주인집 아들로부터도 성폭행, 성추행을 당하거나 그럴 위험 속에서 살았다. 성폭행 당한 사실이 안주인에게 발각되면 본인은 쫓겨 나고 고향 동네엔 나쁜 소문이 퍼졌다. 식모가 다음 일자리로 술집을 택하는 경우도 드물지 않았다.

출산율 저하와 성차별 의식 완화, 여성 일자리 증가 등에 따라 식모는 점차 줄어들었으나, 식모라는 말을 소멸시키는 데에 결정적 역할을 한 것은 침모를 소멸시킨 바로 그것, '가사노동의 기계화'였다. 1970년대 중반까지도 새로 지은 아파트에는 일반적으로 '식모방'이라는 '골방'이 있었다. 그러나 이 골방에는 이윽고 '다용도실'이라는 새 이름이 붙었고, 식모의 생활용품 대신 세탁기가 놓였다.

1980년대 초, 5공 정부가 '귀천貴賤 의식'을 지운다는 취지로 직업 이름을 개조할 때, 식모는 '가사보조원'이라는 새 이름을 얻었다. 86아시안게임을 앞두고 '도우미'라는 이름이 생긴 뒤에는 다시 '가사도우미'가 됐다. 그러나 이런 공식적 명칭보다는 '파출부'라는 비공식 명칭이 훨씬 더 널리 쓰였다. 지금도 파출부를 쓰는 집이 있고, 자녀 학원비를 대기 위해 파출부로 나서는 중산층 여성이 있지만, 프라이버시를 중시하는 경향이 확산되고 홈오토메이션이 급진전되고 있으니, 머지않은 장래에 이 직종이 완전히 사라질 가능성이 크다. 근래 기계가 인간의 일자리를 빼앗을 것이라는 공포가 확산하고 있으나, 일부 직종 종사자들은 그런 공포가 현실화하는 과정을 이미 겪었다. 기계가 할 일을 인간에게 시키면서 인간을 기계처럼 대해 온 문화를 바꾸는 것이, 이 공포에 대처하는 옳은 방법일 것이다.

6

'구멍가게'에서
슈퍼마켓으로

17세기 중엽 이후 임진왜란과 병자호란의 피해를 극복하는 과정에서 조선 사회에는 도시와 농촌을 막론하고 괄목할 만한 변화가 일어났다. 50년도 안 되는 기간 중 한반도 전역을 휩쓸었던 두 차례의 전쟁은 인구를 격감시켰고 토지를 황폐화시켰다. 중세 국가에서 인구와 토지는 바로 '국력國力' 자체였다. 인구수를 회복시키고 농지를 다시 개간하는 것은 미룰 수 없는 국가적 과제였다.

사망률, 특히 영유아 사망률을 줄이기 위해 의서醫書 편찬과 언해본[한글 번역본] 발간, 보급이 활발히 이루어졌고, 지방에서는 지주들이 토지 개간, 수리시설 확충, 농사기술 개선 등을 주도했다. 이에 따른 생산성 향상은 토지와 노동력 사이에 형성된 오래된 균형을 깨뜨렸다. 예전보다 적은 인구로 예전 수준의 토지를 경작할 수 있게 됨으로써 전전戰前 수준으로 회복된 인구 중 상당 부분이 '잉여노동력'이 되었다. 제 고향에서 경작할 땅을 구하지 못한 이들은 부득이 타지를 유랑하면서 다른 직업을 찾아야 했다. 한편 부양해야 할 인구수가 줄어든 농촌에서는 잉여생산물이 증대했다. 잉여생산물의 대부분은 국가가 조세로 수취했으나, 지주와 부농富農의 수중에 집적된 일부 생산물은 상품으로 시장에 모습을 드러냈다. 농촌에서 할 일을 잃은 잉여노동력의 일부가 이 상품의 거래를 담당했다. 이렇게 인적인 측면에서나 물적인 측면에서나 상품 거래가 활발해질 조건이 성숙했다.

공물貢物 수취제도의 모순도 상품 거래를 촉진했다. 조선 왕조는 개국 직후부터 공물제도의 정비에 힘을 기울여 세종 대에는 지역별로 부담해야 할 공물의 종류와 수량을 확정했다. 유명한 《세종실록지리지》는 지역별 특산물을 조사하는 과정에서 축적된 정보를 집대성한 책이다. 그런데 시일이 흐름에 따라 기후 풍토가 변하여 특산물의 산지가 바뀌기도 했고, 약초나 동물 가죽의 경우 과도한 채취와 사냥으로 씨가 마르기도 했다. 역사상의 많은 문제가 현실이 바뀌어도 정부 문서는 바뀌지 않는 데에서 발생했다. 정부가 배정한 공물을 자기 고을 안에서 마련할 수 없게 된 주민들이 문제를 해결할 수 있는 길은 교환밖에 없었다. 15세기 말부터 일부 농촌 지역 사이에 특산물 거래가 시작되었는데, 이 거래를 성사시키는 것은 상인들의 몫이었다. 지역 간 특산물 거래로 상당한 상업 이윤을 얻을 수 있음을 알게 된 지방관이나 유력자들은 상인들과 결탁하여 자체적으로 특산물을 조달할 수 있는 지역에서조차 현물 납부를 방해하고 상인들의 손을 거쳐 상납하도록 했으니, 이를 방납防納이라 했다. 공물 납부를 방해한다는 뜻이다.

조선 정부는 처음 방납을 모리배들이 저지르는 간사한 행동으로 취급해 시정하려 했으나, 이윽고 공물 수취제도 자체에 심각한 모순이 있음을 깨닫고 현상을 추인하는 방향으로 움직였다. 임진왜란 직후 공물을 현물로 납부할 수 없는 일부 지역에서 미곡과 포布로 대납할 수 있게 한 '대동법大同法'이 시행되었는데, 이 법의 시행 지역은 17세기 내내 조금씩 확대되어 1708년에 이르러 조선 전역을 포괄하게 되었다. 대동법은 공물을 사실상 전세田稅에 통합한 것으로, 이제 중앙 정부는 농민들에게 징수한 대동미와 대동포로 필요한 물자를 구입해 사용해야 했다. 이 교환을 담당한 상인들이 '공인貢人'이었는데, 이들의 활동 무대는 전국에 걸쳐 있었다.

농촌 지역 간 물자 교환이 늘어나고 국가의 공물 수취 방법이 바뀌자 내륙 교통의 요충지와 해안 포구에 새로운 교환 장소들이 생겨났다. 내륙의 장시場市는 15세기 말에 처음 출현했는데, 처음에는 흉년을 당해 굶주린 농민들이 행상들에게 가재도구 등을 팔고 곡식을 구하는 형태의 비非정기시였으나, 16세기 말에는 정기시定期市로 발전했고, 그 수도 계속 늘어갔다. 장시가 계속 늘어나자 인근 지역의 장시들끼리 개시일開市日을 조정하여 5일장 체제를 갖추어 갔다. 장시 내, 그리고 장시와 장시 사이의 교환은 전업專業 상인인 보부상褓負商들이 담당했다. 해안에 가까운 지역의 물자가 일차 집산되는 포구들에서도 상거래가 본격화했으며, 선상船商들에게 숙박과 화물 보관 등의 용역을 제공하는 객주들이 거래를 중개했다.

내륙의 장시와 해안 포구에서 거래된 상품 중 상당량은 육로와 수로를 통해 서울로 운반되었다. 관청과 궁방, 대가大家가 몰려 있는 서울이 전국 최대의 소비처였기 때문이다. 서울에서 판로를 찾지 못한 상품은 다시 다른 지방으로 옮겨졌다. 이렇게 서울은 전국 화물의 최종 집산지이자 분배지가 되었다. 특히 조세와 공물 상납 시기에 간헐적으로 상거래가 이루어지던 한강변은 상시적인 시장으로 변모했다.

서울을 상업 도시로 만드는 동력은 또 있었다. 우선 도성 안에 상주하는 인구가 급증했다. 조선 개국 초 도성 안 인구는 대략 10만 명 정도였던 것으로 추산되는데, 이들 중 다수는 일시적 거주자였다. 도성 안에서 대대로 살 수 있었던 사람들은 종친이 아니면 시전 상인과 말단 관리 정도였다. 조선 개국 초의 서울은 새로 만들어진 도시였고, 관리들은 모두 다른 지방 주민으로서 관직에 있는 동안만 서울에 거주하다가 퇴직 후에는 고향으로 내려가는 것이 일반적인 관행이었다. 서울 안의 군병들도 모두 농민 번상병番上兵으로서 대략 8개월 정도 근무하고 되돌아갔다가 2년 뒤 다시 입경하는 일을 반복했다. 장인匠人들 역시 1년 중 반만 서울에서 일했다. 서울 인구의 상당수를 점했던 노비들도 주인을 따라 이동했다. 그러니 조선 전기에는 서울 주민의 대다수가 타지 사람이었다. 그런데 18세기 이후 몇몇 가문이 주요 관직을 독점, 세습하는 관행이 만들어짐에 따라 대대로 서울에 눌러 사는 '경화사족京華士族'들이 생겨났다. 관직을 얻지 못한 양반들도 상업 이권에 접근할 기회를 얻기 위해 서울에 눌러 앉는 경향이 일반화했다. 이렇게 지방민을 끌어들이면서도 지방으로 사람을 되돌려보내지 않는 도시문화는 당연히 상주인구를 늘렸다.

임진왜란 중 상비 정예부대로 창설된 훈련도감도 서울 상주인구를 증가시킨 요인 중 하나였다. 가족을 고향에 둔 채 홀로 서울에 와 근무했던 다른 군영의 번상병들과는 달리, 훈련도감 병사들은 가족과 함께 서울에 상주했으며, 대개는 군직을 세습했다. 이들 외에 각 군문에서 군사 실무나 의장儀裝을 담당했던 표하군標下軍들도 세습적 직업군인이 었다. 대동법 실시에 따라 지방 특산물 조달을 담당하게 된 공인貢人들도 서울의 새 주민이 되었다.

지방에서 대량으로 발생한 유민들도 서울 인구를 늘렸다. 이 시기의 유민은 흉년에 일시적으로 생겨나곤 했던 과거의 기민饑民과는 달랐다. 이들은 농촌 내 토지와 인구 사이의 균형이 깨졌기 때문에 발생한 과잉 인구로서 농촌으로 되돌아갈 수 없는 사람들이었다. 이들 중 일부는 보부상이나 노동자가 되었지만, 새 일자리를 얻지 못한 사람도 많았다. 그런 사람들이 기댈 데라고는 자선밖에 없었다. 그들에게는 다행하게도, 유교적 왕도정치 이념은 적어도 왕경 안에서는 굶어죽는 사람이 나오도록 방치해서는 안 된다는 관념을 낳았다. 그래서 지방의 빈민 구제 시스템은 사실상 붕괴한 상태였으나, 서울에서는 상대적으로 잘 작동했다. 동소문 밖과 서소문 밖의 활인서活人署에서는 밀려드는 유민들을 먹이고 재워 기력이 회복될 때까지 구호했다. 유민들이 몸을 얼추 추스르면 고향으로 가라고 쫓아냈으나, 살 길을 두고 죽을 길을 택하는 사람은 없었다. 설령 공적인 구휼 시스템이 작동하지 않는 경우라도, 예나 지금이나 빌어먹는 사람들에게는 그래도 서울이 나은 법이다. 굶주림을 면하려 상경했던 사람들이 눈치껏 도성 안팎 적당한 곳에 눌러앉았다.

농업 생산력이 발전하고 도성 내 상주인구가 증가함에 따라 도성 가까운 지역의 농업도 달라졌다. 도성 안에는 음식의 맛을 따질 만한 여유가 있는 사람이 많았기 때문에, 그들의 음식 호사를 뒷받침하기 위해 도성에 가까운 농촌 지역에서는 상품으로 팔기 위한 채소와 과일 재배가 크게 늘었다. 특히 왕십리, 청량리 등 동대문 밖 동교東郊 일대에 대규모 채소밭과 과수원들이 만들어졌다.

조선 전기에 이 지역은 거대한 목장 지대였다. 중세 국가에서 말은 군사, 통신, 의전 등에 필수적인 동물이었다. 왕조 정부도 동대문 밖에서 동쪽으로 아차산, 남으로 한강에 이르는 넓은 평지 곳곳에 목장을 만들어 국가적 수요에 충당했다. 목장이 있었던 흔적은 현재 마장동馬場洞, 면목동面牧洞, 자양동紫陽洞 등의 지명에 남아 있다. 마장동은 말 목장 동네라는 뜻이고 면목동은 목장을 마주보는 동네라는 뜻이며, 자양동은 새끼 밴 암말을 모아 기르던 자마장리雌馬場里가 변한 것이다.

그런데 임진왜란 중 목장의 말들이 징발, 도난 등으로 다 사라진데다가 병자호란 때에는 청과 병마兵馬를 기르지 않기로 약조까지 한 탓에, 이 목장 지대의 대부분이 공한지가 되었다. 이에 옛 목장 지대를 채소밭과 과수원으로 개간하는 작업이 활발히 진행되었는데, 채소는 연중 여러 차례 수확하기 때문에 채소밭의 토질 유지를 위해서는 양질의 비료가 특히 중요했다. 그래서 인구가 많은 도성과 동대문 밖 채소밭 지대는 생태적으로 밀접한 관계를 맺었다. 동교뿐 아니라 남대문 밖 청파, 서대문에서 현재 은평구에 이르는 서교西郊 지대에서도 채소 재배와 돼지, 닭 등 식용가축 사육이 활발했다.

한강을 통해 반입된 전국의 화물과 서울 근교에서 생산된 농작물은 경강 변과 도성 밖 객주를 거쳐 현대의 중간 도매상에 해당하는 중도아中都兒를 통해 도성 안에서 산매散賣되었다. 도성 안으로 반입되는 상품의 수량이 늘어나고, 이를 거래하는 상인들의 활동이 활발해짐에 따라 18세기 말 경에는 서울 안에 여러 개의 시장이 생겨났는데, 그중 가장 규모가 큰 세 곳을 '도성 3대시'라 했다. 하나는 지금의 보신각 주변인 종로이고, 또 하나는 남대문 밖에서 옛 성벽을 따라 지금의 서울 서부역에 이르는 곳에 있던 칠패이며, 마지막으로는 동대문 안 현재 세운스퀘어와 쥬얼리시티 사이의 고갯길이던 이현梨峴(배우개)이다.

이들 중 종로는 서울 정도定都 이래 시전가가 있던 곳이다. 그런데 본래 상업 공간이던 종로를 새삼스레 '도성 3대시' 중 하나로 부르게 된 것은 18세기 후반경의 종로가 그 이전과는 전혀 다른 모습으로 변해 있었기 때문이다. 변화의 직접적 계기는 병자호란이었다. 조선 정부는 청나라에 항복한 뒤 매년 엄청난 양의 세폐歲幣와 방물方物, 즉 조공품을 보내야 했는데 전쟁으로 재정이 피폐해진 상황에서 그를 제대로 조달할 방도가 없었다. 정부는 이 문제를 해결하는 방편으로 세폐와 방물을 조달할 책임을 시전에 떠넘기는 대신, 도성 안에서는 시전 상인들의 조합인 시전 도중都中에 소속된 상인들만 물건을 사고팔 수 있도록 했다. 이른바 '금난전권禁亂廛權'이다.

일단 금난전권이 형성되자 왕실이나 세도가, 군문 등과 연계된 자들이 이 권리를 얻기 위해 각축을 벌였다. 독점권이 물종별로 설정되었기 때문에, 주로 사용된 방법은 새로운 상품을 '개발'하는 것이었다. 그런데 말이 개발이지 사실은 장난에 가까웠다. 예컨대 담배는 본래 엽초전葉草廛의 독점 물종이었는데, 엽초전 도중에 소속되지 않은 자들이 따로 절초전切草廛을 만들어서는 '썬 담배'만을 취급하겠다고 정부에 청원했다. 엽초전 상인들이 보기에는 황당하기 짝이 없는 일이었으니, 분쟁이 일어나지 않을 수 없었다. 그런데 이런 분쟁은 언제나 배후에 있는 권력자들 사이의 다툼으로 비화하기 마련이다. 엽초전의 뒷배를 봐주던 권력자들과 새로 절초전을 만들겠다고 신청한 자들의 배후에 있던 권력자들 사이에 별별 희한한 명분을 내세운 암투가 벌어졌고, 결국 조금 더 힘 있는 쪽이 이겼다.

이런 식으로 숱한 시전이 새로 만들어져 18세기 중엽에는 평시서平市署의 시안市案에 이름을 올린 시전이 수백 종에 달할 정도가 되었다. 일부 시전은 물건을 팔지는 않고 오직 난상亂商을 적발하여 그가 소지한 상품을 빼앗거나, 푼세分稅라는 명목의 거래세를 징수하는 데에만 열을 올리기도 했다. 사정이 이렇게 되니 도성 안으로 들어오는 지방 상인들의 발길이 끊어졌고, 도성 안 물가는 다락같이 뛰었다. 금난전권으로 인한 폐단이 도성 주민과 근교 농민의 생활을 위협할 정도로 심각한 사회문제가 되자, 1791년 정조는 국역을 많이 부담하던 육의전을 제외한 나머지 시전들의 금난전권을 일괄 폐지했다. 이것이 '신해통공辛亥通共'이다.

상품의 종류가 늘어나고 이어 아무나 물건을 사고팔 수 있게 되자, 기왕 종로에 있던 공랑公廊만으로는 상거래를 다 감당할 수 없게 되었다. 이 무렵부터 종로 큰길 좌우에 상업용 가건물이 하나둘 들어서기 시작했다. 이 가건물을 당시 용어로 '가가假家'라 했는데, '가게'란 이 말이 변한 것이다. 그런데 종로는 본래 왕의 행차를 위해 조성한 '의전용 도로'였다. 그 길을 침범하여 건물을 짓는 것은 엄연히 불법이었다. 그러나 왕조 정부는 가난한 백성들이 어떻게든 먹고살아 보려고 하는 일을 굳이 막지 않았다. 왕의 행차가 있을 때면 자진해서 철거하라는 조건으로 묵인해 주었고, 얼마 뒤에는 아예 헐었다 지었다 하는 비용조차 왕실에서 대주었다. 왕의 행차 때문에 가난한 백성들이 피해를 입어서는 안 된다는 생각에서였다. 그래서 19세기에는 가게 철거와 개건改建에 드는 비용이 능행陵幸 경비의 태반을 점할 정도가 됐다. 더불어 본래 불법 건물이던 가가는 매매 양도되는 항구적인 도시 상업 시설이 되었고, 가가가 밀집한 구간은 종로 시장이 되었다(《사진 8》). 1844년에 발간된 《한양가》는 당시 종로 시장의 모습을 이렇게 묘사했다.

수각다리 넘어서니 각색 상전商廛 벌였어라.……큰 광통교 넘어서니 육주비전 여기로다. 일 아는 열립군列立軍과 물화 맡은 전시정廛市井은 큰 창옷에 갓을 쓰고 소창옷에 한삼汗衫 달고 사람 불러 흥정할 제 경박하기 측량 없다.

열립군은 가가 앞에 열 지어 선 사람들이라는 뜻인데, 남은 이익을 얻는 사람이라는 뜻의 여릿군餘利軍으로도 불렸다. 요즘말로 하면 삐끼나 호객꾼 정도가 될 터이다. 종로 입구에서 종묘에 이르는 길은 조선 초기에도 '사람이 구름처럼 몰려다니는 거리'라는 뜻의 운종가雲從街로 불렸는데, 18세기 말 이후로는 가가들로 인해 길의 폭은 좁아진 데다가 사람의 통행은 늘었으니, 늘 번잡하고 시끄러웠다.

개항 이후 서울에 들어온 외국인들은 이 비좁고 불결한 중심 대로에 눈살을 찌푸렸다. 1895년 4월 16일, 한성부는 '도로를 범하여 가옥을 건축하는 일'을 일체 금한다는 지시를 내렸다. 이듬해 9월 29일에는 종로와 남대문로의 가가를 모두 철거하고 도로의 원 너비를 회복하며 길가 건물의 외양을 통일한다는 내용을 담은 내부령 제9호가 공포되었다. 종로를 넓고 깨끗하게 정비하여 근대 국가 수도의 중심 도로답게

〈사진 8〉 1880년대 말의 서울 종로 거리

길 좌우로 구멍만 한 출입구를 낸 작은 가가假家들이 빼곡히 들어차 있다. 1895~96년 사이에 이 가가들은 모두 철거되어 일부는 남대문시장으로 들어갔고 다른 일부는 시내 골목으로 파고들었다. 동네 가게들은 상회니 슈퍼마켓이니 실제보다 훨씬 과장된 간판을 내걸고 반세기 넘게 골목 상권을 장악했으나 대형 마트가 등장함에 따라 거의 자취를 감췄다[출처 : 《사진으로 본 한국 백 년》].

만들려는 의도였다.

정부는 보상금을 지급하고 길가의 가가를 모두 헐었다. 가가 주인 일부에게는 안 쓰게 된 남대문 안의 선혜청 창고를 내주었다. 이에 따라 1897년 1월 우리나라 최초의 도시 상설시장으로 남대문시장이 문을 열었다. 남대문시장에 들어가지 못한 가가 주인들은 골목골목으로 파고들어가 구멍만 한 식료품점이나 잡화점을 냈다. 이후 한 세기 가까이 '구멍가게'들은 골목 커뮤니티의 중심으로 서민들과 고락을 함께하다가 대형 마트가 등장한 뒤 하나 둘 자취를 감췄다.

이제 서울의 작은 동네들마다 골목 입구에 자리 잡고 있던 가게들은 거의가 24시간 영업하는 프랜차이즈 편의점으로 바뀌었다. 그나마 계속 늘어나는 대형 할인마트로 인해 하루하루 버티기가 불안한 상황이지만, '구멍가게' 주인이라도 되려고 늘어선 사람들의 줄은 줄어들지 않는다. 영세 소매상들의 전면적 몰락을 막기 위해 대형 마트 영업시간 제한제도가 시행되고 있으나, 이것이 자유시장경제의 원리에 위반된다느니, 값싼 물건을 선택할 소비자의 권리를 침해한다느니 하는 반발도 끊이지 않는다. 영업 자유의 원칙도, 소비자의 권리도 모두 중요하다. 그러나 왕조시대에도 가난한 상인의 생계수단을 뺏는 일은 하지 않았다. 더불어 사는 사회의 기본은 '불인지심不忍之心', 즉 '할 수 있어도 차마 하지 못하는 마음'이다.

해방 직후의 어느 날 오후, 당대 최고의 청요릿집 아서원에
서 한바탕 소동이 일었다. 아들의 결혼 피로연을 치르던 시
골 부자가 지배인의 멱살을 잡고 흔든 것이다. 이유인즉 자기는 분명 최
고급 요리를 내오라고 했는데, 정작 가장 중요한 요리가 빠져 하객들에
게 면목이 서지 않는다는 것이었다. 지배인이 아무리 사정하고 설득해도
소용이 없었다. 그를 그토록 화나게 만든 요리의 이름은 '탕수육'이었다.

중국인—한족이든 만주족이든 몽골족이든—이 한반도에 들어와 거
주하기 시작한 것은 무척 오래전부터다. 오늘날 자기 성씨姓氏가 중국
에서 유래된 것이라고 믿는 한국인이 많은 것도 까닭이 없지는 않다.
중국인 이주의 역사는 무척 오래되었고, 또 끊이지 않았다. 그러나 중
국인이 한국 내에서 '중국인'이라는 자의식을 보존하면서 별개의 집단
으로 살기 시작한 것은 1882년부터였다. 이 해에 서울에서 군인 폭동이

일어나자 광동수사제독 우창칭吳長慶이 인솔한 4,500명의 청병淸兵이 조선에 들어와 진압했는데, 이때 청군 진영에 군수품과 식량 등을 공급하기 위해 조달상인 40여 명이 함께 들어왔다. 한국에 정착, 또는 장기 거주한 중국 민간인은 이들이 최초로서, 오늘날 재한화교는 우장칭을 비조鼻祖로 삼는다. 1884년 우장칭이 급사하자 고종은 그가 주둔했던 동대문 부근에 그의 공적을 기리는 오무장공사吳武壯公祠를 지어주었는데, 이 사당은 현재 서울 연희동 한성화교중고등학교 교내로 옮겨져 재한화교 사회의 구심점 역할을 하고 있다.

외국에서 자국 군대의 비호를 받으며 장사하는 일보다 더 쉽게 돈 버는 일도 드물다. 조선에 들어온 청상은 청군의 군사적 지원하에 급속히 세력을 키웠다. 일단 블루오션이 열리면 남에게 뒤질세라 그리로 항로를 바꾸는 게 상인 정신이다. 서울, 인천, 원산 등 각 개시장開市場과 개항장에 청나라 상인들의 점포가 빠르게 늘어났다. 1883년 말 서울과 각 개항장에서 개업한 청나라 상인은 210명 정도였고, 이듬해에는 서울에 353명, 인천에 235명으로 급증했다. 외국에서 오래 살다보면 누구나 걸리는 병이 향수병이며, 그 병의 증세를 조금이나마 완화해 주는 것이 '고향의 맛'이다. 1880년대 중후반, 서울에 일본 요리를 파는 요리옥料理屋이 생긴 것으로 보아, 청요릿집도 같은 무렵 서울, 인천, 원산 등지에서 문을 열었을 것으로 추정된다.

1894년 7월 24일 밤, 일본군이 아산만 앞바다에서 청나라 군함을 공격하기 몇 시간 전에 조선 거주 외국인들이 조선 총독viceroy이라고 부르던 위안스카이袁世凱가 변장을 하고 병사들과 함께 서울을 탈출했다. 훗날 재한화교 사회의 전설이 된 동순태同順泰 주인 탄지에성譚傑生처럼 버틴 사람도 있었으나, 대다수 상인은 그들의 뒤를 따랐다. 청나라 상인들이 남기고 간 재산 대부분은 일본인의 전리품이 되었다. 전쟁이 끝난 뒤 청나라 상인 일부는 남겨두었던 재산이 아까워 다시 돌아왔지만 그들의 세력이 예전 같을 수는 없었다. 그리고 이 무렵부터는 돈 많은 상인보다 가난한 노동자들이 더 많이 들어왔다. 이들은 대개 석공이나 토공, 미장공들이었다. 서울을 제국의 수도다운 모습으로 개조하기 위한 건설 사업들이 이들을 조선으로 끌어들였다. 독립문·원구단·석고단·돈덕전·석조전·황궁우 등 이 시기에 건립된 서양식, 중국식 건조물들은 대개 중국인 노동자의 힘을 빌려 준공되었다. 이들의 뒤를 이어 요리사·이발사·도박사·매음부·곡예사 등도 한국 땅에 발을 디뎠다. 1899년 봄, 《독립신문》에는 어떤 청나라 사람이 원숭이를 데려와 그 재주를 보여주고 대한 백성의 돈을 뺏어간다는 기사가 실렸다. '재주는 곰이 부리고 돈은 되놈이 번다'는 속담은 아마 이 무렵에 생겼을 것이다.

청나라와 조선 사이의 사대관계가 단절되고 한국 거주 청인의 사회적 지위가 하락한 상황을 반영하여 1899년 9월, 대한제국이 외국과 맺은 최초이자 최후이며 유일한 '평등조약'인 〈한청통상조약〉이 체결되었다. 이 무렵의 중국인은 한국인이 만만하게 볼 수 있는 유일한 외국인이었다. 1904년 러일전쟁이 발발한 뒤 한국 땅에서 중국인 노동자에 대한 수요는 더 늘어났다. 전쟁 중 한반도 유사 이래 최대의 토목공사인 경부·경의철도 속성 공사가 진행되었고, 전후에는 항만과 도로를 수축하고 철도역과 신작로 주변에 일제 통치기관과 기업체 사옥, 민간인 주택 등을 짓는 공사가 활발히 벌어졌다.

통감부는 1906년부터 재한중국인 인구통계를 작성했는데, 그해

3,534명이던 중국인 수는 1907년 7,739명으로 두 배 이상 늘어났다. 이후 매년 꾸준히 늘어나다가 1911년 신해혁명을 계기로 다시 한번 급증했다. 조선 내에 일자리가 늘어난 것만이 원인은 아니었다. 청나라 마지막 황제 선통제宣統帝가 즉위한 1906년께부터 중국 전역은 정치적 사회적 혼란에 휩싸였다. 특히 신해혁명 이후 중국 북부 지역은 군벌들과 마적이라 불린 강도단이 장악했다. 이들의 수탈과 약탈을 피해 많은 중국인이 외국행을 택했는데, 그들 중에는 '쿨리'도 다수 포함돼 있었다.

쿨리는 '일종의 집단 채무 노예, 또는 사실상의 노예로서 아무 일에나 투입되는 중국인 또는 인도인 노동자'를 지칭하는데, 이 말은 인도어의 'Kuli'('날품팔이'라는 뜻)에서 유래했다. 이를 영국인이 'Coolie'로 바꿔 중국인 노동자에게도 적용했고, 이것이 다시 '고통스런 노력'이라는 뜻의 한자 '고력苦力'으로 음역됐다. 이들은 '지휘자' 또는 '통솔자'에게 집단으로 예속됐기에 아무리 나쁜 노동조건과 저임금이라도 거부할 수 없었다. 중국인들마저 같은 동족인 이들을 멸시했다.

중국인 쿨리들은 주로 산둥성 웨이하이에서 배편으로 인천에 들어왔다. 만주 지역에서 봄에 육로로 들어왔다가 초겨울에 돌아가는 계절적 자유노동자도 많았다. 이들로 인해 재한화교 인구가 늘었을 뿐더러, 극단적인 양극화 현상도 나타났다. 1914년 경성에 거주하는 중국인 수는 2,500명 정도였는데 그중 약 반이 노동자였고, 재력 있는 상인은 100명 정도에 불과했다.

재한화교들의 직업 구성도 다양해졌다. 중국에서는 자국민의 해외 이민이 활발해진 19세기 중엽부터 '삼파도三把刀'라는 말이 생겼다. 무협영화에 나오는 보도寶刀가 아니라 채도菜刀(식칼), 전도剪刀(가위), 체도

剃刀(면도칼)의 세 종류 칼과 가위로서 각각 요리, 재봉, 이발 기술을 의미한다. 계절적 자유노동자로 왔다가 조금 돈을 모은 사람들은 이 업종들에서 좀 더 안정적이고 수입 좋은 일자리를 찾았고, 무역상을 하다가 일본 상인에게 밀려 망한 사람들도 이 업종들을 재기의 발판으로 삼았다. 한국인들에게 서양식 의복, 구두 만드는 법과 이발 기술을 가르쳐준 이들은 대개 중국인이었다. 중화요리는 말할 나위도 없고.

채도菜刀로 기반을 닦은 화교들은 처음 소규모 '호떡집'을 차렸고, 조금 돈이 모이면 요릿집으로 키웠다. 1920년대 중반 서울에만 200여 곳, 전국적으로 400여 곳의 호떡집이 있었으며, 청요릿집은 서울에 100여 곳, 인천에 20여 곳 등 전국에 200여 곳이 있었다(《사진 9》). 그런데 화교들의 최대 무기는 '저가低價'였다. 주된 고객이 가난했으니 그럴 수밖에 없었다. 일제강점기에는 하다못해 이발 요금도 이발소 주인이 일본인이냐, 조선인이냐, 중국인이냐에 따라 달랐다. 중국인들은 싼 값에 적당한 품질의 제품을 제공하기 위해 노력했고, 그 과정에서 새로운 제

〈사진 9〉 1920년 경의 중화요리집
현대식 중화요리라 쓴 천 조각을 내걸었다. 아마도 당대의 '퓨전' 중화요리를 의미한 것이리라. 얼마 전만 해도 아서원, 대관원, 안동장, 동해루, 진아춘 등 100년 가까운 역사를 가진 중국 음식점들이 많았으나, 지금은 몇 집 남지 않았다[출처:《생활실태조사》].

품을 창안하기도 했다. 짜장면과 탕수육도 그런 창작물이었다.

1905년 인천에 있던 청요릿집 공화춘共和春의 메뉴에 짜장면이 처음 올랐다. 한자로 작장면炸醬麵, 즉 중국 춘장을 튀겨 면 위에 올린 이 음식은 본래 산둥성의 향토음식이었다고 하는데, 정작 중국에서는 이 음식을 먹기가 쉽지 않다. 외국에서 짜장면을 먹으려면 '차이니즈 레스토랑Chinese restaurant' 옆에 '코리언 스타일Korean Style'이 병기된 간판을 찾아야 한다. 공화춘의 짜장면은 1899년 일본 나가사키에서 음식점을 하던 중국인 천핑순陳平順이 가난한 자국 유학생과 노동자들을 위해 개발한 신메뉴, 짬뽕에 상응한다. 짬뽕이라는 단어가 생긴 유래에 대해서는 밥 먹는다는 뜻의 중국어 '츠판吃飯'을 일본인들이 잘못 알아들어 붙은 이름이라는 설과, 장구이掌櫃의 '장'과 닛폰의 '폰'을 합쳐 만든 말이라는 설이 있다. 짬뽕에는 '서로 다른 것들을 뒤섞다'라는 뜻도 붙었는데, 일본 것과 중국 것이 섞인 일본산 퓨전음식이어서 '중국 음식'은 아니다. 이 음식도 일본인을 따라 한국에 들어와 청요릿집의 대표 메뉴가 되었다.

탕수육 역시 역사가 오랜 음식은 아니다. 아편전쟁의 전리품으로 홍콩을 빼앗은 영국인들을 괴롭힌 것 중의 하나가 '입맛에 맞지 않는 음식'이었다. 홍콩에 거주한 영국인들은 침략자답게 중국인을 하인으로 고용하여 주방 일을 맡겼는데, 맛뿐 아니라 식사 도구도 문제였다. 중국 음식은 포크와 나이프를 사용하기에 적당하지 않았다. 중국인 주방 하인들이 영국인 주인의 불만을 무마하기 위해 '아무렇게나' 개발한 신메뉴가 탕수육이었다고 한다. 일본식 고기 텐푸라에 '함부로 만든' 중국식 소스를 부은 이 음식은, 젓가락질에 서툰 영국인 주인들의 불만을 어느 정도 누그러뜨려 주었다. 탕수육이 언제 한반도에 들어왔는지는 확실치 않으나,

아마도 짜장면보다 먼저였을 것이다. '식사'가 아닌 '요리' 중에서는 가장 싼 음식이었기 때문에, 가난한 한국인들이 청요릿집에서 큰맘 먹고 요리를 시킬 때는 으레 탕수육을 주문했다. 서민과 부자 사이에 낀 '가난한 부자'들의 관행은 마침내 탕수육을 청요릿집의 대표 메뉴로까지 올려놓았다. 주인과 주방장은 탕수육을 최하품 요리로 취급했지만, 대다수 한국인들에게 탕수육은 평생에 몇 번 먹기 어려운 최고급 요리였다.

30~40년 전만 해도 도시민들에게조차 가족 단위 외식은 아주 드물었다. 식당에서 한 끼 때울 권리는 직장 다니는 사람만이 누릴 수 있었다. 간혹 온 가족이 함께 잔칫집 피로연장에 가기도 했으나, 이런 기회는 평생 기억에 남을 정도로 드물었다. 가족 단위 외식은 아주 특별한 날, 예컨대 남편이 자식들의 힘을 빌려 아내의 기분을 풀어 줄 필요가 있는 날 등에나 열리는 특수 의례였다. 이 의례의 장소는 십중팔구 중국음식점 또는 중화요릿집이었고, 회식 상 가운데에는 탕수육 한 접시, 가족 구성원 각자의 앞에는 짜장면 한 그릇씩이 놓이는 게 보통이었다. 그러나 요즘에는 식구 수가 예전보다 줄었음에도 불구하고, 온 가족이 집안에서 한 식탁에 둘러앉을 기회를 만들기 어렵다. 외식은 사업상, 업무상의 필요에서뿐 아니라 가족 간의 유대를 다지기 위해서도 꼭 필요한 의례가 되었다.

한국인들은 일상생활의 많은 영역에서, 유럽 제국주의에 적응하는 방법을 중국인들로부터 배웠다. 중국인들이 경영한 이발소, 양복점, 양화점 등은 한국인들에게 신문물과 신생활을 판매하는 시설이었다. 중국음식점 역시 그런 시설 중 하나였고, 많은 한국인이 중국음식점에 출입하면서 현대적 외식문화에 익숙해졌다.

'소 보험'에서 '암 보험'까지, 시대의 불안감

생명체에게 위험은 삶을 위협하는 요소라기보다는 오히려 삶의 핵심 구성요소에 가깝다. 먹이사슬의 최상층에 있는 몇 종을 제외하면 절대 다수의 생명체가 천적에 의해 목숨을 잃는다. 늙어 죽는 것은 몇 종의 생명체만이 누릴 수 있는 특권이다. 다른 종의 위협을 받지 않는다고 해서 순탄하게 평생을 마치는 것도 아니다. 자연은 곳곳에 위험요소를 감추고 있을뿐더러 변덕스럽기까지 하다. 지진, 해일, 가뭄, 홍수, 산사태, 산불, 전염병 등의 자연재해는 순식간에 숱한 생명체의 목숨을 빼앗는다. 일부 동물은 무리를 이뤄 천적과 자연재해의 위협에 대응함으로써 개체의 약점을 보완한다.

인간도 무리생활로 자연의 위험을 견디는 동물이다. 그런데 인간의 무리, 즉 사회는 다른 동물들의 무리와 달리 개체에게는 때로 자연재해보다 더한 위험이 되기도 한다. 전쟁 강도 살인 방화 사기 등의 사회적

재해 역시 개체들의 생존기반을 파탄시키는 구실을 한다. 이로 인해 인류는 공동체 안에 또 다른 공동체를 만드는 기술을 발전시켜 왔다. 병에 걸리면 가족의 보살핌을 받았고, 가족 구성원이 죽으면 마을 주민들의 도움을 받았으며, 마을 공동체 전체가 재해를 입으면 국가의 배려를 받았다. 우리나라에는 예기치 못하는 재해에 공동 대응하기 위한 상호부조 조직으로 두레, 계, 향약 등이 있었다. 각 공동체의 이름과 구성 방식은 달랐으나 기본 자산은 모두 연대의식과 측은지심, 즉 인정人情이었다. 중세까지는 인정이 곧 보험이었다. 재난을 당하면 남의 인정에 기대야 했고, 남의 인정을 받으려면 자기도 인정을 베풀어야 했다.

자본주의는 공동체를 파괴하고 사회를 결속하는 핵심 구성요소였던 인정을 부차화했다. 농촌 공동체를 구성하던 사람들이 뿔뿔이 흩어져, 도시에서 자본과 1대 1 계약관계를 맺었다. 농촌 마을과 달리 도시 직장은 평생을 담는 공간이 아니었으며 인간관계는 파편화, 분산화했다. 동업자들 사이의 관계는 연대의식보다 경쟁의식이 더 강하게 지배했다. 게다가 자본주의는 과거와는 비교할 수 없을 정도로 큰 규모의 경제 단위들을 양산했다. 한 기업의 몰락이 특정 산업 분야, 나아가 사회 전체의 안정까지 흔들 수 있는 상황이 도래했다.

16세기 이후 수백 년간, 재해에 가장 빈번히 노출되고 그에 따른 피해도 컸던 경제 단위는 선박이었다. 풍랑을 만나 침몰하거나 해적에게 약탈당하는 재난은 매우 확률이 높은 변수였다. 재난은 예측할 수 없지만 확률은 계산할 수 있다. 계산은 곧 이해타산이다. 이익이 있는 곳이라면 어디든지 가는 것이 자본의 속성이다. 서로 경쟁관계에 있는 선주들을 모아 해상 재난에 따른 피해에 공동대처하게 만드는 자본주의적 공동체인 보험은 선박 보험을 통해 본격 성장했다. 보험회사들은 또 선박과 화물의 가액을 산정하고 재난을 당할 확률을 계산하는 기법을 다른 영역으로 확장시켜, 사회 전체를 통계와 확률 계산의 대상으로 전환시켰다. 확률을 계산하여 자기 행동 방향을 결정하는 현대인의 태도는, 보험업에서 배운 바 크다.

우리나라 최초의 보험회사도 선박 보험에서 출현했다. 1892년 10월, 부산항 상민 유성대 등이 "각국에는 모두 선척船隻 보험회사가 있어 풍랑으로 인한 변고나 도적의 우환에 대비하고 있으니 그를 본받아 회사를 설립하겠다"고 통리아문에 청원하여 승인을 얻었다. 회사 이름은 '상인을 보호하는 보험회사'라는 뜻의 호상보험회사護商保險會社로 정했다. 옛날에는 지구 어디에서나 가장 위험한 일이 배 타는 일이었다. 한국 고문학古文學의 백미 중 하나로 꼽히는 《심청전》에서 뱃사람들이 심청에게 몸값으로 준 쌀 300석은 물귀신에게 내는 일종의 보험료였다. 그런데 조선시대 우리나라 선박 항해 상황에 비추어 보면, 《심청전》의 설정 자체가 소설적이다.

정화鄭和로 하여금 선대를 이끌고 세계 곳곳을 탐사하게 했던 영락제가 죽은 뒤, 명나라는 갑자기 해금海禁 정책으로 선회했다. 조선도 이에 맞추어 자국 선박의 원양 항해를 금지했다. 화물을 실은 선박은 한반도 연근해만 운항할 수 있었는데, 외국과 해상무역이 금지되었기 때문에 선박에 적재하는 화물의 태반은 각 지방에서 서울로 보내는 조세곡과 진상품이었다. 조세곡과 진상품을 운반하는 물길이 조운로漕運路였다. 조운로의 종점은 서울 한강변 마포 용산 등지였고, 이 일대를 기준으로 강 길과 바닷길로 나뉘었다.

우선 강 길부터 살펴보자. 왕조 정부는 조운선의 동남해안 운항을 금지했다. 삼국시대 이래 천여 년간, 이 해역을 무대로 약탈을 일삼은 왜구 때문이었다. 오죽했으면 신라 문무왕이 자기 무덤을 바다 속에 만들라고 했을까? 왜구들 탓에 한반도 동남부에 사는 사람들은 편한 바닷길을 버리고 무거운 짐을 진 채 한강수로의 기점인 충주까지 걸어야 했다. 가령 경상도 양산군에 부과된 1년분 조세곡이 2,000석이라고 치자. 첩첩산중 고갯길을 지나야 하는데다가 수레바퀴가 빠지지 않도록 포장된 길도 없었기 때문에 조세곡을 운반하는 방법은 사람이 지게에 지고 걷는 것밖에 없었다. 당시 성인 남성의 평균 체중은 55킬로그램 내외, 쌀 한 섬에 지게 무게를 더하면 거의 그 두 배에 달했다. 한 사람이 한 섬 이상을 운반하는 건 불가능했다. 게다가 도중에 다치거나 병드는 사람이 나오지 말란 법이 없으니 예비 인력도 필요했다. 2,500명 이상이 무리를 이뤄 산 넘고 물 건너며 800리 길을 걷다 보면, 충주에 닿기 전 마지막 고개인 문경새재를 넘을 때쯤에는 진도아리랑 가사처럼 '굽이굽이 눈물'이 날 수밖에 없었다. 강원도와 북한강 유역의 물자들은 같은 방식으로 원주나 춘천에 모였다.

충주 가흥창, 원주 흥원창, 춘천 소양강창 등에 보관된 물자들은 차례차례 강배에 실렸다. 수심이 얕은 곳을 다니는 강배는 크게 만들 수 없었다. 기껏 100~200석 정도 싣는 게 고작이었으니, 조세 상납 철이면 한강 상류의 강창江倉 주변은 늘 붐볐다. 일단 짐을 실으면 그다음부터는 수월한 편이었다. 배가 강바닥에 닿지 않도록 얕은 곳을 삿대로 누르며 밀어 주면 물살이 스스로 용산, 마포 강가까지 데려다 주었다. 강 길에서는 좌초할 가능성은 있어도 침몰할 염려는 없었다. 문제는 돌아오는 길이었다. 돛의 방향을 아무리 잘 조종해도, 노를 아무리 힘껏 저어도, 물살의 힘을 이길 수는 없었다. 짐은 아예 안 싣거나 가볍고 값 나가는 물건만 실었다. 물살이 센 곳에서는 부득이 뭍에 내려 배를 끌 고 걸어 올라가야 했다. 배가 무거우면 상류 쪽으로 돌아가는 일이 고 역이었으니, 배 무게를 줄이기 위해 돛도 하나만 만들었다. 이렇게 강 상류와 하류 사이를 왕복하는 배를 '강상선'이라고 했다.

다음은 바닷길이다. 서남해안 가까운 지역의 조세곡과 진상품은 육 로로 가까운 포구까지 옮겨진다. 바다는 큰 배를 마다하지 않으니, 포 구에 정박하는 배들에는 500~600석까지도 실을 수 있었다. 다음은 능 숙한 뱃사공 몫이다. 물속의 암초를 피하고 바람의 방향을 읽어 연안 길로 북상해 강화도에 이른다. 여기서부터가 문제였다. 한강 하류의 물 살이 완만하다고는 해도, 크고 무거운 배로 거슬러 오를 수 있을 만큼 만만하지는 않았다. 다행히 한반도 서해안 조수간만의 차는 최대 11미 터에 달한다. 배들은 강화도 연안에 닻을 내린 채 만조가 되기를 기다 렸다. 만조가 되면 일제히 닻을 올리고 한강을 거슬러 오르는데 그 모 습이 장관이어서 '마포범주麻浦帆舟', 즉 마포의 돛단배는 서울의 볼거 리 10개 중 하나로 꼽혔다. 이렇게 강과 바다를 왕래하는 선박을 '강하 선'이라고 했는데, 강상선보다 훨씬 컸고 돛대도 두 개였다.

그런데 바닷길은 강 길보다 위험했다. 왕조 정부는 막중한 국용國用 물자를 실은 배들을 어떻게든 감시체계 안에 넣으려 했다. 세곡선들은 연안에서 볼 수 있는 근해로만 항해할 수 있었다. 한반도의 서쪽 근해 는 이른바 '리아스식 해안'인데다가 조수간만의 차도 커서 항해에 위험 했다. 충청도 태안반도의 안흥량安興梁은 특히 위험했다. 이 물길의 원

이름은 '다니기 어렵다'는 뜻의 난행량難行梁이었는데, 이름 덕이라도 보자는 생각으로 이름을 바꾼 것이다. 고대로부터 이 물길에서 침몰한 배는 부지기수였고, 그래서 지금도 문화재나 보물을 찾는 사람들은 늘 이 일대를 주목한다.

예나 지금이나 사고가 잦은 곳에서는 사고를 빙자한 사기도 잦은 법이다. 교통사고가 잦은 곳에서 자해공갈단이 설치는 것처럼. 호남 연해에서 배에 쌀을 가득 싣고 출발한 뱃사람들은 속도를 조절해 가며 캄캄할 때쯤 안흥량 인근에 도착한다. 그들은 연안에서 감시하는 군사들의 눈을 피해, 또는 그들을 매수해 두고, 일당과 약속해 둔 장소에 조심스럽게 배를 댄다. 미리 돌과 흙 등이 담긴 가마니를 쌓아 놓고 대기하던 일당은 배가 닿자마자 배 안의 짐과 준비해 둔 가마니를 바꿔치기 한다. 날이 밝을 때쯤 안흥량에 도착한 배는 짐짓 거센 물살에 휩쓸려 좌초한 듯 기우뚱거리다 이윽고 침몰한다. 겨우 목숨 건져 뭍으로 올라온 뱃사람들은 곧바로 관아에 끌려가 엄하게 문초 받지만, 자백 말고 다른 증거가 없는데다가 자백하면 죽을 게 분명한데 자백하는 사람이 나올 리 없다. 이렇게 배를 일부러 침몰시키는 행위를 고패故敗라고 했다. 간혹 밀고자가 있어 사전 발각되거나 뒤처리를 잘못해 꼬리를 밟히는 경우가 있었으나, 고패는 상당히 성공률이 높은 범죄였다. 그러니 안흥량에서 옛날에 침몰한 배를 찾는다 해도, 그 배가 보물선일 확률이 몇 퍼센트나 될지는 알 수 없는 일이다.

조선 국적선國籍船의 운항 실태가 이러했기 때문에, 그 배들이 겪는 위험도 대양을 횡단하는 유럽이나 미국의 증기선들과 같을 수 없었다. 당장 보험료 산정의 기초가 되는 통계자료가 없었다. 호상보험회사를 설립한 자들은 근대적 보험회사를 운영할 능력은 없었으나, 관의 힘을 빌면 보험료 명목으로 돈을 뜯어낼 수 있다는 사실은 알았다. 조선 후기 이래 돈 많은 자들이 대군, 군, 공주, 옹주의 집이나 군문, 세도가문에 선금을 내고 상인들에게 '무명잡세無名雜稅'를 징수하는 일은 관행으로 굳어 있었다. 이 회사 역시 선상船商들에게서 보험료 명목으로 '무명잡세'를 걷어서는 일부를 육영공원에 납부하고 나머지는 착복했다. 회사는 1894년 갑오개혁 과정에서 철폐되었으나, 그때까지 보험금을 지급했다는 기록은 남기지 않았다.

호상보험회사가 철폐된 지 3년 후인 1897년 여름, 대조선보험회사가 농상공부의 인가를 얻어 보험 업무를 개시했다. 이름으로는 조선 내 모든 보험업을 총괄하는 것 같지만, 보험 대상물은 '소'뿐이었다. 이 회사는 보험증권을 남긴 우리나라 최초의 보험회사였다.

얼마 전까지만 해도 우락부락하고 험상궂게 생겨서 눈도 마주치기 어려운 사람더러 흔히 '소도둑' 같다고들 했다. '바늘도둑이 소도둑 된다'는 속담이 가리키는 대로, 도둑 중에서 가장 흉악한 도둑이 소도둑이었다. 보통은 절도범보다 강도범의 죄질을 더 무겁게 치지만, 소도둑에 한해서는 예외였다. 노상에서 강도를 만나도 꼭 죽으란 법은 없었고, 몸에 지닌 물건만 빼앗기면 더 잃을 것도 없었다. 그러나 먹이던 소를 도둑맞으면 대개 식솔을 거느리고 야반도주를 해야 했다. 소 없이는 농사지을 수 없었으나 소 없는 사람이 땅 없는 사람보다 훨씬 많았다. 그래서 대다수 농민이 부잣집 소를 빌렸다. 물론 소 먹이고 기르는 비용은 스스로 부담했고, 따로 '도지'도 내야 했다. 그러다 소를 잃으면 당연히 소 값을 물어 주어야 했으나, 그럴 여유가 있는 사람이 굳이 도지를 내면서 남의 소를 빌릴 이유는 없었다. 그런 처지에 소를 도둑맞으면 바로 패가망신으로 이어졌다. '소 잃고 외양간 고친다'는 옛 속담도, '우골탑牛骨塔'이라는 현대 속어도, 소의 가치를 대변한다.

소도둑에 관해서는 역사적으로 의미 있는 고사故事도 전한다. 1721년 음력 8월 21일 한낮, 숙종의 서자 연잉군延礽君은 현재 서오릉에 있는 아버지 능인 명릉明陵에 참배하고 돌아오는 길에 금암참黔巖站이라는 역참에서 잠시 더위를 피하는 중이었다. 그의 귀에 길 아래 냇가에서 누군가 다급하게 외치는 소리가 들렸다. 연잉군은 곁에서 시중들던 참장站將에게 가서 무슨 일인지 알아보라고 시켰다. 즉시 말을 타고 개울가로 달려간 참장은 잠시 후 한 사람을 붙잡아 돌아와서는 전후 사정을 보고했다. "냇가에 가보니 한 사람이 소도둑 잡으라고 외치며 허겁지겁 뛰어가고 있었습니다. 그 앞을 보니 멀리 소를 끌고 가는 자가 보였습니다. 이제 그 자를 잡아 왔으니 어떻게 처분할지 하명하여 주시기 바랍니다."

당연히 사형감이었지만 연잉군은 자기를 왕세제王世弟로 책봉하는 문제를 두고 조정에서 치열한 논란이 벌어지는 상황에서 굳이 부정 탈 일을 하고 싶지 않았던 듯하다. 그는 소도둑에게 의외의 은전恩典을 베풀었다. "흉년이라 백성들의 고통이 심하다. 저 자도 분명 양민이었을 텐데 오죽하면 남의 소를 훔쳤겠는가? 소는 주인에게 돌려주고 소도둑은 풀어 주도록 해라."

죽음 직전에서 목숨을 구한 소도둑은 백배사례한 뒤 뒤도 안 돌아보고 한달음에 도망쳤다. 중죄인을 함부로 풀어 주는 것은 국법에 위배되는 일이었으나, 그때의 연잉군에게는 그래도 된다는 자신감이 있었을 것이다. 해가 저물 무렵 도성 안으로 들어서자마자, 연잉군은 세제世弟 책봉 교지를 받았고 3년 후 왕위에 올랐다. 이 사람이 바로 영조英祖다. 훗날 정조正祖는 자기 할아버지가 왕세제로 책봉된 것은 소도둑조차 가 없게 여긴 마음에 하늘이 감동했기 때문이라는 내용의 글을 비석에 새 겨 금암참에 세우게 했다. 이것이 현재 서울 은평 뉴타운 안에 있는 금 암기적비黔巖紀蹟碑다.

소를 잃는 일과 훔치는 일이 이토록 큰일이었기에, 우리나라 초창기 보험업이 선박 다음으로 소를 주목한 것은 당연한 일이었다. 당시 보험 조건은 매년 엽전 한 냥씩을 내면 기르던 소가 갑자기 죽거나 도둑맞을 경우 소 값을 물어 준다는 것이었다. 그런데 이 역시 호상보험회사가 하던 짓을 답습하는 데에서 한 발자국도 벗어나지 못했다. 조선 후기 정치적 특권과 결합한 독점상업 체제, 즉 '도고상업 체제都賈商業體制'가 쌓아올린 적폐는 질기게도 오래 버텼다. 대조선보험회사 사원들은 소 키우는 집마다 찾아다니면서 나라에서 하는 일이라고 윽박질러 보험료 를 강제로 징수했다. 더구나 당시 소 값은 보통 500냥 정도였는데, 보 험금은 큰 소가 100냥, 중간 소가 70냥, 작은 소는 50냥에 불과했으며, 보험금을 지급했다는 기록도 없다. 보험이 뭔지 모르던 농민들은 없던 '우세牛稅'가 새로 생겼다고 분개했고, 정부를 향해 원성을 쏟아 냈다. 당황한 정부는 곧 회사 허가를 취소했지만, 그 뒤에도 우척보험회사 (1898), 무본보험회사(1900) 등이 잇따라 설립되어 비슷한 짓을 되풀이 했다(《사진 10》).

을사늑약 뒤인 1908년에는 일본인 아키다 다케시秋田毅 등이 서울에 동양화재보험주식회사를 설립할 계획을 세우고 대한제국 황족과 관료

〈사진 10〉 1900년 경의 봉일천 우시장

농가에서 보험료를 걷던 대조선보험회사가 철폐된 뒤, 1898년 새로 설립된 우척牛隻보험회사는 우시장에서 소를 사고파는 사람들로부터 보험료를 강제로 징수했다. 보험이 뭔지 모르던 당시 사람들은 이를 '우세牛稅'라 불렀다[출처: 일제강점기의 사진엽서].

들로부터 주식을 모집했다. 목조건물과 초가가 많은 건축 환경을 감안하면, 화재보험 역시 수요가 많은 영역이었다. 아키다 다케시는 통감부 권력에 줄을 대고 대한제국 황실과 고위 관료들을 끌어들이면 사업에 승산이 있다고 보았을 터이나, 한국인들은 이미 보험에 몇 차례 데인 적이 있는데다가 공동체적 상호부조 시스템에 대한 기대를 아직 완전히 접지 않은 상태였다. 결국 이 회사는 도쿄에 본점을 설치하고 한국에는 지점만 두는 데 그쳤다.

1920년에는 이완용의 생질이자 당시 조선 유수의 실업가로 꼽히던 한상룡이 조선생명보험주식회사를 발기했다. 그는 회사를 만들어 직접 경영할 작정이었으나, 총독부는 창립 준비 작업만 그에게 맡기고 정작 사장 자리는 일본인에게 넘겨주었다. 한상룡은 이 일로 인해 지독한 배신감과 모욕감을 느꼈지만, 이런 게 친일 기업인들에게는 운명과도 같은 일이었다. 사장 자리가 결정될 때까지 한상룡은 조선생명보험회사 설립에 자기 명운을 걸고 매달렸다. 그는 총독부 정무총감 미즈노 렌타로水野錬太郎에게 첫 번째 가입자가 돼 달라고 애걸했다. 당시 조선총독부 정무총감은 조선 내에서 형식상 2인자, 실질적으로는 1인자였다. 한상룡은 정무총감을 가입시켰다는 사실만 광고해도 생명보험 사업은 성공한 것이나 다름없다고 생각했다. 후일 미즈노는 한상룡의 회갑 기념 책자에 축사를 써 주며 이때 일을 언급했다. 한상룡과 관련해서는 이 일이 가장 기억에 남았던 모양이다.

나는 그 당시 조선에 생명보험 사업을 일으키는 일이 필요하지만, 조선인은 이러한 일에 대한 지식 경험이 없기 때문에 생명보험회사를 세우

더라도 좋은 성적을 거둘 수 있을 것인지는 의심스럽다고 생각하여, 군
君(한상룡)의 시도에 대해 다소 의문을 가지고 있었다. 그러나 군은 반드
시 승산이 있다고 하면서 회사 설립을 기도했는데 그 때에도 내 관저에
와서 먼저 첫 번째로 각하께서 생명보험에 가입해 달라고 신청하는 것
이었다. 나는 원래 내지에서도 생명보험에 가입하지 않았기 때문에 생
명보험에 가입하는 것은 곤란하다고 했는데, 그렇다면 각하의 가족이
라도 좋으니 가입시켜 달라고 하면서 그것이 조선인에게 보험이 필요
함을 인식시키는 장려책이 될 수 있는 것이니, 첫째로 각하의 가족 이름
을 기입하겠다고 간절히 요청했으므로, 내 차남 당시 5~6세였던 료亮
의 교육자금 보험을 들었던 것이다. 그 후 이 회사도 순조롭게 발전하여
료가 만 20세에 달하여 대학에 들어갈 때에 교육자금이 동 회사에서 건
네져 와서 이 돈으로 대학을 졸업할 수 있었으므로 이는 전적으로 한상
룡 군이 보험 사업을 기획하고 보험 가입을 권유한 효과라고 생각한다.
조선 사람에게도 이 일을 항상 말하고 있는 바이다.

보험설계사를 친척이나 친지로 둔 한국인들도 1970~80년대까지는
미즈노의 태도를 답습했다. "생명보험에 드는 건 자식들에게 부모 빨리
죽기 바라는 마음을 심어 주는 것과 같으니, 차라리 교육보험에 들겠
다"는 게, 평범한 사람들의 평범한 생각이었다. 하지만 지금은 모든 보
험이 평범한 사람들의 평범한 일상에 깊숙이 침투해 있다. 우리나라 초
창기의 보험업은 보험을 빙자한 '토색討索'에 불과했으나, 그래도 보험
다운 점이 하나는 있었다. 예나 지금이나 보험은 시대의 불안감을 측정
하는 바로미터다. 배와 소에서 시작한 우리나라의 보험은 얼마 전부터

'몸'과 '노후'에 몰리고 있다. 한편으로는 현대인들이 그만큼 '자기 몸'의 가치를 높이 평가하게 된 결과이고, 또 한편으로는 은퇴 후 바로 시작되는 '노후'가 언제 끝날지 모른다는 불안감이 깊어진 탓이다.

구미호 이야기든 은혜 갚은 까치 이야기든, 전통시대 어드
벤처 설화의 주인공은 대개 나그네다. 그리스 신화의 오디
세우스와 아라비안나이트의 신밧드는 세계에서 가장 유명한 '여행가'
들이다. 현대인들은 여행에서 여유, 휴식 등의 단어를 떠올리지만, 한
세기 전만 해도 여행은 자체로 모험, 즉 위험을 무릅쓰는 일이었다. 보
통의 농민들은 자기 마을에서 벗어나는 순간부터 온갖 위험에 직면했
다. 길 위에는 강도나 맹수, 독사와 독충들이 있었고 날씨는 예측할 수
없었으며, 병에라도 걸리면 손쓸 도리가 없었다. 해가 저물 무렵이면
나그네의 상상 속에는 사람을 홀리는 여우, 울퉁불퉁한 방망이를 든 도
깨비, 혀를 빼물고 산발한 처녀귀신, 눈 셋 달린 식인 괴물 등이 돌아다
녔다. 사람 사는 마을에 도착해도 안심할 수는 없었다. '곳간에서 인심
난다'는 말대로, 사람들 형편이 넉넉지 않은 마을에서 인정을 바라는

것은 무리였다. '집 떠나면 고생'이 상례라지만, 당시의 고생은 지금 사람들의 상상을 훨씬 뛰어넘었다. 그러니 역마살이 끼었거나 팔자가 기구한 사람이 아니고서는 굳이 집 밖으로 나돌아다닐 이유가 없었다.

홍경래에게 항복한 선천부사 김익순이 자기 조부인 줄 모르고 향시鄕試에서 그를 준열히 규탄하는 시를 지어 장원급제했던 김병연은, 후에 이 사실을 알고 나선 차마 하늘을 볼 수 없다며 큰 삿갓으로 얼굴을 가린 채 전국을 방랑했다. 목적지가 없는 여행이 방랑이니, 그의 시는 모두 방랑시이자 여행시였다. 정처 없이 떠돌다 마을을 만나면 '글 아는 이'를 박대하지 않을 것 같은 집을 찾아 하룻밤 묵게 해 달라고 청하곤 했다. 아무리 옛날 인심이 요즘보다 나았다고는 해도, 정체불명의 외지인에게 선뜻 방을 내어주는 사람은 많지 않았다. 집주인들은 나그네의 인품과 식견을 시험해서 그와 맺은 인연이 미래의 출세를 향한 발판이 될 가능성이 조금이라도 있어야 문을 열어 주었다. 다행히 그 시대의 세상은 지금보다 훨씬 좁아서, 서로 혈연 지연 학연을 따지다보면 대개는 아주 작은 공통점이라도 찾을 수 있었다. 그조차 찾지 못하면, 남의 집 처마 밑에 쭈그리고 앉아 밤을 새우는 수밖에 없었다.

어느 날 저녁 무렵, 가난한 산골 마을에 도착한 김삿갓은 그나마 번듯해 보이는 집을 찾아가 문을 두드렸다. 마침 집주인은 마을의 유일한 유학자인 서당 훈장이었다. 김삿갓은 재주를 감추고 숨어사는 산림처사와 시문을 논하고 싶다며 하룻밤 유숙을 청했으나, 훈장에게는 심적으로나 물적으로나 불청객을 먹이고 재울 여유가 없었다. 그렇다고 그냥 쫓아 내자니 다른 마을에 가서 자기 흉을 볼 것이 걱정되었다. 그는 자기는 선비를 환대하는 사람이지만, 요사이 거짓으로 선비 행세하는 뜨내기들이 많아 자기가 내는 운자韻字에 맞춰 시를 지을 줄 아는 사람만 재워 준다고 말했다. 김삿갓이 기꺼이 그러겠다고 하자 훈장은 그를 일단 사랑방으로 들인 뒤 첫 번째 운자라며 잘 쓰지도 않는 글자인 '찾을 멱覓'을 불렀다.

"허다운자하호멱許多韻字何呼覓: 하고 많은 운자韻字 중에 어찌 '멱覓' 자인고?"

김삿갓이 '멱' 자의 난관을 능란하게 돌파하자, 훈장은 두 번째 운자도 '멱'을 불렀다.

"피멱유난황차멱彼覓有難況此覓: 저 '멱' 자도 어려웠는데, 하물며 이 '멱' 자랴."

훈장이 세 번째로 던진 운자도 '멱'이었다. 본래 칠언절구는 한 구절에 일곱 자씩 네 구절로 이루어진 시로서, 각 구절의 마지막 글자를 운韻 자라고 한다. 첫 번째 두 번째 네 번째 운자는 발음이 유사해야 하나, 세 번째 운자는 달라야 한다. 그런데도 훈장은 막무가내로 밀어붙인 것이다.

"일야숙침현어멱一夜宿寢懸於覓: 하룻밤 잠자리가 '멱' 자에 달렸구나."

재워 주지 않으려 작시作詩의 규칙까지 깨는 행태를 꾸짖는 시구였으나, 훈장의 절약 정신과 승부욕은 부끄러움을 누르고도 남았다. 네 번째 운자도 '멱'이었다.

"산촌훈장단지멱山村訓長但知覓: 산골 마을 훈장은 '멱' 자밖에 모르는도다."

김삿갓 정도의 재주를 갖지 못한 선비가 이 마을에 들렀다면, 십중팔구 노숙을 면할 수 없었을 터이다.

여행旅行의 여旅는 본디 500명의 병사라는 뜻이다. 군대의 편성 단위인 여단旅團은 이에서 유래했다. 스스로를 보호할 수 있을 정도의 무리를 이루지 않은 채 홀몸으로, 또는 소수 인원으로 말도 안 통하는 남의 땅에 들어가 돌아다니는 것은 죽기를 각오하는 것과 다를 바 없었다. 서로 말이 통하고 어떻게든 연줄이 닿는 자기 나라 안에서도 타지 사람은 경계 대상이었다. 그래서 여행은 그걸로 먹고 사는 상인이나 국가로부터 안전을 보장받은 관리가 아니면 일부러 할 이유가 없는 일이었다. 안전 문제는 그럭저럭 해결한다 해도 고생까지 면할 수는 없었다. 고생하는 여행자에게 먹을거리와 잠자리를 제공해 주는 호텔의 어원은 라틴어 HOSPITALE로 병원hospital의 어원과 같다. 여행자와 환자는 본래 같은 부류였다.

물론 옛날 우리나라에도 여행자를 위한 숙박 시설은 있었다. 공무로 여행하는 관리와 그 일행은 이태원, 홍제원 등 '원院'이라는 관용 숙소에서 묵었고, 장사꾼들은 객주 또는 여각旅閣이라 불린 복합 시설에 짐을 풀었다. 손님 맞는 주인이기에 객주요, 여행자들을 재워 주는 집이기에 여각이다. 이 복합 시설들은 떠돌아다니는 장사꾼들에게 숙식을 제공하고, 짐을 보관해 주었으며, 장사꾼들이 원할 경우 현지에서 적당한 구매자를 찾아 물건을 대신 팔아 주었다. 물건을 담보로 돈을 꾸어 주기도 했다. 장사꾼들 처지에서는 이 집 저 집 옮겨다니는 것보다는 한 집을 정해 놓고 지날 때마다 들르는 편이 나았다. 이밖에 떠돌아다니는 뜨내기들은 믿을 수 없는 사람들로 취급됐기에 잠자리를 구하기도 쉽지 않았다. 그저 장터 옆 주막에서 술추렴하며 하룻밤 지내는 것이 고작이었다.

1888년, 일본인이 인천에 대불호텔이라는 신식 숙박업소를 차렸다. 이 호텔은 돈의 다과多寡만을 따졌을 뿐 유숙자의 직업 신분 국적 등은 따지지 않았으며, 보통의 살림집보다 나은 설비를 갖추고 집에서 해먹는 밥보다 좋은 음식을 제공했다. 하지만 그 무렵 한국인들은 이 차이를 명료히 인지하지 못했던 듯하다. 1890년대 말까지도 《독립신문》은 객줏집을 HOTEL로 번역했다. 일본인들은 자국민을 위한 숙박업소에는 따로 여관旅館이라는 이름을 붙였는데, 한국인들에게는 호텔보다 이 이름이 더 받아들이기 쉬웠다. 20세기를 코앞에 둔 때부터 한국인이 세운 여관들이 서울과 각 개항장에 하나둘 모습을 드러냈다. 여관보다 규모가 작고 설비가 적은 숙박업소를 따로 여인숙旅人宿이라고 부르기 시작한 것은 1910년대 중반부터였다. 1980년대 이후 여인숙들은 대부분 건물을 새로 짓고 시설을 개량하여 호텔이나 모텔로 재개장했지만, 아직도 서울 도심부에는 허름한 여인숙들이 몇 채 남아 있다.

1913년 조선총독부는 〈객주취체규칙〉을 제정, 공포했다. 이에 따르면 객줏집을 비롯한 숙박업소를 경영하는 자들은 자기 집에 숙박한 손님의 인적 사항과 전날 묵은 곳, 행선지 등을 기록해 두었다가 손님이 떠나면 한 시간 안에 경찰 주재소에 신고해야 했다. 거처가 일정하지 않은 독립운동 '혐의자'들을 감시하려는 조치였는데, 이로써 여행객의 위치 정보는 가족은 몰라도 경찰은 아는 특수 정보가 되었다. 숙박업소는 개인이 가족을 건너뛰어 국가권력의 직접 통제하에 놓이는 체제를 만드는 데에도 상당한 역할을 한 셈이다. 이 '숙박계'는 일부 변형된 채 아직껏 남아 있다.

1915년 9월 11일부터 10월 31일까지 51일간, 조선총독부는 경복궁에서 '시정 5주년 기념 조선물산공진회'라는 대규모 박람회를 열었다. 공공연히 표방한 첫째 목적은 총독 통치 5년 동안 조선 산업이 얼마나 발달했는지를 과장해서 조선인들에게 보여 주려는 것이었고, 뒤에 숨긴 둘째 목적은 한국인들에게 '대한제국의 멸망'을 확인시키려는 것이었다.

1914년 가을께, 한 승려가 남산의 조선총독부 청사 앞에 와서 경비병에게 총독과 면담하게 해 달라고 요구했다. 보통사람이 그랬다면 당장 체포됐을 테지만, 불교 신자였던 경비병은 나름 정중하게 총독을 만나려는 이유를 물었다. 승려는 자기가 얼마 전에 일본이 조선의 국권을 빼앗았다는 이야기를 들었는데, 이는 도리에 어긋나는 일이니 총독을 만나 설법으로 일깨워 주려고 한다고 답했다. 경비병은 묵과할 수 없는 발언이라고 생각했으나, 그가 고승인지 땡중인지 판단할 수 없었기에 그 자리에서 비키라고만 했다. 총독부 정문에서 좀 떨어진 곳으로 자리를 옮긴 승려는 하루 종일 목탁을 치며 염불을 외웠다. 다음날도 그다음날도, 승려는 총독부 청사 정문 앞에서 종일 염불을 외웠다. 며칠간 이를 지켜보다가 더 이상 참을 수 없게 된 경비병은 그를 체포해 조선총독부의원 정신과에 넘겼다. 마침 정신과 조수로 있던 조선인 의사 심호섭은 승려를 며칠간 병원 입원실에서 재워 준 뒤에 눈치껏 '퇴원'시켰다. 그 무렵의 정보 유통 상태에서는, 이 승려처럼 나라가 망한 줄도 모르는 사람이 적지 않았다. 조선총독부가 조선물산공진회 행사장을 굳이 경복궁으로 정한 이유도 이곳이 조선인들에게는 국가의 정궁正宮이자 국권의 상징이었기 때문이다.

조선총독부는 경복궁 안의 전각과 회랑들을 헐고 전매관이니 연예관이니 하는 대형 가건물들을 지었다. 황토현에서 광화문에 이르는 넓은 길(지금의 세종대로) 좌우에는 일본식 조형물들을 늘어 세웠다. 경회루와 향원정 주변에는 장안의 최고급 요릿집들로 하여금 출장 요리점을 차리게 했다. 서울 시내 세 곳의 기생조합에 소속된 기생들을 총동원하여 가무 공연, 가장행렬, 미인 선발대회 등 각종 연예 오락 프로그램을 맡겼다. 왕조 국가의 권위를 표상했던 경복궁은 거대한 근대적 유흥장이 되었다. 조선 사람들은 일본제국 신민의 자격으로, 밖에서 함부로 쳐다보기조차 어려웠던 경복궁 안을 마음껏 활보했다. 전각이 헐려 나간 빈자리를 바라보며 망국의 한을 되새기는 사람도 없지는 않았으나, 총독부가 제공한 볼거리들을 찾아 얼이 빠져 돌아다니다가 파괴된 경복궁의 모습을 '즐거웠던 기억'으로 전환시켜 간직한 사람도 많았다.

경복궁에서 조선물산공진회가 열린 51일간 관람인원 총수는 160만여 명에 달했다. 그 무렵 서울 인구는 25만 여명, 그중 반이 이 행사를 관람했다고 가정하면 150만여 명의 지방민이 서울에 온 셈이다. 한반도 전체 인구의 15퍼센트에 달하는 사람들이 모두 자발적으로 상경했다고 보는 건 어리석은 일이다. 1910년대 무단통치하에서 칼 찬 관리들의 지시를 거부할 수 있는 사람은 거의 없었다.

빚까지 내서 단체로 서울 구경길에 오른 사람들은 기차 안에서 먼저 새 시대를 체험했다. 물론 그들 중 상당수는 그로부터 10년 전 일본군에게 채찍으로 맞아 가며 직접 침목과 철로 레일을 옮겼던 사람들이었다. 하지만 철도를 까는 것과 기차를 타는 것은 전혀 다른 일이다. 가만히 앉거나 선 채로 차창을 통해 움직이는 풍경을 감상하는 것은 경이로운 일이었다. 그들은 기차의 속도에 감탄했고, 안락함에 감탄했으며,

한강철교 위를 지날 때에는 '공중을 나는 듯한' 느낌에 감탄했다. 총독부에 대한 불만과 원한은 그 감탄 속에 서서히 녹아들었다.

조선물산공진회 기간 동안 남대문정거장에 도착한 열차들에서는 하루 평균 3만 명이 내렸고, 남대문정거장에서 출발하는 열차들에는 하루 평균 3만 명이 탔다. 기차에서 막 내린 사람들은 자기가 평생 동안 본 사람 수를 다 합친 것보다 훨씬 더 많은 사람을 보았다. 입이 딱 벌어진 것도 잠시, 미적대다간 잠자리를 구할 수 없을지도 모른다는 불안감이 그들의 뇌리를 스쳤다. 서울 구경 온 시골 사람이 사흘씩만 묵는다고 가정해도 매일 10만 명 정도가 잘 수 있는 방이 필요했다. 당시 서울의 주택 총수는 5만 채 남짓, 그중 1만 채 이상이 일본인 주택이었다. 기초 산술로는 집집마다 두 명씩을 재워 줘야 했지만, 서민들의 주택은 자기 식구들만으로도 이미 포화 상태였다. 이런 실정이었으니, 일본이 한국을 강점한 직후 서울의 명문대가名門大家 다수가 해외로 망명하거나 지방으로 떠난 것이 구경꾼들에게는 오히려 다행이었다. 99칸짜리 대가들을 헐값에 사들였던 일본인과 조선인 부자들, 그 정도는 아니더라도 방에 조금 여유가 있는 집 주인들이 모조리 여관 영업을 신청했고, 총독부와 경성부는 예외적으로 신속히 허가했다. 과거 노비들이 묵었던 행랑채들이 순식간에 객실로 탈바꿈했다. 시골에서 양반 행세하다 구경 온 사람들은 체면이 손상된다고 느꼈겠으나, 찬밥 더운밥 가릴 처지가 아니었다.

조선물산공진회의 폐막과 함께 여관의 호시절도 끝났다. 많은 여관이 폐업했고, 한옥 대가들이 즐비했던 서울 북촌에는 몇 년 동안 스산한 바람이 불었다. 집주인들에게는 다행하게도 겨울은 그리 길지 않았다. 3년 반 뒤, 대한제국의 창건 황제였다가 덕수궁 이태왕李太王으로 격하된 고종이 승하했다. 수많은 사람이 자발적으로 국장國葬에 참례하기 위해 상경했다. 발인 이틀 전에 3·1운동이 일어났기 때문에, 여관 투숙객들은 지방에 운동 소식을 알리는 데에도 큰 구실을 했다.

3·1운동 이후 서울의 분위기는 사뭇 달라졌으며 서울에서 묵을 곳을 구하는 사람도 늘어났다. 식민지 내 회사 설립을 강력히 억제했던 회사령이 폐지되고 한글 신문과 잡지 등을 발간할 수 있게 됨에 따라 서울에 일자리가 늘었다. 왕조시대의 낡은 지식을 고집했다가는 도태되고 말 것이라는 대중의 위기감도 높아져 서울의 신식 학교들에 유학하는 지방 학생들이 부쩍 늘었다. 서울 기생 구경 차 경성역에 내리는 시골 지주의 부랑자제도 하루가 다르게 늘어났다. 물산장려운동, 민립대학 설립운동, 노동운동, 농민운동, 청년운동, 여성운동 등 전국 단위의 민족—사회운동이 고조됨에 따라 서울에서 '전국대표자대회'를 여는 일도 잦아졌다.

아흔아홉 칸 집을 제대로 건사할 만한 부자들도 줄어, 큰 집을 여러 채의 작은 집으로 나누는 건축 행위도 활발해졌다. 조선물산공진회와 고종 국장 때에 일시적으로 대목을 본 뒤 파리 날리던 여관 중 일부는 건축업자에게 팔려 수십 채의 개량 한옥 또는 '도시형 한옥'이 되었고, 또 다른 일부는 마당을 줄이고 건물을 더 지어 한꺼번에 수백 명을 수용할 수 있는 대형 여관이 되었다. 상대적으로 작은 여관들은 지방 출신 유학생들을 재우고 먹이는 일본식 '하숙옥下宿屋'이 되었다(〈사진 11〉).

보이지 않는 손에 의해 수요와 공급이 균형을 이루는 것은 자본주의 시장경제의 일반 법칙이지만, 공급이 수요를 창출하기도 하는 법이다.

특히 부부가 아닌 청춘 남녀가 공개적인 장소에서 나란히 걷는 것조차 흉거리이던 상황에서, 여관과 여인숙은 숙박 장소로뿐 아니라 잠시간의 밀회 장소로도 이용되었다. 1920년대 이후 서울 인사동, 익선동, 관훈동, 어의동 등 과거 경화사족京華士族들의 99칸 대가가 즐비하던 동네들 상당수가 여관촌으로 탈바꿈했다. 일자리를 구하기 위해 무작정 상경한 출가형出稼型 노동자들, 부모 돈을 훔쳐 놀러온 부랑자제들, 기자

〈사진 11〉 1970년대의 낙원동 여관 골목
조선물산공진회를 계기로 종로와 북촌 일대의 수많은 민가가 여관으로 등록했다. 그 후 많은 집들이 폐업하거나 하숙집으로 전업했지만, 남은 집들은 '청춘 남녀'나 '불륜 남녀'를 대상으로 새로운 수요를 창출했다[출처: 《사진으로 보는 한국 백 년》].

대회니 청년운동가대회니 하는 집회에 참석하기 위해 온 사람들, 기독교 불교 천도교 등의 대규모 종교 집회에 참석하기 위해 온 사람들, 수학여행 온 학생들, 서울에서 호의호식하게 해 주겠다는 유부남의 사탕발림에 속아 상경했다가 인질이 된 여성들이 여관과 여인숙 방들을 채웠다.

해방 후에는 일본인들이 두고 간 '자리'들을 차지하려는 사람들, 새로 열린 정치적 기회를 남보다 먼저 잡으려는 사람들이 서울로 몰려들었고, 한국전쟁 이후에는 월남민들, 정치적 사상적 이유로 더는 고향에서 살 수 없게 된 사람들이 또 서울로 몰려들었다. 1960~70년대 압축성장의 시기에는 매일 수천 명에 달하는 청년 남녀들이 서울역에 내린 뒤 다음 행선지를 찾아 헤맸다. 날로 달로 팽창하는 도시에서, 숙박업만큼 불황을 겪지 않는 업종도 드물었다.

2012년, 서울을 찾은 외국인 관광객이 1천만 명을 넘었다. 관광업자들은 서울에 외국인을 위한 숙박 시설이 부족하다며 발을 동동 굴렀고, 부자들이 돈을 모아 수많은 호텔을 지었다. 그런데 관광호텔은 부족하지만 객실이 부족하지는 않다. 서울과 서울 근교에는 관광호텔 객실 총수보다 더 많은 '러브호텔' 객실들이 있다. 서울은 전 세계에서 인구 당 숙박업소 비중이 가장 높은 도시에 속한다. 2017년 말 현재 서울에 등록된 숙박업소 총수는 3,212개소, 객실 수는 10만을 넘는다. 이렇게 된 데에는 한국 특유의 '외도 및 불륜문화'가 작용한 바 크겠지만, 1915년 조선물산공진회를 계기로 급증했던 여관들이 수요가 줄어도 버티거나 단시간의 '대실貸室'로 수익을 보충하는 관행을 만든 때문이기도 할 것이다.

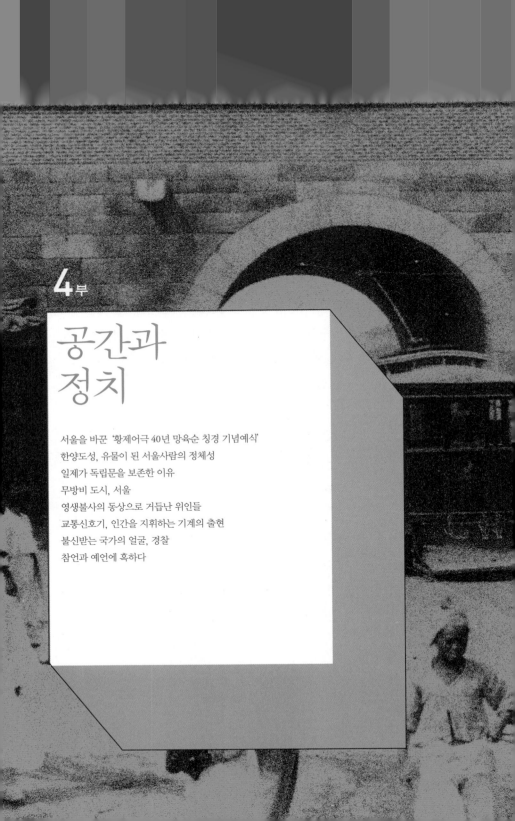

4부

공간과
정치

고종이 러시아공사관에 있던 1896년 7월, 서재필, 이상재, 윤치호, 이완용, 안경수 등 조야朝野 인사들이 독립협회를 창립했다. 독립협회의 목적은 인민의 성금을 모아 청일전쟁 중 불타버린 영은문 뒤에 대청對淸 사대관계의 단절을 상징하는 독립문을 세우는 한편 그 주변을 공원으로 조성하는 것이었다.

이보다 앞서 1894년 7월 군국기무처는 도시 관리 사무 일반을 경무청 관할로 지정했는데, 공원은 이때 처음으로 도로, 교량, 철도, 전선, 거마車馬, 건축 등과 함께 도시 시설로 분류되었다. 독립공원은 1897년 7월에 완공되었고, 이어 11월에는 독립문이 준공되었다. 본래 협회라는 이름 자체가 '나랏일에 협조하는 모임'이라는 뜻이었고, 황실도 독립협회에 거액을 지원했기 때문에, 민간의 광범위한 참여가 있었다고는 해도 이 사업에는 권력의 의지가 깊이 배어 있었다(《사진 1》).

독립문 건립 공사가 마무리 단계에 있던 10월 1일(양), 독립된 천하를 상징하는 원구단圜丘壇 부지가 경운궁 동편 언덕 위의 남별궁으로 결정되었고, 바로 공사가 시작되어 10일 만에 1차 준공되었다(《사진 2》). 10월 12일, 고종은 원구단에서 국호를 대한大韓, 연호를 광무光武로 하는 제국을 선포했다. 한 달가량의 시차를 두고 완공된 원구단과 독립문은 결과적으로 대한제국의 강령과 대내외적 위상을 상징하는 건조물이 되었다. 두 건조물은 모두 청淸의 영향력을 상징하던 장소에, 그 장소성을 전복할 의도로 건립되었다.

원구단이 들어선 남별궁은 임진왜란 때 명나라 장수 이여송李如松과 양호楊鎬가 머문 이래 중국 사신들의 숙소나 연회장으로 사용되었으며, 임오군란 이후에는 청국 상무공서의 부속 건물처럼 되어 있었다. 독립협회도 독립문 건립의 목적을 "지난날의 치욕을 씻고 후세 사람의 표준을 만들고자" 하는 것이라고 적시했다.

그러나 동시에, 두 건조물은 전혀 상반된 양식을 취했다. 원구단은 중국의 천단天壇에 해당하는 시설이지만 건축 양식과 시설물 배치는 상당히 다르다. 그것이 촉박한 시일 때문이었는지 재정 곤란 때문이었는지, 이론적 차이 때문이었는지는 알 수 없으나, 동아시아적 우주관을 표상한다는 점에서는 천단과 같았다. 반면 독립문은 프랑스 파리의 개선문을 본떴다. 후일 서재필은 독립문의 양식을 자신이 결정했다고 주장했지만, 이를 곧이곧대로 받아들이기는 어렵다. 설계자 사바친이 주로 정부와 왕실의 의뢰를 받아 작업했던 점에 미루어 보면, 이 건조물의 양식 결정에도 고종의 의중이 반영되었을 가능성을 배제할 수 없다.

중화체제하의 대외관계를 상징하던 영은문 앞에 서양식 건조물을 세

〈사진 1〉 독립문

프랑스 파리의 개선문을 모방했다. 러시아 공사관 소속 건축기사 사바친이 설계했고, 감독은 한국인 대목大木 심의석이 맡았다. 유럽식 건축 공사에 능숙한 한국인 노동자가 없어, 중국인 노동자를 고용해 지었다.

〈사진 2〉 원구단

뒤편에 있는 팔각 건물은 1902년에 완공된 황궁우皇穹宇다. 천, 지, 인 삼신三神의 위패를 모시는 곳이어서 기단, 기둥, 건물 모두 하늘=원圓과 땅=방方(사각)의 중간 도형인 팔각형을 채택했다. 인신人神은 태조 이성계다. 천단인 원구단은 원형 건물에 기둥과 지붕까지 원형으로 만들었다. 건물과 문 모두에서 '중국풍'이 느껴진다는 사람이 많지만, 사실은 '천자국' 양식이었다.

우고, 중국이 '군주권 위의 권력'으로 실재하던 남별궁 자리에 동아시아 양식의 건조물을 세운 것은, 대한제국의 대내외적 지향을 상징적으로 드러낸 것이라 할 수 있다. 독립문은 대한제국이 '만국공법' 체제에서 열국列國과 동등한 지위에 있는 독립국임을, 원구단은 대한제국이 전통적인 화이론華夷論의 연장선상에서 '유일한' 천하의 중심임을 각각 표상하는 건조물이었다. 대한제국은 이 두 건조물을 통해 대외적으로는 '동등권'을, 대내적으로는 '유일하고도 초월적인 지위'를 표상하려는 모순적이고 이중적인 자세를 취했다.

이 모순은 근본적으로 대한제국이 처한 대내외적 환경에 말미암은 것이었다. 즉, 청일전쟁으로 중화체제가 붕괴함에 따라 조선은 만국공법에 규율되는 국제사회의 일원이 되어야 했으나, 국내의 지배계층이자 왕권의 지지 기반인 보수적 유림과 일반 민중은 여전히 화이론적 세계관에서 벗어나지 못한 상태였다. 제국의 대외적인 표상과 대내적인 표상은 달라야 했고, 이 모순은 각종 상징물이나 의례뿐 아니라 도시 공간에도 표현되었다.

사실 이 모순은 대청 사대관계를 단절함과 동시에 드러날 수밖에 없는 것이었지만, 청일전쟁 발발과 동시에 정권을 잡은 개화파 인사들은 화이론적 세계관에서도 벗어나려고 했기 때문에 이를 모순이라고 생각하지 않았다. 개화파 관료들은 만국공법적 국제질서만을 유일한 국제질서로 파악했고, '천자가 지배하는 독립된 천하'라는 전통적 관념에는 큰 의미를 두지 않았다.

개화파 정권도 한때 국호를 대조선왕국에서 대조선제국으로 바꾸고 왕을 황제로 승격하는 방침을 세운 바 있었다. 임오군란 이후 일관되게

'반청독립反淸獨立'을 주창했던 개화파 관료들로서는, 대청 사대관계의 단절을 국호와 제호帝號를 통해 명시적으로 드러낼 필요를 느꼈을 것이다. 또 만국공법은 어떠한 외부적 제약도 받지 않고 '온전한 주권'을 행사하는 국가를 제국으로 규정했다. 일본의 영향력 아래에 있던 개화파 정권으로서는 설령 형식적이라 하더라도 '온전한 자주권'에 대한 국제적 승인이 절실했을 것이다.

하지만 그들에게 황제는 더 이상 중화질서의 주재자가 아니었다. 그들에게 황제는 제국을 대외적으로 표상하는 상징으로서만 의미가 있었다. 그들은 국내적으로는 군주권을 제한하는 데 주력했기 때문에, 황제 칭호가 군주권의 실질적 확대나 그 권위의 상징적 강화로 이어져서는 안 되었다. 물론 제호를 부여함으로써 실권을 빼앗긴 군주의 불만을 무마하려는 의도도 있었을 가능성을 배제할 수는 없다. 그러나 개화파 정권은 각국 공사가 이 결정에 반대하자 바로 취소했다. 그들에게는 제국의 대내적 표상이 그다지 중요하지 않았기 때문이다. 개화파 정권이 대청 사대관계 단절을 대내적으로 명확히 표현한 것은, 국호와 군주 호 앞에 '대大' 자를 붙인 것과 조선 세조 대 이후 참월하다는 이유로 폐지되었던 원구제圜丘祭를 되살린 것뿐이었다. 그나마 이 원구제의 장소는 애초에 '제후국' 규모로 설치되었던 남대문 밖 남단南壇으로 결정되었다. 개화파 정권으로서는 하늘과 군주의 혈연적 연계를 상정함으로써 왕권 강화를 뒷받침하는 원구제에 적극성을 보일 이유가 없었다. 실제로 원구제가 처음 시행된 것은 개화파 정권이 몰락한 뒤인 1896년 동짓날이었다.

반면 고종 자신에게는 제국의 대외적 표상뿐 아니라 대내적 상징성과 실질적 권위가 매우 중요했다. 그 자신의 권력 기반을 안정시키기 위해서는 신분제에서 해방된 백성들을 신민으로 통합하여 일원적으로 지배할 필요가 있었다. 그에게 제국 선포와 황제 즉위는 자기 위에 드리워진 다른 '권력'의 그림자를 걷어 내고, 신민에게 유일하고도 절대적인 권력의 체현자로 다가서는 행위였다. 그는 서울 주재 외교관들이 아니라 국내 신민들로부터 제국 선포에 대한 동의를 얻는 데에 주력했다. 1897년 5월부터 고종의 내밀한 지시에 따른 것으로 짐작되는 황제 즉위 상소가 잇따랐다. 고종은 이를 여러 차례 형식적으로 사양한 뒤, 신민의 거듭된 요청을 끝내 거절하는 것도 군주의 도리가 아니라고 하면서 10월 3일 제위에 오르겠다고 선언했다.

선언 직후 의정부 의정議政 심순택과 특진관特進官 조병세가 상소를 올려 제국 선포의 정당성을 역설했다. 심순택은 "우리나라가 세워진 지 500년 동안 훌륭한 임금들이 대를 이어오면서 공적을 거듭 빛내고 덕화를 거듭 폈는데, 예악禮樂 전장典章 의관衣冠제도는 한, 당, 송나라 황제들의 제도에서 가감하고 한결같이 명나라 시대를 표준으로 삼았으니, 빛나는 문화와 두터운 예의가 직접 하나의 계통에 접하고 있는 것은 오직 우리나라뿐입니다"라고 했다. 제국 선포가 명나라의 정통을 계승하는 일임을 분명히 한 것이다.

고종의 뜻에 따라 제국 선포를 준비한 고관들은 기본적으로 '조선중화의식'의 연장선상에서 그 의의를 이해했다. 고종이 직접적으로 계승하고자 한 것은 한–당–송–명으로 이어진 중화문명이었다. 지배세력의 절대다수가 화이론에서 벗어나지 못한 상황에서, 이런 대내적 상징의 채택은 불가피했을 것이다. 제국 선포의 주목적은 조선 후기 이래 유교

지식인들이 품어 왔던 '조선중화의식'을 현실의 국가 형태로 구현하는 것이었다.

조병세는 만국공법과 관련해 제국 선포의 의의를 논했다. "만국공법을 살펴보니, '자주권을 행사하는 각 나라는 자기 뜻대로 스스로 존호를 세우고 자기 백성들로 하여금 추대하게 할 수 있지만, 다른 나라로 하여금 승인하게 할 권리는 없다'고 하였으며, 또 그 아래의 글에는 '어떤 나라에서 왕을 일컫거나 황제를 일컬을 때에는 자기 나라에서 먼저 승인하고 다른 나라는 뒤에 승인한다'고 하였습니다. 대체로 존호를 정하는 것은 자신에게 달려 있기 때문에 '자립'이라 하였으며 승인하는 것은 남이 하기 때문에 승인하도록 할 권리는 없다고 한 것입니다. 남에게 요구할 권리가 없다고 해서 자기 스스로 존호를 세울 권리마저 폐했다는 말은 듣지 못하였습니다. 이 때문에 왕을 일컫거나 황제를 일컫는 나라는 다른 나라의 승인을 기다리지 않고 스스로 존호를 정하는 것입니다." 이는 제국 선포가 만국공법에 위배되지 않는 처사임을 밝힌 것으로서, 역설적으로 당시 고종과 그 측근들이 국제적 승인 문제를 매우 민감하게 생각했음을 보여준다. 이들에게 '선포'는 대내적 자주권의 영역에 있는 문제였고, '승인'은 '선포'의 정당성을 국제적으로 인정받기 위해서 꼭 필요한 절차였다.

고종과 그 측근들에게 황제는 한편으로 중화문명의 유일 계승자이자 하늘[天]과 직접 소통하는 지상의 지존至尊이었지만, 다른 한편으로는 만국공법이 승인한 열국의 황제와 어깨를 나란히 하는 보편적 존재였다. 제국과 황제의 대내외적 위상이 상호 모순적이었기 때문에 그 존재가 드러나는 방식도 모순적이고 이중적일 수밖에 없었다.

대내적 정당성을 확보하기 위해서는 대한제국이 '중화문명의 유일 계승자'임을 여러 상징과 기호들을 통해 입증해야 했다. 대외적으로는 '근대적 문명국가'의 일원이 될 합당한 자격을 갖추었음을 각종 신문물과 제도를 통해 알려야 했다. 당대 권력이 같은 시점에 '동아시아적인 것'과 '유럽적인 것', '전통적인 것'과 '근대적인 것'을 혼용했던 것은 이러한 이중적이고 모순된 과제에 대응하기 위해서였다. 대한제국의 개혁 강령으로 '옛것을 근본으로 삼고 새것을 참작한다'는 뜻의 '구본신참舊本新參'을 내세운 것도 이런 이중적 과제에 대응하기 위해서였다. 옛것이 중화체제적 제국이며, 새것이 만국공법적 제국이었다.

'구본신참'의 원칙은 정치를 넘어 삶의 모든 영역에 적용되었다. 고종은 러시아공사관으로 이어移御한 직후 을미개혁 때 선포된 양력 전용제를 폐기했지만, 그렇다고 시헌력時憲曆으로 되돌리지도 않았다. 행정, 법률, 외교, 경제 등 모든 공식 행위는 양력에 따르되 개인과 황실의 사적 의례는 음력에 따르는 이중 역제를 채택했다. 황제의 사私는 곧 국가와 신민의 공公이었기 때문에 음력과 양력이 모두 공식 역법이 된 셈이다. 대한제국 선포 후 새 역서曆書로 명시력明時曆이 발간, 보급됐다. 황제는 시간에 대한 지배권을 가져야 했기 때문이다. 비록 시헌력의 이름만 바꾼 것이었으나, 이름을 중시하기에 '명분'이다.

공적 생활은 양력으로, 기념일과 축일 등 의례와 관련된 생활은 음력으로 규율하는 이중 역제는 정치적 시간과 종교적 시간을 분리하는 구실을 했다. 정치적 시간은 세계 표준에 따라 측정, 표시된 반면, 종교적 시간은 황제가 이름 붙인 명시력에 따라 독립적으로 측정, 표시되었다. 비유컨대, 정치적 시간은 '만국공법적' 시간이자 신식 시간이었고, 종교적 시간은 '중화체제적' 시간이자 구식 시간이었다.

고종은 자신과 자신의 선조들을 추숭追崇하고 그와 관련된 사적들을 기념하면서 자신의 존재를 구식 시간에 깊이 새겨둠으로써 권력 기반을 공고히 하려 했다. 명나라의 '구법舊法'은 이 의도를 실현하는 데 유용했다. 고종은 이 씨 황실의 시조 사공공司空公의 무덤을 전주 건지산에서 '찾아내어' 조경단肇慶壇이라 이름 붙이고 성역화했다. 자기 생일을 만수성절萬壽聖節로 이름 지어 국경일로 삼았고 8대조까지를 추존했다. 친왕제도를 도입하여 둘째 황자 강堈을 의친왕義親王, 셋째 황자 은垠을 영친왕英親王으로 책봉했으며, 황실 족보인《선원속보璿源續譜》를 전면 교열했다. 천자의 예에 따라 국가의 제사 의례도 바꿨다. 모든 제사는 원구제를 중심으로 재편했고, 중국의 예에 따라 오악五嶽 오진五鎭 사해四海 사독四瀆을 봉했다. 오악은 중의 북한산, 동의 금강산, 서의 묘향산, 남의 지리산, 북의 백두산이었으며, 오진은 중의 백악, 동의 오대산, 서의 구월산, 남의 속리산, 북의 장백산이었다. 사해는 동해, 남해, 서해, 북해이고 사독은 동의 낙동강, 서의 패강浿江, 남의 한강, 북의 용흥강이었다.

중화체제의 황제는 곧 천자로서, 정치적일 뿐 아니라 종교적이기도 한 존재였다. 대한제국은 주자성리학의 화이론에 근거해서 중화문명의 정통을 계승했다고 자처했으나, 정작 그 중화문명에서 황제는 주자성리학적 존재도, 심지어 유교적 존재도 아니었다. 중국의 천자는 유, 불, 도 등 개별 종교들을 뛰어넘어, 또는 그와 별개의 '종교적 세계'에 존재하는 관념적 실체였다. 그래서 명나라의 '구법'을 승계한 것은, 역설적으로 주자성리학을 유일한 공식 종교의 지위에서 끌어내리는 결과로 이어졌다.

1901년 육군부장陸軍副將 이근택이 동대문 밖 현재의 창신초등학교 자리에 원흥사元興寺라는 불교 사찰을 창건했는데, 고종은 여기에 전국 13도의 모든 사찰을 관리할 권한을 주었다. 원흥사에는 호위대扈衛隊의 예에 따라 승군僧軍 50명을 두었으며, 이근택은 총사장總寺長으로서 배속된 승군을 통솔하고 전국 사찰을 관리했다. 원흥사가 이근택 개인이 지은 사찰이었다면, 이런 엄청난 특권을 누릴 수는 없었을 것이다. 고종이 자기 최측근을 내세워 직접 창건했다고 보는 것이 사리에 맞다. 고종 대의 원흥사는 만수성절이나 천추경절千秋慶節(황태자의 생일) 기념 법회, 영친왕 두창 완치 경축법회 등을 대규모로 치르고 고종의 위축전각位祝殿閣과 명성황후 원당願堂을 세우는 등 '천자를 섬기는 불교 사찰'로 구실했다.

유불도 3교를 초월하는 천자의 권위를 드러내기 위해서는 다른 종교들도 인정하고 관리할 필요가 있었다. 1901년 8월, 고종은 서울 남대문 밖 남묘南廟와 동대문 밖 동묘東廟에 위패를 모시고 제사지냈던 중국 삼국시대의 명장 관우關羽를 왕에서 황제로 승격시키고 관련 예식을 정비하라고 지시했다. 1902년 1월 관왕關王은 '현령소덕의열무안관제顯靈昭德義烈武安關帝'로 추존되었고, 동, 남, 북의 세 관왕묘關王廟는 관제묘關帝廟로 승격되었다. 같은 해 10월에는 특진관 조병식이 관우의 묘사廟社만 두는 것은 의리에 맞지 않으니 유비, 장비를 배향하는 사당을 더 짓자고 건의했다. 그 직후 서대문 밖에서 숭의묘崇義廟 건립 공사가 시작되어 1년 남짓한 공사 끝에 1903년 11월 완공되었다. 숭의묘 건립 공사가 시작된 직후, 고종은 중국에 사람을 보내 장천사張天師(김용의 무협소설을 통해 한국에도 잘 알려진 장삼봉張三峯)의 초상을 베껴 오게 했다. 임진왜란 중에 끊어진 도교의 역사를 다시 잇기 위해서였다.

　도교는 임진왜란 이전까지 국가 제사의 한 부분을 담당했다. 현재 서울의 삼청동이라는 지명은 도교 사원인 삼청전三淸殿에서 유래했다. 삼청三淸은 도교의 옥청玉淸, 상청上淸, 태청太淸으로 각각 원시천존, 영보도군, 태상노군이라고도 한다. 조선 태조가 명나라의 예에 따라 삼청전을 세우기는 했으나, 유교국가 조선에서 도교가 설 자리는 아주 좁았다. 불교는 민간 신도에 의지하여 세력을 지킬 수 있었지만, 도교는 천재지변이 발생했을 때나 겨우 존재 가치를 인정받으며 근근이 버티는 정도였다. 이런 조건에서 도교의 도사들은 나름의 생존 전략을 세웠다. 그들은 도교 의례의 방식과 절차를 친족들에게만 전수함으로써 폐쇄적인 '도사 공동체'를 만들었다. 임진왜란이 터지자 도사들도 난리를 피해 뿔뿔이 흩어졌다. 그런데 전쟁이 끝난 뒤에도 그들은 도관道觀으로 돌아오지 않았다. 이로써 조선 도교의 맥은 끊겼다. 난리 통에 목숨을 잃은 사람도 있을 테고 다른 기회를 잡아 도사 노릇 그만둔 사람도 있을 테지만, 애초에 도사 수가 너무 적었기에 생긴 일이다. 이후 이 땅에 도사들이 살았던 흔적은, 도포道袍라는 옷으로만 남았다.

　도교의 맥을 다시 이으려는 시도는 성과를 거두지 못했지만, 고종이 유불도 3교를 포용하려 한 의도는 명확했다. 그는 자기 나라가 '유교의 나라'에서 벗어나 '모든 종교 위에 서는 나라'로, 그리하여 '양반 사대부의 나라'를 뛰어넘어 '천자가 온 백성을 아우르는 나라'로 바뀌기를 원했다. 그에게 '구본신참'의 구舊는 갑오개혁 이전의 조선일 뿐 아니라 명나라와 그 이전의 중국이었다. 이 '구'는 백성들로부터 천자의 자격을 인정받는 데에 필요한 역사적 자원이기도 했다. 대다수 백성이 익히 아는 제국이 중국뿐이던 상황에서, 그 역사적 자원의 상당 부분을 명나라의 제도와 의례로 충당하는 것은 불가피했다.

그런데 대한제국이 중화문명의 유일 정통 계승자라고 선언하는 것은 제국의 실질을 국제적으로 승인받는 문제와는 아무런 관련이 없었다. 만국공법 체제하에서 제국으로 승인받기 위해서는 서구적 기준에서 '문명화'했음을 보여주는 증거들을 따로 만들어야 했다. 조선중화주의 朝鮮中華主義에 기초한 제국은 '구', 즉 동아시아적 양식과 상징을 동원하여 자신을 정당화할 수 있었지만, 만국공법 체제하의 제국은 '신新' 곧 서구적 기준을 따라야만 정당화할 수 있었다. 기준이 양식洋式인 한, 그 양식樣式도 양식洋式을 택할 수밖에 없었다. 서양식 건조물의 건축, 국기와 국가, 훈장, 문양 등의 국가 상징물 제정, 국제기구 및 국제협약 가입과 만국박람회 참여 등은 모두 대한제국이 서구적 기준에서 '근대 문명국'임을 입증하려는 시도였다.

대내적으로는 명나라의 '구법'에 의해 제국의 권위를 표현하고 대외적으로는 서구의 신문물을 통해 제국의 실질을 표상하려 했던 이율배반적 과제 설정은, '군주가 주도한 근대 개혁'이라는 이른바 '광무개혁'의 모순된 성격과도 닿아 있다. 그런데 대내적으로 제국의 권위를 표현하는 데에는 신민의 의식에 영향을 미치는 물리적, 비물리적 요소를 모두 활용할 수 있었지만, 열강에게 근대 문명국 자격을 인정받기 위해서는 물리적이고 가시적인 요소만을 이용할 수 있었다. 중국 천자의 예에 따라 호칭이나 의례를 승격하는 것은 국내 신민에게 제국을 실감케 하는 데에는 도움이 되었으나, 외국인에게는 아무 쓸모가 없는 일이었다.

열강에게 문명화의 증거를 제시하기 위해서는, 수도首都 공간을 '서구적 기준의 문명'에 합당하게 개편하고 그를 보여줄 필요가 있었다.

대한제국 선포 9개월 전인 1897년 1월 27일, 러시아공사관에 머물며 전제군주의 위상을 회복하기 위해 이런저런 궁리를 하던 고종은 영국 빅토리아 여왕 즉위 60주년 기념식에 파견할 전권공사로 민영환을 임명했다. 반년 뒤 돌아온 민영환은 유럽 각국에서는 황제와 왕의 즉위 기념식을 대규모 국내 축전이자 국제행사로 치르면서 백성의 충군애국忠君愛國하는 마음을 고취하고 각국과 우의를 다진다고 복명했다. 고종이 따져 보니 마침 5년 뒤가 자신의 망육순望六旬이자 즉위 40년의 겹경사가 드는 해였다. 망육순은 '60을 바라본다'는 뜻으로 우리 나이 51세를 말한다. 즉위 40년이 경사라는 점은 누구도 부정할 수 없을 것이나, 망육순이 왜 경사인지에 대해서는 설명이 필요할 것 같다.

광화문 교보빌딩 자리에는 조선 개국 초부터 1909년까지 기로소耆老所라는 관청이 있었다. '노인의 집'이라는 뜻으로 이름만으로는 요즘의 '경로당'과 비슷하다. 기로소가 하는 일이라고는 소속 관원의 명부를 작성, 관리하고 봄가을로 연회를 여는 정도밖에 없었지만, 조선 후기에는 관부官府 서열 1위였다. 조선시대 관리들은 기로소에 들어가는 것을 평생의 영예로 여겼으니, 입소 자격을 얻기가 아주 어려웠을 뿐더러 같은 자격이 되면 왕도 관리들과 함께 입소했기 때문이다. 입소 자격은 '2품 이상의 전·현직 문관으로서 나이 70 이상일 것'이었다. 왕도 70이 되지 않으면 입소할 수 없었으나, 입소 자격을 얻을 때까지 살지 못하는 왕이 많아지자 스스로 '노인'이 되었음을 선언하고 입소하는 왕도 나타났다. 숙종은 59세에, 영조는 51세에 각각 기로소에 입소했다. 고종도 영조의 예를 따라 51세에 입소하기로 결정했다.

오늘날에는 노인 되는 게 서글픈 일이지만, 중세의 노인은 현대의 노인과 달랐다. 나이 60이 되면 양인 남성이 의무적으로 부담해야 했던 군역과 요역에서 면제되었다. 환갑잔치는 억지로 끌려 나가 힘든 일을 할 필요가 없게 되었음을 기념하는 자축연의 의미도 지녔다. 노비도 80이 되면 '면천免賤'의 은전을 입을 수 있었다. 그렇다고 사회적으로 퇴물 취급받지도 않았다. 노인들이 평생에 걸쳐 쌓은 식견은 사회적으로 유용했다. 가정과 지역사회에서 훈계 들을 의무로부터도 해방되었다. 대신 '훈계할 권리'는 거의 무한정 허용되었다. 그러면서도 자식들에게 봉양 받을 권리를 누렸고, 자식들 역시 부모 봉양을 당연한 의무로 여겼다. 노인의 기대수명이 다른 연령층의 기대수명보다 압도적으로 짧지도 않았다. 노인이 돼 보지도 못하고 죽는 사람이 태반이었으며, 영유아 사망률이 노인 사망률보다 오히려 높았다. 흰머리가 늘어 가고 기력이 쇠하는 것이 서글픈 일이기는 했으나, 노인이 되어서 '좋은 점들'이 그 서글픔을 상쇄하고도 남았다.

고종 스스로 '노인'이 되었음을 선언하는 것은 신민들에게 '황제다운 황제'로 대접받기 위해서도 필요했다. 하지만 이는 '국내용'일 뿐이었다. 외국인들은 한국적 노인 개념에 익숙하지 않았다. 외국 사절단을 한국 땅에 불러들이는 데에는 '즉위 40주년 기념식'만 유효했다. 고종이 자기 생일과 즉위기념일을 억지로 묶어 '쌍대경절'이라는 이름을 붙인 것은, 단 한 번의 행사로 제국의 위상을 대내외에 현시하고 백성들의 충성심을 고취하는 효과를 거두기 위해서였다.

1901년 12월 22일, 황태자는 백관을 거느리고 황제 앞에 나아가 망육순과 어극御極 40년을 함께 기념하는 칭경예식을 치르자고 청원했고, 고종은 바로 윤허했다. 즉시 칭경예식 사무위원회가 설치되었고, 위원장에 민영환이 임명되었다. 위원진에는 서울 거주 구미인도 여럿 포함되었다. 전체 예식은 전통적인 궁중 의례로 구성된 국내행사와 대한제국이 문명국이 되었음을 열국에 보여주기 위한 국제행사의 두 범주로 나뉘어 있었는데, 칭경예식 사무소는 국제행사 준비만 담당했다. 1902년 3월 17일, 예식일자가 고종의 즉위일인 9월 17일(양력 10월 18일)로 정해졌다. 이틀 뒤 고종은 의정부, 궁내부, 예식원, 장례원이 합동으로 예식 절차를 마련하라고 지시했다. 예식이 정부와 황실 합동의 범국가적 행사임을 공식화한 것이다. 이어 5월 6일에는 일본, 영국, 독일, 러시아, 프랑스 주재 공사들에게 특사 파견을 요청하라는 지시를 하달했다. 주재 공관이 없던 청국, 벨기에, 이탈리아에는 서울 주재 당사국 외교관들을 통해 특사 파견을 요청했다. 그러나 서울 주재 외교관들은 자기들이 특사 자격으로 국서國書를 봉정하는 선에서 대응하면 좋겠다는 취지로 본국에 보고하기로 의견을 모았다. 일본 공사는 본국에 이 정황을 알리면서, 일본만은 양국 관계의 특수성을 고려하여 황족을 특사로 파견하고 친서 외에 상당한 물품을 증여하는 것이 좋겠다고 건의했다. 외국 공영사公領事들의 반응은 기대에 미치지 못했으나, 예식사무소는 사람을 프랑스와 북경에 보내 서양 식기와 촛대, 가구를 사들이는 등 외국 귀빈들을 맞이할 채비를 서둘렀다.

7월 20일에는 예식의 절차와 내용이 확정되었다. 예식의 중심 의전은 황제가 황태자와 종친, 문무백관과 외국 사절을 거느리고 원구단에서 친히 행하는 고유제告由祭와 황제가 경운궁 중화전中和殿에서 황족과 대소신료에게 축하를 받는 진하陳賀였으며, 외국 사신들이 참가하는 원유회園遊會와 관병식觀兵式, 각종 연회 등이 부수 행사로 계획되었다(《사진 3》).

예식을 두 달 정도 앞둔 1902년 8월, 각국의 반응이 바뀌었다. 이달 6일 일본 공사는 황태자를 특사로 파견하는 게 좋겠다고 상신했고, 17일에는 전 주한 러시아공사 베베르가 특사로 임명되어 페테르부르크를 출발했다. 한반도와 만주를 둘러싸고 일본과 러시아 사이에 외교적 갈

〈사진 3〉 1902년께 외부대신이 주재한 만찬
양복 입은 구미인들과 한복 입은 한국인들이 섞여 앉았으나, 테이블 위의 접시, 도자기, 포크, 나이프, 와인글라스 등 식사 도구는 모두 양식이다. 칭경예식을 앞두고 수입한 것들인데, 이 물건들이 지금 어디로 갔는지는 알 수 없다.

등이 깊어 가던 무렵이었다. 9월 2일에는 영국도 주일공사를 특사로 파견하겠다고 통보해 왔고, 15일에는 청국도 특사 파견을 결정했다. 때맞춰 예식사무소는 전국 각 진위대에서 의장병을 선발하여 상경시키는 한편, 따로 200명의 기병대를 조직했다. 8월 26일에는 서울 거리를 대대적으로 청소했고, 만수성절萬壽聖節(고종의 생일)인 28일에는 종로와 남대문로의 시전가市廛街를 비롯한 곳곳에 태극기를 게양하도록 했다. 다음날 민간에서도 조야송축소朝野頌祝所를 결성하여 예식 후 외국 사절을 접대하고 칭경기념비전을 건립하기 위한 모금운동을 시작했다. 9월 6일에는 인천에 예포대禮砲臺를 설치하는 한편 군부와 경무청 관리 전원, 전 현직 육군부장 이하 무관 전원에게 단발을 지시하고 새 군복을 지급했다. 그러나 예식일을 한 달도 남겨두지 않은 9월 중순, 의주에서 발병한 콜레라가 서울에까지 퍼졌다. 외국 사절의 방문이 불투명해졌고, 지방민이 서울에 오기도 어려워졌다. 9월 20일, 고종은 부득이 칭경예식을 다음 해로 연기했다.

10월 1일, 예식사무소는 예식일자를 1903년 4월 30일(음력 4월 4일)로 재공시했다. 그러나 내진연內進宴(황실 여성들을 위해 베푸는 잔치), 외진연外進宴(황제와 신하들이 모이는 잔치), 회작會酌(진연 다음날 베풀던 잔치)으로 구성된 고종의 탄일誕日 축하행사는 콜레라가 잦아들기를 기다려 예정대로 거행했다. 국내행사를 마친 정부와 황실은 국제행사의 규모를 확대하기로 결정했다. 1903년 1월, 서울 주재 각국 외교관들은 신년 모임에서 "현재 한국 정부의 재정 형편으로 칭경예식을 강행하는 것은 무모한 짓이며 다시 차관借款 문제를 야기할 수 있으니 연초에 황제를 알현하는 자리에서 중단을 건의하자"고 뜻을 모았으나, 이 건의는 실행되지 않았다. 오히려 황제는 의장병을 재소집하여 1,500명 규모의 임시 혼성여단을 편성하고 경희궁에 주둔시켰다. 3월 12일, 사무소는 칭경예식 절차를 다음 일정표와 같이 확정, 공시했다.

칭경예식 절차가 공포된 날, 일본은 야마카이노미야 키쿠마로山偕宮 菊麻呂 친왕親王을 특사로 파견하겠다고 통보했고 4월 1일에는 미국, 영국, 프랑스도 전보로 특사를 파견하겠다고 알려왔다. 모든 준비는 완료되었다. 그러나 예식일을 보름 남짓 남겨 둔 4월 10일, 고종은 돌연 예식을 다시 가을로 연기하라고 지시했다. 명목은 영친왕이 두창에 걸렸기 때문이라는 것이었으나 이면에는 다른 사정도 있었던 듯하다.

1902년 1월 영일동맹이 체결되었다. 일본이 러시아를 상대로 전의를 다지고 있음이 분명해진 상황에서 러시아도 8월 뤼순旅順에 극동총독부를 설치했다. 그해 10월 러시아는 칭경예식이 연기된 줄 알면서도 전주한 공사 베베르를 한국에 파견했다. 베베르는 1903년 4월까지 서울에 머물면서 모종의 활동을 벌였으며, 고종의 친서를 휴대하고 귀국했다. 일본과 러시아 사이에 전쟁이 발발할 경우 대한제국은 러시아 편에 서겠다는 내용이 담긴 친서였다. 한반도를 둘러싸고 러일 간에 긴장이 고조되는 상황에서 고종이 러시아 특사에게 비밀 메시지를 전달했다는 사실 자체는 비밀이 아니었다. 이 사실을 안 열강이 특사 파견을 취소했을 가능성도 배제할 수 없다.

1903년 8월 17일, 예식사무소는 칭경예식 일자를 한 달여 뒤인 9월 26일(음력 8월 6일)로 다시 공고했지만, 이미 러일전쟁의 도화선에 불이 붙어 있던 때였으므로 그에 따른 후속 조치는 진행될 수 없었다. 그해 11월 3일, 예식사무소는 외국 사절단을 위해 일본에서 수입, 비치해 두

1903년 칭경예식 행사 일정표			
일시		장소	행사명
4.27			사절단 영접
4.28	오전 10~오후 1		국서 봉정과 외부대신 회사回辭
	오후 2	돈덕전	외국 사절 알현. 참가 인원은 대례복을 입고 대수장大綬章(훈장)을 단다.
	오후 8	돈덕전	황제 주최 만찬. 참가 인원은 대례복을 입고 대수장을 단다.
4.29	오전 9~오후 6		방문 답례
4.30 칭경일	오전 9	원구단	원구단에서 하늘에 제를 지낸다. 참가 인원은 대례복을 입고 대수장을 단다.
	정오	돈덕전	오찬
5.1			진하陳賀
	오후 8	중명전	황태자 전하 주최 만찬. 참가 인원은 대례복을 입구 대수장을 단다.
5.2	오후 2	옥류천	창덕궁 금원禁園 원유회. 참가 인원은 고모高帽(실크햇)를 쓰고 통상예복을 입는다.
5.3			일요일
5.4	오후 2	경희궁	관병식 참가 인원은 대례복을 입고 대수장을 단다.
	오후 8	경희궁	시위 2개 연대 공연. 참가 인원은 대례복을 입고 대수장을 단다.
5.5	오후 8		외부대신 주최 연회. 참가 인원은 연미복을 입는다.
5.6	오후 8	돈덕전	황제 주최 만찬. 참가 인원은 대례복을 입고 대수장을 단다.
5.7	오전 11	돈덕전	황제 폐하에게 작별 인사. 각 대사가 작별을 고한다. 대례복을 입고 대수장을 단다.

었던 100대의 인력거를 칙임관勅任官들에게 불하하고 해체되었다.

유사 이래 최초의 국제행사가 될 뻔했던 칭경예식은 이렇게 무산됐지만, 이를 준비하는 데에는 대한제국 1년 치 예산을 넘는 돈이 들었다. 그중 가장 큰 비중을 차지한 것이 경운궁 내 양관洋館 공사비였다. 고종이 러시아공사관에서 경운궁으로 환궁한 것은 1897년 2월이었는데, 이때 경운궁에는 즉조당卽阼堂과 석어당昔御堂 정도만이 구색을 갖춘 상태였다. 경운궁을 황궁다운 위엄을 갖춘 궁궐로 재정비하는 사업은 1899년부터 시작되었는데, 칭경예식 준비와 맞물리면서 경운궁은 다른 궁궐들과는 확연히 구별되는 독특한 궁궐이 되었다. 우선 1899년 3월에 경운궁 서쪽에 새로 낸 대안문大安門은 제왕남면帝王南面의 원칙과 무관하게 황궁의 정문 구실을 했다. 1900년에는 경운궁 담장공사를 완료하는 한편, 독일공사관을 매입하고 언더우드 저택(현재의 예원학교 자리)을 매입하기 위한 협상을 개시하는 등 궁역宮域을 확장하는 사업이 본격화했다. 독일공사관 부지에는 의정부와 평리원을 두고 경운궁과 연결되는 운교雲橋를 설치하여 궐내각사闕內各司의 기능을 할당했으나, 칭경예식 직전에야 매입에 성공한 언더우드 저택 부지에는 당장 다른 시설을 배치하지 못했다.

칭경예식을 1년 정도 앞둔 1901년 8월, 고종은 경운궁의 법전法殿을 새로 지으라고 명했다. 이에 따라 곧바로 영건도감이 설치되어 공사를 총괄했다. 1902년 5월에는 당시까지 법전 구실을 하던 중화전의 이름을 새 법전에 붙이고 중화전은 즉조당으로 되돌리게 했는데, 이 이름은 본래 청淸 자금성의 세 정전正殿 중 하나의 이름이었다. 궁성 내에 양관洋館을 신축하면서도 중화체제하 천자의 궁궐이라는 명분은 지키려 했던 것이다. 중화전이 전통양식의 2층 건물로 준공된 것은 칭경예식 예정일 직전인 1902년 10월 6일이었으며, 이때를 전후해서 정관헌, 돈덕전, 중명전 등의 양관들도 완공되었고 석조전이 착공되었다.

석조전 착공을 앞둔 1901년 11월, 외부대신은 각국 영사관에 공문을 보냈다. "근래 서울 각지에 외국인이 소유한 건물 중 구름에 닿을 듯한 것이 많습니다. 건물은 본래 각자 편한 대로 짓는 것이라 우리와는 큰 관계가 없지만 다만 정동 한 곳만은 만백성이 삼가고 우러르는 황궁과 가까운 곳이니 나라의 체모와 관련이 있습니다.……귀 영사께서는 귀국 신사와 상인들에게 두루 알려 정동 경계 안 및 부근에 새로 2층 건물을 짓지 않도록 해 주십시오." 궁궐 주변 건축물의 높이를 새삼스레 제한하려 한 것은 3층으로 설계된 석조전의 경관적 권위를 확보하기 위해서였다. 고종은 전통 양식의 중화전으로 전통적 제국의 권위를, 유럽 양식의 석조전으로는 만국공법적 제국의 위엄을 각각 표상하려 했다.

고종은 경운궁 부지를 확장하고 그 안에 서양식 전각을 세우면서도 정작 조선시대 궁궐의 핵심 구성요소였던 중전中殿과 편전便殿, 동궁東宮에 해당하는 건물은 짓지 않았다. 당장 중전은 궐위闕位 상태였지만 이런 상태가 내내 지속될 수는 없었다. 제국의 영속을 전망하는 한, 중전을 비롯한 다른 전각들도 지어야 했는데, 그러려면 경운궁 부지를 더 넓혀야 했다. 하지만 경운궁은 여러 외국 공관들에 둘러싸여 더는 넓히기 어려웠다. 이런 조건에서는 미비한 구성요소들을 선원전璿源殿 권역 북편의 경희궁에 담는 것이 최선이었다.

경운궁이 대한제국의 법궁法宮이 된 직후부터, 경희궁은 대규모 국가행사나 황실행사 장소로 사용되었다. 1899년 6월에는 경희궁에서 독일하인리히 친왕親王을 환영하는 관병식이 거행되었는데, 경복궁이 법궁일 때의 관병식 장소는 신무문 밖의 경무대景武臺였다. 칭경예식을 앞두고 경희궁을 관병식장으로 쓰기 위한 공사가 진행되는 한편에서 경운궁과 경희궁을 잇는 홍교虹橋(무지개다리)가 부설되었다. 홍교는 예식 당일 경운궁에서 경희궁으로 이동할 고종을 위해 만든 어로御路로서, 고종이 미국 포드사에 자동차를 주문한 것도 이 다리를 건너기 위해서였을 가능성이 크다《사진 4》.

경운궁·경희궁 정비와 더불어 서울 시내 도로 정비 사업도 본격화했다. 먼저 경운궁의 서문인 포덕문에서 황토현으로 이어지는 신교新橋 길과 종로에서 모전毛廛(현재 청계천 모전교 남쪽에 있던 과일가게)을 거쳐 원구단과 대관정大觀亭(현재 조선호텔 맞은편 부영빌딩 신축지) 사이를 가로지르는 소공동길이 신설되었다. 종로와 남대문로 좌우의 가가假家들이 철거되었고, 길가의 건물들은 규모를 일정하게 하고 지붕은 모두 기와로 덮도록 했다《사진 5》. 시내 곳곳의 작은 도로들도 확장되고 자갈로 포장되었다. 1900~1901년 사이에는 남대문과 황토현을 잇는 가로가 새로 개설되었다. 이들 남북 방향의 신설 도로는 모두 서울을 동서로 관통하는 종로와 이어지면서 그 중심성을 강화하는 구실을 했다. 칭경예식 예정일을 석 달 앞둔 1902년 7월에는 가로 경관을 개선하고 전염병을 예방하기 위해 대대적으로 거리를 청소하고 개천을 치웠으며, 거지들의 노숙을 금지했다.

도로 개수가 일차 완료된 시점에서 도심부 경관을 혁신하는 일대 사변이 일어났다. 1898년 1월, 고종은 자신이 전액 출자하여 한성전기회사를 설립했다. 한성전기회사는 전차, 전등, 전화 등 전기사업뿐 아니

〈사진 4〉 경운궁 선원전 부근에서 경희궁으로 이어졌던 홍교
폴란드계 독일인이 설계했다. 교각 사이로 전차가 지나갈 정도로 거대한 구조물이었으나
을사늑약 직후 일제에 의해 해체되었다.

〈사진 5〉 가로 개수 이전의 종로와 이후의 종로

가가假家들로 인해 좁고 비뚤던 길이 넓고 곧아졌다. 길가의 건물들은 모두 같은 높이의 기와집으로 바뀌었다. 영국 지리학자 이사벨라 버드 비숍은 가로 개수 전의 종로를 보고는 "나는 이 세상에서 가장 더러운 도시가 베이징인 줄 알았다. 서울을 보기 전까지는……"이라고 적었다. 그러나 다음에 다시 와서 변화된 종로 거리를 보고는 "서울은 동양에서 가장 깨끗하고 문명한 도시로 바뀌고 있다. 그것도 서양식이 아닌 한국식으로"라고 고쳐 적었다.

라 수도水道 부설권과 은행 설립권까지 확보했다. 한성전기회사에 명칭과는 무관한 특권들을 준 이유는, 이 회사를 서울 개조사업=황도皇都 건설사업의 중심 추진 주체로 삼았기 때문이다. 수도는 전기와 더불어 대표적인 도시 기반 시설이며, 도시 개조과정에서 발생할 자금 수요에 대처하기 위해서는 은행이 필요했다. 1899년 3월 탑골공원 조성과정에서 많은 민가가 철거되었는데, 정부는 그 보상비를 오늘날의 채권에 해당하는 가본價本으로 지급했다. 이 가본의 뒤처리는 은행이 담당할 몫이었다.

한성전기회사의 전기사업은 1898년 9월 15일 경희궁 흥화문 앞에서 전차 궤도 기공식을 거행하면서 급진전되었다. 이듬해 5월 17일에는 전차 개통식을 치렀고 같은 달 26일에는 주경駐京 외교관들을 대상으로 별도의 시승식을 거행했다. 서울에 첫 선을 보인 문명의 이기를 체험시키려는 의도에서였다. 이어 전차 선로를 용산, 마포로 계속 확대하는 한편, 같은 해 9월에는 한성-개성 간 경편철도 부설계획을 세웠다. 1901년 6월에는 경운궁에 전등을 가설하고 8월부터는 민간 상대 전등 영업을 개시했다. 그 직후인 10월, 보신각 맞은편에 시계탑이 달린 2층의 서양식 전기회사 사옥이 준공되어 종로의 새 랜드마크가 되었다.

신설 가로들과 전차로 대한제국 수도의 중심 도로다운 위상을 굳힌 종로변과 정동 주변에는 칭경예식과 직접 관련된 상징적 건조물들도 들어섰다. 칭경예식의 공식 의례 장소로 지정된 원구단은 1901년에 재축조되었다가 1903년 재차 확장되었다. 1902년 2월에는 송성건의소頌聖建議所가 발족하여 원구단 동쪽에서 석고각石鼓閣 공사를 개시, 그해 말에 일차 완공했다. 송성건의소란, '성상聖上(황제)'의 공덕을 칭송하는 비석을 세우기 위해 논의하는 곳'이라는 뜻이다. 이듬해 5월에는 서경西京 풍경궁豊慶宮 건축 공역과 경의철도 공사가 함께 시작되었다. 9월에는 야주개에 외국 사절을 위한 공연 장소로 콜로세움을 모방한 협률사協律社 극장[일명 소춘대笑春臺]이 완성되었고, 탑골공원 내 팔각정도 9~10월 사이에 건축되었다. 기로소 앞의 기념비전도 같은 무렵에 준공되었다.

칭경예식과 관련하여 급조된 건축물들은 석조전을 제외하면 모두 종로와 신문로를 잇는 서울의 동서 축선 위에 자리 잡았다. 서대문 밖의 숭의묘, 서대문 안의 협률사 극장, 황토현 기로소 옆의 기념비전, 보신각 맞은편의 한성전기회사 사옥, 탑골공원 안의 팔각정, 동대문 밖의 원흥사 등은 조성 목표에 따라 각각 전통 양식과 서양식을 나누어 채용했으나, 궁극 목적은 같았다. 칭경예식 전후의 서울은, 적어도 개념적으로는, 제왕남면의 전통적 도성 조영 원칙에서 이탈하여 종로를 바로크적인 장대한 직선 경관 축으로 하는 새로운 도시가 되었다. 더불어 새 도시의 메인스트리트가 된 종로에는 최신 문명을 상징하는 서양식 건축물과 동양적 제국을 표상하는 전통 양식의 건조물들이 함께 들어섰다. 궁궐과 중심가로는 동양적 제국이자 만국공법적 제국이라는 대한제국의 특수한 위상을 압축적으로 표현하는 공간이 되었다.

그런데 전통 양식과 서양식의 병존은 양자의 조화라는 추가적 과제를 제기했다. 대한제국 정부는 1903년 4월 경운궁 담장에서 250미터, 그 밖의 묘廟 사社 단壇 궁宮에서 150미터 이내에는 외국인의 토지 소유를 일체 금지한다고 공표함으로써 이 과제 해결의 단초를 마련했다. 현대적 관점에서 보자면 국가와 황실의 존엄을 상징하는 전통 양식의 건조물 주변을 '전통 경관 보호구역'으로 삼고 그 인근에 고층 건물을 짓지 못하게 한 것이라고 할 수 있다. 이 조치가 계속 유효했다면, 서울 경관은 지금과는 전혀 달랐을 것이다. 일제가 한국을 강점한 뒤 새로 지은 서양식 고층 건물들은, 공교로울 정도로 이 권역 안에 집중되어 있었다.

1966년, 당시 서울시장 김현옥은 세종로 지하차도를 건설하면서 공사에 방해가 된다는 이유로 기념비전을 철거하려 했다. 원구단지 황궁우 옆으로 옮겨진 석고단 석고는 최근까지도 그 용도가 베일에 싸여 있었다. 탑골공원과 기념비전 기념비의 완공 연대는 여태껏 잘못 알려져 있다. 일제는 유사 이래 최초의 국제행사로 기획되었던 '황제 망육순 어극 40년 양대 칭경예식'과 이 행사에 대비한 황도 건설사업의 자취를 의도적으로 훼손, 파괴했고, 더불어 이 사업의 성과에 관한 한국인들의 기억도 흐릿해졌다.

한양도성,
유물이 된 서울사람의 정체성

2

1907년 10월 5일, 서울 명동에 사는 홍경윤이라는 사람이
갑자기 죽었다. 평소 폐결핵을 앓던 사람인지라 가족들은
그 탓에 죽었으려니 하고 장례 준비를 시작했다. 그런데 갑자기 일본
헌병과 의사가 들이닥쳤다. 일본인 의사는 콜레라 때문에 죽었을 가능
성이 있다고 진단했고, 헌병들은 곧바로 주변 도로 일대에 새끼줄을 치
고 행인의 출입을 엄금했다. 대도시에서는 늘 있는 일에 일본인들이 갑
자기 민감해진 것은 며칠 후로 예정된 일본 황태자 일행의 방한 때문이
었다.

　1907년 7월 고종을 강제 양위시킨 이토 히로부미는 이어 황태자 영
친왕을 일본에 끌고가 인질로 삼기로 결심했다. 이 일이 한국인들의 반
일의식에 불을 지필 것이라고 예상한 그는, 사전 공작의 하나로 일본
황태자의 방한을 추진했다. '일본 황태자의 방한에 대한 한국 황태자의

답방'이라는 형식을 갖추면, 영친왕의 일본행에 대한 의혹과 반발을 줄일 수 있으리라고 보았기 때문이다. 일본 황태자의 방한이 공식 발표된 것은 이 해 9월이었지만, 방한에 대비한 작업은 7월부터 시작됐다.

통감부가 가장 신경을 곤두세운 것은 일본 황태자 일행이 서울에 머무는 동안 전염병이 퍼지는 일이었다. 9월 초부터 대대적인 방역사업이 벌어졌다. 통감부와 일본군은 각 항구에 검역반을 파견했고, 서울에서는 전염병 환자로 의심되는 사람들을 닥치는 대로 적발하여 격리했다. 당시 남대문 밖, 현 남대문 YTN 사옥 자리에는 남지南池라는 연못이 있었는데, 통감부는 이 연못이 전염병의 온상 구실을 할 우려가 있다고 하여 메워 버렸다. 서울 성벽이 헐린 것도 이때였다. 대한제국 군대 해산식이 거행된 바로 그날인 8월 1일, 《관보》에는 내각령 1호 〈성벽처리위원회에 관한 건〉이 공포되었다. 이와 동시에 내부, 탁지부, 군부 3개 부처 차관을 중심으로 위원회가 결성되어, 그 지휘하에 성벽 철거작업이 개시되었다(《사진 6》).

구석기시대에 강가, 산속, 바닷가, 밀림 등의 환경적 제약을 극복하고 지표상의 전 영역으로 서식지를 확대한 인류는, 신석기시대 말에서 청동기시대에 이르는 시기에는 다른 동물종에게서 볼 수 없는 독특한 생활양식을 개발하여 습성화했다. 지표상의 특정 권역을 성벽으로 둘러싸 도시를 만든 것이다. 동종 개체이면서 전체의 5~10퍼센트밖에 안 되는 소수는 좁은 도시 공간 안에서 북적거리며 밀집해 살고, 나머지 90퍼센트 이상은 넓은 산야에 듬성듬성 흩어져 옹기종기 모여 사는 습성을 지닌 동물은 오직 인간뿐이다.

신석기시대 농업혁명은 인간에게 정착 생활을 선사했을 뿐 아니라,

〈사진 6〉 1900년 경의 한양 도성

일본 황태자 방한을 앞두고 급조된 성벽처리위원회는 수백 년간 서울의 원형을 표시했던 도성을 파괴해버렸다. 일본인들이, 일본 황태자를 위해 진행한 준비작업은 도시의 형태마저 바꿨고, 수많은 사람들을 공연히 괴롭혔다[출처: 《사진으로 본 한국 백 년》].

예측, 계산, 계획 등 인간의 지적 능력을 비약적으로 증대시켰다. 사람들은 계절의 변화와 자기 삶의 리듬을 일치시켰고, 종자와 수확물을 오래 보관하기 위해 저장 기술을 발달시켰다. 농업은 무엇보다도 자연을 인간에게 순치시키는 행위였다. 밭을 일구고 물길을 돌리며 잡초를 제거하는 등 일련의 과정을 통해 자연의 일부였던 인간은 자연과 대립하는 특별한 존재로 변화했다.

그런데 개인이나 소집단으로는 자연에 맞설 수 없었다. 많은 사람을 동원하여 분업과 협업구조에 밀어 넣을 수 있는 체계가 필요했고, 그 과정에서 지휘권을 장악한 집단 또는 기구, 즉 국가가 출현했다. 때로 이 과정은 서로 다른 문명 발달 단계에 있는 종족들 사이의 전쟁과 병행했는데, 이런 경우 국가의 위계질서에서 지시와 복종, 지배와 피지배 사이의 경계선이 명료하게 그어지기도 했다. 국가는 지휘, 통제, 저장, 보관에 필요한 시설들을 한 곳에 집중시키고 이들을 연계시켜 각각의 효율성을 높이고자 했으며, 이런 시설들이 모인 곳을 성벽으로 둘러싸 그 장소의 권위를 드러내고 더불어 외부의 공격으로부터 보호하고자 했다. 한양도성을 처음 쌓을 때에 도평의사사都評議使司는 "성곽은 안팎의 구별을 엄격히 하고 나라를 굳건히 하기 위한 것城郭所以嚴內外而固邦國"이라고 요약했다. 한자의 '국國'은 성벽으로 둘러싸인 공간 안에 여러 시설이 모여 있는 상태를 형상화한 것으로서, 도시가 곧 국가였다. 고대의 국가는 성벽으로 둘러싸인 도시와 그 지배를 받는 농촌으로 구성되어 있었다.

고대와 중세 도시의 중심부에는 주민들을 통합하는 구심점인 신전이 있었고, 그 주위에 도시를 유지하고 도시의 지배력을 농촌으로 확산하는 데에 필요한 여러 시설이 배치되었다. 신의 권위를 드러내고 외부의 공격으로부터 도시를 방어하기 위한 군영, 도시 외부에서 반입되는 물자들을 보관하기 위한 창고, 창고에 보관된 물자를 도시민에게 분배하거나 다른 도시와 교환하기 위한 시장, 사제들의 재생산 기관인 학교와 문서고, 치유의 기적을 통해 신의 권능을 드러내는 병원과 목욕탕, 신과 인간의 교류를 매개하는 극장과 경기장 등. 이들 시설을 배치하고 남은 공간에 도시민의 주택들이 들어섰다. 고대 도시의 시민은 제사장과 사제 및 세분화한 도시 기능을 수행하는 전문가들로 이루어졌다.

환웅이 무리 3,000명을 이끌고 태백산정의 신단수 아래로 내려왔다. 그곳을 일러 신시神市라고 했다. 이가 환웅천왕이다. 풍백, 우사, 운사를 거느리고 이들로 하여금 곡식과 생명과 병과 형벌과 선악 등 무릇 인간의 360여 일들을 주관케 하여, 세상을 다스리고 교화했다(《삼국유사》 기이편奇異篇).

한국 건국신화의 서두부다. 신화는 환상으로 변환된 사실이며, 사실이 담긴 허구다. 이 짧은 이야기에서 끌어낼 수 있는 사실의 실마리들은 다음과 같다. 첫째, 환웅이 하늘 문을 열고[개천開天] 지상에 내려와 처음 한 일은 나라를 세운 것이 아니라 신시神市라는 도시를 건설한 것이다. 조선이라는 나라는 환웅의 아들 단군이 세웠다. 도시가 먼저고 국가가 나중이다. 둘째, 이 도시의 인구는 대략 3,000명, 그들의 직업은 360여 개였다. 도시는 전문가들이 복잡한 분업체계를 형성하는 공간이다. 반면 농촌 주민의 직업은 농민 하나뿐이었다. 대장장이, 목수, 그릇

장이 등의 생활밀착형 전문직업인은 몇 개 마을에 한두 명 정도만 있으면 되었다. 셋째, 환웅은 신의 아들이자 그 자신이 신이다. 그의 집은 신전으로서 이 도시의 한복판이나 가장 높은 곳에 웅장하고 화려한 모습으로 건립되었을 것이다. 도시 주민은 모두 그의 종복이며, 성벽은 그의 집 담장이다.

여러 곳의 도시 사이에 위계가 형성되어 영역 국가로 발전하고 정치와 종교가 분리되는 변화 속에서도 도시의 기본 틀은 그대로 유지되었다. 자본주의 산업혁명의 결과 공업도시와 교역 중심 도시가 출현하기까지, 도시는 통치 기능을 담당한 시설들이 집중된 특별한 공간이었다. 한국과 일본에서 사용하는 '도시都市'라는 단어에서 '도都'는 모든 기능을 다 갖추었다는 의미이며, 시市는 교환이 이루어지는 공간을 뜻한다. 중국에서는 '도都' 대신 '성城'을 써서 성시城市라 하는데, 이는 기능보다 형태에 주목하는 조어造語라 할 수 있다. 달리 말하자면 도시는 국가를 운영하고 도시민이 생활하는 데 필요한 모든 시설을 성벽으로 둘러싼 공간이었다.

《삼국유사》에는 신시 외에 단군이 조선을 세우면서 도읍으로 삼은 평양성, 그 뒤 천도한 백악白岳 아사달阿斯達과 건국 1500년 후 주周 무왕武王이 기자箕子를 조선에 봉하자 천도한 장당경藏唐京의 세 도시가 나온다. 그런데 이 중 신시와 아사달은 현대어 '서울'과 관련된 말로 추정된다. 먼저 '울'은 '우리' 또는 '울타리'라고도 하며, 일정한 공간을 둘러싸 출입을 통제하기 위해 만든 시설로서 담, 또는 성城과 같은 의미다. 백제의 첫 도읍 위례와 신라의 도읍 '서라벌徐羅伐'의 '벌'이 모두 '우리'와 관련된 것이라고 보는 견해가 있다. 서라벌은 동경東京, 금성金城으로도 표기했는데, 국어학자 양주동梁柱東은 동경東京을 '새벌'로 풀었다. 또 성의 순우리말이 '울'이었다고 가정하면 금성金城은 '쇠울'이 된다. 한편 서라벌의 '서'와 금성의 '쇠'는 삼한의 성소聖所였던 소도蘇塗의 '소'와 같은 의미로서 현대어 '솟'에 해당하는 것으로 보인다. 동사 '솟다'와 명사 '솟대'에 잔영이 남아 있는 '솟'은 '하늘로 향하다', 즉 '신성하다'는 의미였다. 따라서 '서울'이란 신성한 성 또는 신성한 벌이라는 의미이며, 아사달은 서울[사달]에 버금가는 곳, 또는 두 번째 서울이라는 의미가 아니었을까 한다.

신시와 아사달이 실재했던 도시인지, 그 위치가 어디인지는 알 수 없으나, 세계사적 보편성에 비추어 보면, 분명 성벽으로 둘러싸인 공간이었을 것이다. 《삼국사기》에는 혁거세 21년(B. C. 37)에 궁궐을 둘러싸는 성벽을 축조하고 금성이라 불렀다는 대목이 있는데, 이것이 문헌에 나오는 우리나라 최초의 도성이다. 조선 왕조의 도성도 한양의 내사산內四山 안쪽 분지가 새 도읍지로 결정된 직후에 조성되었다.

성을 쌓는 선, 즉 성기城基가 결정된 경위에 대해서는 이중환의 《택리지》에 흥미로운 이야기가 전한다. "외성外城을 쌓으려고 했으나 둘레의 원근을 결정짓지 못하던 중 어느 날 밤 큰 눈이 내렸다. 그런데 바깥쪽은 눈이 쌓이는데 안쪽은 곧 녹아 사라지는 것이었다. 태조가 이상하게 여겨서 눈을 따라 성터를 정하도록 명했는데, 이것이 바로 지금의 성 모양이다." 서울이 '눈 쌓인 곳에 쌓은 성', 즉 설雪울에서 유래했다는 속설이 여기에서 생겼다.

내사산의 능선을 따라 도성을 쌓는 공사는 태조 대 두 차례에 걸쳐 일차 완공되었으나, 천도 일정이 촉박했기 때문에 성문과 그 주변 평지에만 돌로 쌓고 산지에는 흙으로 쌓을 수밖에 없었다. 이 불완전하고 불미한 상태를 보완하기 위한 후속 공사는 세종 대에 마무리되었다. 태조 초~세종 초에 이르는 25년간 도성 축조 공사에 동원된 인원은 50여만 명이었다. 한양은 고려 왕조의 남경南京이었으나, 상주인구는 많지 않았다. 궁궐과 종묘사직, 관청을 짓는 일만도 버거운 상태에서 민가를 지을 여력이 있을 리 만무했다. 공사가 농한기인 겨울에 진행되었기 때문에, 역부役夫들은 말 그대로 풍찬노숙하며 일해야 했다. 부상과 질병으로 고생하다가 사망하는 사람이 부지기수였다. 도성은 돌로 쌓은 구조물일 뿐 아니라 전국 양인과 그 가족들의 피와 땀과 눈물과 한숨으로 쌓은 구조물이기도 했다. 《조선왕조실록》에 전하는 효녀 도리장의 이야기를 통해 성 쌓은 역부들의 고생을 짐작할 수 있다.

> 진원군珍原郡 백성의 딸 도리장都里莊이 그 부친이 성 쌓는 역사에 갔다가 병이 들었다는 말을 듣고 통곡하면서 하는 말이, "나에게는 아무 형제도 없으니 내가 가서 보아야 혹시나 살아 돌아오실 것이다" 하고 남복男服으로 바꿔 입고 즉일로 길을 떠나 길가에서 병들어 누워 있는 사람을 볼 때마다 꼭 들어가서 보았다. 판교원에 이르러 그 부친을 보게 되었는데, 병이 위태하므로 마음껏 구료해서 부축하고 돌아오니, 고향에서 효녀라고 칭찬했다. 이 소문이 조정에까지 들리게 되어 도리장에게 면포綿布를 내려주었다(《조선왕조실록》 태조 5년 3월 4일).

도성이 완공됨으로써 '도성민'이라는 특수한 사람들이 생겨났다. 도성의 상주인구는 왕과 관료, 그들의 가족과 노비들, 시전 상인으로 구성되었다. 이밖에 2년마다 8개월 정도씩 도성 수비병으로 징발된 각지 농민들, 1년에 반을 도성에서 일하는 경공장京工匠들이 있었다. 임진왜 란 중에는 직업 상비군 부대로 창설된 훈련도감 군병이 도성 상주민 대 열에 합류했고, 대동법 실시 이후에는 왕실과 관부 소용 물자를 각처에 서 조달해 납품하는 공인貢人들이 추가되었다. 17세기 이후에는 노동력 과 생산수단 사이의 비례관계가 변화함에 따라 급증한 유민들도 '서울 깍쟁이'로서 도성 상주민의 일원이 되었다.

도성민은 일차적으로 도성에 갇혀 사는 사람들이었다. 세종 대 종로 한복판에 세운 종고루鍾鼓樓는 네거리 모퉁이에 각각 초석을 세울 정도 로 굉대했는데, 1층에는 종, 2층에는 북을 걸어 두었다. 매일 오경 3점 (새벽 4시께)에는 북을 33번 쳐서 성문 여는 시각을 알렸으니 이를 바라 [파루罷漏]라 했다. 또 초경 3점(밤 10시께)에는 종을 28번 쳐서 성문 닫는 시각을 알렸으니 이를 인경[인정人定]이라 했다. 바라는 제석천帝釋天이 이끄는 하늘의 33천天에 고하는 의미였고, 인경은 우주의 일월성신日月 星晨 28수[숙宿]에 고하는 의미였다. 임진왜란 중 종고루가 소실된 탓에 이후로는 종소리로만 시각을 알렸다. 종을 넣어 두는 건물에 보신각普 信閣이라는 이름이 붙은 것은 고종 대의 일로, 그 전에는 세칭 인경전[人 定殿]이라고 했다.

인경이 울리고 성문이 닫히면, 도성 안에서는 모든 남자의 통행이 금 지되었다. 성문이 닫힌 뒤에 거리를 쏘다니다가 적발된 남자들은 일단 경수소警守所에 구금되었다가 해가 뜬 뒤 곤장을 맞았다. 곤장 대수는 발각된 시각에 따라 달랐다. 다만 여성은 예외였다. 여성은 범죄를 저 지를 우려가 없다고 본 때문이었는지, 음陰의 시간인 밤을 여성의 활동

시간으로 배정하는 것이 사리에 맞는다고 판단했기 때문이었는지는 알수 없다. 밤낮으로 도성과 궁성 주위를 돌면서 성문이 제대로 열리고닫히는지, 밤중에 함부로 돌아다니는 사람은 없는지, 어떤 집에 불이나지나 않았는지 등을 살피는 일을 순라巡邏라고 했다. 순라를 담당한기관이 순청巡廳으로서, 현재 서울 순화동巡和洞이라는 지명은 순청이있던 곳이라 붙었다. 순청에 소속된 군사가 순라군巡邏軍인데, 순라군이도둑 쫓는 일을 놀이로 만든 것이 '술래잡기'다.

도성민은 성벽 안에 갇혀 사는 불편을 상쇄하고도 남을 특권을 누렸다. 자유민이자 평민인 조선의 양인良人들은 국가에 조용조租庸調, 즉 조세와 역역力役과 공물을 납부할 의무를 졌다. 농토에서 수확한 곡물의일부를 납부하는 것이 조세, 노동력을 직접 제공하는 것이 역역力役, 채취하거나 가공한 특산물을 상납하는 것이 공물이다. 도성 안에는 농토가 없었으니 조세를 납부할 이유가 없었고, 특산물도 없었으니 공물을상납할 의무도 없었다. 역역의 중핵은 군역이었으나, 도성민은 도성 내부의 도로와 시설물을 관리하는 일 외에는 일체의 역役을 면제받았다. 도성민이 부담하는 역은 국상 때 상여 매기, 궁궐 청소와 도배, 도로 정비, 내사산에서 송충이 잡기 등 상대적으로 체력 부담이 적은 일들이었다. 조선시대 도성 안은 특권적 공간이었고, 성벽은 그 특권을 보호하는 선이었다. 평지부의 성벽이 사라지고 도성민의 특권이 완전히 소멸된 1960~70년대에도 '성 안'과 '성 밖'을 차별하는 관념은 남아 있었다.

성문과 그 주변은 국가적 의례의 장소였다. 군대가 출정할 때에도, 외국 사신이 입성入城할 때에도, 국상國喪이 났을 때에도, 대역죄인을처형할 때에도, 기우제 등의 제례를 지낼 때에도, 성문 주위에는 구름

같은 인파가 모여들었다. 도성민들은 타 지역 사람들이 평생 볼 수 없는 웅장하고 화려하며 때로는 잔인한 스펙터클을 수시로 구경하는 시각적 특권을 누렸다.

성문은 도성민의 일상생활을 지탱하기 위한 물자들이 통과하는 곳으로서 그 주변은 시장이기도 했다. 도성 안은 전국에서 가장 인구밀도가 높은 곳이었을 뿐 아니라, 왕궁과 관청, 군영 등의 대규모 국가 시설과 고관 대작들의 저택도 즐비했다. 도성은 가장 많은 물자를 소비하는 공간이었고, 그런 만큼 늘 사람보다 더 많은 물자가 성문으로 드나들었다.

조선 전기 남대문 바로 안쪽에는 도성 안 최대의 창고인 상평창常平倉이 있었다. 쌀값이 오르면 관곡官穀을 내다 팔고 쌀값이 떨어지면 사들여 물가를 조절하는 한편, 흉황凶荒이 심할 경우 관곡을 무상으로 나눠주는 제도는 고구려의 진대법賑貸法에서 기원한 것으로 조선시대에 이일을 담당한 기관은 상평청常平廳, 그 창고가 상평창이었다. 당연히 창고는 수십만 석을 비축할 정도로 컸고, 그 앞에서는 수시로 쌀 거래가 이루어졌다. 17세기 대동법이 시행된 뒤 이 창고는 선혜청 창고가 되어 쌀, 포목, 돈을 보관했다. 선혜청 창고는 1894년 조세 금납화 조치 이후 한동안 비어 있었다. 1897년 왕조 정부는 그 전해부터 진행된 가가假家 철거에 따라 장사터를 잃은 상인들에게 이 창고를 내주어 상설시장으로 삼았다. 이로써 우리나라 최초의 도시 상설시장이자 이른바 '재래시장'의 원조, 남대문시장이 성립되었다.

동대문 주변은 서울에서 가장 지대가 낮은데다가 문 밖으로도 넓은 들이 펼쳐져 있어 방어하기 어려웠기 때문에, 조선 초기부터 주변에 여러 군영을 배치했다. 동대문 바로 안쪽에는 훈련원이, 현재의 장충단공원 자리에는 남소영과 남별영이, 현재의 세운스퀘어 자리에는 동별영이 있었다. 군영에는 당연히 군량미와 군수품 보관을 위한 창고도 부속되었다. 17세기 말부터 도성 내 상비병들에게 충분한 급료를 줄 수 없게 된 왕조 정부는, 대신 병사들에게 금난전권禁亂廛權에 구애받지 않고 장사할 권리를 주었다. 비번인 병사들은 새벽에 동대문이 열리자마자 농작물과 땔감 등을 가지고 들어오는 동대문 밖 농민들에게 물건을 사서는 낮 동안 도성 안 곳곳을 돌아다니며 팔았다. 이들이 파는 물건 중에는 댕기, 띠, 대님 등 급료로 받은 군포軍布를 가공한 물건들도 있었다. 이들이 장場을 벌였던 동별영 앞마당은 배오개라는 고개 밑에 있어 배오개장으로 불렸다. 1905년 이 자리에 우리나라 최초의 민영 도시 상설시장인 광장시장이 개장했다가 1909년 현재의 위치로 이전했다.

도성은 놀이와 문예활동의 장소이기도 했다. 40리에 달하는 성벽 길을 하루 만에 돌며 경치를 감상하는 순성巡城 놀이는 봄과 여름철 서울 사람들이 즐긴 대표적인 놀이였다. 이 놀이는 20세기 전반기까지도 학생들의 소풍으로 계승되었다. 성벽 주변에는 산과 물이 잘 어우러진 명승지가 많아 시인 단체인 시사詩社들의 모임도 자주 열렸다. 시사 모임에 참가한 사람들은 성벽 주변의 풍광을 소재로 시를 짓고 그림을 그려 시첩詩帖과 화첩畵帖에 담아 공유했다. 활쏘기 시합인 편사便射도 조선시대 양반들이 즐겨 한 운동이자 놀이였는데, 성벽 인근에는 인왕산 백호정白虎亭과 등룡정登龍亭, 남산 석호정石虎亭 등 활쏘기를 위한 정자들이 여럿 있었다.

도성은 '안팎의 분별을 엄격히 하는' 역할은 충실히 수행했으나, '나라를 굳건히 하는' 시설로서는 쓸모가 없었다. 임진왜란 때 선조는 왜

적이 접근했다는 소식을 듣자 바로 도성을 버리고 의주로 몽진했으며, 병자호란 때 인조도 마찬가지였다. 군사들도 왕을 따라 일시에 퇴각했으니, 도성에서는 단 한 차례의 전투도 벌어지지 않았다. 인조에게 삼배구고두례三拜九叩頭禮의 굴욕을 강요하며 항복을 받아 낸 청 태종은 화의 조건 중 하나로 '성이 무너져도 다시 쌓지 않을 것'을 집어 넣었다. 성벽의 보수나 중수重修를 청에 대한 도전 의지로 받아들이겠다는 뜻이었다. 돌도 세월은 견디지 못하는 법이다. 체성體城과 여장女墻 곳곳이 붕괴하여 도성의 체모가 크게 손상되어도, 조선 정부는 그대로 방치하는 수밖에 없었다.

18세기 초 숙종 대에 이르러서야 도성은 예전의 위엄을 되찾았다. 도성을 보수하자는 주장은 북벌론의 여파로 나왔지만, 이 주장이 실현된 것은 역설적으로 청淸의 압력이 약해진 때문이었다. 1675년(숙종 1) 청에 사신으로 다녀온 영신군靈愼君 이형李瀅은 오삼계吳三桂의 반란 소식을 전하고, 청에서 원병을 청할지 모르니 대비해야 한다고 주청했다. 대다수 관료도 청 내부에서 반란이 일어난 것은 복수설치復讐雪恥의 기회이니 사태를 관망해야 하며, 청이 원병을 요구할 경우 일전불사의 각오로 거절해야 한다고 주장했다. 아울러 청의 재침공에 대비해 북한산성을 쌓자고 건의했다. 당시 14세이던 어린 숙종도 이에 동의했다. 그러나 청이 원병을 요구하지 않아 북한산성 축성은 일단 유야무야되었다.

성을 다시 쌓는 문제는 이로부터 30년 가까이 지난 1702년에 재론되었다. 청이 반청복명反淸復明의 기치하에 명나라 재건운동을 벌이던 세력을 완전히 진압하고 태평성대를 구가하던 때였다. 조선의 관료들은 내부의 근심거리를 일소한 청나라가 조선을 재침공할지도 모른다고 걱정했다. 그들은 자기들이 존주대의尊周大義를 숭상하고 재조지은再造之恩을 잊지 못하며 복수설치復讐雪恥의 마음을 품은 이상, 청나라 조정이 이 사실을 모르지 않을 것이라고 생각했다. 일부는 북한산성을 쌓아 청이 재침할 경우 피난처로 삼자고 주장했다. 다른 일부는 도성을 보수하는 것이 우선이라고 반박했다. 40대의 장년이 된 숙종은 도성 우선 건설론을 채택했다.

1703년(숙종 29) 3월, 왕조 정부는 삼각산에서 고유제를 지내고 오군문五軍門 소속 장교들을 파견하여 노원蘆原과 주암舟巖 등지에서 돌을 뜨게 했다. 그런데 공사 준비가 완료된 1705년(숙종 31) 정월, 성을 보수하지 않기로 청과 약조한 사실을 뒤늦게 안 대신들이 공사를 중단하라고 건의했다. 완비된 도성을 갖고 싶었으나 청의 문책도 두려웠던 숙종은 고심 끝에 청에 자문咨文을 보내 허락을 얻기로 결정했다. 그러나 조선 조정의 우려와는 달리, 청은 조선의 축성 문제에 아무런 관심도 보이지 않았다. 청의 눈치를 살필 필요가 없다고 판단한 숙종은 곧바로 도성을 다시 쌓으라고 지시했다.

이때의 도성 수축 공사는 조선 초기와는 달리 군문들이 맡아 담당했다. 이미 임진왜란 전부터 방군수포放軍收布(포布를 받고 군역을 면제해 주는 것)가 일반화하여 지방 농민을 동원하는 게 불가능해졌고, 임진왜란 중 직업 상비군이 출현했으며, 양란을 겪으면서 도성과 궁성을 방어하는 부대로 훈련도감, 금위영禁衛營, 어영청御營廳, 수어청守御廳 등의 군문들이 설치되었기 때문이다. 성을 쌓는 일을 군병과 삯꾼들이 맡았기 때문에, 공사에 투입된 인력은 국초보다 적었고 축성 기간은 훨씬 길어졌다. 공사가 본격 시작된 지 2년 만인 1707년(숙종 33)에야 도성 동쪽과 서쪽의 수축 공사가 완료되었으며, 1709년에는 물력의 부족으로 나머지 구간을 전면 보수하는 계획을 포기하고 여장만 수축하기로 결정했다. 공사가 일단락된 것은 1711년으로, 공사 시작 7년 만이었다. 왕조 정부는 도성 수축 공사가 끝나자마자 바로 북한산성 축성에 착수하여 3년 뒤인 1714년에 완공했다. 1718년(숙종 44)에는 다시 2년에 걸쳐 도성과 북한산성을 잇는 탕춘대성을 건설했다. 숙종 말년의 도성 안팎은 늘 성 쌓는 사람들로 북적거렸다.

숙종의 서자로 경종의 뒤를 이어 즉위한 영조도 탕춘대성 주변에 새 군영인 신영新營과 군량 창고인 평창平倉—신영동과 평창동이라는 지명이 여기에서 유래한다—을 짓는 등 도성 방어를 강화하는 데 주력했다. 임진왜란과 병자호란 때 왕과 군사들이 도성을 버리고 도망간 사실을 잘 아는 백성들이 보기에는, 이런 토목 공사가 다 부질없는 짓이었다. 부질없는 짓에 막대한 물력을 쏟아붓는 권력에 불평불만을 늘어놓는 것은 예나 지금이나 백성의 도리다. 영조로서는 자기 아버지를 위해서나 자기를 위해서나, 도성민의 불만을 무마할 필요가 있었다. 또 숙종 대의 북한산성 축성으로 도성 방어를 위한 물리적 기반은 갖추어져 있었다.

1751년(영조 27) 왕은 직접 도성 사수死守 결의를 밝힌 〈수성윤음守城綸音〉을 지어 내렸다.

수성절목守城節目을 아직까지 반포하지 않았으니, 도성의 사서士庶들이 어떤 부部가 어느 영營에 속하고 어떤 방坊이 어떤 자字—처음 도성을 쌓을 때, 성벽을 600척씩 97개 구간으로 나누어 천자문 순으로 이름을 붙인 뒤, 구간별 공사를 각군各郡에 할당했다. 자字란 97개 구간 중 하나를 뜻한다—에 속한다는 것을 어떻게 알겠는가? 이대로 백성들을 징발하고 소집한다면 뒤죽박죽 엉망진창이 되어 군율을 위반하게 될 것이니, 이는 백성을 가르치지 않아 군율을 위반케 하는 격이다. 비변사는 절목을 잘 다듬어서 간행해 한성 오부五部에 반포함으로써 사서士庶로 하여금 사변이 없을 때에는 자기가 소속된 영營과 자기가 지켜야 할 곳을 상세히 알게 하고, 혹시 사변이 일어나 징발, 소집령이 떨어질 때에는 오부의 관리를 따라 성첩城堞에 오르게 하라. 성을 지키는 도구는 화살과 돌뿐이니, 활과 조총이 있는 자들은 이를 가지고 올라가며, 없는 자들은 마땅히 돌을 가지고 올라가야 한다. 이는 사서들이 그때그때 사정에 따라 편한 대로 할 일이니, 어찌 미리 지휘할 수 있겠는가? 아! 사서들이 능히 내 뜻을 알 수 있겠는가?

옛적에 촉한蜀漢의 소열황제昭烈皇帝는 한 작은 성의 백성도 차마 버리지 못했는데—유비가 조조의 대군을 피해 신야에서 강릉으로 탈출할 때 행군 속도가 느려지는 위험을 무릅쓰고 10만 백성과 동행했던 고사를 말한다—더구나 도성의 수십만 사서들은 바로 옛날에 애휼愛恤하던 백성이니, 어찌 차마 버리고 홀로 갈 수 있겠는가? 온 백성의 마음도 이와 같을 것이다. 이번 이 하교下敎의 의도는 실상 백성을 위한 것이다. 지금 비록 원기와 정신이 피곤하지만 도성을 지키려는 뜻은 저 푸른 하늘처럼 명백하니, 설혹 난리가 일어난다면 내가 먼저 기운을 내서 성첩에 올라가 백성을 위로할 것이다. 만일 허튼 소리에 미혹되어 성을 지키겠다는 의지가 흔들린다면, 이는 나의 백성을 속이는 일일 뿐 아니라 내 마음을 속이는 일이니, 어찌 차마 이런 짓을 할 수 있겠는가? 이

영조가 유비를 칭송한 것은 자기 선대 왕인 선조와 인조를 비방한 것과 마찬가지로서 신하와 백성들은 하고 싶어도 할 수 없는 말이었다. 그는 선대 왕의 사적을 비방하는 불효를 저지르면서까지 백성들의 마음을 다독였다. 엄청난 물력과 인력을 쏟아부어 완성한 도성과 탕춘대성이 백성들로부터 무용지물이라는 비방을 들으면 왕조의 안녕이 흔들릴 것이라고 판단했기 때문이다. 자기와 자기 아버지가 불평불만의 대상이 되는 것보다는 먼 조상이 욕먹게 놓아 두는 편이 나았다.

이 윤음의 후속 조치로 〈수성절목守城節目〉이 반포되었다. 훈련도감, 어영청, 금위영의 삼군문이 도성 경비와 수리를 책임지고, 서울 각 동네마다 일종의 예비군이 편성되어 3군문에 소속되었다. 유사시 서울 백성들은 각자 활이나 돌멩이를 들고 배정받은 성벽 밑으로 달려 나와야 했다. 모든 도성민은 유사시 자기가 성벽의 어느 자리를 지켜야 할지 미리 알아두어야 했다. 각 개인에게 배정된 자리는 당사자가 죽으면 자식에게 상속되었고, 다른 동네로 이사하면 새 집주인에게 이전되었다. 영조 대 이후의 도성민은 도성의 특정 구간과 연결된 사람들이었다. 공동체는 일차적으로 기억과 역사를 공유하는 인간 집단이다. 도성민의 정체성은 도성을 보고 도성 옆을 지나며, 유사시 자기가 지켜야 할 도성 구간을 확인하는 경험들을 공유하면서 지속적으로 재구축되고 지속되었다.

도시가 팽창하고 새로운 교통수단이 도입됨에 따라 옛 성벽이 파괴,

훼철되는 것은 어느 도시나 겪은 일이다. 그러나 서울 성벽 훼철은 황제가 쫓겨나고 자국 군대가 해산당하며, 적국 황태자가 방문하는 일련의 사태와 함께 진행되었다. 당대의 서울 사람들에게 성벽 훼철은 망국사의 한 단락이자, 자신의 특권적 정체성이 허물어지는 과정이었다. 성벽이 허물어진 지 20년 뒤인 1928년, 왕평이 노랫말을 쓰고 전수린이 작곡한 대중가요 〈황성荒城의 적跡〉이 발표되었다. 외로움, 설움, 눈물, 가여움 등 온갖 '청승맞은' 단어들로 조선인의 '한'을 자극한 이 노래는 공전의 히트를 쳐서 방방곡곡에 울려 퍼졌다.

황성옛터에 밤이 되니 월색만 고요해
폐허에 서린 회포를 말하여 주노나
아, 외로운 저 나그네 홀로이 잠 못 이뤄
구슬픈 벌레 소리에 말없이 눈물져요.

성은 허물어져 빈터인데 방초만 푸르러
세상이 허무한 것을 말하여 주노나
아, 가엾다 이 내 몸은 그 무엇 찾으려
덧없는 꿈의 거리를 헤매어 있노라

나는 가리로다 끝이 없이 이 발길 닿는 곳
산을 넘고 물을 건너 정처가 없이도
아, 한없는 이 서름을 가슴 속 깊이 안고
이 몸은 흘러서 가노니 옛터야 잘 있거라.

일본어 발음으로는 '고오조노세키'여서 처음 이 노래의 제목과 가사를 검열한 일본 경찰은 무엇이 문제인지 인식하지 못했을 것이다. 조선인들이 이 노래에 열광적으로 반응하는 현실을 접하고 나서야, 그들은 황성荒城과 황성皇城의 한국어 발음이 같다는 사실을 깨달았다. 한국인들에게 황성은 '대한 황성', 즉 1897년부터 1910년까지 서울의 이름이었던 도시 하나뿐이었다. 일본 경찰은 즉시 이 노래를 금지곡으로 지정하고 작사가 왕평을 잡아들여 혹독하게 고문했다. 황성荒城은 전 왕조인 고려의 수도 개성이라고 아무리 변명해도 소용이 없었다. 일본 경찰이 아는 걸 조선인들이 모를 리 없었다. 작사가의 본심이 어떠했든, 황성 옛터는 서울 성곽이 무너진 자리였다. 그 폐허는 자체로 한국인들에게 '망국의 한'을 일깨우는 모뉴먼트였다.

유신 선포 이태 뒤인 1974년, 대통령 박정희는 관방關防 유적인 서울 성곽을 복원하여 국민의 '안보의식'을 함양하는 교육 재료로 삼으라고 지시했다. 즉시 성벽 복원 공사가 군사작전처럼 진행되어 2년 만에 산지의 성벽이 옛 모습과 비슷한 꼴을 갖췄다. 하지만 애초 목적이 '안보의식 함양'을 위한 전시물 공사였기 때문에, 문화재 '복원'에 관한 국제 기준은 고려 사항이 아니었다.

서울 사람들이 성벽을 자기 역사 및 정체성과 관련하여 다시 보기 시작한 것은 서울 정도 600년인 1994년 무렵부터였다. "일본제국주의가 수도 서울의 정체성을 파괴하기 위해 성벽을 허물었다"는 담론이 널리 유포되었고, 성벽 전체와 사대문을 원형대로 복원해서 서울의 면모를 일제강점기 이전으로 되돌리자는 주장도 심심찮게 나왔다. 서울을 역사적 고도古都로 지정하여 더 이상의 개발을 막고, 서울 성곽을 유네스코 세계유산으로 등재하자고 주장하는 사람도 있었다.

2017년, 유네스코는 일단 한양도성에 OUV(Outstanding Universal Value, 탁월한 보편적 가치)가 부족하다고 결론지었다. 서울시는 한양 도성이 한국 특유의 축성 기법에 따라 조성되었으며, 현존하는 전 세계 수도 성벽 중 가장 길다는 점을 OUV로 내세웠으나, 엉터리로 '복원'된 구간도 가장 길었다.

유네스코 세계유산 등재 여부가 중요한 것은 아니다. 일제가 한국을 강점하지 않았더라도, 한양도성이 제 모습을 지켰을 가능성은 작다. 이제는 도성을 자기 정체성의 일부로 여기는 서울 시민도 없다. 그럼에도 도성을 보존하는 일은 중요하다. 조선 태조 때 쌓은 구간, 세종 때 쌓은 구간, 숙종과 순조 대에 쌓은 구간, 박정희 정권 때 쌓은 구간, 이명박·오세훈 시장 때에 쌓은 구간들이 다 각 시기의 역사를 증언하고 있기 때문이다. 긴 역사를 지닌 건조물들은 공동체의 유대감을 형성하는 매개물일 뿐 아니라, 그 구성원들로 하여금 자신이 긴 역사적 시간의 일부만을 일시적으로 점유하는 존재에 불과하다는 사실을 깨닫게 하는 사물이기도 하다. 문화재 보존과 복원을 '관광 수익 창출'이라는 관점에서만 바라보는 사람도 많지만, 그 본령은 후손을 생각하는 마음이며, 후손들이 우리 시대를 기억해주기 바라는 마음이다.

일제강점기 활자 중에서 가장 많이 만들어진 것은 아마 ×자였을 것이다. 총독부 당국은 신문, 잡지 등 한국인들 사이에서 유통되는 모든 출판물의 글자 하나하나를 빼놓지 않고 감시했다. 아예 검열을 통과하지 못해 기사가 통째로 빠지기도 했으며, 문장 전체 또는 문단 전체가 ×자로 채워지는 경우도 많았다. 가장 흔히 사용된 것은 '불온 단어'들을 ×자로 바꿔치는 방법이었다.

'조선 민족', '민족 해방' 등 한국 민족의 독자성을 함축하거나 일본에 항거하는 뜻을 담은 단어는 물론 '폭압', '학정虐政', '민주주의' 등 우회적으로라도 일본 통치를 비판하는 것으로 인식될 소지가 있는 단어들은 예외 없이 ××로 대체되었다. 말할 나위 없이 가장 많이 ××로 대체된 단어는 '독립'이었다. '모진 놈 옆에 있다가 날벼락 맞는다'는 속담대로, 사상, 정신, 운동 등의 단어도 독립 옆에 붙으면 여지없이 자기

자리를 ×자에게 내주어야 했다.

'독립'은 일상의 언어 생활에서도 금지된 단어였다. 일제 경찰은 장마당이든 빨래터든 한국인이 모인 곳이라면 어디에서나 '독립'이라는 단어가 튀어나오지 않을까 신경을 곤두세웠다. 심지어 보통학교 학예회의 '독창獨唱'조차 '독립'을 연상시킨다는 이유로 금지한 경찰이 있을 정도였다. 그런 형편에도 '독립'이라는 두 글자를 한글과 한자로 머리 앞뒤에 당당히 써 붙인 채 버티고 선 건조물이 있었으니 바로 독립문이다.

다 알다시피 독립문은 조선이 청나라의 속방屬邦이라는 지위에서 벗어나 완전한 독립국가가 되었음을 자축하는 의미에서 독립협회 주도로 건조된 기념물이다. 이는 경운궁 대안문(현재의 덕수궁 대한문) 정면에 축조된 원구단圜丘壇, 경복궁 앞길(현재의 세종로)과 종로가 만나는 위치에 건립된 고종 황제 어극御極 40년 망육순望六旬 칭경稱慶 기념비전紀念碑殿과 더불어 조선/대한제국의 자주와 독립, 황실의 안녕을 상징하는 기념물이었다. 그런데 일제는 같은 시기에 조성된 원구단과 기념비전은 각각 헐고 망가뜨렸으나 독립문만은 그대로 두었을 뿐 아니라 초석에 균열이 생기자 보수하기까지 했다. 그들은 도대체 왜 독립문을 그대로 두었을까? 이 질문은 국사편찬위원회 홈페이지 질문/답변란에 자주 오르는 것 중 하나다.

일제가 독립문을 '특별 대우'한 이유에 대한 설득력 있는 추론은 이 문에 일본의 청일전쟁 승리를 기념하는 뜻도 담겼기 때문이라는 것이다. 일제강점기의 '조선사' 교과서는 일본의 한국 강점 경위에 대해 '조선은 일본이 승리한 덕에 청나라의 속국 지위에서 벗어나 독립했으나, 부패하고 무능한 정부와 낮은 민도民度 때문에 도저히 독립을 유지할 형편이 되지 못해 결국 일본에 합병되었다'고 주장했다. 독립문은 이 주장의 증거물이었다. 하지만 나는 이 이유 때문만은 아니었을 것이라고 본다.

도시는 애초에 권력이 자신을 위해 설계하고 조영한 공간으로 출현했다. 도시는 권력이 자신의 이념, 이상, 지향을 표현하고 자신의 권위를 드러내기 위해 만든 공간이다. 권력의 눈으로 보자면, 도시의 랜드마크 구실을 하는 거대 건조물과 기념물들은 권력 자체를 표상하는 것이며, 도로는 도시 주민과 방문자들의 동선과 시선을 통제하는 장치다. 신성권력이든 세속권력이든 자본권력이든, 오직 권력만이 도시에 도로라는 이름의 선을 긋고 사람들의 눈에 잘 띄는 곳에 기념비적인 건조물들을 지을 수 있다. 도시의 평범한 주민 대다수는, 설령 그 도시에서 태어나 평생 그 도시에서 살다가 그 도시에서 죽는 사람이라 하더라도, 자기 도시에 아무런 흔적도 남기지 못한다.

굳이 먼 옛날의 도시들을 상상할 필요도 없다. 현대의 도시민이라면 누구나, 자기가 도시에서 살아가는 모습을 잠깐만 성찰해 보아도 도시가 극히 권력적인 공간이라는 사실을 금세 깨달을 수 있을 것이다. 어디에 어떤 모양의 도시를 어떤 규모로 만들지 결정하는 것은 국가권력이다. 대통령이 대표하는 국가권력은 새 도시를 만들 수도, 기존 도시의 규모를 대대적으로 확장하는 결정을 할 수도 있다. 재벌은 한 도시 전체를 자기 소유 기업들의 집적체로 꾸밀 수 있다. 산을 깎아 스키장과 골프장과 호텔이 있는 소규모 리조트 도시를 만들거나 도시 요소 요소에 뭇 사람의 눈길을 끄는 거대한 랜드마크 건물을 지을 수도 있다. 눈에 잘 띄지도 않는 5, 6층짜리 건물조차도 어지간한 부자가 아니면 도시 안에 짓지 못한다. 오늘날 도심부 대로변을 채우고 있는 거대 건축물들은 모두가 국가권력과 거대 자본권력의 소유물이다. 그 건물들 외벽에 자기가 지은 이름이나 자기의 희망, 또는 사람들에게 전달하고자 하는 메시지를 직접 써넣을 수 있는 사람은 극히 적다.

반면 서민으로 통칭되는 보통사람들은 도시 공간에 영향을 미칠 수 있는 방도가 거의 없다. 도시에 자투리땅이라도 가진 사람은 어지간히 사는 축에 속하지만 그런 사람들이 지배하는 공간은 도시 외곽 변두리나 도심부 좁은 골목길 안에 국한된다. 도심부 가까운 곳에 아파트 몇 채를 소유한 사람이라도 그가 가진 토지 지분은 얼마 되지 않는다. 평범한 사람들이 일시적으로라도 도시 공간에 메시지를 새길 수 있는 방법은 전봇대나 건물 외벽에 낙서를 하거나 작은 종잇조각을 붙이는 것, 또는 가로수 사이에 현수막을 내거는 것 정도밖에 없다. 내용도 고작 '강아지를 찾습니다'나 '사고 목격자를 찾습니다', 또는 '떼인 돈 찾아드립니다' 수준을 넘어서지 못한다. 평범한 사람들이 도시 공간 안에서 당대 권력의 의지에 반反하는 정치적 메시지를 전달하기 위해서는 자기 몸을 이용하는 수밖에 없다. 피켓이나 깃발을 들고 무리를 이뤄 도시 공간의 일부를 일시적으로 점거하는 것, 이런 행위조차 대개는 불법으로 규정된다. 지표에 단단히 고정된 거대 건조물들의 외양과 외벽은 권력을 갖지 못한 사람들의 요구와 주장, 원망願望을 결코 수용하지 않는다.

도시는 기본적으로 권력의 의지에 따라 만들어지고 변형되는 공간이다. 공간을 개조할 수 있는 힘이 곧 권력이다. 그런데 도시의 생명은 대체로 권력의 생명보다 길다. 이른바 역사도시는 거시적으로든 미시적으로든 여러 차례의 권력 교체를 경험한 공간이다. 이런 도시들에서는 새 도로를 내고 새 건물을 짓는 것뿐 아니라 낡은 건물을 헐거나 남겨 두는 것에까지 정치적 고려가 개입한다.

서기 1453년, 동로마제국의 수도 콘스탄티노플을 점령한 오스만 투르크는 도시 이름을 '이슬람의 도시'라는 뜻의 이스탄불로 바꿨다. 그때까지 동유럽 기독교 세계의 중심이던 이 도시에는 당시 세계에서 가장 아름답고 웅장한 기독교 성전聖殿이던 성 소피아 성당이 있었다. 당대에 오스만 투르크를 지배한 사람들의 의식 수준이 오늘날의 이슬람국가IS 수뇌부와 같은 정도였다면, 성 소피아 성당은 폐허로 변하고 말았을 것이다. 이교도의 도시를 점령한 뒤 그 중심부의 성전을 철저히 부수는 일은, 전쟁이라는 파괴적 인간 행위가 시작된 이래 수천 년간 지속한 승전의식이었다. 이교도들이 섬기는 신이 거처하던 집을 부숨으로써, 이교도들로 하여금 의지하고 기원할 곳을 갖지 못하게 하고 노예로 사는 굴욕을 감수하게 하는 것이 전쟁에서 이긴 자들의 권리였다.

그런데 오스만 투르크는 이 이교도의 성전을 헐지 않고 그대로 두었다. 그 대신 그 맞은편 가까운 곳에 성 소피아 성당과 모양은 똑같으나 규모는 1.5배 큰 이슬람 사원인 술탄 아흐메드 모스크, 일명 블루 모스크를 새로 지었다(《사진 7》). 오스만 투르크가 이 건축 행위를 통해 전달하고자 한 메시지는 간결하지만 강력했다. "우리 알라—영어로는 the God이니, 이슬람의 하나님이다—가 너희 하나님보다 1.5배 더 세다." 19세기 이후 제국주의 국가들은 오스만 투르크가 이스탄불의 공간을 개조함으로써 얻은 정치적 효과에서 많은 영감을 얻었다. 공간을 조작하고 건물과 건물 사이의 위계를 설정함으로써 특정한 정치적 메시지를 전달하는 이런 술수를 '공간정치'로 명명해도 좋을 것이다. 책이나 문서는 안 보면 그만이지만, 걸어 다니면서 지표 위에 새겨진 텍스트를 안 보고 지나칠 수는 없는 법이다. 그래서 공간정치의 텍스트들은 그 어떤 텍스트보다 강력한 힘을 지닌다.

일본 역시 한국의 수도이던 서울에서 이런 수법 또는 기법을 광범위하게 채용했다. 경복궁과 경운궁 전각 대다수를 헐고 그 앞에 조선총독부 건물과 경성부 청사를 세워 올린 것, 원구단을 헐고 부속 건물인 황궁우만 남긴 채 본 건물 자리에 철도호텔을 지은 것, 수백 년간 도성의 정문이던 남대문과 함께 조망되는 자리에 경성의 새 관문인 경성역을 지은 것 등이 그 예다(《사진 8》).

때로는 단순 비교를 넘어 명료한 연상을 유도하기도 했다. 대한제국의 국립현충원 격이던 장충단 옆에 타락한 자들의 소굴인 유곽을 설치한 것은 대한제국의 국가 성지聖地를 모욕하려는 의도에 따른 것이다. 일제가 창경궁에 동물원을 만든 후 창경원으로 개칭하여 일반에 공개한 것도 대한제국 황실과 한국인 일반에게 명료한 메시지를 전달하기 위해서였다. 한국인들에게는 동물원으로 바뀐 창경궁에서 바로 연상되는 역사적 사례가 있었다.

조선 왕조 개창의 일등공신이자 조선 건국 초 일인지하 만인지상의 지위에 올랐던 정도전은 한성부 공간의 최초 설계자이기도 했다. 왕조의 법궁法宮인 경복궁과 그 앞 조정거리의 위치와 규모를 설계한 정도전은 경복궁 앞, 의정부 옆의 광대한 땅을 자기 집터로 정해 놓고 지관을 불러 물었다. "이곳에 내 집을 짓고자 하는데 어떤가?" 주변을 세심히 둘러본 지관이 답했다. "자손이 무수히 번성할 최고의 길지吉地입니

〈사진 7〉 터키 이스탄불의 술탄 아흐메드 모스크와 성 소피아 성당
한 눈에 비교되는 두 건물은 정복자와 피정복자 사이에 형성된
'힘의 관계'를 직관적으로 보여준다.

〈사진 8〉 철도호텔과 황궁우
일제는 대한제국 최상위 제단이던 원구단은 헐고 그 부속 건물 황궁우만 남겨 두었다.
두 건물은 자체로 현대와 중세, 일본과 한국을 상징했다.

다." 흡족한 답을 들은 정도전은 그 자리에 저택을 짓고는 그 동네 이름을 '수진방壽進坊'이라 지었다. '수명이 늘어나는 마을'이라는 뜻이다. 그러나 자손이 무수히 번성하고 수명이 늘어나기는커녕, 새 집 지은 지 얼마 되지 않아 '왕자의 난'이 일어났고, 정도전 일가는 어린 막내아들 한 명만 남긴 채 모두 이방원 일파에게 참살당했다. 당연히 사람들은 지관의 말은 역시 믿을 게 못 된다며 수군거렸다. 하지만 이런 설화에는 언제나 반전이 있기 마련이다.

제1차 왕자의 난을 주도하고도 왕위는 둘째 형 방과에게 양보했던 이방원은 개경에서 일어난 2차 왕자의 난에서 넷째 형 방간을 무찌르고 마침내 왕위에 올랐다. 이방원은 복수심이 아주 강한 사람이었다. 1405년 한양으로 재천도한 태종은 먼저 태조의 계비 신덕왕후 강 씨와 자신 사이의 모자관계를 부정했다. 그는 짐짓 신하들에게 물었다. "선왕의 계비와 나 사이에 모자의 명분이 있는가?" 이런 질문에 원칙대로 대답하는 사람은 절대로 왕과 가까운 자리까지 올라가지 못하는 법이다. 신하들은 "태조가 즉위하셨을 때에는 전하의 생모가 살아계셨고 강 씨는 후실이었으니, 비록 태조께서 후일 강 씨를 왕후에 봉하셨으나 전하와는 모자 관계가 아니라고 보아도 법도에 어그러짐이 없을 것으로 아옵니다"라고 답했다.

원하는 답을 얻은 태종은 강 씨의 능인 정릉貞陵을 파헤쳐 시신을 꺼내서는 도성 북문 바깥으로 옮겨 다시 묻었다. 현재의 서울에 정릉과 관계된 두 개의 동, 정동貞洞과 정릉동貞陵洞이 있는 연유다. 이것으로도 분이 풀리지 않은 태종은 원래의 정릉에 있던 석물들을 옮겨 장안에서 가장 넓은 다리, 광교廣橋를 쌓게 했다. 도성 안에 살거나 도성에 들어오는 사람이라면 누구나 밟고 다니라는 무언의 지시였다. 죽은 신덕왕후에 대한 분풀이가 이 정도였는데, 죽은 정도전이 무사할 수는 없었다.

개경에서 즉위한 태종은 한성으로 재천도를 결정하는 동시에 새 궁궐을 지으라고 명령했다. 재천도 길일까지도 새 궁궐이 완공되지 않자, 그는 일단 한성으로 옮긴 뒤 멀쩡한 경복궁을 두고 한동안 영의정 조준의 집에 머물렀다. 정도전이 설계하고 이름 붙인 경복궁에 발을 들여놓는 게 싫었기 때문이다. 그러고선 정도전의 집터를 왕실 전용 말을 기르는 사복시司僕寺 마굿간으로 만들었다. 만고역적을 낳은 집터에 다시 사람이 살지 못하게 하려는 의지이자 정도전 일족은 우마와 다름없다는 조롱이었다. 사복시 마굿간은 조선 왕조가 망할 때까지 같은 자리를 지켰으니, 처음 이 마굿간을 차지한 종마의 후손은 무수히 번성했다. 한국을 강점한 일제는 사복시 자리에 기마경찰대를 설치하여 '말의 땅'이라는 장소성을 유지했다. 기마경찰대는 해방 후 1966년까지도 이 자리를 지키다가 뚝섬으로 이전했다. 이 터를 인수하여 고층 빌딩을 지은 사람은, 건물 이름을 '말을 이롭게 한다'는 뜻의 '리마利馬'라고 지었다. 사람이 살면 역적이 되고, 말이 살면 후손이 무수히 번성한다는 속설을 무시할 수 없었기 때문일까? 사복시 마굿간이 존엄지지인 경복궁 바로 앞, 의정부 바로 뒤에 놓인 이유를 아는 사람들은, 왕의 집인 창경궁을 동물원으로 바꾼 정치적 이유도 명료히 알 수 있었다. 대한제국 황실과 그들의 지배를 받아 온 한국인 전체를 모욕하고 조롱하기 위해서라는 것을.

청일전쟁 이후 조선/대한제국 정부도 이 땅에 있는 중국 관련 시설물들의 상징성을 전복시킨 바 있다. 사대의 상징이던 영은문을 초석만 남겨 둔 채 헐어 버리고 그 바로 뒤에 독립문을 세운 것, 중국 사신의 접대 장소이던 모화관慕華館의 이름을 독립관으로 바꾼 것, 중국 사신의 숙소였던 남별궁 자리에 천자국天子國의 상징인 원구단을 세운 것 등이 모두 공간정치 행위였다. 일본은 한국을 강점한 직후 원구단을 헐고 그 자리에 가장 세속적인 시설인 철도호텔[현재의 웨스틴조선호텔]을 지었으나 독립문은 그대로 두었다. 한편으로는 조선이 청으로부터 독립한 것은 청일전쟁에서 일본이 승리한 덕분이라는 기억을 보존하기 위해서였으며, 다른 한편으로는 이 건조물이 또 다른 의미에서 공간정치의 텍스트로 유용했기 때문이다.

항일 의병전쟁이 치열하게 벌어지던 1908년, 일제는 당시로서는 '초현대적'인 서대문 감옥을 새로 지었다. 하루가 다르게 늘어나는 '죄수'들을 다 수용하기에는 감옥이 부족했기 때문이다. 이때 독립문 가까이에 감옥을 지은 것이 특별한 정치적 의도에 따른 것이었다고 보기는 어렵다. 하지만 결과적으로 감옥과 독립문 사이에는 상당한 의식적, 무의식적 연결고리가 만들어졌다. 사람은 인접한 것들을 묶어서 인지하는 경향이 있다. 비행기를 타고 최초로 서울 상공을 날았던 안창남도 비행 소감문에 "독립문 위에 떴을 때 서대문 감옥에서도 자기네 머리 위에 뜬 것으로 보였을 것이지마는……"이라고 썼다. 지금도 이 일대의 공식 명칭은 '서대문 독립공원'이며 그 안에 '서대문형무소 역사관'이 있다. 현대의 서울시민들이 '서대문형무소'를 독립운동과 연관지어 인식하는 것처럼, 일제강점기 경성부민들도 독립운동을 감옥과 하나로 묶어 인식했다. 감옥에 인접하여, 감옥과 결합된 독립문의 이미지는 "독립을 생각하면 감옥이 기다린다"는 정치적 메시지와 아주 잘 어울렸다.

이와 같은 방식으로 작동한 공간정치의 현장은 또 있다. 1900년, 대한제국 정부는 군영인 남소영南小營 자리에 장충단奬忠壇이라는 제단을 설치했다. 을미사변 때 일본군과 싸우다 순국한 장졸將卒들의 넋을 기리고 그들의 충절을 만백성의 모범으로 삼기 위해서였다. 장충단이란 '충성을 장려하는 제단'이라는 뜻이다. 이듬해 이 제단은 문무를 막론하고 개항 이후의 모든 순국자에게 제사를 올리는 곳, 오늘날의 국립현충원과 같은 위계로 격상되었다.

그런데 개항 이후 순국자는 모두가 일본군에게 희생된 사람들이었다. 대한제국이 장려한 충성심은 항일정신 또는 배일排日 의지와 굳게 결합해 있었다. 1904년 2월 러일전쟁을 도발하면서 한국 전역을 점령한 일본군이 이 시설을 탐탁하게 볼 리 없었다. 서울에 있던 일본 민간인들도 마찬가지였다. 일본군이 서울을 점령한 지 두 달도 안 되어, 서울 거주 일본 거류민단은 스스로 자금을 모아 '민단 최초의 공익 시설'을 만들기로 결정했다. 러일전쟁 지상전의 주 전장은 만주였는데, 당시 일본 육군 대다수는 인천에 상륙한 뒤 서울에 들어와 2~3일 휴식하고 다시 만주로 이동했다. 일본 거류민단이 만들려 한 공익 시설은 '황국을 위해 목숨을 걸고 싸우는 젊은 일본군'을 위로하기 위한 유곽이었다. 1585년 도요토미 히데요시豊臣秀吉가 오사카에 처음 설치한 유곽은 일본 개항 이후 '일본의 상징' 중 하나가 되었고, 일본 지식인들은 이를 '일본의 망신거리'라고 생각했다.

그러나 서울의 일본인들은 이를 '문명적 공익 시설'로 보고 서울에 이식하려 했다. 그때까지 한반도 안에는 '매음굴賣淫窟'이라 할 만한 것이 없었다. 한국 최초의 매음굴이 일본군을 '위로'할 목적으로 만들어졌다는 점에서 본다면, '일본군 종군위안부'의 역사는 이때로까지 거슬러 올라간다고 할 수 있다. 문제는 일본의 유곽제도가 이식된 것만이 아니었다. 일본 거류민단이 유곽을 설치할 적지로 지목한 장소도 문제였다.

일본 거류민단은 굳이 장충단 바로 옆, 현재 제일병원과 충무초등학교 등이 자리 잡은 땅을 골랐다. 대한제국의 성역이던 장충단의 이미지를 가장 저속한 시설로 전복하고자 한 것이다. 1907년 정미7조약으로 한국 내정 전반을 장악한 일제는 이듬해 장충단 제사를 중지시켰으나 이름은 그대로 두었다. 3·1운동 나던 해인 1919년에는 장충단 권역을 '정비'하여 공원으로 조성하고 이름을 '장충단공원'이라고 붙였다. 온갖 동네와 시설 이름을 일본식으로 바꾸면서도 '장충단'이라는 이름을 그대로 둔 이유는 명백하다. 대한제국 충신열사의 이미지를 유곽의 창부娼婦 이미지와 중첩시키기 위해서였다(〈사진 9〉).

〈사진 9〉 장충단공원과 신마치 유곽
일제는 장충단 바로 옆에 신마치 유곽을 설치함으로써 대한제국의 국립 추모공간이던 장충단을 '능욕'했다. 오늘날 장충단이 공원으로만 기억되는 것도, 신마치 유곽의 이미지가 너무 강렬했기 때문이다.

공간정치는 이렇듯 건조물들이나 시설들 사이의 직접적인 대비, 용도 변경과 개조를 통한 상징성의 전복, 이질적인 건조물 사이의 연상 작용 유발 등 다양한 수단을 동원한다. 해방 후 일본인들의 중심지였던 혼마치[本町]에 충무공의 시호를 따서 충무로라는 이름을 붙인 것이나 중국인들의 중심지였던 고카네초[황금정黃金町]에 을지문덕의 성을 따 을지로라는 이름을 붙인 것도 공간정치다.

그런데 사람의 인지 태도에 영향을 미치는 이런 인위적 관계 설정은 건조물들로 구축된 물리적 공간 안에서만 이루어지는 게 아니라 추상적 개념어들로 구축된 관념의 공간 안에서도 이루어진다. 단어 사이의 관계를 반복해서 유포하면, 인간이 세상을 인지하는 기본 단위인 '개념'도 왜곡할 수 있다. 근래 한국 사회 일각에서 평화, 인권, 복지, 평등 등 인류 보편적 가치를 지닌 단어들을 '종북從北'이라는 신조新造 단어와 연결시키는 '관행'을 만들려는 움직임이 있다. 그 의도를 간파하지 못하면, 자기도 모르는 사이에 평화, 인권, 복지, 평등을 적대시하는 '반反인간적 인간'이 될지도 모른다.

4 무방비 도시, 서울

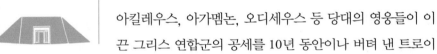

아킬레우스, 아가멤논, 오디세우스 등 당대의 영웅들이 이
끈 그리스 연합군의 공세를 10년 동안이나 버텨 낸 트로이
를 멸망시킨 것은 거대한 목마였다. 트로이는 전쟁에 졌지만, 트로이
성벽은 허물어지지 않았다. 전쟁의 폭풍은 언제나 농촌을 스쳐 지나 도
시에 몰아친다. 군대가 점령하는 곳은 도시이지 농촌이 아니다. 그래서
도시는 처음부터 성벽으로 자신을 감싼 채 출현했다. 이래 수천 년간,
성벽은 도시 그 자체였다.

물론 군사도시를 제외한 도시 일반에서 성벽의 일차적 용도는 방어가
아니라 표시였다. 조선 왕조 개창 직후 한양도성을 쌓을 때, 도평의사사
는 축성의 이유를 '엄내외이고방국嚴內外而固邦國'이라고 밝혔다. 안팎의
구분을 엄격히 하는 것이 먼저요, 나라를 굳건히 지키는 것은 둘째라는
뜻이었다. 이 말이 불길한 예언이 되었음인지, 한양도성 주위에서는 단

한 차례도 공성전功城戰이 벌어지지 않았다. 그러나 모든 도시의 성벽이 군사적으로 무용지물이었던 것은 아니다. 오히려 그 반대였다.

근대 이전에는 거의 모든 전투가 성벽 주위에서 벌어졌다. 고구려의 광개토왕은 64개 성을 함락시켜 영토에 편입했으며, 백제 의자왕은 한때 고구려 말갈과 함께 신라 북쪽 30여 성을 빼앗았다. 백제의 '삼천 궁녀'가 낙화암에 투신한 것은 사비성이 함락되었기 때문이다. 김윤후가 몽골 장수 살리타이에게 활을 쏜 곳은 처인성 성벽 위였고, '행주치마 전설'은 아낙네들이 앞치마에 돌을 담아 성벽 밑까지 날랐던 데에서 유래했다. 성벽은 도시의 생명선이었다. 성이 함락되면, 성안에 살던 사람들은 적에게 운명을 맡길 수밖에 없었다.

공격하는 쪽은 성벽을 파괴하거나 뛰어넘기 위해 투석기, 사다리 등의 거대 무기를 사용했고, 화약무기가 발명된 후에는 대포의 성능을 계속 향상시켰으나, 방어하는 도시들도 성벽의 두께를 늘리고 구조를 바꾸어 가며 맞섰다. 성벽의 군사적 효용은 화약무기의 성능이 비약적으로 개선된 19세기에 크게 줄어들었고 비행기가 공중 폭격을 개시한 20세기에 들어 완전히 사라졌다. 도시들은 성벽을 관광상품으로 보존하는 대신 새로운 방어 시설들을 갖춰야 했다. 하늘에서 떨어지는 폭탄을 막기 위한 이 시설들에는 '하늘을 막는다'는 뜻의 '방공防空'이라는 접두어가 붙었다. 방공 레이더와 방공포대, 방공호 등이 그것이다. 방공 레이더와 방공포대는 접근하는 비행기를 요격하기 위해 도시 외곽에 설치했고, 방공호는 도시 안 곳곳에 만들었다. 제2차 세계대전 중 독일은 무인 비행 폭탄, 즉 미사일을 개발하여 영국 런던으로 쏘아 보냈다. 런던 시민들은 미사일 접근을 알리는 사이렌 소리가 들리면 즉시 자기 집

지하실이나 공공 방공호에 숨곤 했다. 독일의 공습이 뜸할 때마다 새 방공호를 만드는 것이 런던시의 주요 업무 중 하나였다.

1942년 6월의 미드웨이 해전 패배 이후 수세에 몰린 일본은 44년 7월, 본토 코앞의 사이판 섬마저 빼앗겼다. 미군의 본토 공습이 시작되는 것은 시간문제였다. 일본은 '1억 총옥쇄總玉碎'라는 발악적 구호를 내걸고 '본토 결전'을 준비했다. '옥쇄'란 '구차하게 목숨을 잇지 않고 깨끗하게 죽는다'는 뜻이다. 조선총독부도 미군의 공습에 대비하여 등화관제 훈련을 시행했고, 일본군 비행기와 미군 비행기를 소리로 구별할 수 있게 하려고 '음반'까지 제작해서 배포했으며, 서울을 비롯한 주요 도시 곳곳에 방공호를 만들었다(〈사진 10〉).

1945년 봄에는 목조가옥 천지인 서울에 소이탄이 투하될 경우에 대비해 민가들을 마구잡이로 철거하고 곳곳에 소개疏開 지대와 소개 공지대空地帶를 만들었다. 그중 가장 규모가 큰 것이 종묘 앞에서 남산에 이르는 폭 50미터의 소개 도로였다.

해방 후 이 거대한 소개 공지에는 전재민戰災民, 월남민越南民, 피란민, 상경민上京民들이 차례로 몰려들어 판잣집들을 지었다. '무항산無恒産이면 무항심無恒心'이라는 맹자의 말대로, 가난에는 도덕이 깃들기 어려운 법이다. 이 판자촌은 1960년대 세계 최대의 사창가이자 전국 최대의 우범지대로 꼽혔다. 1966년에 서울시장으로 임명된 김현옥은 부임하자마자 서울의 수치인 이곳을 순시했다. 판잣집 사이로 난 비좁고 더러운 골목길을 수행원들과 함께 걸어가던 그의 소맷자락을 어떤 성매매 여성이 붙잡았다. 불쾌감을 느낀 그는 이 일대를 '말끔하게' 정비하기로 결심했다.

〈사진 10〉 서울역사박물관 주차장에 있는 일제강점기의 방공호

1944년에 조성한 이 방공호는 길이 100미터에 폭 7미터, 높이 5미터 규모의 2층짜리 터널식 건물로, 내부에는 10여 개의 작은 방이 있고 폭격에 견딜 수 있도록 외벽을 약 3미터 두께로 쌓았다. 지금, 서울에는 방공시설이 거의 없다. 아파트 지하주차장은 숨어서는 안 되는 곳이다.

얼마 후 '나비작전'이라는 이름의 전투가 벌어졌다. 김현옥이 지휘하는 서울시청 소속 공무원과 용인傭人들로 구성된 부대는 울부짖으며 저항하는 주민들을 진압하고 수천 채의 판잣집들을 허무는 데 성공했다. 이어 다시 빈터가 된 이 땅에 상가아파트를 짓는 공사가 시작되었다. 종로 쪽 건물이 완공된 뒤, 김현옥은 이 상가아파트에 '세계로 뻗어 나가는 기운'이라는 뜻의 '세운世運'이라는 이름을 직접 붙였다. 1945년 봄에 만들어진 소규모 소개 지대들은 대개 공원 용지가 되었다.

조선총독부의 지시에 따라 미군의 공습에 대비해 만든 방공호들은 한국전쟁 중 실제로 미군의 공습을 피하는 용도로 사용되었다. 1950년 6월 28일, 서울이 북한군 수중에 넘어갔다. "국군이 북진을 개시하여 이미 의정부를 탈환했으니 서울시민들은 안심하라"는 이승만의 육성방송을 믿고 집 안에 있던 시민들은 미아리 쪽에서 포성이 들린 뒤에야 황급히 피란 보따리를 꾸렸다. 남부여대한 채 자식들 손을 잡고 남대문을 나서 한강 변에 도착한 시민들은, 뒤늦게 한강 다리가 폭파된 것을 알고 발길을 돌릴 수밖에 없었다. 그들이 귀가하자마자 북한군이 서울시 전역을 장악했다. 북한군은 스스로 '해방군'을 자처했으나, 당장 서울시민들이 겪은 '제2의 해방'은 북한군이 오라는 곳에 가서 그들이 하는 말을 듣고 박수치는 데 익숙해지는 것이었다. 이런 일들에 불평을 품는 사람이 많았으나, 그조차 사치라는 사실을 깨닫는 데에는 그리 오랜 시간이 필요하지 않았다.

1950년 7월 초, 미군 비행기가 북한군이 점령 중이던 서울에 폭탄을 투하했다. 유사 이래 처음으로 서울 땅에 폭탄이 떨어졌다. 미군의 주된 목표 지점은 서울역이었다. 북한군 병력과 군수물자가 낙동강 전선으로 이동하는 시간을 지연시키기 위해서였다. 대규모 미군 병력과 장비를 부산항에 상륙시키려면 무엇보다도 충분한 시간이 필요했다. 북한군 역시 시간을 끌수록 불리하다는 사실을 잘 알았다. 미군 비행기의 폭격으로 서울역 주변의 철도가 파괴되면, 밤새 사람들을 동원해 다시 이었다. 그러자 미군은 밤에도 공습을 감행했다. 당시의 기술 수준에서 야간 공습은 아무래도 오폭誤爆 위험성이 높았다. 하지만 전쟁 중 민간인 피해에 대한 고려는 언제나 부차적이다. 거듭되는 공습으로 서울역 인근의 회현동, 충무로, 명동 일대는 사실상 폐허가 되었다.

북한군은 시민들을 동원해 곳곳에 방공호와 참호를 만들었다. 일제 강점기에 방공호 겸용 지하실을 설치한 주택들은 공습 때 집단 피신처가 되었다. 일부 시민은 살기 위해 자기 집 마당에 사설 방공호를 만들기도 했다. 그러나 사설 방공호들이 B-29기에서 투하된 대형 폭탄의 위력을 당할 수는 없었다. 폭탄에 직접 맞아 사망한 사람보다도 건물 붕괴, 지하실 매몰로 인해 사망한 사람이 더 많았다. 가까운 곳에 폭탄이 떨어지는 걸 목격한 사람 거의 전부는 폭탄 충격 증후군shell shock을 앓았다. 폭탄 충격 증후군은 1차 세계대전 중에 생긴 의학용어로서, 우리 옛말로는 '얼빠진 상태'에 상당한다.

하늘에서 폭탄이 떨어지는 데 따른 공포만이 문제가 아니었다. 먹고 마실 것이 떨어져 가는 데 따른 공포는 일상적이고 지속적이었다. 위험을 무릅쓰고 영등포나 청량리 등 서울 근교에 가서 먹을 것을 구해 돌아오는 사람이 많았다. 쌀과 찬거리는 그럭저럭 구한다고 해도 당장 마실 물이 문제였다. 당시 서울에 잔류한 인구는 100만에 육박했다. 전쟁 전에도 서울의 상수도 보급률은 30퍼센트 수준에 머물렀는데, 난리 통에 수돗물이 제대로 공급될 리 없었다. 다행히 서울 땅 밑에는 물이 풍부했다. 해방 직후 미군정이 조사한 바에 따르면 서울의 우물은 총 5만 2,030개였다. 이들 중 태반은 음용에 부적합한 상태였으나, 그런 걸 따질 상황이 아니었다. 서울시민들은 한여름 장마철과 무더위를 우물에 의존해 버텼다.

1·21사태 1년 뒤인 1969년 1월 7일, 정부는 북한의 침공에 대비해 서울 요새화 계획을 세웠다. 당시 서울은 인구 500만에 육박하는 거대도시였지만 광과 방공호를 겸하는 민가의 지하실 외에는 전쟁 대비 시설을 거의 갖추지 못한 상태였다. 게다가 도심부에는 한국전쟁 이후에 아무렇게나 지은 판잣집과 불량주택들이 즐비했다. 만에 하나 공습을 당할 경우 상상하기조차 어려운 피해가 발생할 것이 뻔했다. 서울 요새화 계획에 따라 남산에 세 개의 초대형 방공호 겸 터널이 개통되었다. 1972년에는 즉각 비행장으로 전용할 수 있는 시설로 여의도에 5·16광장이 조성됐다. 1970년대의 도시계획은 군사작전이기도 했다.

그러나 1970년대 중반 이후의 지하철 건설사업과 1980년대 이후의 초고층 아파트들은 전쟁과 공습을 변수로도 취급하지 않았다. 군사적 관점은 군사 시설에 인접한 곳에 주택을 지을 경우에만 제한적으로 개입되었다. 1990년대 중반, 집을 구하려고 서울 근교를 돌아다닌 적이 있다. 부동산중개업소 한 곳에 들렀더니 가까운 곳에 있는 아파트를 적극 추천했다. "이 아파트는 우리나라 최고 건설사가 정말 튼튼하게 지었어요. 이 근동 아파트들은 전부 철근 콘크리트조인데, 이 아파트만 철골 트러스조예요. 마침 물건이 하나 나왔으니, 지금 안 사시면 후회하실 거예요." 솔깃했지만, 그래도 조금 더 알아보고 오겠다고 하곤 다른 업소를 찾아갔다. 이번 주인은 그 아파트에 대해선 말도 꺼내지 않기에 먼저 물어보았다. "다른 업소에서 들었는데 ○○건설에서 철골 트러스로 지은 아파트가 있다던데요?" 그러자 이 업소 주인은 분개하며 대답했다. "부동산중개업자들 중에 부도덕한 인간 참 많아요. 어디서 듣고 오셨는지는 모르지만, 사장이 그 옆에 레이더 기지 있다는 소리는 안 했죠? 거기는 전쟁 나면 가장 먼저 폭격 당할 곳이라서 원래 아파트 건축 허가가 날 수 없는 곳이에요. ○○건설사가 힘이 세니까 허가를 얻은 거죠. 그 대신 조건이 철골 트러스로 지으라는 거였어요."

2000년대 후반부터 10년 가까운 기간 동안 남북관계는 계속 악화되었고, 외신들은 수시로 "몇 월에 전쟁 날 가능성이 있다"는 등의 '위기설'을 보도했다. 그럴 때마다 많은 사람이 대형 마트에서 생수, 가스, 라면 등 전시 대비 생필품을 사재기하곤 했다. 누가 우스꽝스럽다고 해도 할 말이 없는 장면이었다. 전쟁이 나면 전기, 가스, 수도가 다 끊길 거라는 점은 잘 알면서, 당장 어디로 피신해야 할지는 생각조차 않는 사람이 많다. 가까운 곳에서 포탄이 터지는 와중에 엘리베이터가 멈춘 30층 아파트에서 생수통, 휴대용 가스버너, 라면 상자를 들고 가족과 함께 뛰어 내려올 여유를 가질 수 있을까? 지하철 역사가 전시 방공호로 지정돼 있기는 하나, 거기에 숨지 않는 편이 나을 것이다. 입구가 무너져 매몰될 가능성이 있기 때문이다. 만약 전쟁이 장기화하면 어떻게 할까? 한국전쟁 중에는 우물이라도 있었으나, 지금의 서울은 땅을 파도 물이 나오지 않는 도시다. 땅 속에서 사방팔방으로 뻗은 지하철로 인해 지하 수맥이 고갈되었기 때문이다. 사정이 이런데도, '전쟁불사'를 외치는 정치인과 언론인이 적지 않았다. 현대의 서울이 얼마나 전쟁에 무방비 상태인지 몰라서 그랬을 것이다.

5 영생불사의 동상으로 거듭난 위인들

중국 천하를 통일하고 사람으로서는 더 오를 곳을 찾지 못한 진시황은 불로초를 얻기 위해 동남동녀 500쌍을 뽑아 동해로 보냈다. 그러나 영생불멸과 불로장생은 신만이 누리는 것으로 사람이 얻을 수 있는 게 아니었다. 이보다 조금 뒤에 고대 로마의 황제들은 자기 모습을 꼭 닮은 조상彫像을 만들게 하여 우회적으로나마 꿈을 이뤘다. 그전까지는 대리석 조각문화가 발달한 유럽에서도 신만이 불변과 영속의 속성을 지닌 석상이나 동상으로 모습을 남길 수 있었다.

학계 원로 중에 후배들에게 회갑 선물로 본인의 흉상胸像을 받은 분이 있었다. 집에 가져다 놓았더니 부인이 "산 영감 꼴도 보기 싫은데, 흉상까지 봐야 하나?"라고 타박했다고 한다. 그분은 어쩔 수 없이 자기 연구실에 가져다 놓았다. 동銅으로 만든 '물건'일 뿐이지만 그래도 자기 상반신인데 먼지 쌓이게 놓아 둘 수는 없어 매일 정성껏 닦아 주었다.

내가 그분 연구실에서 그 모습을 본 건 그분이 80세를 훌쩍 넘긴 뒤였다. 팔십 넘은 노인이 60세 때의 자기 얼굴을 닮아 주는 모습을 보면서, 나중에 누가 내 흉상이나 동상을 만들어 준다고 하면 절대로 사양하겠다고 결심했다. 물론 그럴 가능성은 없지만.

생명체의 모습은 언제나 조금씩 변한다. 그 변화를 중단시키는 방법은 동물을 정물로, 생명체를 무생물로 바꾸는 것밖에 없다. 그림이나 조상彫像은 사람의 모습을 찰나에 고정시켜 더 늙지 않게 해 주며, 잘만 관리하면 수천 년을 살게 해 준다. 그래서 어떤 사람을 그림 속에 집어넣거나 조상으로 만들어 세우는 일은 그에게 '신격'을 주는 일이 됐다. 조선시대 사람들은 영정影幀을 새로 그리면 그 이전의 영정은 태워 버렸다. 죽은 뒤 자기 귀신이 들어갈 형상이 여럿이면 헷갈릴까 우려했기 때문이다. 조선시대 화원들이 역대 국왕의 어진御眞을 거의 다 그렸으되, 남은 게 별로 없는 것은 이 때문이다.

유럽에서는 황제나 왕의 동상을 세우는 일이 드물지 않았지만, 아시아에서는 사람의 조상은 거의 만들지 않았다. 특히 이슬람 문화권에서는 초상화조차 우상으로 여겨 배격했다. 아라비아인들이 아라베스크라는 독특한 문양을 창안한 것도 건물 벽에 초상화를 걸 수 없었기 때문이다. 우리 선조들도 불상은 헤아릴 수 없을 정도로 많이 만들었지만, 사람의 조상은 만들지 않았다. 현재까지 알려진 바로는, 근대 이전에 동상으로 모습을 남긴 우리나라 사람은 고려 태조 왕건이 유일하다. 왕건의 아들로 고려 제4대 왕이 된 광종이 만들게 했다고 하는데, 분명 자기 아버지를 신격화하기 위해서였을 것이다(《사진 11》).

시민혁명 이후 유럽에서 '히어로HERO'의 의미는 '신의 아들'에서 '자신의 한계를 넘어선 인간'으로 바뀌었고, 평범한 집안의 자식도 동상으로 영생할 수 있게 됐다. 영국의 넬슨, 스위스의 윌리엄 텔, 독일의 비스마르크 등 근대 국민국가 형성기의 많은 민족 영웅들이 동상으로 자태를 변환해 영생했다. 당시 유럽 사람들은 동상이 된 영웅들을 신처럼 받들었고, 자기나 자기 자식도 그들처럼 될 수 있을 것이라는 희망을 품었다. 고대인들은 신이나 신선이 되기를 꿈꾸었으나, 근대인들은 영웅이나 위인이 되기를 꿈꾸었다. 동상은 자체로 '근대의 신'이 된 사람들에 관한 신화이자 전설이며 역사였다. 동상이 된 민족 영웅에 관한 서사는, 신분으로 계급으로 지역으로 뿔뿔이 흩어져 있던 사람들을 '국민'으로 통합하는 묘용을 발휘했다. 민족 영웅과 위인을 동상으로 만들어 신격화하는 문화는 제국주의에 의해 아시아로 전파되었다.

우리나라에서 동상을 건립하자는 이야기가 처음 나온 것은 을사늑약 직후였다. 민영환이 자결하자 황제는 그에게 충정공忠正公이라는 시호를 내려 주었다. 그 직후 민영환이 세운 흥화학교의 교직원과 학부모들 사이에서 그의 동상을 세우자는 논의가 시작되었다. 그러나 동상은 가난한 나라의 가난한 백성들 돈만으로 만들 수 있는 것이 아니었다. 당장 한국인 중에는 동상을 만들 수 있는 조각

〈사진 11〉 1992년 개성 고려 태조릉 부근에서 발견된 왕건 동상 영락없는 불상이다. 조선 건국 후 땅속에 묻은 것으로 추정된다.

가도 없었다. 《대한매일신보》는 동상을 세우자는 데에는 천만번 동의하나 그보다 시급한 일이 산더미 같으니, "저마다 마음속에 동상을 지어 천만년이 되도록 그 높은 뜻을 기리자"(《대한매일신보》 1906. 6. 29)고 사람들을 달랬다.

한국 땅에서 동상이 될 뻔했던 두 번째 인물은 이토 히로부미였다. 1908년 겨울, 대한제국의 '원로대신'이 이토 히로부미 동상을 건립하겠다고 나섰다. 이에 《황성신문》은 "이토 공公의 수해髓骸(골수와 뼈)를 장백산 아래에 묻은 뒤에는 동상은 물론이요 은상銀像과 금상金像까지도 세울 수 있을 것"이라고 야유했다. 아마 당시의 이토 히로부미도 귀신의 모습으로 서 있기를 원하지는 않았을 것이다. 이토 히로부미가 하얼빈에서 안중근 의사에게 척살당하자, 일본에 빌붙어 일신의 영달을 꾀하려는 한국인들이 앞다투어 추모와 사죄의 뜻을 밝혔다. 일부는 한국인을 대표해 일본에 사죄한다며 진사사절단陳謝使節團을 꾸려 일본에 갔다. 일부는 이토 히로부미가 한국인들에게 베푼 은혜에 감사한다며 그의 동상을 건립하기 위한 단체를 만들었다. 안중근 의거 10일 후, 장석주, 민경호, 민영우, 이민영 등 20여 명이 동아찬영회東亞贊英會라는 단체를 조직했다. 동아시아의 영웅을 지지하는 모임이라는 뜻이다. 이들은 북부 순화방(현재의 통인동 일대)에 이토 동상과 송덕비, 비각碑閣을 세우되, 동상은 일본에 주문하여 제작하기로 계획했다.

이들이 계획한 비각의 규모는 80여 칸, 현재 광화문 교보빌딩 앞에 있는 '황제어극 40년 망육순 칭경기념비전'보다 훨씬 컸다. 건립비는 전국 13도에서 집집마다 10전씩을 거둬 충당하기로 했다. 이듬해 1월에는 이토의 사당을 지어 봄, 가을 두 차례 제사를 지낸다는 계획을 추가했다. 그러나 이들이 획책한 일은 실현되지 못했다. 한국인 절대다수에게 이토의 죽음은 애도할 일이 아니라 축하할 일이었다. 통감부도 이토 동상 건립을 탐탁하게 여기지 않았다. 산 이토도 죽인 한국인들이 동상으로 변한 이토를 어떻게 대할지 짐작하기란 어렵지 않았다.

한반도에 사람의 동상이 실제로 서기 시작한 것은 1920년대 말부터였다. 초대 통감 이토 히로부미, 초대 재정고문 메가타 다네타로, 을사늑약 당시 주한 공사였던 하야시 곤스케 등의 동상과 사립학교 설립자인 언더우드, 에비슨, 이승훈, 김기중 등의 동상이 각각 연고지에 들어섰다. 이들 중 일본인 동상을 제외한 나머지는 대개 태평양전쟁 때 포탄으로 바뀌었다.

해방이 되자, 독립운동가 동상을 세우자는 운동이 벌어졌다. 1945년 12월 12일, 서울 장충단공원에 수백 명이 모여 '장충단 재건 및 안중근 의사 동상 건립 기성회'를 결성했다. 그러나 정치적 광풍이 몰아치던 시기에, 이런저런 단체 운영비조차 조달하기 어렵던 상황에서 동상에 돈을 쓸 여유는 없었다. 휴전선에서 격렬한 전투가 계속되던 1952년 4월 13일, 해군본부가 있던 경상도 진해에서 충무공 동상 제막식이 거행되었다. 제작 기간 1년, 높이는 16척, 중량은 3톤, 제작비는 1억 6천만 원이었다. 국민방위군으로 징발한 사람들을 굶겨 죽이면서도 동상에 이 정도 돈을 썼으니, 훗날 '20세기 판 팔만대장경'이라는 칭송을 받아도 좋을 것이다.

한국전쟁 휴전 이후, 독립운동가 동상 건립 논의가 재개되었다. 1955년 6월 20일, 대한애국선열유가족원호회가 장충단에 안중근 의사 동상 건립 터를 정하고 모금운동에 착수했다. 모금은 순조롭게 진행된 편이었으나, 건립은 차일피일 미뤄졌다. 적산 불하, 부역자 재산 처리 등을 겪으면서 남의 재산 거저 먹는 게 '능력'으로 인정받던 시대였다. 1957년, 경찰은 대한애국선열유가족원호회 회장 서현이 안중근 의사 동상을 건립한다는 명목으로 주로 공무원들로부터 300여만 원의 거금을 거둬 착복했다고 발표했다. 물론 경찰의 발표를 액면 그대로 믿기도 어려운 시절이었다. 항간에는 안중근 동상이 제때 준공되지 못한 것은 이승만 동상을 먼저 세워야 했기 때문이라는 소문도 돌았다.

안중근 동상 건립운동 재개 직전인 1955년 3월, 국회의사당에서 '이승만 대통령 80회 탄신 축하위원회'가 결성되었다. 위원장은 당시 국회의장 이기붕이었다. 위원회는 이승만 대통령 80회 탄신을 기념하기 위해 동상을 건립하기로 결정했다. 이와 별도로 역시 이기붕이 회장을 맡았던 '대한소년화랑단'이라는 단체가 1955년 11월 17일, 높이 240센티미터의 이승만 동상을 제작, 한동안 시청 앞 광장에 세워 두었다가 이듬해 3월 31일 탑골공원으로 옮겨 제막식을 거행했다. 탑골공원에 이승만 동상을 세운 것은 그에게 '3·1운동으로 건립된 대한민국'의 대표이자 3·1운동의 '정신적 지도자'라는 지위를 부여하기 위해서였다.

탄신축하위원회가 만든 이승만 동상은 '왜정시대 왜인들의 성지聖地로서, 일본의 조선 식민 지배를 상징했던 곳'인 남산 구 조선신궁 터에 건립되었다. 제막식은 제11회 광복절이자 제7회 대한민국 정부 수립 기념일이며, 제3대 대통령 취임일인 1956년 8월 15일에 거행되었다. 본체 높이는 7미터, 좌대 높이 18미터, 총 높이 25미터로서 척수尺數로는 81척이었다. 탄신축하위원회는 '80회 탄신을 기준으로 다시 한 걸음 나아가는 재출발의 첫 걸음'을 표현하기 위해서 동상 높이를 81척에 맞추었다고 설명했다. 남산 자락에 높이 솟아 서울 시내 전역을 오시傲視하던 이 동상은 당시 세계 최대 규모라는 '찬사'를 받았다. 건립비는 2억 6백여 만 원, 야당 인사들은 국민 대다수가 원조물자로 근근이 연명하는 나라에서 산 사람 동상을 세우는 데에 지나치게 많은 돈을 썼다고 비판했지만, 이승만은 별다른 반응을 보이지 않았다(《사진 12》).

안중근 의사 동상 제막식이 거행된 것은 이로부터 3년 뒤인 1959년 5월 23일이었다. 동상 건립 장소는 처음에 장충단공원, 다음에 서울역 광장으로 계획되었으나 옛 조선신궁 자리에 이승만 동상이 선 그 아래쪽, 현 서울애니메이션센터 인근으로 변경되었다. 안중근의 자리를 '민족의 태양' 이승만 아래에 배치하는 '공간정치'의 일환이었다.

1960년 4월 26일 오전 9시 45분께, 일군의 학생과 시민들이 탑골공원에 서 있던 이승만 동상의 목에 철사를 걸어 쓰러뜨렸다. 시민들은 철사로 묶은 이승만 동상을 끌고 세종로 방향으로 행진했다. 15분쯤

〈사진 12〉 남산 옛 조선신궁 터에 건립된 이승만 동상
대한민국 초대 대통령 취임식 당시의 모습을 형상화했다. 동상은 '영생불사'하기에 신격神格을 가진 물건이다. 산 사람을 동상으로 만들어 신격화하는 것은, 빨리 죽어서 신이 되라는 '저주'라 해도 무방하다. 이 동상이 선 뒤 4년 만에 이승만은 권좌에서 쫓겨났고, 하와이로 망명해 '사람'으로 죽었다.

후, 이승만은 경무대에서 "국민이 원한다면 대통령직을 사임하겠다"고 발표했다. 후일 이승만의 비서들은 그가 '국민이 원한다면'이라는 단서를 단 것은 하야할 뜻이 없었기 때문이라고 회고했다. 이승만은 극소수 시위대를 제외한 대다수 국민의 '충성심'을 믿었다는 것이다.

'우상화'란 산 사람을 '신'으로 만드는 일이다. 살아서 신이 되는 것은 진시황 이래 수많은 독재자가 꿈꿔 왔던 일이지만, 누구도 성공한 적이 없었다. 남산에 팔각 정자를 짓고—팔각형의 의미에 대해서는 졸저, 《서울은 깊다》에 상세히 기술했다—이승만의 호를 따 '우남정'이라고 이름 붙인 것이나 이승만의 동상을 세운 것이나, 모두 이승만을 신격화하기 위한 일이었으나, 달리 보면 빨리 죽으라는 저주와 다를 바 없었다. 남산의 이승만 동상은 덩치가 너무 커서 시민의 힘으로 무너뜨릴 수 없었다. 1960년 7월 23일, 국무회의는 이승만 동상을 철거하기로 결정했다. 다음날 《동아일보》는 "살아있는 사람의 동상을 굳이 세워 본인에게도 욕되게 하는 결과를 가져왔다"고 보도했다. 철거는 8월 말에야 완료되었다. 1968년 11월, 서울시는 이승만 동상이 있던 자리에 분수대를 세우겠다고 발표했다. 이듬해 여름, 당시로서는 국내 최대 규모인 물줄기 높이 15미터의 분수대가 모습을 드러냈다. 이후 꽤 오랫동안, 이 분수대 주변은 한국 멜로 영화의 촬영지로 각광받았다.

제6대 대통령선거를 앞둔 1966년 말, 자타공인 정권 2인자였던 김종필—2018년 사망 후 '영원한 2인자'라는 별명을 얻었다—주도로 애국선열조상건립위원회가 발족했다. 위원회에는 정계, 재계, 종교계의 유력 인사들이 두루 참여했다. 목적은 서울 시내 요소 요소에 애국선열들의 동상을 세워 국민 일반의 애국심을 함양하겠다는 것이었다. 도시 중심부에 '민족 영웅'들의 동상을 늘어 세워 애국주의를 고취한다는 발상의 저작권은 히틀러에게 있다. 물론 김종필이 히틀러의 저작권을 고의로 침해했다고는 할 수 없다. 철학이 같으면, 발상도 비슷해지는 법이다.

애국선열조상건립위원회의 애초 구상은 세종대왕 동상은 세종로에, 충무공 동상은 충무로에, 을지문덕 동상은 을지로에 세우는 것이었다. 1946년 봄, 서울시는 가로명제정위원회를 구성하여 일본인들이 함부로 바꿔 놓은 서울의 동명洞名과 가로명街路名을 원래대로 회복하는 작업에 착수했다. 그 '회복'은 대개 1936년 경성부역 확장 당시 마치町로 바뀐 것을 1914년에 역시 일제가 붙인 동洞으로 되돌리는 수준이었으나, 주요 간선도로에는 장소의 성격에 맞는 역대 위인들 이름이나 묘호, 시호를 붙이기로 결정했다. 경복궁과 조선총독부 앞길로 600년 가까이 정치의 중심이었던 광화문통에는 세종의 묘호를 붙였다. 세종 같은 성군聖君이 거듭 나와 좋은 정치를 펼치기 바라는 마음에서였다. 1885년 이래 일본인들의 중심 거류지이자 경성의 긴자(은좌銀座)라는 별명으로 불렸던 혼마치(본정本町)에는 충무공의 시호를 붙였다. 왜적의 잔재를 소탕하는 데에는 충무공만 한 인물이 없었다. 역시 1885년 이후 재한화교들의 중심 거류지였던 고카네쵸오(황금정黃金町)에는 살수대첩으로 수나라의 침공을 격퇴한 을지문덕의 성을 붙였다. 을지문덕의 성이 '을'인지 '을지'인지는 확실치 않았으나 서울 땅에서 중국의 흔적을 지우는 일에 비하면, 이는 사소한 문제였다. 가로명제정위원회 회의석 상에서 누군가 독립운동가도 한 사람쯤은 있어야 하지 않겠느냐고 제안했다. 반대하는 사람은 없었으나 누구로 할 것인지가 문제였다. 위원들은 심사숙고한 끝에 '독립운동 하다가 가장 먼저 순국한 분'을 택하기로 결정했다. 임오군란 당시 일본 대리공사로 공사관 직원들의 피란을 지휘했던 다케조에 신이치로竹添進一郎의 성姓을 땄던 다케조에마치(죽첨정竹添町)가 충정로로 바뀌었다.

박정희가 재선에 성공한 이듬해인 1968년 4월, 세종대왕과 충무공의 동상이 거의 동시에 완성되었다. 동상 제막식 직전, 동상들의 위치가 갑작스럽게 바뀌었다. 당시 김종필이 위원장인 애국선열조상건립위원회의 결정을 바꿀 수 있는 사람은 한 명밖에 없었다. 4월 27일 세종로 입구, 누구나 세종대왕 동상 자리라고 생각했던 곳에 뜬금없이 충무공 동상이 섰다(〈사진 13〉). 해방된 지 불과 20여 년, 새로 서울시민이 된 사람들이 하루하루 늘어나는 상황이었으나 서울에서 오래 산 사람들은 세종로가 왜 세종로이며, 충무로가 왜 충무로인지 다들 알았다. 하지만 아무도 "뜬금없다"고 비판할 수 없던 시절이었다. 나라의 중심에는 멸사봉공滅私奉公, 위국충정爲國忠情의 정신으로 무장한 군인이 서 있어야 한다는 박정희의 생각은 '공식 시대정신'이었다. 박정희는 국민들이 자신을 충무공과 같은 존재로 인식하기 바랐다. 충무공 동상이 선후, 초등학생들이 조회 시간에 부르는 노래가 늘어났다. 가장 먼저 애국가, 그다음에는 "백두산의 푸른 정기 이 땅을 수호하고……"로 시작하는 〈나의 조국〉(전傳 박정희 작사 작곡), 마지막에 "보라, 우리 눈앞에 나타나는 그의 모습……"으로 시작하는 〈충무공의 노래〉. 충무공이 가장 권위 있는 민족 영웅의 자리를 차지함에 따라 세종대왕 동상은 세종대왕과 아무런 연고도 없는 덕수궁 한 구석으로 밀려났다. 다른 동상들 위치도 뒤죽박죽이 되었다.

여담이지만, 이 무렵 항간에는 동상과 관련한 넌센스 퀴즈가 돌아다

〈사진 13〉 1968년 4월 27일 이순신 장군 동상 개막식

애초 세종로에 세종대왕, 충무로에 충무공, 을지로에 을지문덕, 원효로에 원효대사 등 길 이름과 동상 위치를 연계할 계획이었지만, 이 동상을 헌납한 박정희 대통령의 지시로 동상 위치가 뒤죽박죽됐고, 이후에도 도로 공사 등을 이유로 위치를 옮겼기 때문에 지금은 동상들이 왜 그 자리에 있는지 아는 사람이 거의 없다[출처:《격동 한반도 새 지평》].

녔다. "이번에 새로 만든 동상들 중에서 가장 무거운 것은?" 그때만 해도 동銅 값이 만만치 않게 비쌌다. 절도범들이 도로 일부 구간에 차선 표시 용도로 박아 넣은 네모난 황동黃銅 덩어리—'신쭈'라고 불렀다—를 뽑아 가거나 전봇대에 걸린 전선을 잘라서 가져 가는 일은 아주 흔했다. 게다가 완성된 동상에 사용된 동의 중량을 과학적으로 측정할 수 있는 기기도 없었다. 확신할 수 없는 일에는 의심이 따르는 법이다. 사람들은 갑작스럽게 늘어난 동상에도 모종의 이권이 개입되었으리라고 생각했다. 그러나 동상이 될 인물들의 연고자 중에 이 의심을 풀기 위해 행동에 나선 사람은 거의 없었다. 동상을 만들어 주는 것만 해도 고마운 일인데, 이러쿵저러쿵 따지는 것은 한국적 미덕이 아니었다. 오직 한 부류의 사람들만이 이 의심을 해소하려고 했다. 그들은 동상 제작 현장에 번갈아 찾아가 제작자를 칭찬하고 격려했다. 바로 백범 김구의 후배와 추종자들이었다. 넌센스 퀴즈의 정답은 '김구 동상'이었다.

농촌의 경관은 자연이 압도적이지만, 도시의 경관은 인공이 지배적이다. 도시가 처음 출현했을 때부터, 권력은 자신의 지배를 정당화하고 지배력을 확장하기 위해 인공 구조물들을 이용했다. 도로를 통해 사람들의 시선과 동선을 통제했고, 사람들의 시선이 닿는 곳에 자신이 전달하고 싶은 메시지를 형상화한 건물이나 신상神像, 기념비 등을 세웠다. 지표에 고정된 기념비적 구조물은 해당 장소의 공간적 특성과 상호작용하면서 다시 그 장소의 이미지를 형성한다. 이를테면 '광화문 앞'이나 '남대문 앞'이라는 말은 특정 장소를 지칭하는 동시에 유교국가 조선의 수도였던 서울의 역사성도 함께 표상하는 기표記標다. '충무공 동상 앞'은 서울에 있는 수많은 장소 중 한 곳을 의미하는 말이 아니다.

한국인들은 충무공 동상과 결합한 이 자리를, '민족사의 중심'이자 '현존 국가의 중심'이며 '민족정신이 표현되는 곳'으로 인지한다. 충무공 동상 앞에서 경복궁 광화문에 이르는 '세종대로'에 국가가 붙인 별명은 '국가 상징 가로'다. 대한민국 정부 수립 이후 내내, 정권의 불의에 항거한 시민들은 이 자리를 '점거'하려고 애썼다. 2016~17년 촛불집회의 중심 무대가 충무공 동상에서 광화문에 이르는 '대로이자 광장'이었던 것은 결코 우연이 아니다.

당시 충무공 동상 앞에 운집한 인파를 두고 어떤 사람은 '100만 대군을 지휘하는 이순신 장군'이라고 표현했다. 충무공 동상을 조선시대 '국중國中의 대로'였던 세종로와 종로가 만나는 자리에 세움으로써, 당대 권력은 그를 '국가의 대표'이자 '민족사 최고의 영웅'으로 공인했다. 권력의 결정에 아무도 이의를 제기하지 않는 상태에서 수십 년 세월이 흘렀다. 나라 한복판에 수십 년간 동상으로 서서 자신의 위상을 과시했으니, 그가 주인공으로 나온 영화가 천만 관객을 동원하지 못하면 전적으로 감독 책임이다.

세종대로 입구에 충무공 동상이 선 지 40년 가까이 지난 2005년, 나는 모 학술지에 〈서울의 기념 인물과 장소의 역사성〉이라는 논문을 발표했다. 서울에 있는 기념관, 동상, 기념비, 시비詩碑 등 특정인을 기리기 위한 건조물들과 특정인의 이름이나 시호를 딴 가로들의 위치를 조사하고, 장소와 인물 사이의 연관성을 검토한 논문이었다. 결론은 600년 역사를 자랑하는 서울이건만 각각의 장소들에 누적된 '역사 문화 자원'을 제대로 활용하지 못하는 상태인데다가, 뜬금없거나 뜬금없어진 사례도 많다는 것이었다. 예컨대 남대문에서 남산으로 올라가는 길의 이름은 소월길이고, 거기에서 서울교육청 과학전시관 아래쪽으로 갈라진 길의 이름은 소파길이다. 소월길은 진달래꽃이 많이 핀다는 이유로, 소파길은 어린이회관(현 서울교육청 과학전시관)이 있다는 이유로 각각 붙은 이름이다. 어린이회관이 사라진 지금, 소파 방정환은 자기와 아무 연고도, 자기의 업적을 표상하는 물적 증거도 없는 곳에 이름을 새긴 셈이다. 사임당이라는 당호堂號는 서울교육대학교 앞길에 새겨졌다. 사임당을 '초등교사의 비조鼻祖'로 생각하는 사람이 있는지도 의문이려니와, 만약 서울교대가 이전이라도 한다면 그 길 이름은 어찌할 것인가? 포은 정몽주 동상은 양화대교 북단, 사람들의 발길이 닿기 어려운 곳에 서 있다. 그 앞을 지나는 사람도 정몽주 동상인지 모르는 사람이 태반이다. 지금은 그의 동상을 왜 거기에 세웠는지 아는 사람조차 없다.

오늘날의 학술지 논문은 논문 작성에만 필요한 글이다. 학문이 전문화할수록 대중과 학문 사이의 거리는 멀어졌다. 그런데 공교롭게도, 부지런한 학술 전문기자 한 사람이 이 논문을 읽었다. 그는 이 논문을 참고하여 박정희시대의 충무공 숭배와 충무공 동상에 관한 기사를 작성해 주간지에 실었다. 세종로의 충무공 동상뿐 아니라 수많은 초등학교 운동장 한 구석에 세워진 조악한 동상들까지. 주간지 독자는 적어도 수천 명은 된다. 이 기사를 본 어떤 방송 기자가 이 문제를 TV뉴스 꼭지로 삼았다. 그는 다소 선정적인 방식으로 장소와 기념물 사이의 부조화를 드러냈다. 그는 지나가는 청년 한 사람에게 마이크를 들이대고 물었다. "이 길 이름이 뭔지 아시나요?" "세종로죠." "그런데 왜 세종로에 충무공 동상이 있는지 아십니까?" "어? 한 번도 생각해 보지 않았는데요." 이 뉴스를 당시 서울시장이 봤거나 보고받았다. 마침 '콘텐츠의 시대'였다.

서울시는 도로 이름과 동상 위치가 달라 이른바 '장소 마케팅'에 차질이 생긴다는 사실을 뒤늦게 깨달았다. 세종대왕 동상과 충무공 동상을 각각 제자리로 옮기는 문제를 검토하기로 한 서울시는 먼저 여론조사를 실시했다. 결과는 압도적 '반대'였다. 심지어 일부 사람들은 당시 시장이 친일파라서 충무공 동상을 옮기려고 한다는 주장을 공공연히 폈다. 충무공이 세종로 한복판에 서서 남쪽을 노려보고 있어야 '민족정기'가 산다며. 이런 주장에 동의하는 사람도 무척 많았다. 결국 서울시는 충무공 동상을 그대로 두고 그 뒤에 세종대왕 동상을 따로 세우기로 결정했다. 그래서 지금 세종로는 충무공과 세종대왕이 분할통치하는 공간이 됐다. 한국 역사에 대해 모르는 외국인이 보면, 충무공을 세종대왕의 호위대장 정도로 착각하기 십상이다.

조선시대에는 죽은 사람이 받는 최고의 영예가 종묘 공신당功臣堂에 배향되는 것이었으나, 현대에는 동상이 되는 것이다. 현재 서울시내에 있는 동상은 50개가 넘는다. 자기들 조상을 동상으로 만들어 달라고 운동하는 사람도 적지 않다. 그런데 막상 그 '인물'들이 구천九天에서 자기 동상을 본다면 어떻게 생각할까? 세종대왕도 충무공도, 영정 하나 남아 있지 않아 실물이 어떻게 생겼는지는 아무도 모른다. 동상을 이용한 '공간정치'와 '국민교육'이 언제까지 지속되어야 할지도, 여론이 정할 문제다.

교통신호기,
인간을 지휘하는 기계의 출현 **6**

1920년 6월, 서울에 처음으로 교통정리 전담 순사가 출현
했다. 열차가 도착할 때마다 손님을 찾아 달려드는 인력거
꾼을 단속하기 위해 남대문역(현재의 서울역) 앞에 한 명, 당대 서울 제
일의 번화가였던 혼마치(지금의 충무로)에 12명의 순사가 배치됐다. 이
들은 길 위에서 움직이는 것이면 사람이든 기계든 모두 통제했다(《사진
14》). 길은 본래 사람, 짐승, 바퀴 달린 탈것들이 함께 사용하는 혼종 공
용 공간이었다. 짐승과 탈것은 사람의 통제에 따랐고 사람도 대오를 이
뤘을 경우 지휘자의 통제에 따라야 했으나, 보통의 경우 사람들은 자신
의 판단에 따라 걷고 피하고 멈추고 방향을 바꿨다. 인류 역사 대부분
의 기간 동안, 도로에는 중앙선은커녕 인도와 차도 구분도 없었다.

　교통 순사가 처음 배치됐을 때 서울의 자동차는 20여 대에 불과했다.
그러나 이 신종 탈것의 증가 속도는 그때까지 인류가 만든 어떤 탈것의

4부 공간과 정치 333

증가 속도보다 빨랐다. 게다가 자전거와 인력거의 증가 속도도 만만치 않았다. 서울 거리에 탈것이 늘어날수록 교통 순사들도 늘어났고 바빠졌다. 그렇지만 자동차, 전차, 마차, 자전거, 인력거, 손수레 등 온갖 바퀴 달린 것들이 굴러다니는 틈바구니에서는 교통 순사가 아무리 "눈이 뒤집힐 정도로 바쁘게" 살펴도 미처 통제하지 못하는 일들이 생기게 마련이었다. 게다가 타인의 통제에 따르는 것을 자존심 상하는 일로 받아들이는 사람도 적지 않았다. 식민지 상황에서는 더했다.

1930년대 초의 어느 여름날, 당시 20대 중반이던 기자이자 소설가 심훈과 연극 연출가 박진은 대낮부터 만취해서 종로 네거리에 비틀거리며 서 있었다. 심훈의 취한 눈에 흰 헬멧을 쓰고 네거리 한복판에 서서 교통 정리를 하는 일본인 교통 순사가 들어왔다. 그는 박진이 붙잡을 새도 없이 교통 순사에게 달려가 소리를 질렀다. "이놈아. 너 왜놈이 우리 보고 어째서 이리 가라 저리 가라 명령하느냐? 우리는 갈 길을 알고 있다!" 그러고는 갑작스런 사태에 어이없어 하는 순사의 머리에서 헬멧을 벗겨 들고는 제 머리에 쓰고 우미관 골목길을 향해 냅다 달렸다. 순사가 "바카야로"라고 외치며 뒤를 쫓았지만, 심훈은 용케 그의 눈을 피해 골목 안으로 몸을 숨겼다(박진의 회고). 왜놈 순사에게 이리 가라 저리 가라 통제받는 것에서 사람에게 통제받는 짐승의 모습을, 제국주의 침략자에게 통제받는 식민지 원주민의 비애를 느꼈기 때문일 것이다.

하지만 이로부터 몇 해 지나지 않아 종로 네거리는 일본인 순사와 조선인 행인이 몸싸움이나 감정싸움을 할 이유가 없는 공간으로 바뀌었다. 조선인 행인들이 일본인 순사의 통제를 받는 데에 익숙해졌기 때문

〈사진 14〉 경부철도 개통 직후의 철도 건널목 간수

1905~6년께. 장소 미상. 신호등은 이들의 일을 빼앗았을 뿐 아니라,
간단한 동작만으로 사람들의 행동을 강력히 통제했다.

이 아니라, 순사의 자리를 기계가 차지했기 때문이다. 근대는 자동기계의 시대였다. 자동기계는 복잡하고 연속적인 동작들을 단순하고 반복적인 동작으로 분해하여 여러 사람에게 분산시켰다. 공장에 배치된 자동기계는 자신의 동작에 사람의 동작을 종속시켰다. 기계 앞에서 일하는 노동자들은 기계가 요구하는 단순 동작을 반복하기만 하면 되었다.

도로에 설치된 자동기계가 교통신호기다. 공업용 자동기계가 대규모 공장에 고용된 노동자들의 몸만을 통제했던 것과는 달리, 이 기계는 남녀노소 장애 여부를 따지지 않고 거리에 나온 모든 인간의 몸을 통제했다. 1934년 말, 남대문로에 우리나라 최초의 전기 교통신호기가 등장했다. 이듬해 봄에는 종로와 을지로에도 설치됐다. 교통 순사나 이 물건이나 일본산인 건 매일반이었으나, 이 물건에게 달려가 "네까짓 게 뭔데 이리 가라 저리 가라 명령하느냐?"고 대드는 사람은 없었다. 다른 인격체의 지시를 받는 데 굴욕감을 느꼈던 사람들도 기계의 지시를 받는 데에는 별다른 불만을 표시하지 않았다. 이후 이 기계는 계속 늘어나 현재는 가장 많은 도로 시설물이 됐다.

교통신호기는 그저 일정한 간격으로 세 가지 색깔을 반복해서 비춰주는 단순한 기계지만, 사람들의 동작과 의식 모두에 큰 영향을 미쳤다. 일제강점기의 교통 순사는 행인과 차량을 감시했으나, 현대에는 보행자와 차량 운전자 모두가 이 기계를 주시해야 한다. 사람들은 또 파랑, 빨강, 노랑의 세 가지 색깔이 의미하는 바를 배워야 했다. 그 의미를 모르는 사람은 길에서 비명횡사해도 할 말이 없는 사람으로 취급됐다. 아이든 어른이든 혼자 큰길에 나설 자격을 얻기 위해서는 신호등 색깔의 의미를 학습해야 했다. 신호등은 색깔의 이미지에도 지배적인 영향을 미쳤다. 파란색은 순조롭고 편안함을, 빨간색은 위태롭고 불안함을 뜻하게 됐다. 무엇보다도 이 기계는 사람들의 동작을 직접적이고도 즉각적으로 규제했다. 사람들은 신호등의 색깔이 바뀐 시점을 기억하고 계속 진행할 것인지 멈출 것인지를 순간적으로 판단하는 훈련을 거듭했다. 보행자든 운전자든 그 판단에 따라 감속하거나 가속했다.

기계 문명이 발달할수록, 사람들은 의식 한편에 언젠가는 기계의 지배를 받게 될지도 모른다는 공포심을 키워 왔다. 〈모던타임즈〉에서 〈터미네이터〉와 〈아이로봇〉에 이르기까지, 그런 공포심을 형상화한 영화는 무척 많다. 그러나 아직은 복잡하고 정밀한 기계보다는 신호등이나 알람시계, 과속 감지기 같은 단순한 기계들이 지배하는 영역이 훨씬 넓고 크다. 현대인들은 아주 어려서부터 단조롭고 반복적인 기계의 움직임에 동작을 맞추어 온 사람들이다. 기계가 지배하는 미래란, 사람들의 행위와 의식 속에 자리 잡은 기계적 속성이 지금보다 훨씬 커진 시대에 불과할 수도 있다.

7 불신받는 국가의 얼굴, 경찰

1970년대까지도 오래된 극장 뒤편 구석에는 칸막이로 둘러싸인 특별한 좌석 하나가 있었다. 좌석번호가 없는 자리라 보통은 비어 있었지만 때로 불량스러워 보이는 젊은 남자가 홀로 앉아 있기도 했다. 일제강점기부터 1970년대 초까지, 다중이 모이는 장소에는 반드시 설치되었던 '임석 경관석'이라는 자리다. '임석 경관'이란 행사장이나 공연장 좌석을 차지하고 앉아 장내에 있는 사람들의 언행을 감시하는 경찰을 말한다. 많은 사람이 모이는 곳에서는 소매치기, 성희롱, 폭행 등의 범죄가 발생할 가능성이 크다. 임석 경관은 그런 범죄를 예방하고 단속할 책임도 졌지만, 더 중요한 임무는 무대나 연단에서 돌발적으로 나올 수 있는 '불온 발언'을 예방하고 만약 그런 발언이 나올 경우 발언자를 체포하는 것이었다.

1971년 3월 1일, 정부는 모든 공연장에서 공연 시작 전에 '애국가 영화'를 상영하고 영화가 상영되는 동안 관객들은 자리에서 일어나 '국기에 대한 경례' 자세로 서 있어야 한다고 발표했다. 박정희 종신 집권체제 구축을 위한 국가주의 고취 전략의 일환이었다. 그로부터 보름 뒤, 애국가 영화가 상영되는데도 자리에 앉아 입에 담배를 물고 있던 청년이 '임석 경관'에게 체포되어 즉심에 회부되었다. 임석 경관은 이렇게 무대 위뿐 아니라 무대 아래까지, 즉 장내 전체를 감시하는 경찰이었다.

임석경관제도가 유지된 60여 년간, 이런 일은 비일비재했다. 그런데 어떤 직업에서건 맡은 일을 제대로 못하거나 엉뚱한 일을 저지르는 사람은 있게 마련이다. 경찰직이라고 다를 바 없었다. 1920년대 대중강연을 잘하기로 유명했던 월남 이상재는 YMCA 등에서 강연할 때마다 손가락으로 강당 뒤편의 임석 경관석을 가리키면서 "저기 개나리꽃이 피었네"로 말을 시작했다. 사람들이 경찰을 대할 때 앞에서는 '나리'라고 높여 부르고 뒤에서는 '개자식'이라고 욕하는 세태를 빗댄 유머였다. 그럴 때면 좌중은 웃음바다가 되었으나 일본인 경관은 그게 무슨 말인지 몰라 좌우를 두리번거릴 뿐이었다고 한다.

일제 경찰이 한국인의 독립운동에 '신경과민'이 돼 있던 3·1운동 직후 시골 어느 보통학교의 학예회 때 일이다. 어린 학생들이 식순에 따라 공연을 하던 중, 일본인 임석 경관이 갑자기 호루라기를 불고 "중지"를 외치며 무대 앞으로 달려 나와 행사를 중단시켰다. 영문을 알지 못한 교사들이 이유를 묻자, 경관은 눈을 부라리며 이번 순서가 '독창獨唱'인데 이게 '독립 창가'를 줄인 말이 아니고 무엇이냐고 닦달했다. 무식한 경찰의 황당한 행패 탓에 모처럼의 동네잔치는 엉망이 되고 말았다.

일제강점기 조선 경찰 중 60퍼센트 이상이 일본인이었는데, 이들은 대개 일본 본토의 경찰 시험에서 여러 번 떨어진 뒤 마지못해 식민지에 자원한 사람들이었다. 일본 경찰로는 '자격 미달'인 사람들이 식민지에서는 최일선의 행정을 담당하다보니 웃지 못할 일이 수없이 일어났다. 게다가 그들은 '일본인은 조선인보다 우월하다'는 근거 없는 자부심을 가지고 있었다. 똑똑하고 많이 배운 조선인일수록 일본 경찰에게 더 자주, 더 심한 봉변을 당하곤 했다.

경찰의 상층부를 장악한 일본 경찰의 수준이 낮은데, 조선인 경찰의 수준이 높을 수는 없었다. 일제강점기에 식민지 경찰에 자원하려면 일단 도덕적 수준이 낮아야 했다. 식민지 통치권력의 앞잡이가 되어 자기 동포들을 감시하고 탄압하면서 양심을 지키기란 어려웠다. 식민지 경찰로 있으면서 독립운동에 가담한 황옥 같은 사람도 있었으나, 절대다수의 조선인 경찰은 '동포를 체포할 수 있는 권리'를 누리는 데 만족했다(《사진 15》). 식민지 통치권력도 경찰의 수준을 높이는 데에는 관심이 없었다. 그들이 조선인 경찰에게 원한 것은 정탐하고 미행하며 체포하고 고문하는 능력뿐이었다. 100명의 억울한 피해자를 만들더라도 한 명의 불령선인不逞鮮人은 놓치지 않겠다는 것이 총독부 경찰이 묵시적으로 고수한 원칙이었다. 이런 원칙을 관철시키는 데에는 '독창'을 '독립 창가'로 해석할 정도로 무식한 경찰이 오히려 적격이었다. 식민지 통치자의 관점에서는 의심할 이유가 없는 것조차 의심하는 경찰이 유능한 경찰이었다.

해방 후 시간이 한참 흐른 뒤에도 수준 낮은 경찰로 인한 해프닝은 곳곳에서 일어났다. 1970년대 모 대학에서 있었던 일이다. 경찰이 대학생들의 '좌경화'를 예방한답시고 대학 도서관 내 '불온도서'들을 일제

단속하기로 했다. 단속에 앞서 대학 측에 자체적으로 책을 치우라고 지시했다. 도서관 직원들이 부산을 떠는 와중에 한 사람이 막스 베버의 책을 치우는 장면을 목격한 책임자가 힐난했다. "이봐, 막스 베버와 마르크스는 다른 사람이야. 둘의 사상은 전혀 다르다고." 직원이 대꾸했다. "저도 알아요. 하지만 경찰은 모를 수도 있잖아요." 그는 무식한데다가 폭력적이기까지 한 경찰을 앞에 두고 이해시키지도 못할 해명을 늘어놓느니 확실히 예방해 두는 편이 낫다고 판단했다. 1980~90년대까지도 이런 일은 비일비재했다. 가방 안에 마르쿠제 책을 넣고 다니다가 불심검문에 걸려 연행된 사람이 한둘이 아니었다. 내 대학 동기 중한 명은 5공 때 여당 국회의원을 지낸 모 교수의 '소련 동구東歐 정치론'이라는 강의를 들었다가 강제 징집당하기까지 했다. 그 친구는 중간고사를 앞두고 대학생들이 흔히 하는 대로 '모범생'의 노트를 복사해 가

〈사진 15〉 일제의 한국 강점 직후 동대문경찰분서의 경찰들
일제는 3·1운동 이후 헌병경찰제를 폐지하는 대신 경찰 인력을 대폭 늘렸다. 이때 본토의 경찰 시험에 여러 차례 낙방한 일본인들이 대거 식민지 경찰에 합류했는데, 총독부 관리들조차 이들의 '질'에 심각한 우려를 표시했다. 질 떨어지는 경찰은 총독정치의 야만성을 표상했다(출처: 《한일병합사》).

방에 넣고 있었는데, 그를 잡은 경찰은 학교 수업노트라고 아무리 해명을 해도 믿지 않았다. 자기가 보기엔 불온유인물이 분명한데 그걸 수업노트라고 우기는 건 자기를 무시하기 때문이라고 생각했음인지, 담당 형사는 그야말로 무지막지하게 그 친구를 구타했고, 결국엔 강제 징집 대상 명단에 올려 버렸다.

경찰은 근대국가의 국민이 가장 가까이에서 접하는 국가기구다. 다른 나라에 대해 국가를 대표하는 사람은 외교관이나 국가대표 운동선수들이지만, 자국민에 대해서는 경찰이 대표한다. 경찰이 부패하면 국민이 국가를 믿지 못하게 되고 경찰이 폭력적이면 국민이 국가를 원망하게 되며, 경찰이 무식하면 국민이 국가를 무시하거나 스스로 '알아서' 무식한 기준에 맞추게 된다. 물론 지금 경찰의 지적 수준은 옛날과는 비교할 수 없을 정도로 높다. 그렇지만 경찰을 둘러싼 이런저런 잡음이 끊이지 않는다. 지식은 양심과 함께 있을 때에는 지혜가 되지만 양심과 이별하면 교활狡猾이 된다. 국민에게 좋은 국가는, 경찰이 양심을 지키면서 일할 수 있게 해 주는 국가다.

중국 4대 기서의 하나인 《수호지》의 시대적 배경이 된 북송
北宋 휘종徽宗 말년에, 수도 개봉부開封府의 보록궁寶籙宮 요
선전瑤仙殿 문기둥에 누가 썼는지 알 수 없는 시 한 수가 나붙었다. "집
안의 나무는 좀이 슬어 수명을 다했고家內木蛀盡 남방의 불은 빛을 잃었
도다南方火不明. 길한 사람은 변방의 사막으로 돌아가고吉人歸塞漠 서까
래 또한 꺾이고 기울었도다巨木又摧傾." 당대에 글깨나 한다는 사람 누
구도 이 요령부득의 시를 해석하지 못했으나, 북송이 망한 뒤에는 누구
나 이 시가 예언한 바를 알게 됐다.

  집안의 나무나 남방의 불은 모두 송나라를 가리키는 말이었다. 송宋
이라는 글자가 집 가家의 갓머리 안에 나무 목木을 넣은 글자이며, 또
송나라는 오행五行 중 화덕火德을 숭상하여 달리 염송炎宋이라고도 했
다. 길한 사람吉人과 서까래巨木는 무능이 지나쳐 송나라에 망조가 들게

한 두 황제 휘종 길佶과 흠종 환桓을 각각 가리켰다. 이 둘은 후일 금나라에 포로로 잡혀가 새북塞北 땅에서 인질로 살다가 죽었다. 이 시처럼 앞날의 길흉화복에 대해 예언하는 말을 참언讖言이라고 한다.

한국 역사에는 이처럼 신묘하면서도 문학성을 인정할 만한 사례는 없으나 비슷한 참언이 유행한 적은 많다. 중국 송나라 휘종과 거의 같은 시기에 재위했던 고려 인종 때 왕의 외조부이자 장인인 이자겸이 정권을 농단하자, 세간에는 십팔자위왕十八子爲王 또는 목자위왕木子爲王이라는 짧은 참언이 유행했다. 십팔자十八子나 목자木子나 모아서 한 글자로 만들면 '이李'가 되니 이는 "이 씨가 왕이 되리라"라는 뜻이었다. 이자겸 당대에는 이 참언이 실현되지 않았으나 왕 씨의 고려 왕조를 멸망시키고 새 왕조를 연 사람이 이 씨인 이성계의 이 씨였으니, 결국은 맞아 떨어진 셈이다.

고려가 망하고 조선 왕조가 개창된 직후에도 여러 가지 참언이 유행했다. 구 왕조에서 기득권을 누렸거나 새 왕조에서 핍박받은 사람들이 새 왕조의 미래를 저주하는 것은 늘 있는 일이다. 그중 맞아떨어졌다고 할 수 있는 것은 수도首都 한성부의 지세와 관련하여 왕조의 미래를 저주한 참언이다.

한반도의 지세는 동쪽이 높고 서쪽이 낮은 동고서저東高西低 형이어서 거의 모든 큰 강이 동에서 서로 흐른다. 반면 한성부의 지세는 서쪽이 높고 동쪽이 낮은 서고동저西高東低 형이다. 도성 한복판을 흐르는 개천은 서쪽에서 동쪽으로 흐른다. 한성의 내수인 개천開川이 외수外水인 한강과 반대 방향으로 흐르다가 합류하는 것이 태극 모양과 유사했으니, 이는 한성을 명당으로 만든 요인 중 하나였다. 하지만 방위가 문제였다.

순우리말로 동東은 '새'이며, 서는 '헌' 또는 '하늬'다. 동풍은 샛바람, 서풍은 하늬바람이다. 해는 동쪽에서 떠서 낮동안 땅에 열과 빛을 보내다가 서쪽으로 진다. 해 뜨는 쪽이 '생生'의 방향이며 해 지는 쪽이 '사死'의 방향이다. 네 방위를 지칭할 때에는 모두 '동서남북'이라고 하지 '서동북남'이나 '북남서동'이라고 하지는 않는다. 동쪽이 먼저이자 좋은 방위이고, 서쪽은 나중이자 나쁜 방위다.

조선 왕조가 한양에 정도한 직후, "새 왕조가 서쪽이 높은 땅에 도읍을 정했으니 장자長子가 잘못되고 지차之次 이하가 잘 될 것"이라는 참언이 떠돌았다고 한다. 그 참언이 맞았음인지, 조선 왕위 계승의 원칙이 '적장자 상속제'였음에도 불구하고 역대 임금 27명 중 장자로서 순조롭게 왕위를 계승한 사람보다 그렇지 못한 사람이 더 많았다. 조선 왕 중 장남으로 태어난 사람은 문종, 단종, 연산군, 인종, 인조, 현종, 숙종, 경종, 정조, 헌종의 10명이다. 이들 중 평탄하게 왕위를 승계하여 오래 재위한 왕은 숙종밖에 없다. 이를 참언이 들어맞은 결과로 보지 않고 근대적 합리성에 기초하여 해석하는 사람도 있다. 장남은 태어나자마자 부모의 사랑을 독점하나, 지차는 사랑을 나눠 가져야 하는 처지이기에, 쟁취하려는 권력욕이 더 강하기 마련이라고.

한양도성의 8개 문 중 동대문 현판에만 '흥인지문興仁之門' 넉 자를 쓴 데 대해서는 동쪽이 낮은 지세를 보완하려는 비보裨補의 목적 때문이라는 것이 정설인데, 이 참언과 직접 연관이 있을지도 모른다는 생각이다. 《조선왕조실록》에 흥인지문이라는 이름이 처음 등장하는 것은 세조 때였다. 태조 때에는 두 차례 왕자의 난이 있었고, 태종 때에는 왕세자 폐위가 있었으며, 세조는 조카를 폐위하고 왕이 된 뒤 그 조카와 친형제들까지 죽였다. 왕족들끼리 동족상잔의 비극을 거듭 연출하는 것이 한성의 지세 때문이라고 생각했을 가능성이 크다.

조선 중기 이후에는 《정감록鄭鑑錄》이라는 참언서가 은밀하게 유포되면서 "정 도령이 새 시대를 열 것"이라는 소문과 기대가 널리 퍼졌다. 이 참언의 유통 기한은 무척 길어서, 20세기 후반에도 대통령 선거에 출마한 대기업 총수가 이 참언을 이용하기도 했다. 조선 중종 때에는 조광조의 개혁 드라이브에 불만을 품은 척신戚臣 홍경주가 왕의 후궁이던 자기 딸을 시켜 궁중 나뭇잎에 꿀로 주초위왕走肖爲王 넉 자를 쓰게 했다. 벌레가 꿀 묻은 부위를 갉아 먹어 글자 모양이 드러나자 그는 이대로 그냥 두면 조 씨趙氏가 왕이 될 것이라는 계시라며 중종을 부추겨 조광조를 죽이게 했다. 한자 주走와 초肖를 합하면 조趙가 되는 데에 착안하여 고려 인종 때의 '십팔자위왕十八子爲王'을 단순 모방해 만든 저질 참언이었지만, 그래도 효과는 만점이었다. 최근 나뭇잎에 꿀로 주초위왕이라고 쓰고 실제로 벌레들이 그 부위를 파먹는지 실험한 연구팀이 있었다. 실험 결과 벌레가 꿀 묻은 부위만 파먹는 일은 생기지 않았다. 《중종실록》 편찬자들은 조광조의 억울함을 강조하려는 의욕이 지나쳐 후세에 가짜 참언을 전한 셈이다.

근대에도 신통하게 들어맞은 참언들이 있었다. 1894년 여름, 정부와 전주화약을 맺은 동학 농민군이 삼남 지방 각처에 집강소를 설치하고 개혁을 추진하던 무렵, 농민들 사이에 "갑오세甲午歲 갑오세 을미적乙未賊 을미적 병신丙申 못 가리"라는 노래가 떠돌았다. 문자대로 풀 수 없는 비문非文의 노래였으나 누구나 그 뜻을 알았다. 여기에는 "갑오년에는 성공했으나 을미년에 왜적이 공격할 것이니 병신년 이전에 실패로 끝날 것"이라는 예언적 의미와 "이왕 난리를 일으켰으니 서울까지 가 보자, 미적미적 대다가는 병신 되어 못 간다"는 선동의 의미가 함께 담겨 있었다. 동학농민운동은 병신년이 되기 전에 실패로 끝났으니 결과적으로 예언이 맞은 셈이다.

1949년 겨울에는 "내년은 38선 이사 가는 해"라는 참언이 민간에 떠돌았다. 1950년은 단기 4283년이었는데, 거꾸로 읽으면 3824년이 됐다. 불행히도 이 참언은 정확히 맞아떨어져 1950년 6월부터 휴전까지 3년간, 남북한의 경계선은 낙동강과 압록강 사이에서 여러 차례 옮겨 다니다가 1953년 7월에야 '이사'를 마무리했다(〈사진 16〉).

참언은 본래 어떤 집단의 불안감이나 염원을 현실의 개연성에 맞추고 글자나 숫자에 빗대 그럴싸하게 꾸민 것이니 공교롭게 맞으면 예언

〈사진 16〉 1951년 5월, 38선을 돌파하여 북진하는 화랑부대 장병들
1950년 6월 25일 북한군이 38선을 넘어 남침했고 10월 1일에는 국군이 38선을 넘어 북진했다. 그러나 1월에 다시 38선 이남으로 밀렸다가 3월에 다시 돌파하는 등 38선의 주인은 여러 번 바뀌었다. 이사하는 것만 예언한 탓인지, 남북은 경계선만 조금 옮긴 채 여전히 대치하고 있다[출처: 《육군역사 사진집》].

이 되고 틀리면 헛소문이 된다. 인간의 이성보다는 신의 섭리를 믿던 시대, 불가지론과 운명론이 지배하는 영역이 넓던 시대에는 예언과 참언의 힘이 무척 셌다. 선지자나 예언자는 신에게서 앞날의 길흉화복을 예측할 수 있는 특별한 능력을 부여받은 자로 추앙받았다. 이런 현상은 이성과 과학의 시대라는 현대에도 완전히 사라지지 않았다. 지금도 수많은 운명철학가와 '종교인'들이 각 개인의 운명을 예측해 주는 예언자로 살고 있다. 심지어 대통령 선거를 앞두고 "어떤 용한 점쟁이가 다음 번에는 누가 될 거라고 예언했다" 따위의 소문을 단순한 재밋거리 이상으로 받아들이는 사람도 여전히 많다. 현실이 이렇다 보니 참언의 형식을 빈 모함과 저주도 끊이지 않는다. 몇 해 전에는 "박원순이 시장되면 시청 광장에 인공기 날린다"라는 말이 떠돌았고, 지금은 "문재인이 대통령 됐으니 나라가 곧 공산화한다"라는 말을 믿고 불안에 떠는 사람들이 있다.

인간 이성이 지금보다 훨씬 더 넓은 영역을 지배하고 해석할 수 있게 된다 하더라도, 예언과 참언에 의존하는 종교적 또는 유사종교적 태도는 아마 사라지지 않을 것이다. 인간 이성의 한계가 명확하기 때문이 아니라, 자기의 개인적 결함을 인류 전체의 한계로 이해하려는 인간의 의지가 강력하기 때문이다.

5^부

가치관과
문화

1946년 6월 17일, 해방 뒤 처음으로 치르게 된 입학시험을
앞두고 경성대학 법문학부 교수회에서 입시 과목 문제로
한바탕 소란이 일었다. 그전에 열린 교수회에서 국어와 한문 과목을 제
외하기로 결의했음에도 불구하고 외부에는 국어시험이 포함된 것으로
발표되자 교수들이 한 목소리로 학장의 독단적 처사를 성토했다. 국문
학자인 조윤제 학장은 자리를 박차고 나가 그 길로 총장에게 사표를 제
출했다. 미국인 총장 안스테드Harry B. Anstead는 사표를 수리하지 않고
교수들을 일일이 총장실로 불러 “자국어 시험을 치르지 않고 학생을
뽑는 대학이 세상 어디에 있느냐”고 훈계했다.

교수들이라고 국어 과목의 중요성을 모르지는 않았다. 국내에 하나
뿐인 대학의 입시 과목과 출제 유형이 중등교육 전반에 큰 영향을 미친
다는 점도 잘 알았다. 그러나 국어시험을 치르자니 국어를 제대로 배운

응시생이 없었다. 그 전해까지 국어는 일본어였고, 경성대학은 개교 이래 입학시험 과목에 조선어를 넣은 적이 없었다. 소학교 때부터 대학입학을 목표로 공부한 학생들은 아예 조선어를 공부하지 않았다. 조선인이 다니는 학교에서도 1938년부터는 조선어가 선택 과목이 되었고, 1943년에는 그조차 폐지되었다.

현재의 역사교과서들은 조선어 교육 폐지를 '악랄한 민족 말살 정책의 일환'으로 기술하지만, 당시 대학 진학을 꿈꾸던 최상위권 학생과 그 부모들은 이 조치를 오히려 반겼다. 경성제국대학이나 일본 내 대학에 진학하는 데에는 조선어가 아무 쓸모없는 과목이었기 때문이다. 그들은 일본인 학생은 배우지 않는 과목을 조선인에게만 부과하는 것이야말로, '민족 차별'이라고 생각했다. 해방 뒤 일본어를 가르치던 초중등학교의 '국어' 시간이 한국어 시간으로 바뀌기는 했지만, 교과서도 없었고 교사도 부족했다. 국어를 배우고자 해도 배울 수 없었던 학생들에게 국어시험을 치르라는 것은 부당하다는 주장에도 일리가 있었다.

그러나 "자국어 시험을 치르지 않고 학생을 뽑는 대학이 세상 어디에 있느냐?"라는 안스테드 총장의 말이 훨씬 설득력 있었다. 경성대학 입학 지원자와 그 부모들, 시험 과목에서 국어를 빼기로 한 교수들은 여론의 집중포화를 맞았다. 법문학부 교수들은 자기들이 문제 삼았던 것은 입시 과목이 아니라 학장이 이 문제를 처리하는 과정에서 교수들에게 보인 모욕적 태도이며, 국어시험 미실시 운운은 와전된 것이라는 내용의 성명을 냈다. 학장에게 다행한 일이었는지 평교수들에게 다행한 일이었는지는 단정하기 어려우나, 이 직후 경성대학에는 시험 과목이나 교수들 사이의 갈등 문제를 덮고도 남을 대폭풍이 불어닥쳤다.

대학과 전문학교 입학시험일은 7월 10일이었다. 입학시험이 끝나자마자, 군정청 문교부는 돌연 경성대학과 여러 관립 전문학교를 통합하여 하나의 국립대학으로 만든다는 안을 내놓았고, 8월 22일에는 '국립서울대학교 설치령'이 공포됐다. 그러자 직접 이해 당사자인 경성대학과 서울시내 각 관립 전문학교 학생들은 곧바로 격렬한 반대시위에 돌입했다. 얼마 뒤에는 대학 진학을 앞둔 중학생들도 반대운동에 동참했다.

옆으로 새는 이야기이기는 하나, 이른바 '국대안 반대운동'에 대해서는 약간의 설명이 필요할 듯하다. 당시 경성대학교 학생들이 반대한 것이야 이해하고도 남을 일이지만, 별도의 시험 없이 국립대학생으로 만들어 준다는 데에도 전문학교 학생들이 반대한 이유는 납득하기 어려울 수 있기 때문이다. 국대안 반대운동이 격렬히 벌어진 데에는 몇 가지 이유가 있었다.

우선은 예상되는 기득권 침해, 즉 학교 서열 조정 가능성에 대한 반발이었다. 일제강점기 조선에 대학이라고는 경성제국대학 하나뿐이었는데, 1945년도 법문학부, 의학부, 이공학부의 3개 학부 합격자는 총 267명이었다. 경성제국대학 합격자 명단은 매년 조선총독부 관보에 게재되었지만, 창씨개명 때문에 이름만으로는 조선인 합격자 수를 확정할 수 없다. 다만 전체 입학생의 20퍼센트 정도만을 조선인에게 할당했던 관례로 보아 이들 중 50명 내외가 조선인이었을 것으로 추정된다. 이 정도였으니, 대단한 집안의 대단한 수재가 아니고서는 경성제국대학 학생이 된다는 것은 꿈도 꾸기 어려운 일이었다. 제국대학 다음 순위의 학교들이 경성법학전문학교, 경성상업전문학교, 경성공업전문학교, 경성사범학교 등 경성의 관립 전문학교들이었다. 조선인 학생들에 게는 이들 학교가 실질적인 최상위 학교였다. 그 뒤에 경성의 사립 전 문학교와 평양·대구 등 지방 대도시의 관립 전문학교들이 있었다. 입 학시험도 '관선사후官先私後'라 해서 관립이 먼저, 사립이 나중이었다. 그러니 사립 전문학교에는 대개 관립학교 시험에서 떨어진 학생들이 입학했다(〈사진 1〉).

그런데 군정청 문교부는 사립 전문학교 각각을 종합대학으로 승격시 키면서도 관립 전문학교들은 국립 종합대학의 단과대학으로 편입시키 는 안을 내놓았다. 관립 전문학교 학생들이 보기에 이는 명백한 차별이 었다. 그들은 관립 전문학교도 사립 전문학교와 마찬가지로 독립된 대 학으로 승격시켜 달라고 요구했다. "일제 우민화 정책의 산물인 대학 부재不在 현상을 타개하는 것은 옳다. 그러나 그러려면 교수진, 시설, 학생 등 모든 면에서 사립보다 나은 관립 전문학교들을 기반으로 해야

〈사진 1〉 1946년 7월 3일 경성대학 법문학부 제1회 졸업 기념사진
앞 줄 한가운데가 군정 사령관 하지 중장이며, 그 좌우에 선 이가 조윤제 법문학부장과 안스테드 총 장이다. 일제 말기 고등교육을 받은 사람들은 너나없이 한국어보다 일본어를 훨씬 잘했다. 자국어 를 잘 못해도 흉이 되지 않는 한국 엘리트 문화의 연원은 무척이나 깊다[출처:《서울대학교 법과대학 100년사》].

하지 않겠는가? 사립은 종합대학, 관립은 단과대학이라는 것은 말도 안 되는 처사이며, 사립학교는 자기 역사를 이어갈 수 있도록 하면서도 관립학교는 사실상 폐교시키는 것은 더더욱 말이 안 되는 일이다." 이 것이 국대안 반대운동에 참가한 학생들의 주장이었다. 그런데 이면에 는 조금 더 복잡한 현실과 의혹들이 있었다.

서울대학으로 이름을 바꾼 경성대학과 서울 시내 각 관립 전문학교 교수들은 미군정과 가까운 기독교계 사립학교 출신들이 학교 서열을 바꾸기 위해 농간을 부렸을 것이라고 의심했다. 그들에게는 학교 서열 만이 문제가 아니었다. 당시 서울대학과 관립 전문학교 교수들은 거의 모두가 일본인 스승에게 일본어로 배운 사람들이었다. 반면 기독교계 사립학교들에는 미국인 스승에게 영어로 배운 사람이 적잖이 포진해 있었다. 당시 대학과 관립학교 교수들은 '학문 언어'이자 '고급 언어'가 자기들에게 익숙하지 않은 영어로 바뀔 것이라는 사실을 본능적으로 깨달았다. 이는 일어로 공부한 지식인들이 '지적 헤게모니'를 잃게 된 다는 것을 의미했다.

부차적인 문제들도 있었다. 전문학교와 예비 전문학교 학생 중에는 특별히 달라지는 것도 없이 수업 연한만 늘어나는 데에 반대하는 사람 도 많았다. 하루 빨리 졸업해서 가족의 생계를 책임져야 했던 가난한 학생들 처지에서는, 대학졸업장을 요구하는 일자리도 별로 없는 형편 에 굳이 대학생이라는 간판을 달 이유가 없었다. 당시 미군정과 대립각 을 세웠던 사회주의자들도 이 운동을 자기들 세력을 불리는 데 이용하 고자 했다. 하나의 국립대학과 다수의 사립대학이라는 구도는 그들의 이념과도 맞지 않았다.

통합의 직접 이해관계자인 경성대학과 관립 전문학교 교수, 학생들뿐 아니라 입시를 앞둔 중등학생, 사회주의자들까지 합세한 반대운동이 전국 학원을 휩쓸었으나 군정청의 태도는 강경했다. 9월 12일, 문교부장은 국립대학 참여를 거부하는 교수들의 사표를 일괄 수리했다. 서울대 법문학부와 의학부 교수 전원, 서울대 이공학부 교수와 조교수 35명, 광업전문, 경제전문 교수 전원, 법학전문 교수 과반, 공업전문 교수 13명, 수원고농 교수 5명 등이 한꺼번에 파면되거나 사직했다. 대학과 각 관립 전문학교 교수 429명 중 파면되거나 사직한 교수는 311명이었다.

10월 8일, 문교부장은 "국대안에 반대하여 사표를 낸 교수들이라도 성실한 교수라면 모두 포섭하라"는 통첩을 각 단과대학장에게 보냈다. 여기에서 '성실한'은 '좌익 단체와 관련 없는'과 같은 뜻이었다. 국립대학 문제는 '군정 대 반군정', '우익 대 좌익' 사이의 최전선이 되었다. 남조선과도입법의원이 중재안을 마련했다. 2월 5일, 입법의원은 한국인 이사진으로 새 이사회를 구성하여 '한국인 본위'로 학교를 운영하라고 요청했다. 군정청은 서울대학의 미국인 교수 6명을 소환하고 이사와 총장 선출 규정을 개정했다.

4월 중순, 국립대학의 새 이사진이 내정되었다. 5월 17일 취임한 이사진은 미등록으로 제적당한 학생들이 앞으로 동맹휴학에 가담하지 않겠다는 '서약서'를 제출하면 새 학기에 복적시키겠다고 발표했다. 국대안 반대운동으로 낙제한 학생은 1,477명, 제적된 학생은 805명이었다. 8월 11일, 우익계 건설학생회는 학원 내 좌익을 끝까지 추적하여 제거해야 한다는 성명서를 발표했다. 경찰은 9월부터 좌익계 교수, 교사들을 색출, 검거하는 데 총력을 기울여 서울에서만 185명을 구속했다. 자타 공인 한국 제일의 대학인 국립서울대학교는 이런 광풍 끝에 자리를 잡았다.

우리나라에서 근대적 고등교육이 시작된 이래, 한국어는 언제나 부차적이었다. 1946년 7월의 대학·전문학교 입학시험에서 서울대학은 국어 과목에 시조時調와 속담 문제를 냈다고 하는데 정확한 문항은 알 수 없다. 사립 명문이던 세브란스의학전문학교의 국어시험 문제 중 일부는 다음과 같았다.

다음 글을 해석하라.

(1) 삭풍朔風은 나무 끝에 불고 명월明月은 눈 속에 찬데 만리변역萬里邊域에 일장검一長劍 잡고 서서 긴 바람 큰 한소리에 거칠 것이 없어라.

(2) 오백년 도읍지를 필마匹馬로 돌아드니 산천은 의구依舊하되 인걸人傑은 간 데 없네. 어즈버 태평연월太平烟月이 꿈이런가 하노라.

'가리키다'와 '가르치다'의 차이를 설명하라.

오늘날의 고등학생들에게 이 문제를 보여주면, 앞의 것은 한문 문제라 할 것이고, 뒤의 것은 초등학생용 문제라고 할 것이다.

우리는 문자생활을 한문으로 시작했다. 15세기에 세종이 창제한 훈민정음은 언문, 반글, 암클 등으로 불리며 지식사회로부터 외면당했다. 대한제국 때 잠시 우리말이 국어, 한글이 국문으로 대접받았으나, 망국과 동시에 다시 비非국어, 비非국문의 지위로 밀려났다. 일제강점기에 조선어문은 식민지 원주민의 하급 어문으로서 진학과 취업에 별 도움이 안 되거나 오히려 방해되는 과목이었다.

우리말과 한글이 국어國語, 국문國文이라 불린 건 이제 고작 70년이다. 그런데 이름만큼 실질적 지위가 상승했는지는 의문이다. 몇 해 전 모 특목고가 입시 과목에서 국어를 제외했지만, 여론은 잠잠한 편이었다. 대학입시에서 국어 과목을 뺀다고 해도, 수험생과 학부모들은 영어 공부할 시간이 더 늘어난다고 좋아할지도 모를 일이다. 우리의 '학문 언어'와 '고급 언어'는 여전히 한국어가 아니다. 자기 나라 어법과 문법에 아무리 서툴러도 영어만 잘 하면 지식인 행세할 수 있는 나라가 그리 많지는 않다.

힘은 산을 뽑고 기운은 세상을 덮으나	力拔山兮 氣蓋世
때가 불리하니 오추마도 나아가지 않는구나	時不利兮 騅不逝
오추마가 달리지 않으니 이를 어쩔 것인가	騅不逝兮 可奈何
우여 우여 너를 어찌하리.	虞兮虞兮 奈若何

  천하의 패권을 두고 유방과 자웅을 겨루다 해하에서 사면초가의 궁지에 몰려 도주하던 항우가 자결하기 직전에 남긴 '해하가垓下歌'다. 중국 역사에서 '사내 중의 사내'로 평가받는 그는, 자기의 천품을 힘과 기로 요약했다.

  2천여 년 뒤, 한국 근대의 민족 영웅 안중근은 이토 히로부미를 척살하기에 앞서 우덕순에게 '장부가丈夫歌'를 전했다.

장부가 세상에 처함이여 그 뜻이 크도다.

丈夫處世兮 其志大矣

때가 영웅을 지음이여 영웅이 때를 지으리로다.

時造英雄兮 英雄造時

천하를 웅시함이여 어느 날에 업을 이룰까.

雄視天下兮 何日成業

동풍이 점점 차가워지고 장사의 의기는 뜨겁도다.

東風漸寒兮 壯士義熱

분연히 한번 감이여 반드시 목적을 이루리로다.

忿慨一去兮 必成目的

도적 같고 쥐 같은 이토야 어찌 그 목숨 살려둘 수 있으리.

鼠竊伊藤兮 豈肯比命

이에 이를 줄 어찌 알았으리 사세가 진정 그러하도다.

豈度至此兮 事勢固然

동포여 동포여 속히 대업을 이루자.

同胞同胞兮 速成大業

만세 만세 대한 독립

萬歲萬歲兮 大韓獨立

만세 만세 대한 동포

萬歲萬萬歲 大韓同胞

그는 '장부'가 세상에서 지키고 떨쳐야 할 것을 단 한 글자 단어, '뜻
[志]'으로 정의했다.

인류가 문명을 이루고 유지하며 발전시킬 수 있었던 것은 물질적 가치뿐 아니라 정신적 가치도 숭상했기 때문이다. 정신적 가치는 사람이라면 마땅히 지켜야 할 도리에 속하는 것과 보통사람은 감히 실천하기 어려운 영역에 있는 것으로 나뉘었다. 동서양이 강조점은 달랐지만 효제충신孝悌忠信, 인의예지신仁義禮智信, 성실, 겸손, 관용, 절제 등은 보편적 가치였으며, 자신을 희생하는 이타심, 가망 없는 상황에서 발휘하는 용기, 목숨과 맞바꾸는 신념 등은 보통사람이 흉내 내기 어려운 영웅적 가치였다.

조선 사대부들이 숭상한 정신적 가치는 '기개'와 '지조'였다. 선비는 모름지기 범인이 따를 수 없는 기상을 지녀야 했으며, 선비의 마음은 어떤 압력과 유혹에도 흔들려서는 안 됐다. 선비[士]가 마음[심心]을 다잡는 것[操]이 바로 지조志操다. 정조 5년(1781), 규장각 제학 김종수가 "우리나라에서 명절名節(명예와 절개)을 면려勉勵하고 기개氣槪를 숭상함으로써 400년 동안 종사宗社를 보존하여 유지시킨 것은 바로 사대부들입니다"라고 하자 정조는 "경의 말이 참으로 옳다"고 화답했다. 사대부라면 모름지기 목에 칼이 들어와도 할 말은 하고, 몸은 죽을지언정 뜻은 굽히지 않아야 했다. 조선은 문치文治를 숭상했기에, 사대부다움이 곧 남성다움이었다.

그런데 일제강점기에 일본제국주의자들은 '일본인은 남성적이고 한국인은 여성적'이라는 이미지를 조작해 식민 지배를 남성의 여성 지배와 등치하려 했다. 관제엽서나 포스터는 '기생' 등의 여성이나 입에 곰방대를 문 노인으로 한국을 형상화했고, 학교에서는 방정方正한 품행만 앞세우고 기개와 지조는 뒤로 밀어냈다(《사진 2》). 더불어 남성성을 대표하는 정신이자 태도였던 기개와 지조는 성가신 개념이 되었다. 부정한 권위에 맞서고 부당한 명령에 불복하는 것은 비국민적 악덕으로 재배치되었다.

일제강점기에 이런 가치관을 내면화한 사람들은 해방 후에도 오랫동안 자기 후배와 후손들에게 이런 태도를 심어 주려 애썼다. 1970년대까지도 '모범생'의 핵심 덕목은 온순 착실이었다. 마음이 물러서 남이 시키는 대로 순순히 따르는 게 온순, 천하의 대세나 인간의 도리 같은 '허황한' 생각은 하지 않고 실용과 실리에만 집착하는 게 착실이다. 그때까지도 많은 교사가 기개를 반항기와, 지조를 고집과 동일시했다. 옳고 그름을 따질 줄 모르고 '윗사람'이 시키면 시키는 대로 고분고분 순종하는 학생, 교사가 나무라면 즉각 자기 뜻을 굽히는 나긋나긋한 학생이라야 생활통지표나 상장에 '모범생'으로 기재될 수 있었다.

일본이 군국주의로 치닫던 1930년대 초반, 충량忠良이나 온순 착실과

〈사진 2〉 1929년 조선박람회 광고 엽서
1930년대 초까지 일제는 익명의 인물로 '조선'을 상징할 때에는 언제나 여성이나 노인 사진을 썼다. 노쇠, 유약, 순종 등을 한국인의 '민족성'으로 각인하기 위해서였다. 한국인 남성에게 보병의 덕목인 '박력'을 요구한 것은 중일전쟁 무렵부터였다.

배치되는 듯하나 사실은 그를 보완하는 덕목으로 '박력迫力'이라는 신조어가 등장하더니 곧 일본인과 한국인에게 두루 통용되는 남성적 가치로 자리 잡았다. 추진력이라는 말도 사람에게 쓰이기 시작했다. 밀어붙이는 힘이라는 뜻의 두 단어는 명령에 따라 물불 안 가리고 진격해야 하는 졸병에게나 어울리는 단어였다.

전쟁은 인간이 발명한 가장 무모한 짓이다. 전쟁은 살인, 방화, 약탈을 정당화하고, 묻거나 따지거나 망설이는 행위를 죄악시한다. 스스로 판단하는 능력을 유보한 채 아무리 무모한 명령이라도 충실히 이행하는 인간, 기계의 부품처럼 움직이며 문제가 생겼을 경우 즉각 교체할 수 있는 인간이 전시 군대가 요구하는 효율적 인간이었다. 식민지 원주민들을 그런 인간, 즉 기개 없는 박력과 지조 없는 돌격정신을 지닌 제국 군대의 졸병으로 만들기 위한 수단이 무자비한 구타였다.

해방 후 식민지 군사문화의 문제점을 스스로 성찰할 여유도 없이 전쟁이 터졌다. 부득이하게 사회 전반이 계속해서 전쟁의 논리에 지배되었다. 총성이 멎은 뒤에도 분단 상태는 계속되었고, 군사적 관점에서 국민의 자질을 규정하는 태도도 흔들리지 않았다. 이 같은 상황에서 "군대 갔다 와야 사람 된다"는 말이 설득력 있는 담론으로 통용되었다. 물론 보통의 남성들은 '사병'으로 군대에 갔다. 사병에게, 명령은 자신이 개입할 수 없는 '주어진 것'이다. 따라서 여기에서 '사람 된다'는 것은 하달된 명령만을 성실히 이행하는 사람이 되는 것을 의미했다. 일제 강점기의 모범 남성관, 나아가 모범 국민관은 이렇게 재생산되어 사회생활의 일반적 규범으로 통용되었다.

산업구조가 고도화하고 민주주의가 진전함에 따라 군사문화의 지배력도 약해졌다. 복종과 순응만을 가르치던 학교 교육이 변했고, 폭력적인 병영문화도 개선되었다. 하지만 국민 다수를 사병의 위치에 묶어 두려는 요구와 그를 주체적으로 수용하는 태도는 요지부동인 듯하다. 몇해 전에도 아무런 보호 장비 없이 강물에 뛰어들라는 명령을 '박력' 있게 이행한 고등학생들이 목숨을 잃고, 폭우가 쏟아지는데도 지하에서 일하라는 지시를 '추진력' 있게 이행한 노동자들이 죽는 사고가 일어난 바 있다. 불안에 떨면서도 "가만히 있으라"는 부당한 지시를 온순하게 따랐던 아이들 수백 명이 참혹하게 죽은 사건은 그 부모들의 가슴에 평생 씻을 수 없는 한을 남겼을 뿐 아니라, 우리 사회가 숭상해 온 가치를 바꿔야 한다는 사실을 모두에게 일깨워 주었다.

지조를 지키기란 참으로 어려운 일이다. 자기의 신념에 어긋날 때면 목숨을 걸고 항거하여 타협하지 않고, 부정과 불의한 권력 앞에는 최저의 생활, 최악의 곤욕을 무릅쓸 각오가 없으면 섣불리 지조를 입에 담아서는 안 된다.……지조의 매운 향기를 지닌 분들은 심한 고집과 기벽奇癖(기이한 성벽)까지도 지녔던 것이다.……지조는 어느 때나 선비의, 교양인의, 지도자의 생명이다. 이러한 사람들이 지조를 잃고 변절한다는 것은 스스로 그 자임하는 바를 포기하는 것이다.

1960년 조지훈이 쓴 〈지조론〉의 일부다. 남성중심 사회에서는 남성다움과 지도력이 혼동되기 쉽지만, 박력이나 추진력은 애초에 지도자에게는 물론 남성 일반에게도 필요한 자질이 아니었다.

일본이 한국을 강제병합한 지 넉 달 뒤인 1910년 12월, 이
회영 6형제와 일가족 60여 명이 남부여대하고 서울을 떠나
만주로 향했다. 9명의 영의정과 1명의 좌의정을 배출한 '삼한갑족三韓甲
族'의 일원으로서, 나라의 은혜를 갚기 위해 모든 것을 바치겠다는 각오
로 나선 길이었다. 그들은 떠나기 전에 전 재산을 처분했다. 가옥과 전
답은 물론, 집안 대대로 전해 온 골동과 서화도 내다팔거나 버렸다. 언
제 다시 돌아올지 모르는 먼 길을 떠나는 마당에, 행로에 번거로움만
끼칠 무거운 짐, 깨지기 쉬운 물건을 다 들고 갈 수는 없는 노릇이었다.

이 무렵 서울의 양반 대가들이 몰려 있는 북촌 골목길은 거의 매일
이사 행렬로 붐볐다. 이들이 모두 독립운동을 위해 서울을 떠난 것은
아니었다. 서울 양반들의 생계수단은 본래 벼슬이었는데, 나라가 망했
으니 벼슬자리인들 남아날 턱이 없었다. 고등관은 물론 중간 관직조차

전부 일본인 차지가 되었으니, 서울에 남아 있어 봐야 앞날이 막막했다. 양반가 부모들은 자식들에게 열심히 공부해서 하루 빨리 벼슬길에 오르라고 닦달하기도 민망한 처지에 놓였다. 일본 왕에게 귀족 작위를 받은 몇 안 되는 부일附日 협력자들은 걱정할 이유가 없었으나, 나머지 양반들은 더 늦기 전에 얼마 안 되는 가산이라도 처분하여 연고가 있는 시골에 농토를 마련하는 것이 현명한 일이라고 판단했다. 1910년 이후 몇 년 동안, 서울의 일본인 인구는 급증했으나 그보다 더 많은 조선인 인구가 줄어들었다.

서울 북촌 양반 동네에서는 하루에도 몇 집씩 이삿짐을 쌌다. "10대를 살아온 이 정승이 어제 낙향했고 내일은 아무개 대감이 떠난다더라"는 얘기들이 북촌뿐 아니라 서울 전역 사람들의 마음을 스산하게 만들었다. 그러나 우는 사람이 있으면 웃는 사람도 있는 법. 양반들의 이삿짐에 포함되지 못한 물건들을 줍거나 헐값에 사서 되파는 사람들이 생겨났다. 1905년, 육의전의 분점 격인 직물상 말고 상점이라고는 하나도 없던 인사동에 전당포 겸 고물상 겸 골동품상을 겸하는 업소가 출현했다. 1905년 지금의 관훈동 120번지에 살던 고 장의순張義淳 씨(당시 35세)는 급료를 제대로 안 주는 아전 자리를 그만두고 입에 풀칠이나 하기 위해 사랑방에 이곳에서는 처음인 전당포를 차렸다고 한다. 장 씨가 전당포를 열자마자 생활에 쫓기던 주위 양반들은 너도나도 체면 불고하고 종을 시켜 선대의 유품들을 맡기고 몇 푼의 돈을 꾸기 시작했다. 그중에 이자는커녕 물건을 도로 찾을 여유가 없는 사람들도 많아 찾아가지 않는 물건들만을 모아 가게를 따로 차려 처분하지 않으면 안 되었던 사정을 후손들은 말하면서 이것이 골동품상의 맨 처음이 됐다고 했다.

처음 생긴 골동품상의 고객은 거의가 일본인들. 자기 나라에서는 구경도 못한 각종 도자기 연적 문갑 서화 노리개에다 궁중 규모가 축소되어 궁인들을 통해 시중에 흘러나온 비장의 궁중 유물 등은 호기심을 불러일으킬 만했다. 정복자로서의 갑작스러운 호사 생활에 일인들은 이 우아한 골동품에 침을 흘리지 않을 수 없었다는 게 당시의 얘기다. 지금은 수백만 원을 주고도 사기 힘든 귀중품들이 무지 탓으로 헐값에 팔려 나갔다(〈고색창연古色蒼然의 성시盛市 골동품상 거리〉, 《경향신문》 1970. 11. 2).

조선에서 서화 골동 등이 예술품으로 거래되기 시작한 것은 이미 17, 18세기부터였지만, 광교 주변에 그림을 걸어 놓고 팔던 상인 정도가 있었을 뿐 이를 취급하는 상설 점포는 없었다. 이 땅에서 골동과 고서화 수집붐이 일어난 것은 을사늑약 이후, 이토 히로부미를 필두로 조선의 고려청자나 기타 고대 골동에 주목한 일본인들로 인해서였다. 1920년대까지 조선 내의 대규모 수요자는 이왕직박물관과 조선총독부 박물관을 제외하면 대다수가 일본인이었다. 조선인 수집가는 극히 적어 1920년대까지 고서화와 고전적古典籍 수집가로 이름을 날린 이는 오세창과 최남선 정도가 있을 뿐이었다. 조선의 고서화와 골동 대다수는 관립 박물관에 비장秘藏되지 않으면 중간 상인을 거쳐 바로 일본인 손에 넘어가는 것이 일반적 유통 경로였다. 가전家傳의 보물조차 헐값에 처분해야 했던 한국인들에게는 남의 물건에까지 욕심을 낼 여유가 없었다.

서울 주민 구성이 바뀌고 일본인들이 골동품 투자로 큰돈을 버는 일들을 목격한 뒤에야, 한국인들도 골동품 상점에 발을 디디기 시작했다.

1930년대부터 한국인 의사, 변호사, 회사원, 관리들이 인사동 골동품 상점의 새 고객이 됐다. 게다가 이때쯤에는 일본인들의 골동품 수집 방식이 '이삭 줍기'에서 '무덤 파기'로 바뀌었다. 그들은 경주의 신라 유물, 공주와 부여의 백제 유물, 개성의 고려 유물, 평양의 고구려 유물로 눈길을 돌렸다. 유서 깊은 고도古都들이 '호리掘꾼'—해방 이후에도 오랫동안 도굴꾼들은 일본말로 '호리꾼'이라고 불렸다. 선조의 무덤을 파헤치는 도둑들을 일본인 취급하는 게 그나마 양심의 가책을 덜 받는 일이었을 것이다—의 발길과 꼬챙이질에 몸살을 앓았다. 일본인 골동품 투기꾼들이 떠나간 자리를 상대적으로 점잖은 한국인들이 메웠다.

관심은 모든 앎의 출발점이다. 근대적 교양을 갖춘 한국의 신흥 부호들과 중산층 인사들이 골동품에 처음 관심을 보인 이유는 아름다움과 투자가치 때문이었으나, 이는 곧 자기 민족의 역사와 문화적 개성에 대한 앎으로 확장되었다. 간송 전형필의 골동품 수집과 민족의식에 관한 이야기는 이미 신화의 영역에 들어섰거니와, 1930년대 이후 한국인에 의한 한국 골동품 수집과 연구는 조선어·조선사·조선민속 연구와 더불어 '민족 보존운동'의 일부를 구성했다(《사진 3》). 그렇다고 골동품 수집가들이 모두 민족의식에 충만한 사람은 아니었다. 일제강점기에 신분은 급상승했으나 교양수준을 의심받던 사람들, 단지 투자가치만 노린 사람들에게도 골동품은 매력적인 수집 대상이었다. '의식과 교양을 갖춘 사람'이라는 명예가 프리미엄으로 붙은 투자 대상에 돈 많은 사람들이 몰리는 것은 당연했다. 1940년 소설가 임화林和는 '반도에 부는 골동품 바람'에 일침을 가했다. "요즈음의 가장 왕성한 기풍의 하나로 골동열骨董熱을 들 수 있다. 전 같으면 수염이 허연 노인들의 사랑에서나

〈사진 3〉 간송 전형필(1906~1962)

전형필은 일제강점기 우리 문화재의 반출을 막기 위해 전 재산을 기울여 가며 '발버둥 친' 문화재 수호 역사의 '영웅'이다. 그러나 그와 경매장에서 맞선 상대는 거의 일본인이었으며, 그나마 매번 이긴 것도 아니다. 더구나 정말 힘 있는 일본인들은 굳이 경매장에 나갈 필요도 없었다. 집에 가만히 앉아 있어도 조선 귀족과 부호들이 알아서 구해다 바쳤다.

들을 수 있던 화제가 요즘에는 백면서생들의 입에서 오르내린다. 언필 칭 김추사金秋史요 말끝마다 고려도자高麗陶磁요 만나면 무슨 판板 무슨 판版이다."

어떤 의도로든 골동품을 매입하여 소장하는 것이 잘못일 수는 없다. 문제는 '선물용' 골동품에 있었다. 1931년 봄, 이완용의 생질 한상룡은 조선 재계에 영향력이 있는 일본 고위층들을 만나기 위해 도쿄 여행길 에 올랐다. 새로 설립될 조선신탁주식회사 사장 자리를 얻기 위한 여행 이어서 선물에 더 각별히 신경썼다. 그는 한성은행 총무 시절에도 늘 그랬듯, 값나가는 조선 골동과 서화들을 '선물용'으로 단단히 포장해 관부연락선에 실었다. 다른 조선 귀족들과 친일 관료들, 기업인들도 도 쿄에 '로비' 차 갈 때마다 조선 문화재들을 싸들고 갔다. 식민지 통치권 력이 무단반출한 한국 문화재가 많았는지, 일본인 개인들이 합법적으 로 매입하거나 선물 받은 문화재가 더 많았는지는 알 수 없다.

일본이 패망하고 한국이 해방된 직후 미군정은 한반도 38선 이남에 거주하는 모든 일본인에게 퇴거하라고 명령했다. 일본인들이 한국에서 취득한 재산은 모두 적산敵産으로 취급한다는 방침을 세웠던 데다가 일 본으로 가는 배편도 부족했기 때문에, 퇴거하는 일본인의 소지품은 1 인 당 가방 하나씩으로 제한했다. 한국에서 평생 살 작정으로 가재도구 를 장만하고 골동 서화를 수집했던 일본인들은, 1910년대에 서울의 양 반들이 했던 일을 그대로 따라할 수밖에 없었다. 다시 돌아올 가능성이 없다고 판단한 사람들은 집안에 있는 물건 전부를 헐값에 팔았다. 곧 돌아올 수 있게 되리라는 실낱같은 기대를 품은 사람들은 믿을 만한 한 국인 이웃에게 물건 전부를 맡겼다. 그러나 자국으로 돌아간 제국주의 지배 민족 구성원들과 개인적인 친분을 계속 유지하려는 한국인은 없었다. 일본인들이 부산행 기차에 몸을 싣자마자, 그들이 맡긴 물건들은 시장에 모습을 드러냈다. 골동품과 서적, 가구 시장이 갑작스럽게 팽창했다. 현재 서울의 유서 깊은 책방이나 골동품상 중에는 해방 직후에 '창업'한 것들이 많은데, 창업 경위는 대개 비슷하다.

수요보다 공급이 훨씬 많았기 때문에, 골동품 값은 싸졌다. 그래도 한국인 중에 그 물건들을 살 수 있는 사람은 많지 않았다. 해방 이후 꽤 오랫동안, 한국 골동품 시장의 주 고객은 값싸고 이색적인 외국 골동품을 기념품으로 간직하려는 미국인들이었다. 한국의 문화재급 골동품과 전적典籍들은 한국전쟁 중 또 한 차례 참혹한 수난을 겪었다. 폭격으로 인한 파괴, 피란 도중의 망실, 망실을 가장한 절도 등이 광범위하게 일어났다. 휴전 이후 장물들은 다시 시장에 나왔으나 이번에도 주 고객은 전쟁 중 한국에 왔던 수십 만 명의 미군과 유엔군이었다. 전후 복구사업이 얼추 끝난 1950년대 말에야, 한국인들 사이에 다시 골동품 수집 열기가 일었다. 인사동 일대에 골동품 상점들이 우후죽순 격으로 늘어난 것도 이 때였다. 이 무렵부터 1970년까지 10년 사이에 인사동에만 30여 개의 골동품상이 들어섰다. 이 해 전국의 골동품상이 48개였으니 60퍼센트 이상이 이 거리에 밀집한 셈이다.

몇 해 전, KBS TV의 골동품 감정 프로그램인 〈진품명품〉에 작은 먹 하나가 나왔다. 감정인들은 중국 청나라시대의 먹으로서 조선시대 궁중에서나 쓰던 귀중품이라고 감정했다. 진행자가 의뢰인에게 어디에서 구한 물건이냐고 물었다. 의뢰인은 솔직하게 옛날 자기 아버지가 창덕궁에서 일하다가 주운 물건이라고 답했다. 그 순간, 인사동에서 오랫동안 골동품 상점을 경영했던 노인에게 들은 옛이야기가 떠올랐다. "5·16 직후 창덕궁에 큰불이 났어. 불은 군인들이 들어가서 껐는데, 그 직후부터 인사동에 조선시대 궁중 물건들이 쏟아져 들어왔지. 어떻게 된 일인지 다들 짐작은 했지만, 말은 할 수 없었지." 현재 이름난 고서화 골동 수집가 중에 5·16쿠데타 주역들이 적잖이 끼어 있는 이유도 짐작만 할 뿐이다.

1965년 한일협정 체결 직후, 인사동 골동품상 한 사람이 일본인 관광객들에게 '대동아공영권 만세'라는 문구를 집어 넣은 전단지를 돌리다가 체포되었다. 국교 정상화를 계기로 한국을 찾은 일본인 관광객 중 상당수가 한국에서 살다가 쫓겨간 사람들이었다. 그들에게 한국 골동품은 되찾고 싶으나 그럴 수 없는 물건이자, 향수가 깃든 물건이었다. 체포된 업주는 '대동아공영권 만세'라는 구호로 그들의 향수를 자극할 수 있으리라고 믿었을 것이다. 체험학습은 가장 효과적인 교육 방법이다. 그가 체험한 바로는, 돈 앞에서는 민족적 양심이나 자존심 따위는 내버리는 것이 인생을 성공으로 이끄는 방법이었다. 그 정도까지는 아니지만, 많은 골동품상이 일본인 관광객들에게 문화재급 골동 서화를 팔아넘기는 일에 전혀 주저하지 않았다.

문화재급 골동품을 가진 사람들에게 일본인 관광객은 반가운 고객이었으나 그렇지 않은 사람들에게는 불쾌한 손님이었다. 왜정시대에 국보급 문화재들을 강탈당한 것만도 분통 터지는 일인데, 해방된 나라에서 얼마 남지 않은 문화재들을 일본인에게 넘기는 모리 행위까지 용납해서는 안 된다는 여론이 높아졌다. 1970년 정부는 문화재보호법을 개정하여 골동품상들의 사유재산에 대한 통제를 강화했다. 하지만 새로운 규제가 생기면 그 규제를 피해 가는 방법도 생기게 마련이다. 골동품상들과 골동품 밀수출업자들이 한 몸이 되어 대응했다. '국보급 문화재'의 등록을 기피한 골동품상들은 일본인을 비롯한 외국인들에게 '책임 배송'을 약속하고 판매했다. 숱한 '국보급 문화재'들이 어선의 냉동실에 숨거나 상선의 일반 화물에 섞여 밀항하는 데 성공했다.

일본에서 국보급 한국 문화재가 발견됐다는 소식이 들릴 때마다, 한국인들은 분노한다. 식민지 통치권력이 불법으로 강탈해 간 것이니 되돌려받는 게 마땅하다는 여론도 높아진다. 하지만 한국 문화재가 일본으로 반출된 경로는 너무 다양했다. 일본인들이 함부로 반출해 간 것보다 한국인들이 뇌물로 갖다바친 것이나 머리 조아리며 팔아넘긴 것들이 더 많을지도 모른다. 국가가 골동 고서화 고전적을 문화재로 지정해서 보호하는 이유는, 이것들에 한 나라의 역사와 문화가 응축되어 있기 때문이다. 해외에서 떠도는 한국 문화재는, 한민족 전체가 이민족 지배를 받았던 역사적 사실뿐 아니라 그중 일부가 개인의 부귀영달을 위해 민족적 양심과 자긍심을 팔아넘겼다는 사실까지 상기시키는 유물이다.

4 번역을 포기한 단어, '가방'과 '구두'

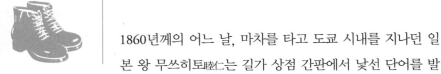

1860년께의 어느 날, 마차를 타고 도쿄 시내를 지나던 일본 왕 무쓰히토睦仁는 길가 상점 간판에서 낯선 단어를 발견했다. 그 뜻이 궁금했던 왕은 시종에게 그 상점에서 파는 것이 무엇인지 알아 오라고 지시했다. 재빨리 달려갔다 온 시종은 서양식 가죽 보따리를 파는 곳이라고 보고했다. 간판에 씌어 있던 글자는 'かばん(가반'이었고, 일왕은 몇 번 '가반, 가반이라……'고 되뇌었다. 사실 간판의 글자는 상점 주인이 잘못 표기한 것이었으나 일단 왕이 서양식 가죽 보따리를 가반으로 부른 이상, 네덜란드 어 카바스를 잘못 쓴 것이든 중국어 캬반夾板을 잘못 쓴 것이든 그 물건을 다른 이름으로 부르는 건 불충한 일이었다. 우리 국어사전에 오른 지도 이미 오래된 단어, 가방의 유래에 관한 속설 중 하나다.

역시 일본이 미국 함대의 무력시위에 굴복하여 개항한 직후의 일이다. 나가사키에 미국인이 잡화상점을 열었다. 게다라는 이름의 나막신을 주로 신던 일본인들에게 가장 탐나는 물건은 아주 튼튼해 보이는 가죽 신발이었다. 한 일본인이 그 신발을 사기 위해 미국인 주인에게 말을 걸었지만, 주인은 그의 말을 알아듣지 못했다. 서로 말이 통하지 않는 사람들끼리는 오해가 생기게 마련이다. 이 가게에서 파는 게 무엇이냐고 묻는 걸로 생각한 주인은 영어로 잡화goods라고 대답했다. 일본인은 그렇게 생긴 신발을 굿쯔라고 하는 줄로 알았다. 이후 일본인들은 굽이 달린 가죽 신발을 구츠라고 불렀고, 이 말이 한국에 들어와 구두가 되었다.

1882년 조선과 미국 사이에 수호통상조약 체결을 위한 협상이 개시되었을 때, 조선 정부 대표는 미국의 통치자를 뭐라고 불러야 할지 알지 못했다. 하늘이 사람 중에서 천자를 선택하고, 그 천자가 하늘의 뜻을 받들어 지상의 인간을 다스리는 것이 곧 정치인 줄 알던 사람들에게, 백성이 군주를 선택하는 '역천逆天'의 체제를 가진 '문명국'이 있다는 사실은 이해하기 어려운 일이었다. 조선 사람들은 미리견국米利見國의 체제야말로, 저들이 오랑캐임을 입증하는 것이라고 편하게 생각했다. 그래서 외교문서에는 중국인들이 president를 발음대로 적은 백리새천덕伯理璽天德을 쓰고 일상에서는 그냥 추장酋長이라고 불렀다.

president를 대통령大統領으로 번역한 건 일본인이었다. 미국의 포함외교에 굴복한 일본인들 역시 처음엔 미국 president의 정체를 정의하는 데에 애를 먹었다. 그들은 미국 통치자에게 상대적으로 낮은 이름을 붙여 굴복에 따른 자존심 손상을 만회하고자 했다. 한자문화권에서 통령統領은 중간 규모의 부대 지휘관을 의미했다. 현재 한국군의 영관급에 해당하는 직위다. 일본인들은 미국 통치자에게 통령보다 한 등급 높은 대통령이라는 이름을 붙였다. 조선도 이 단어를 수입해 썼는데, 민주공화국 대한민국이 된 뒤에는 결과적으로 자국 통치자의 격을 낮추는 꼴이 되었다. 중국인들은 president를 대통령보다 한 등급 더 높은 총통總統으로 번역했다.

일본인들이 만든 번역어가 한자의 종주국인 중국으로 역수출되기도 했다. 영어 romance에 해당하는 한자어를 찾지 못한 일본인들은 이를 비슷한 발음의 한자 '낭만浪漫'으로 번역했다. 굳이 글자 그대로 해석하자면 '물결이 이리저리 일렁임' 정도 될 텐데, 일본인들은 '마음에 일렁이는 물결'이 romance와 어울린다고 생각했다. 이 단어는 한자문화권 전체로 퍼져 나가 오늘날에는 많은 중국인이 이 단어가 중국 고전에서 유래한 것인 줄 안다.

물론 유럽인들이 비유럽 세계의 언어를 수입한 예도 적지 많았다. 인도양 남쪽에서 거대한 대륙을 발견한 영국인들은, 원주민에게 간단한 영어를 가르쳐 내륙 탐사에 나섰다. 배에 주머니가 달린 동물을 처음 본 영국인들은 통역에게 그 동물의 이름이 무엇인지 물었다. 원주민은 '캥거루'라고 답했다. 영국인은 노트에 캥거루라고 적었다. 원주민 언어로 '몰라'라는 뜻이었다. 하지만 새로운 물건과 생각의 탄생지가 주로 유럽이었기 때문에, 이런 사례는 그 반대의 경우보다 훨씬 적었다.

최초의 번역은 언제나 자기들의 언어와 결합한 지식으로는 들여다볼 수 없는 혼돈의 세계와 교류하는 일이다. 교류 수단을 얻기 위해서는 자기 문화 전체와 상대 문화 전체를 맞대면시켜야 했다. 둘 사이에서 일치하는 것들을 찾아 대응시키고, 비슷한 것이 있으면 변형시키며, 없

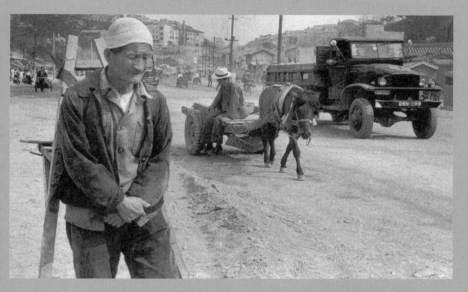

〈사진 4〉 1950년대 말의 무악재 길

당대 언어로 '도라꾸'와 말 달구지가 지나는 길 가에서 지게꾼이 힘겨운 표정으로 걷고 있다. 지게꾼 뒤편 멀리에 '구루마'를 끄는 사람이 보인다. 서양 문물과 일본 문물이 '신문물'을 구성한 한국의 근대는 영어와 일본어가 언어생활의 핵심 요소가 된 시대이기도 했다. 지금 '구루마'는 '손수레'라는 새 이름을 얻었으며 '도라꾸'는 영어 발음에 가까운 '트럭'으로 바뀌었다(출처: 《격동 한반도 새 지평》).

는 것은 창조해야 하는 버거운 일이었다. 이 일을 수행하기 위해서는 알려는 의지를 총동원해야 했으나, 그래도 완벽한 결과를 얻을 수는 없었다. 대통령, 장관, 목사처럼 격에 안 맞는 단어들이 만들어졌는가 하면, 가방, 구두, 돈가스처럼 상대도 모르고 자기들도 모르는 단어들까지 발명되었다.

19세기 말에 이르러서야 구미歐美 세계와 접촉한 조선은 이 점에서도 후발 주자의 이점을 톡톡히 누렸다. 일본인과 중국인들이 대응시킨 단어들을 가져다 쓰기만 하면 되었으니 말이다. 물론 한동안은 혼선을 피하기 어려웠다. 중국인과 일본인이 서로 다르게 번역한 단어가 적지 않았기 때문이다. 하지만 일본이 한국을 식민지화함에 따라 번역어도 일본식으로 통일되었다. 그런데 한국문화 전체를 놓고 보자면, 일본 번역어를 거저 사용할 수 있게 된 것이 결코 다행스러운 일은 아니었다. 번역할 기회를 잃은 탓에, 한국인들은 자기 문화 전체를 성찰하고 구미문화 전반을 주체적으로 관찰할 기회도 잃었다.

민주주의, 이념, 철학, 인문학 등 일본인들이 번역한 단어들은 해방 이후에도 한국인의 의식을 지배했다. 번역도 아주 쉬웠다. 한국인들은 일본인들이 일본어로 번역한 글을 그대로 읽거나, 어순이 거의 같은 일본어를 한국어로 번역하는 가벼운 수고만 하면 되었다. 1980년대 초중반까지 100년 가까운 시간 동안, 한국인들은 별 문제의식 없이 이 편리함을 누렸다. 일상생활에서는 벤또, 쓰메키리, 와리바시, 사라, 다꾸앙 등의 일본어를 축출하려는 운동이 활발히 벌어졌음에도 불구하고, 일본인들이 한자어로 번역한 단어들은 한국어 세계에서 확실한 시민권을 얻었다(《사진 4》).

한국인들의 평균적 영어 능력이 신장되고, 외국 유학생 출신이 늘어난 1980년대부터는 일본인들이 번역한 책을 재번역하는 관행은 줄어들었으나, 영어를 한국어로 번역하려는 의지가 강해졌다고 보기는 어렵다. 오히려 한국인들의 영어 해독력을 믿고 아예 번역을 포기하는 일이 일반화했다. 요즘에는 영화나 책 제목도, 상점 간판도, 영어를 그대로 쓰는 것이 세련된 행위로 취급된다.

사람은 단어로 세계를 인지하며 의식 속에서 재창조한다. 세계를 구성하는 개념과 물질의 종류는 단어의 수를 넘어서지 못한다. 어느 나라에서나 세계의 크기와 자국어 사전의 두께는 같다. 새 물질이 발견되거나 새 물건이 발명되면, 그에 대응하는 새 단어도 창조되어야 한다. 유럽인들은 시민혁명과 산업혁명을 거치면서 숱한 문물과 단어들을 창조했다. 그런데 우리는 그 단어들에 합당한 이름을 우리 문화 속에서 찾으려는 노력조차 하지 않았다. 당연히 물질세계를 구성하는 요소가 늘어나는 만큼 정신세계가 풍요로워지지는 못했다.

한국의 역제,
음·양력의 공존 이유

1894년 음력 4월 13일, 고종은 동지사冬至使로 중국에 갔다 돌아온 이정로, 이주영, 황장연을 불러 보고를 듣고 노고를 치하했다. 500년 가까이 매년 되풀이되었던 국왕의 동지사 소견召見은 이것이 마지막이었다. 동지사의 기본 임무는 중국의 황제에게 책력冊曆 을 얻어 오는 일이었다.

사람이 인지하는 천체의 리듬이 시간이다. 인류가 신의 거소居所를 하늘로 비정하고 신이 천체의 운행을 주재한다고 믿기 시작한 것은 대략 청동기시대부터로 추정되는데, 그 이후 인류는 신의 뜻을 헤아리기 위해 밤하늘의 별을 관찰하는 문화를 만들고 지켜 왔다. 밤하늘의 별들은 늘 빛을 발하면서도 때로 안 보이고, 언제나 한결같은 듯하면서도 가끔 변덕을 부리며, 인간의 척도로는 결코 측량할 수 없는 긴 수명을 누린다. 인류는 별의 모습과 움직임에서 신의 속성을 발견했다. 수많은 영웅이 하늘에 올라가 별자리가 되었다는 그리스 신화의 서사구조와 그리스도가 부활하여 하늘에 올라갔다는 기독교의 서사구조는 같다. 천체 운행의 규칙성을 찾아내어 그를 인간의 생활리듬에 맞추어 정리하고 기록한 것이 책력, 즉 달력이다.

옛 중국인들은 황제란 하늘의 명을 받아 그 뜻을 지상에 펼치는 자라고 생각했다. 황제를 달리 하늘의 아들이라는 뜻의 천자天子라고 부른 것은 그 때문이다. 그들이 생각하기에, 천신의 공간인 천상과 인간의 공간인 지상은 천자를 매개로 해서만 하나로 이어질 수 있었다. 책력은 천자가 천명에 따라 인간 세상의 시간을 주재하기 위해 만든 신성한 책이었다. 그래서 이 책은 오직 천자만 발행할 수 있었다. 천자가 아닌 자는, 비록 천체의 운행을 정밀하게 관찰할 재주와 기예가 있다 해도 결코 독자적으로 책력을 만들어서는 안 되었다. 중세 동아시아 중화체제의 핵심은 조공朝貢과 하사下賜라는 물질적 관계가 아니라 책력의 수수授受라는 정신적 관계에 있었다. 중화체제 안에서 사는 사람들은 천자의 책력에 따라 움직이는 세계만을 문명세계로 취급됐다. 조선의 중국 연호 사용과 동지사 파견은 천자 중심의 세계 질서, 즉 중화체제를 인정한다는 뜻을 밝히는 의례였다.

조선의 마지막 동지사가 귀국하여 복명한 지 한 달 뒤 청일전쟁이 일어났다. 다음 달에는 갑오개혁이 시작됐으며, 그해 말에는 국왕이 직접 독립 서고문을 낭독하여 중화체제에서 이탈하겠다는 뜻을 천명했다. 다음 수순은 당연히 역제曆制 개정이었다. 1895년 음력 11월 17일을 기해 조선은 역제를 양력으로 바꾸고 연호를 건양建陽으로 정했다. 건양이란 문자 그대로 '태양력을 세운다'는 뜻이다. 그런데 연호는 천자만 제정할 수 있었으나 당시 조선 왕의 공식 명칭은 '대군주'였다. 더구나 양력은 구미의 역제이면서 동시에 일본의 역제이기도 했다. 중화체제 이외의 세계에 대해 잘 알지 못했던 유교 지식인과 일반 백성들은 이를 일본의 역제를 수용한 것으로 이해했다. 그들이 보기에 태양력 채용은 중국의 속방이던 조선이 일본의 속방으로 자리를 옮기는 절차일 뿐이었다.

1896년 2월 러시아공사관으로 이어移御한 고종은 갑오·을미년간의 개혁 조치들을 일부는 취소하고 일부는 추인했다. 그는 이를 '구본신참舊本新參'이라 칭했다. 조선 왕조의 구법舊法을 근본으로 삼고 갑오·을미 개혁 과정에서 제정된 신법新法은 참작만 하겠다는 의미였다. 고종은 김홍집, 어윤중 등 갑오·을미개혁을 추진한 개화파 정권 핵심 멤버들을 추살하라고 명령했으나, 그들이 단행했던 개혁 조치들을 전면 취소하지는 않았다. 과거로 완전히 회귀하기에는 건너온 강이 너무 넓고 깊다는 사실은, 그뿐 아니라 당대의 거의 모든 사람이 다 아는 바였다. 그런데 '구본신참'의 원칙을 모든 영역에서 일관되고 분명하게 적용하기란 불가능했다. 어떤 영역은 과거로 되돌아갔고, 어떤 영역은 과거와 확실히 단절됐으며, 또 어떤 영역은 신구가 공존하는 공간이 되었다. 공존의 영역 중 대표적인 것이 역제曆制였다.

양력陽曆이자 양력洋曆인 새 역제에 대해서는 유교 지식인들뿐 아니라 일반 농민들도 반발했으나, 제국주의 세계체제 안에서 자기 좌표를 설정해야 했던 정부로서는 이미 근대 문명세계의 보편적 시간표로 자리 잡은 양력을 전면 폐지할 수 없었다. 게다가 중국 천자의 역법인 시헌력時憲曆과 전혀 다른 새로운 태음력을 창안하는 것도 불가능했다. 결국 외국과의 교섭이 필요한 영역, 즉 통상 사무, 전보, 우편 사무 등에는 양력을 쓰고 국내의 전통과 직결된 영역, 즉 왕실과 국가의 의례, 민간의 명절 등은 음력으로 치르게 했다. 새로운 것들을 대할 때에는 새것으로, 옛것을 대할 때에는 옛것으로.

이후 조선과 대한제국 정부에서 발행한 책력과 민간 발행의 신문 등은 양력과 음력을 병기했으며, 일반인들은 음력을 주로 쓰면서도 양력으로 일상을 재조직하는 방법을 배워 갔다. 이 이중 역제는 결과적으로 대한제국의 강령 격이던 '동도서기東道西器'와 '구본신참舊本新參', 즉 도道와 의례는 우리 것을, 문물과 기예는 서양 것을 채용하며, 옛것을 근본으로 삼고 새것을 참작한다는 원칙에도 맞았다. 이렇게 보자면 '천자의 나라'를 자임한 대한제국의 시간은 양력과 음력에 함께 규율되는 이중 시간이었다고 해도 무방하다.

일제는 한국을 강점한 후 음력을 공식 폐지했으나, '조선민력朝鮮民曆'이라 이름 붙인 조선인용 달력에는 대한제국 때와 마찬가지로 양력과 음력을 병기하게 했다(《사진 5》). 어쩌면 조선총독부는 양력으로 일원화

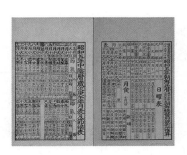

〈사진 5〉 1930년도 조선민력
조선총독부는 1911년부터 매년 한국인용으로 양음력 대조와 절기 등을 기록한 '조선민력'을 발간했는데, '민력民曆'이라는 이름에는 '관존민비官尊民卑'의 뜻도 담겨 있었다. 그러나 한국인 대다수는 양력을 '왜력倭曆'이라 부르며 기피했다[서울 역사박물관 소장].

한 일본인용 달력과 여전히 음력이 기재되는 조선인용 달력을 통해 두 민족 사이의 '문화적 격차'를 표시하고 싶었는지도 모른다.

중국, 조선과 마찬가지로 음력 시간이 지배하던 세계에 살던 일본인들이 거의 일순간에 태양력이 지배하는 세계로 집단 이주한 사실을 두고, 혹자는 이것만큼 일본인들의 '국민성'을 잘 드러내는 것도 없다고 단언한다. 일본인들이 일시에 피었다가 일시에 지는 벚꽃을 일본 무사도의, 나아가 일본 국민성 일반의 상징으로 채용하기 시작한 것은 메이지 유신 무렵부터인데, 이 '벚꽃으로 표상되는 일본인'론은 일제강점기 한국인들에게도 널리 알려졌다. 일부 한국인들은 매우 자조적으로, 일본인은 벚꽃을 닮아 일치단결하는데 한국인은 무궁화를 닮아 질기게 오래 가기는 하지만 제멋대로 피고 벌레가 많이 낀다고도 했다. 일본의 양력 채용 과정은 바로 이 '벚꽃을 닮은 일본인'론을 실증적으로 뒷받침하는 대표적 사례로 인용되곤 한다. 하지만 이 문제를 '국민성'이라는 실체가 모호한 단어에 용해시켜 버리는 것이 온당한지는 의문이다.

일본이 태양력을 채용한 것은 메이지 유신 이후 5년이 경과한 1872년이었다. 역제 개혁은 전 국민의 생활리듬을 재구성하는 문제였기 때문에, 정치체제나 군제·학제 개혁보다 사회 전반에 걸쳐 더 심층적이고 근원적인 변화를 초래하는 것이었다. 역제 개혁이 늦어진 근본적인 이유는 아마 이 때문일 테지만, 이에 대해서는 재정 절감을 위한 메이지 정부의 '즉흥성'이 작용한 결과라는 설도 있다.

1873년은 음력 윤달이 있는 해여서, 음력을 그대로 쓸 경우 메이지 정부는 관리들에게 13개월 치 녹봉을 지급해야 했다. 폐번치현廢藩置縣 (다이묘가 독립적으로 다스리던 번藩을 폐지하고 중앙 정부에 직속된 현縣을 설치한 조치)으로 중앙 정부에 직속된 관리가 엄청나게 늘어났는데, 이들에게 한 달 치 녹봉을 더 지급하는 것은 당시 메이지 정부의 재정 형편으로는 감당하기 어려운 일이었다. 이 문제를 해결하기 위해 즉흥적, 전격적으로 단행한 것이 역제 개혁이라는 이야기다. 이 주장의 설득력 여부야 어찌 되었든, 역제 개혁으로 녹봉 지급 문제는 해결되었으나 그렇다고 새 역제가 당장 전체 일본 국민의 생활 속에 자리 잡지는 못했다. 중국과 조선에서 그랬던 것처럼, 일본에서도 음력을 고수하려는 관성과 태양력에 대한 저항은 만만치 않았다. 수천 년 긴 세월 동안 달의 움직임에 맞추어져 있던 노동과 의례, 축제의 리듬은 삶의 리듬 그 자체였다. 사소한 생활습관 하나 바꾸기도 쉽지 않은데 생활의 리듬을 통째로 바꾸는 일이 간단할 턱이 없었다.

기계의 지배력이 자연의 지배력보다 더 강해 계절의 변화가 일상생활에 별 영향을 미치지 못하게 된 도시 지역에서는 정부와 언론의 계몽에 따라 태양력을 받아들이는 사람이 늘어났지만, 농촌 지역은 20세기 벽두까지도 여전히 음력의 지배하에 있었다. 이런 상황이 극적으로 바뀐 것은 1894년 청일전쟁에서 1904년 러일전쟁에 이르는 10여 년간이었다. 이 무렵 일본인들의 내면에는 자기들이 아시아의 맹주이자 패자覇者라는 의식이 굳건히 자리 잡았다. 어린 소학교 학생들은 음력 날짜에 따라 명절이나 마츠리まつり(祭り)를 준비하는 부모들에게 '음력을 지키는 것은 지나支那의 야만적 풍습인데, 문명국 일본의 국민으로서 어찌 그런 짓을 하느냐'며 항의하곤 했다. 일본은 이미 야만 세계인 아시아에서 벗어나 문명화한 서구와 동렬에 섰다는 자신감과 아직 남아 있는 '야만성'은 하루 빨리 털어 버려야 한다는 초조감이 함께 작용했다.

결국 일본에서 음력을 소멸시킨 것은 탈아입구脫亞入歐(일본은 아시아 국가의 일원이라는 지위에서 벗어나 유럽 국가들과 어깨를 나란히 해야 한다는 논리)를 향한 집단적 열망과 그를 실현하기 위한 집단적 실천이었다.

일본인들이 양력과 음력을 각각 문명과 야만의 표상으로 설정한 바로 그 이유 때문에, 식민지 조선에서는 오히려 양력에 대한 저항이 더 집요했다. 조선인들의 의식 깊은 곳에는 음력을 지키는 것이 일제의 민족문화 말살 책동에 대한 저항이라는 생각이 있었던 듯하다. 일제강점기 내내 음력은 계속 농촌의 생활리듬을 지배했을 뿐 아니라, 도시에 사는 조선인들의 생활리듬에도 압도적인 힘을 발휘했다. 조선인들은 명절, 생일, 제사, 이사 등 '특별한 날'은 모두 음력을 따랐다. 양력 1월 1일의 신정新正은 '왜설'이라 하여 외면했을 뿐더러, 신정을 쇠는 조선인들은 암암리에 배신자나 반역자 취급을 받았다.

해방 이후에도 정부는 계속 이중과세 금지를 내세우면서 음력을 소멸시키려고 애썼으나, 음력을 의례력儀禮曆으로 사용하려는 '무의식적 의지'는 꺾이지 않았다. 오히려 1980년대에는 정부 스스로 음력설을 공인할 수밖에 없었다. 그런데 그 이후 불과 30년이 지난 지금, 음력이 지배하는 영역은 눈에 띄게 줄어들었다. 당장 우리 집만 해도 나와 내 처의 생일, 부모님의 생신과 조상의 기제사일은 음력을 따르지만, 아이들 생일은 양력으로 챙겨 준다. 내 아이들은 음력에 전혀 관심이 없고, 당연히 부모 생일도 모른다. 이런 현상이 우리 집에 국한된 것은 아닐 터이다. 이른바 '신자유주의 세계화'에 따라 국제적 보편이 한국적 특수를 압도하게 된 당연한 결과다. 어쩌면 '한국형'이니 '한국적'이니 하는 수식어도 그리 멀지 않은 장래에 음력과 비슷한 운명이 될지 모른다.

1882년 청국과 〈상민수륙무역장정〉을 맺고 미국과 통상조
약을 체결한 직후부터, 조선 정부는 신문물을 받아들일 목

적으로 혜상공국惠商公局, 기기국機器局, 연무국烟務局, 전운국轉運局, 전
환국典圜局, 광무국礦務局, 우정국郵政局 등 여러 '국'을 설치했다. '국'은
오늘날의 국영 기업체에 해당하는 것으로, 순서대로 보부상 관할, 병기
제조, 담배 제조, 해운업, 화폐 발행, 광산 채굴, 우편사업을 담당했다.
신문 발행과 출판사업을 담당한 박문국도 그중 하나였다. 그런데 이들
관영 기업은 정부의 의욕에도 불구하고 대개 오래 지속하지 못했다. 관
영 제조장의 책임을 맡은 관리들이 자본주의적 기업 운영에 미숙하기
도 했지만, 근본적인 원인은 재원 부족에 있었다.

조세, 공물, 요역徭役으로 구성되었던 농업국가 조선의 세입은 조선
후기에 들어 전세田稅로 단일화하는 경향을 보였다. 국가 운영이 거의

전적으로 토지 산출물에 의존했기 때문에, 정부 조직을 전면 개편하지 않고 새로운 기관을 설치할 경우 당장 재원 조달이 문제였다. 이런 조건에서도 정부는 새로운 국제질서에 대응하기 위해 통리아문, 별기군, 기기창, 육영공원 등 새로운 정부 기관을 만들어야 했다. 그러나 재원이 문제였다. 처음에는 이왕에 없던 세목인 관세와 상업세로 충당하려 했으나 곧 문제가 생겼다.

관세를 징수하려면 해관海關을 창설해야 했는데, 조선에는 관련 업무를 아는 사람이 없었다. 청나라는 미래의 관세를 담보로 조선에 해관을 설치해 주고 총책임자를 파견했다. 이 때문에 관세 수입은 처음부터 온전히 정부 재정에 편입되지 못했다. 수입 중 상당 부분은 바로 차관의 원리금 상환에 충당되었다. 1889년부터는 차관 상환금으로 지출되는 액수가 관세 수입 총액의 절반을 넘어섰다. 정부 재정에 편입되는 관세 수입이 줄어듦에 따라 대다수 국영 기업이 심각한 재정난을 겪었는데, 특히 박문국은 구독료 징수마저 여의치 않아 더 어려운 상황에 놓였다.

1886년 2월 22일, 박문국은 독일 상사商社 세창양행에서 운영비 일부를 지원받고 《한성주보》 지면 두 면을 내주었다. 해당 지면에는 "덕상德商 세창양행 고백"으로 시작하는 장문의 글이 실렸다. 이것이 우리나라 최초의 신문 광고였다. 당시에는 정부도 독자도, 이로써 자본이 공적 정보의 생산과 유통 전반에 막강한 영향력을 행사하는 시대의 서막이 열렸다는 사실을 알지 못했다. 몇 달 뒤, 《한성주보》와 함께 신문 광고도 일단 막을 내렸다.

그로부터 10년 뒤인 1896년 4월 7일, 《독립신문》 창간호는 사고社告 외에 여섯 건의 상업 광고를 실었다. "각색 외국 상등 물건을 파는데 값도 비싸지 아니하더라. 각색 담배와 다른 물건이 많이 있더라", "세계지리서를 한문으로 번역한 것인데 사람마다 볼만한 책이니 학문상에 유의하는 이는 이 책을 종로 책전에서 사시압. 값은 여덟 냥." 앞의 것은 일본 회사인 주지회사의 영업 광고고 뒤의 것은 《사민필지四民必知》라는 책 광고다. 이때부터 광고는 기사와 더불어 신문의 양대 구성요소가 됐고 비중도 계속 늘어나 근래에는 광고가 전체 지면의 반 가까이를 점하는 신문도 드물지 않다. 일부 잡지는 아예 지면 전체를 광고로만 채우기도 한다(〈사진 6〉).

초기의 신문 광고는 개업 안내나 주주 모집, 분실물 공고 등 '사실'을 알리는 데 중점을 두었고 문체도 같은 '~하였다더라' 체여서 기사와 잘 구분되지 않았다. 그래서 광고는 굵은 선을 둘러 표시하거나 '광고'라는

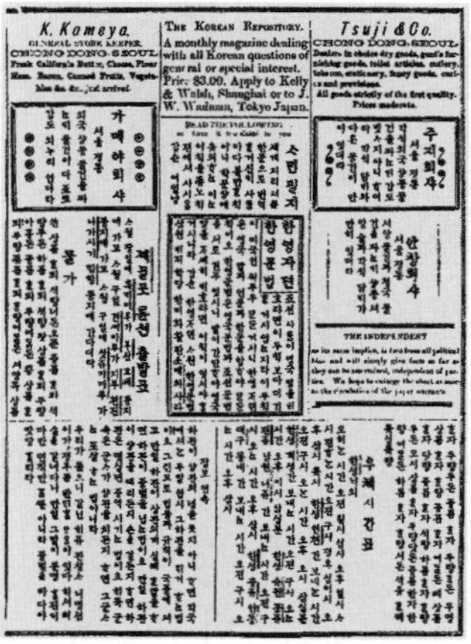
K. Kameya.
GENERAL STORE KEEPER.
CHONG DONG. SEOUL.
Fresh California Butter, Cheese, Flour Ham, Bacon, Canned Fruits, Vegetables &c. &c., just arrived.

THE KOREAN REPOSITORY.
A monthly magazine dealing with all Korean questions of general or special interest.
Price $3.00. Apply to Kelly & Walsh, Shanghai or to J. W. Wadman, Tokyo Japan.

Tsuji & Co.
CHONG DONG. SEOUL.
Dealers in choice dry goods, gent's furnishing goods, toilet articles, cutlery, tobacco, stationery, fancy goods, curios and provisions.
All goods strictly of the first quality.
Prices moderate.

가메야회사

주지회사

사민필지

한영자뎐 한영문법

안창회사

우톄시간표

THE INDEPENDENT

〈사진 6〉《독립신문》 창간호 3면
지면 상단의 3분의 2까지는 광고로, 하단은 우체시간표와 '잡보 계속'이라는 기사로 채워졌다. 광고는 박스로 처리했으나 '간다더라'로 끝나는 기사와 '많이 있더라'로 마무리되는 광고를 구분하기란 쉽지 않았다. 나중에 지면 하단으로 밀려난 광고는 '눈에 띄기' 위한 기법들을 개발하면서 독자의 시선을 두고 기사와 경쟁했다.

제하題下에 따로 배치했다. 그런데 소문을 전할 때 쓰는 '~하였다더라' 체는 의심의 여지를 남기는 문체였다. 신문新聞이라는 단어 자체가 '새로 들은 이야기'라는 뜻이었으니, 사람들은 기사든 광고든 신문에 실린 내용을 곧이곧대로 믿지 않았다. 그러나 기사도 광고도, 곧 태세를 전환했다.

기자는 '들은 이야기를 옮겨 기록하는 자'에서 '직접 보고 조사한 바를 기록하는 자'로 변신했고, 문체도 덩달아 '하였다더라'에서 '하였다'로 바뀌었다. 광고도 기사의 문체를 따랐을 뿐 아니라, 기사보다 더 독자의 눈에 잘 띄는 방법을 개발했다. 그림과 사진은 기사보다 광고에 먼저 삽입되었다. 게다가 그 내용도 신상품들의 효능과 성능을 과장해서 알리는 데 집중되었다. '사실'이 생명인 기사와 '과장'이 속성인 광고는 본래 서로 어울려서는 안 되었지만, 광고주들은 이런 부조리한 동거를 요구했고, 어렵지 않게 관철시켰다. 믿을 수 있는 부분과 곧이곧대로 믿어서는 안 되는 부분을 판단하는 책임은 독자의 몫이었다.

독자들이 영리해지자, 광고는 신뢰도를 높이기 위해 기사처럼 위장하는 기법까지 개발했다. 광고 기법은 기사 편집 기법보다 더 빨리 발전해서 차츰 기사에도 영향을 미쳤다. 오늘날 신문 기사의 제목들은 본문의 내용을 축약하기보다는 과장한다. 옛사람들은 "신문에서 봤다"는 말을 들으면 바로 의심을 거둬들였지만, 요즘 사람들은 기사에도 으레 꾸밈이 있으려니 생각한다. 기사가 광고와 한 지면에서 오래 동거하다 보니 서로 닮아 버렸고, 독자들도 그에 익숙해졌기 때문이다. 한때는 언론의 자유가 진실에 접근할 수 있는 문을 넓게 열어 줄 것이라고들 기대했다. 그러나 광고주가 막강한 영향력을 행사하는 오늘날의 언론은, 진실과 허위의 경계를 흐릿하게 만드는 일을 더 열심히 하는 듯하다.

1900년, 8개국 연합군을 피해 시안西安으로 도주한 서태후
는 그 지역의 유명한 요리사를 불러 자기가 그때까지 먹어
보지 못한 요리를 대령하라는 까다로운 명령을 내렸다. 어떤 요리를 만
들어 바쳐야 목숨을 보전할 수 있을지 전전긍긍 고민한 끝에 요리사는
속에 진주 가루를 넣은 만두를 만들었다. 진주 가루에 맛이 있을 리 없
지만, 요리사는 진주의 고귀한 이미지를 서태후에게 갖다붙임으로써
위기를 모면했다. 십수 년 전, 베이징의 어느 뒷골목에서 진주 만두를
먹으며 들은 얘기다.

중국에는 궁정채宮庭菜, 황실 음식皇室飲食 등 청나라 황제가 먹던 요
리라고 선전하는 음식이 많다. 청나라가 망한 뒤, 옛 황실 요리사들은
부자들을 위해 요리를 만들었다. 황제들이 어떤 호사를 누렸는지 궁금
한 사람들은 맛이 있건 없건 다투어 그런 음식을 먹었다. 반면 일본에는

공공연하게 황실 요리를 표방한 음식점이 없다. '궁중'이 실제로 소멸했거나, 적어도 그 권위가 무시해도 좋을 정도로 실추된 사회에서나 보통 사람들이 거리낌 없이 왕이나 황제가 먹던 음식을 입에 넣을 수 있다. 그 음식들이 실제로 왕이 먹었던 것인지는 문제가 되지 않는다. 중요한 것은 보통사람들이 '왕이나 황제만이 먹을 수 있던 음식'이라고 믿으면서도, 그런 음식을 먹는 데 아무런 정서적 거부감을 느끼지 않는다는 사실이다. 그들은 그런 음식을 먹으며 일시나마 왕이 된 것 같은 기분을 느낀다. '궁중 요리'는 왕조의 전통이 소멸함으로써 발명된 것이다. 그러나 오늘날의 '궁중 요리'는 역설적으로 전통음식의 정수로 취급된다.

왕조시대를 역사의 한 페이지로 만든 우리나라에도 '궁중 요리'를 판다고 광고하는 음식점은 무척 흔하며, 서민들도 마음만 먹으면 아무 때나 갈 수 있다. 그러나 궁중 요리라는 것이 '발명'된 이후 무척 오랫동안, 이것은 고급 요릿집에서나 맛볼 수 있었다. 한국인의 심상공간心象空間에서 요릿집은 음식점이나 식당과는 다른 자리에 있다. 요릿집은 손이 많이 가는 특별한 음식과 값비싼 술, 식사 시중을 드는 여성, 때로 공연이 곁들여지는 곳이다. 그곳은 식욕뿐 아니라 예술과 섹슈얼리티에 대한 욕구를 한꺼번에 충족시킬 수 있는 연회장이자 유흥장이며, 복합 문화 공간이다.

19세기 말까지, 한국에는 상업적 또는 자본주의적으로 운영되는 대규모 유흥장이나 연회장이 없었다. 특별한 음식과 무희舞姬의 공연이 공존하는 대규모 연회장은 궁중이었으며, 그보다 작은 규모의 연회는 지방 관청이나 승경지勝景地의 누정樓亭, 또는 양반 집 사랑채 마당에서 열렸다. 18세기 말부터 기방妓房이 소규모 유흥장 구실을 했으나, 문자 그대로 '방房'이었다. 수백 명 또는 1,000명 이상을 수용하는 대규모 요릿집이 생겨 신분 고하를 따지지 않고 돈 있는 사람은 아무나 출입시키기 시작한 것은 20세기 벽두부터의 일이었다. 이런 요릿집의 대표가 명월관明月館이다. 3·1운동 때 민족대표들이 모여 독립을 선언한 태화관은 명월관 인사동 분점이었다. '룸살롱의 원조'인 명월관에서 독립선언식을 거행한 것만 봐도 민족대표 33인의 속성과 성향을 알 수 있다고 비난하는 사람들이 있는데, 1910년대 요릿집의 '복합적' 성격을 이해하지 못한 탓이다.

명월관을 필두로 한 요정料亭들은 1970년대까지 한국 정계 관계 재계의 '실력자'들이 모여 나라를 주무른 곳이자, 한국 현대 밤문화의 표준을 세운 곳이었다. 메이지 시대 미국과 유럽인들이 유곽을 일본의 상징으로 생각했던 것과 마찬가지로, 한국 해방 이후 미국인들은 요정을 한국의 상징으로 인지했다. 해방 이후에 시작되었다고 할 수는 없지만, 1940년대부터 1970년대까지 '요정 정치'와 '요정 접대'는 정경유착을 비롯한 한국 사회의 고질적 문제들을 압축적으로 표현하는 용어로 사용되었다.

한국 요정의 역사가 궁내부 전선사장典膳司長으로 황실 요리를 관장했던 안순환이 1907년에 설립한 명월관으로부터 시작됐다는 주장은 상식이 된 지 오래지만, 상식은 종종 '틀린 지식'이 되기도 하는 법이다. 명월관은 '조선 최초의 요정'이 아니며, '조선 요리'를 판 최초의 요릿집도 아니다. 이미 개항 직후부터 서울과 각 개항장에서는 일본 요리옥料理屋들이 성업 중이었다. 서울의 일본 요리옥 하나츠키花月 주인이 본국에서 게이샤를 불러온 것은 1888년이었고, 1895년에는 일본 영사관도 게이샤 고용을 공식 허가했다. 크고 작은 여러 개의 연회실을 구비하고 여러 규모의 단체 고객들에게 동시에 서로 다른 음식과 술, 공연예술과 섹슈얼리티를 함께 판매하는 요리옥은 일본인들이 가져온 신문물 중 하나였고, 한국인들이 이에 대해 보인 반응은 다른 신문물에 대한 것과 다르지 않았다.

한국인이 기생을 고용한 요릿집을 열기 시작한 것은 대한제국 선포 전후였다. 1898년께 인천의 상봉루라는 요릿집에는 기생이 여럿 있었으며, 서울에는 광교 남측 개천가에 수월루水月樓라는 목욕탕 겸 요릿집이 있었다. 그런데 상봉루는 요릿집보다는 대좌부옥貸座敷屋─성性을 팔면서 간단한 음식을 제공하는 일본식 성매매 업소다. '방석집'이라는 말도 여기에서 유래한 것으로 추정된다─에 가까웠던 듯하고, 수월루 역시 주 업종은 목욕탕이었다. 1970년대까지 이른바 '상류층'의 사교 공간이자 유흥공간이었던 요정의 원조는 1900년께에 설립된 혜천관惠泉館이다. 윤병규尹炳奎가 서린동 현 동아일보사 자리에서 개업한 혜천관은 '기생을 불러서 질탕한 유흥'도 하면서 고급 요리를 먹을 수 있는 전문 요릿집이었다. 혜천관에서는 교자轎子(가마)에 음식을 실어 유흥지로 배달하기도 했다.

혜천관이 문을 연 지 3년쯤 지난 1903년, 일제강점기 요릿집의 대명사가 된 명월관이 문을 열었다. 개점 당시의 이름은 명월루였다. 1912년 12월,《매일신보》는 명월관이 조선요리점의 '비조鼻祖'라며, 그 창업의 '역사적 의의'를 이렇게 소개했다.

근 10년 전 조선 내에서 요리라 하는 이름을 알지 못할 때, 소위 '별별 약주가' 외에 전골집, 냉면집, 장국밥집, 설렁탕집, 비빔밥집, 강정집, 숙수집 등속만 있어 먼지가 산처럼 쌓이고 여기저기 깨진 밥상에 전라도 큰대나무를 마구 잘라낸 긴 젓가락, 씻지 아니하여 아현동 놋그릇 만드는 집에서도 재료로 쓸 수 없는 길고 크고 둥글고 모나고 깊고 얕고 검고 갈색인 천태만상의 밥그릇에, 참고 먹기 어려운 어육과 채소 과일 등을 신사, 노동자, 노소남녀가 한 상에 둘러서서 또는 무질서하게 섞여 앉아 먹고 마시고 씹고 토하던 시절에 하나의 신식적, 파천황적, 청결적, 완전적 요리점이 황토현에서 탄생하니, 즉 조선요리점의 비조鼻祖 명월관이 이것이라《매일신보》1912. 12. 18).

명월관에 앞서 혜천관이 있었음에도 명월관이 조선요리점의 '비조'로 평가받고, 50년 가까이 원조이자 패자覇者로 군림한 데에는 그럴 만한 이유가 있었다. 명월관이 '명월루明月樓'라는 이름으로 개업한 날은 1903년 9월 17일, 장소는 오늘날의 일민미술관 자리였다《사진 7》). 지금 그 자리에는 '우포도청 터'라 쓰인 표석이 있고 종로 큰길 건너 마주 보는 자리에는 '황제어극 40년 망육순 칭경기념비전'(약칭 기념비전)이 있다.

〈사진 7〉 황토현 명월관(1912)
종로를 사이에 두고 '황제 어극 40년 망육순 칭경기념비전'과 마주보는 곳,
현재의 일민미술관 자리에 있었다[출처: 《매일신보》].

1902년 기념비전이 건립되기 전에는 그 자리에 《황성신문》 사옥이 있었다. 대한제국 정부는 고종의 즉위 40주년과 망육순望六旬(51세)이라는 '쌍대경절雙大慶節'을 축하하는 기념물을 세우기에는 황토현길과 종로가 만나는 지점이 최적이라고 판단하고, 황성신문사를 다른 곳으로 이전시켰다. 그런데 그토록 중요한 상징성을 가진 건물 바로 맞은편 국유지에 개인이 경영하는 요릿집이 생겼다. 어떻게 이런 일이 가능했을까?

명월루 개업 한 달 전인 8월 17일, '황제어극사십년망육순皇帝御極四十年望六旬'의 '쌍대경절' 축하행사 준비를 총괄하던 칭경예식 사무소는 9월 26일에 예식을 거행하겠다고 공식 발표했다. 예식은 외국 특사가 참여하는 국제행사로 기획되었으며, 백성들을 위한 축제도 준비되었다. 황토현 기념비전 앞은 그 축제의 마당이 될 예정이었다. 그런데 명월루는 그 축제 예정일 9일 전에 문을 열었다. 명월루 개업의 이유가 '순연한 영리적도 아니오 일시의 오락적도 아니라 다만 조선에 요리점이 있다 함을 동서양 각국인에게 자랑하고자 함'(《매일신보》 1912. 12. 18)이라는 말은 단순한 수사修辭가 아니었다. 당시 칭경예식 사무소는 궁중에서 외국 특사에게 베풀 연회와는 별도로, 백성들이 즐길 연회장을 마련해 줄 필요가 있다고 생각했을 것이다.

이때 명월루 창업자가 안순환인지는 단언할 수 없다. 안순환이 명월관 주인라는 기록은 1908년에야 처음 나온다. 그 이전까지 명월관 주는 김동식金東植 또는 김인식金寅植이었다. 신문에 오자誤字가 들어가는 일은 흔하기 때문에, 동東과 인寅을 혼동했을 가능성이 높다. 김동식이라는 이름이 더 자주 나온다. 그런데 일제강점기 신문들뿐 아니라 해방 후 여러 사람의 회고록들도 하나같이 안순환이 설립했다고 기록했고,

본인도 그렇게 썼다. 그래서 지금도 '명월관은 궁중 대령숙수 출신 안순환이 창업했다'는 이야기가 통설로 자리 잡고 있다. 그러나 사료에 근거해 말하자면, 안순환은 궁중 대령숙수 출신이 아닐뿐더러, 명월관 창업자가 아닐 가능성도 크다.

안순환을 명월관 설립자로 적시한 최초의 사료인 《매일신보》 1913년 1월 1일 자 〈조선인물관朝鮮人物觀〉을 보자. 인물 소개가 워낙 재미있어 일부만 생략하고 현대어로 옮겼다.

> 씨가 빈한한 가정에서 출생하여 두 살 때에 어머니를 잃고 남의 양자가 되어 가녀린 목숨을 보존했고, 9세에 아버지를 잃고 십여 세에 양모의 상을 또 당하여 10세 내외에 남이 겪지 못한 곤고하고 비참한 일을 당함이 하루하루 계속되었고, 양모의 상을 당한 뒤에는 의탁할 바가 없어 다시 친형의 집으로 돌아갔으나 친형의 가세가 역시 아침에 저녁 끼니를 생각하기 어려운 처지라.……16, 17세 된 이후로는 항상 그 힘을 남에게 과시코자 하며 늑대처럼 쌈박질을 좋아하여 한 번 술을 마시면 백 잔을 들이켰고, 일부러 싸울 거리를 만들어 한 마디라도 어긋나면 바로 완력을 휘둘러 사람을 때리고 남의 집 부수기를 예사로 했다. 하루라도 싸우지 않으면 밤에 돌아와 잠들지 않았으니 길 가는 사람들이 모두 흘겨보고 동네 사람들이 다 침을 뱉어 나이 스물이 되도록 장가를 들지 못했다. 비록 한 집안 식구라도 난봉꾼 망나니라 지칭하고 그 장래를 걱정하지 않는 사람이 없더니 23세가 되어 갑자기 옛 잘못을 뉘우치고 실업實業에 눈을 돌려 권면과 신용을 유일한 자본으로 삼아 수만 금의 재산을 이루었다가 갑오병화甲午兵禍(청일전쟁)에 파산의 비참한 지경을 당하고

곤경에 빠져들었더니, 백절불굴하는 씨의 심지心志는 배우지 못했음을 개탄하여 관립 영어학교에 입학하여 수업했다. 부지런하면 반드시 성취하는 법이니 그 근면과 고생이 쌓은 바는 마지막에 융성을 이루었다.

식구들에게조차 욕을 먹던 난봉꾼 망나니가 갑자기 '신용과 권면'으로 거부가 되었다는 이야기가 사실이라 쳐도, 파산한 뒤 관립 영어학교에서 공부하고 말단 관리가 되었던 사람이 어떻게 창업자금을 구할 수 있었는지 의문이다. 그는 1900년 10월 9품 탁지부 기수에 임명되었으나 이듬해 12월 '일을 제대로 못하여[行事不善]' 징계 면직되었다가, 그 이듬해에 '용서할 여지가 있다[容有可恕]'는 이유로 복직되었다. 1902년까지 최말단 9품 관리였던 안순환이 1903년 9월에 명월루를 개업했다면, 실제 자금을 댄 사람이나 기관은 따로 있었을 가능성이 크다. 조선 후기 이래 고관들이 다른 사람을 내세워 사업을 맡기는 것은 흔한 일이었다. 요즘에는 불법 행위를 저지르기 위해 바지사장을 앉히지만, 저 시절 양반들은 체면 깎이지 않고 돈 벌기 위해 바지사장을 앉혔다. 지금으로서는 안순환이 바지사장이었다고 단정할 수 없으나, 자기 돈만으로 장안 제일의 요릿집 주인이 되었다고 보기에는 석연치 않은 점이 너무 많다.

어쩌면 명월루 설립자와 후일의 명월관 주인은 다른 사람일 수도 있다. 러일전쟁 이후 숱한 사업 이권들이 일진회원을 비롯한 부일 모리배 수중으로 넘어갔다. 내장원 소유이던 남대문시장이 송병준에게 넘어갔고, 그의 재산 관리인이던 예종석, 김시현이 시장 소유주처럼 행세했다. 일진회원들의 이권 탈취는 전국적인 현상이었다. 안순환은 일진회 평의원으로 처음 '사회에 이름을 알렸다'(《매일신보》 1913. 1. 1).

1909년 명월관을 한성은행에 저당 잡힐 정도로 궁색한 처지에 놓인 안순환은 일본에 있던 송병준을 찾아가 구원을 요청했는데, 이는 그럴 만한 이유가 있었기 때문일 터이다. 송병준은 명월관을 자주 이용했을 뿐 아니라, 일진회 연회도 주로 명월관에서 열렸다. 안순환이 송병준과 '배를 맞추고 나와서' 명월관을 차렸다는 증언도 있다. 나중에 평양 출신 무부기無夫妓들을 중심으로 한 다동기생조합이 대정권번으로 개편될 때에도, 돈은 송병준이 대고 일은 안순환이 했다. 안순환은 1908년 12월 궁중 요리 업무를 주관하는 궁내부 전선사典膳司 장선掌膳에 임명되었다. 명월관에 출입했던 기생 출신 이난향의 회고 탓에 '명월관은 궁중숙수가 설립했다'는 게 상식처럼 되었지만, 사실은 그 반대였다. 요릿집 주인에게 궁중 요리 책임자 벼슬을 준 자도 당시의 내부대신 송병준이었다.

명월루의 위치로 보나 개업일로 보나 배후에 황실이나 세도가가 있었을 가능성이 매우 높지만, 이런 영업의 속성상 그 사실을 공공연히 드러낼 수는 없었을 것이다. 명월루가 개업한 지 다섯 달 뒤 러일전쟁이 일어났고, 그 얼마 뒤 명월루는 명월관으로 이름을 바꿨다. 이때 소유관계에도 변화가 생겼을 것이다. 러일전쟁 이후 명월관에서는 일진회 등의 친일 단체나 일본에 빌붙으려는 고위 관리들이 일본군 장교들을 초대하여 베푸는 연회가 자주 열렸다. 명월관을 '조선 요리점의 왕좌'에 앉힌 것은 일차적으로 이런 거래관계였다. 게다가 이 무렵부터 일제는 황제의 권력을 줄이기 위해 궁중 숙청작업을 본격화했다. 궁내부에 소속된 여러 관서가 폐지되었고, 궁중 내관과 나인들이 쫓겨났다. 1906년 11월 궁내부에서 쫓겨난 관리만 166명에 달했고, 역원役員 3,809명, 나인 232명, 순검 등 317명이 해고당했다. 이때 궁중에서 쫓겨난 숙수와 나인 중 일부가 명월관의 종업원이 되었을 것이다.

1906년 가을, 명월관에는 서양요리옥과 특설탕特設湯이 추가되었다. 요릿집이 목욕탕을 겸하는 문화는 1910년께까지 지속되었던 듯하다. 1908년에는 이웃집을 매입하여 양옥을 더 지었다. 1912년 가을에는 3층 집을 새로 지었다. 장식과 설비는 순연한 '조선식', 건물은 '신라식 조선식 서양식'을 섞었다. 건물의 3층 서쪽, 지금 충무공 동상이 있는 쪽으로 유리창을 무수히 내었기 때문에 매일 밤 노랫소리 악기 소리가 흘러나와 행인들이 구름처럼 모여들어 귀를 기울였다고 한다. 이 건물은 동시에 1,400명을 수용할 수 있는 규모를 자랑했으나 서울에서 3·1운동의 여진이 계속되던 1919년 5월 23일 새벽에 전소全燒되었다. 빈터가 된 땅은 동양흥산주식회사에 넘어갔다가 동아일보사 소유가 되었고, '명월관'이라는 상호는 이종구에게 팔렸다. 아마도 이것이 '브랜드 가치'가 가격으로 산정된 최초의 사례일 것이다. 이종구는 이 이름을 자기가 경영하던 돈의동 장춘관에 붙였다. 장춘관은 현재 단성사 맞은편, 롯데시네마 자리에 있었다(《사진 8》).

《사진 8》 1930년대 돈의동 명월관
현재 종로 단성사 맞은편 롯데시네마 자리.

1932년 당시 명월관의 자본금은 30만 원, 그 무렵 창간된 《조선중앙일보》의 자본금보다 많았다. 1년 매상고는 20만 원에 달했으며, 본점의 대지는 1,200여 평, 건물은 600여 평이었다. 본점과 지점을 합한 종업원은 각 권번에서 출장 나오는 기생을 제외하고 회계원, 뽀이, 쿡, 인력거 차부 등 120여 명에 달했다. 이때 명월관 주인 이종구는 경성상업회의소 회원 부과금 납부 액수에서 전체 3위, 조선인 1위에 랭크되었다.

　명월관은 오랫동안 '조선요리옥'의 원조이자 패자覇者로 알려졌는데, 사람들은 '조선 요리'가 '조선식 전통 요리, 또는 궁중 요리'일 것으로 생각했다. 그러나 명월관에서 판매한 음식과 기호품은 위스키, 브랜디, 포도주, 각국의 간편한 음식, 안주상, 권연과 여송연, 각종 서양요리, 약주 소주 정종 맥주 등이었다. '조선요리옥'이란 '조선 요리'를 파는 집이 아니라 '동서양의 각종 요리를 모두 취급하는 조선의 신식 요리옥'이라는 뜻이었다.

　명월관은 단 한 차례도 궁중 요리를 판다거나 조선 고유 음식만을 제공한다고 광고한 적이 없다. 조선 요리점들에 대한 세간의 평가도 명월관은 고유한 조선 요리에다가 서양 요리를 가미하여 팔고, 조선 고유의 음식과 정조情調를 제대로 느끼려면 식도원食道園에 가야 한다는 것이었다. 식도원은 안순환이 명월관 상호를 이종구에게 넘긴 뒤 새로 차린 요릿집이다. 당시 사람들의 명월관 음식에 관한 평판도 '조선 고유의 맛'이 아니라 다른 '조선 음식점'들과 확연히 구별되는 청결과 위생에 집중되었다. 음식 자체보다는 수저, 그릇, 식탁 등의 설비가 신식이며 청결하고 완전하다는 것이 칭찬 거리였다. 후대에 만들어진 이미지와는 달리, 그리고 명월관의 증손자뻘이라고 할 수 있는 현재의 한정식집들에 대한 통념과는 달리, 명월관 요리가 표상한 것은 '조선의 고유성'이 아니라 '개량된 조선'이었다.

"양복 입은 신사가 요릿집 문앞에서 매를 맞는다. 왜 맞을까? 왜 맞을까? 원인은 한 가지 돈이 없어……한 푼 없는 건달이 요릿집이 무어냐 기생집이 무어냐." 1950년대에 큰 인기를 누린 대중가요 〈빈대떡 신사〉의 노랫말이다. 한국에서 요릿집은 특별한 음식을 먹기만 하는 공간이 아니다. 그곳은 음식과 술, 여흥을 소비함으로써 오감을 만족시키는 복합적 욕망 충족 공간이다. '같은 음식을 함께 먹는' 행위는 옛날부터 집단의 공동체성을 강화하고 확인하는 의례였다. 명월관이 '조선 요리업의 원조이자 패자'가 된 것은, 이곳이 1900년대 말부터 관료들과 최상층 인사들의 연회장으로 자주 이용되었기 때문이다.

1906년 이후 명월관에서는 정부 고관을 위한 축하연이나 송별연, 각 기관 단체의 창립총회나 연회, 의사와 변호사들의 연회, 회사 발기인회나 주주총회, 학부형회나 사은회, 그 밖에 각종 조직의 친목회나 망년회 등이 수시로 열렸다. 명월관은 '요릿집 회식'의 원조라 할 수는 없을지라도, 이를 대중화한 대표 주자였다. 현재 요릿집이나 호텔 식당, 또는 컨퍼런스 홀에서 벌어지는 거의 모든 일들이, 이미 20세기 벽두에 명월관에서 진행되었다.

1907년 8월 12일, 한성판윤 장헌식이 성내 실업가들을 명월관으로 초청하여 연회를 베풀고 '실업상 유익한 방침'을 설명했다. 1910년 5월에는 성내 실업가들이 신임 농상공부대신을 명월관으로 초청하여 환영회를 열었다. 관료와 기업인이 요정에서 만나 '유익한 방침'을 논의하는 '요정 정치'는 명월관에서 시작되었다. 일본의 한국 강점 직후인

1910년 10월 16일에는 자선부인회가 명월관에서 일본 황태자 환영회를 열었다. 여성들만 참석하는 연회가 요릿집에서 열린 것은 이때가 처음이었을 것이다.

1908년 4월에는 관립 일어학교 졸업생들이 교사들을 명월관에 초청하여 사은회를 벌였다. 학부형들이 교장과 교사들을 요릿집에 불러 접대하는 문화도 이때 만들어졌다. 1909년부터는 각 관청이나 회사, 단체의 양력 신년회와 망년회가 명월관에서 열렸다. 구성원 중에 일본인이 끼어 있었기 때문일 터인데, 설은 음력으로 쇠면서 신년회와 망년회는 양력으로 치르는 기이한 문화도 명월관에서 만들어진 셈이다. 1907년 1월, 명월관에서 한성부 남서장南署長 김상설 모친의 회갑연이 열렸다. 기록상 요릿집에서 개최된 회갑연으로는 이것이 최초다. 1915년 10월에는 경성 거부 홍충현이 모친의 81세 수연壽宴을 명월관에서 열었다. 1917년 2월 명월관에서 열린 조중응 자작 모친의 수연에는 장안 세 조합 소속 기생 100여 명이 출동하여 연석宴席을 화려하게 수놓았다. 요릿집 회갑연에 기생을 부르는 관행은 1990년대까지도 이어졌다. 명월관에서는 결혼식 피로연도 자주 열렸다. 구미인 선교사, 일본인 관리나 군인, 명사들도 서울에 오면 으레 명월관에서 접대 받았다.

명월관은 근대적 회식과 대형 연회, 컨퍼런스의 원조였지만, 오랫동안 명월관의 이미지를 지배한 것은 요리가 아니라 기생이었다. 명월관이 일본인들로부터 '옛날 조선 풍속과 전前 한국 궁중의 향연 양식이 많다'는 평판을 얻은 것도, 요리가 아니라 기생 덕이었다(《사진 9》).

1902년 가을에 열릴 '황제 어극 40년 망육순望六旬 칭경稱慶 기념예식'을 앞두고 궁내부는 전국의 재인才人과 여령女伶들을 불러모아 협률사

協律社를 조직하는 한편, 봉상사奉常司 자리에 500석 규모의 원형 극장을 건립했다. 이에 앞서 1901년 7월에 우선 평양 기생 30여 명이 서울에 들어왔고, 며칠 후 진주 기생 6명이 합류했다.

관기官妓제도는 갑오개혁 때 형식상 폐지되었으나, 실제로는 1908년 상의사尙衣司 기생들을 궁에서 내보낼 때까지 존속했다. 상경한 지방 관기들은 태의원 의녀와 상의사 침선비로 구성된 궁중 기생들과 함께 며칠간 명동 교방사敎坊司에서 노래와 춤을 연습하다가 곧 협률사 극장으로 연습장을 옮겼다. 협률사는 칭경예식 예정일 직전인 1902년 8월부터 관기들과 별도로 무명색無名色, 삼패三牌 등으로 예기藝妓패를 조직하여 신식 음률을 가르쳤다. 내외국 귀빈을 위한 공식 연회 외에 신민 일반을 위한 대중적 연회도 필요하다고 여겼기 때문일 것이다. 무명색이란 문자 그대로 명색은 기생이 아니나 기생 노릇하는 자요, 삼패는 무명색을 모아 만든 일종의 조합에 소속된 자다. 참고로 일패一牌는 관기,

〈사진 9〉 대형 태극기 앞에 모여 선 '궁내부 소속 협률사' 기생들

이패二牌는 관기로서 남의 첩이 되었다가 쫓겨난 사람들이었다.

1902년 9월 17일로 예정되었던 기념예식은 서울에 콜레라 환자가 발생한 탓에 이듬해 4월 30일로 연기되었다. 취소가 아니라 연기인 이상 지방 기생들을 돌려보낼 수는 없었다. 게다가 고종 연간에는 궁중 연회에서 공연한 기생은 행사가 끝난 뒤에도 서울에 머물러 기방을 차리는 것이 상례처럼 되어 있었다. 예식이 연기되었으니 계속 연습만 시킬 수도 없는 노릇이고, 그들을 먹이는 데에도 적지 않은 돈이 들었다. 협률사는 궁여지책으로 1902년 12월부터 몇 달간 민간을 상대로 상업 공연을 하다가 2월부터 다시 예식 준비에 착수했다.

예식일을 보름 정도 남겨 둔 1903년 4월 10일, 영친왕이 두창에 걸리자 예식은 9월로 다시 연기되었다. 황실과 나라에 큰 우환거리가 생기면 가무음곡을 일체 중지하는 것이 백성 된 도리였다. 협률사 단원들도 근신하며 시간을 보냈다. 영친왕의 두창이 낫자 협률사도 민간 상대 상업 공연을 재개했다. 그런데 7월에는 또 전국에 극심한 가뭄이 들었고, 협률사 극장도 다시 문을 닫아야 했다. 협률사는 명월루 개업 12일 뒤이자 칭경 기념예식이 최종적으로 취소된 지 사흘 만인 9월 29일에야 공연을 재개했다.

당시의 재정 형편과 관행에 비추어 볼 때, 정부가 지방에서 올라온 기생들에게 충분한 급료를 주었을 가능성은 거의 없다. 이들은 예전의 선배들처럼 서울에서 기부妓夫를 구해 살아야 했지만, 그러기에는 그 수가 너무 많았다. 극장 하나만으로 이들의 생계를 보장할 수도 없었다. 조선요리점은 이들 기생들의 취업처로도 요긴했다. 명월관 개점이 '파천황적'이었던 것은, 바로 궁중 정재를 위해 연습하던 기생들이 이

곳에서 시중들고 공연했기 때문이다.

　세칭 '기생오라비'의 오라비는 '오빠'나 '오라버니'가 아니라 '올아부兀阿夫'가 변한 말이다. 자기 집에 기생을 유숙시키면서 부부처럼 살다가 '영업'도 시키는 사람을 기부妓夫 또는 기생 올아부라고 했다. 조선 후기에는 여러 직종의 사람들이 기부 노릇을 했으나, 대원군은 대전별감, 의금부 나장, 포도청 군관, 궁가宮家의 청지기나 무사武士 등에게만 이 일을 허용했다. 이들을 '사처소 외입장'이라고 했다. 직종이 직종인 만큼 이들은 대개 풍채가 좋고 피부색이 허여멀건했다. 외입장이 또는 오입장이도 외방外方에서 기생을 물색해 데려오는 장인匠人이라는 뜻의 '외렵장外獵匠'에서 유래한 말이다.

　명월관의 모든 연석에 기생이 동석하지는 않았으나, 이곳에서 고객이 쓴 돈의 대략 40퍼센트 정도는 기생 몫이었다. 명월관의 이미지도 요리보다는 기생의 이미지에 연동되었다. 조선시대에 기생은 비록 천민이었으나 그들의 공연을 가까이에서 관람할 권리는 특권층만 누릴 수 있었다. 공연예술 전반이 변변치 않던 시절, 평범한 사람들에게 기생 춤 구경은 평생에 한 번도 누리기 어려운 호사였다.

　1902년 가을의 칭경 기념예식을 앞두고 서울에 온 지방 기생들은 행사가 거듭 연기됨에 따라 서울에 눌러앉았다. 명월관은 이들의 일자리였다. 1908년 일제가 기생단속령과 창기단속령을 공포한 뒤 기생은 모두 조합에 소속되어야 했다. 따라서 엄밀하게 따지자면 '명월관 기생'은 1908년 이후 존재하지 않았다. 그럼에도 관행적으로는 '명월관 기생'이라는 말이 사용되었다. 심지어 명월관이 소멸한 1960~70년대에도, '명월관 기생'은 고유명사처럼 통용되었다.

명월관에서는 3~4명 정도가 모이는 소규모 연회부터 1,000명 이상이 참석하는 대규모 연회까지 열렸기에, 규모에 따라 공연 형식과 내용, 분위기도 다를 수밖에 없었다. 남녀노소 수백 명이 모인 자리에서 기생의 섹슈얼리티를 전시할 수는 없었다. 이런 자리에서 기생들은 점잖고 때로 지루한 궁중 가무를 선보였다. 반면 기생이 동석한 소규모 연회에는 흔히 '질탕跌宕'이라는 단어가 따라붙었다. 그렇지만 대략 1910년대까지는 행실과 기예가 '기생다움'을 구성하는 핵심 요소였다.

광교기생의 국화와 한남기생의 옥도라는 두 어린 기생이 칼을 잡고 마주 나와 춤을 시작하여 말하자면 한편이 한 조합의 검무 재주를 대표한 셈이다.……조합을 대표하여 칭찬을 받으려고 두 기생은 죽을힘을 다하여 애를 써서 연풍대에 십사오 차나 돌고 풍악이 그친 뒤에도 오히려 자꾸 자꾸 돌아 나중에는 손님이 그치게 하였는데……(《매일신보》1917. 11. 21).

그러나 명월관의 작은 연회석상에 불려나온 기생들이 조합을 대표하여 칭찬받으려 '죽을힘을 다하여' 애쓰는 장면은 이 무렵 이후 더는 보기 어려워졌다. 각 조합과 권번들은 따로 학예부(교습소)를 두고 기생들에게 가무와 악기를 가르쳤고, 기생들 또한 수시로 자선음악회 등을 열었으나, 일제강점기 내내 예인이라는 이미지는 기생의 몸에서 부차화했다. 기생들이 극장, 박람회장, 야유회장 등지에서 대중과 접촉면을 확대한 것은, 요릿집 내실에서 그들과 은밀히 접촉하고자 하는 대중의 욕망을 증대시켰을 가능성이 크다. 기생의 자태를 묘사한 텍스트들도 이런 추세에 영향을 미쳤을 것이다.

시곡 기생 중 유명한 채경彩璟 도화桃花의 두 아름다운 꽃은 서로 대하여 승무를 시작하였는데, 눈 같은 살빛, 꽃 같은 얼굴에 흰 사 고깔은 이마를 반쯤 가리어, 연연한 태도가 더욱 사람의 눈을 매혹하게 하며, 한번은 나아갔다 혹은 물러섰다 하는 외씨 같은 발은, 음악 소리와 서로 응하여, 진실로 한 쌍의 두 나비가 태평세계 화원 속에서 펄펄 날아드는 듯, 보는 사람의 정신을 황홀하게 하여……(《매일신보》1913. 11. 2).

매혹적인 자태에 방점을 찍는 묘사는 일제강점기 기생 공연 관련 텍스트의 기본형이었다. 위 인용문의 서사와 1939년에 조지훈이 발표한 시 〈승무〉의 서사는 거의 같다. 기생들 역시 자신의 자태에 대한 사회의 요구에 능동적으로 대응했다. 1915년 경성상업회의소 주최 대운동회에서 광교와 다동 두 기생조합은 '각종 의복을 신선하고 색채 좋은 것으로 떼어서 한번 모인 사람 가운데에서 자랑'하는 일종의 패션쇼를 열었다. 그들의 자태를 독립된 전시물로 삼은 셈이다.

식민지 통치권력도 기생의 섹슈얼리티를 식민지 원주민들을 순치하는 자원으로 활용했다. 식민 통치권력이 주최한 대규모 행사 포스터에는 어김없이 '조선 기생'이 대표 모델로 등장했고, '조선 풍속朝鮮風俗' 등의 시리즈 엽서도 주로 '조선 기생' 사진으로 만들었다. 거의 모든 행사의 여흥 프로그램은 기생의 가무, 기생의 가장행렬, 기생 명함 돌리기, 예쁜 기생 선발대회 등 기생의 몸과 기예를 중심으로 구성되었다. 기업이나 사회단체의 창립 기념일 행사 등에도 흔히 기생 공연이 포함되었다.

일본 민간인들도 기생에게서 이국異國 정취를 느끼는 한편, 기생의 몸을 정복함으로써 자신이 정복자이자 지배자라는 사실을 확인하고자 했다. 기생을 보는 조선인의 시선도 이에 영향을 받아 변해 갔다. 기생의 정체성을 이루는 핵심 구성요소였던 기예는 부차화하고, 점차 성의 판매자라는 이미지가 전면에 부상했다.

기생과 창기로 양분되었던 '접대 여성' 공간의 외곽에 1920년대 후반부터 빠, 카페 등의 여급들이 나타난 것도 기생의 이미지 변화에 영향을 미쳤다. '접대 여성'들은 그들 자신이 체득한 기예의 유무가 아니라 유곽, 빠, 요릿집 등 그들을 접하는 장소의 위계에 따라 구분되었다. 1920년대 초까지는 '기생은 행실을 단정히 가져야 한다'는 말이 종종 나왔으나, 1920년대 중반에는 '한 시간에 얼마씩 팔리는 값싼 몸'으로 전락한 기생을 동정하는 내용으로 바뀌었다가, 이윽고 '기생 행실'이라는 말 자체가 퇴폐 방탕과 동의어가 되었다.

1920년대 이후 예능과 섹슈얼리티는 인적, 공간적으로 분화해 갔고, 그 분화는 기생의 개별적·집단적 몸에서도 일어났다. 이 무렵의 기생은 화초기생과 소리기생으로 분류되었고, 1920년대 이후 소리기생들은 전문 소리꾼이나 가수의 길로 나섰다. 명월관을 비롯한 요릿집들은 화초기생들이 점령했으며, 더불어 요릿집의 이미지도 술과 음식이 있는 '최고급 유곽'에 근접해 갔다. 1946년 명월관을 비롯한 최고급 요릿집들에서 '악질 신사숙녀와 기생들'이 '도색영화'를 즐긴 사건은 이 퇴폐화 경향의 극단적 표현이었다. 1948년 12월, 서울시는 퇴폐의 온상으로 지목된 요정들을 폐쇄하는 한편 기생과 여급의 명칭을 접객부로 통일하라고 지시했다. 공식적으로는, 요정과 기생이 함께 소멸한 셈이다.

얼마 전 유명한 한국사 강사가 "3·1운동 때 민족대표 33인이 룸살롱의 원조인 명월관에서 기생 옆에 끼고 낮술 먹으며 독립선언서에 서명했다”고 주장했다가 물의를 빚은 적이 있는데, 아주 틀렸다고 하기는 어려우나 맞는 말이라고 하기는 훨씬 더 어렵다. 계보로 따지자면, 룸살롱의 원조는 1920~30년대에 새로 출현한 빠와 카페들이다. 명월관의 직계 후예는 지금도 일부 남아 있는 요정들이고, 요정의 후예는 한정식집들이다. 오늘날 한정식집들과 거기에서 제공하는 요리들은 '한국다움'의 표상 중 하나로 인정받는다. 어지간한 기업이나 단체에서는 외국 손님이 오면 으레 한정식집에서 '궁중 요리'를 대접한다. 한정식집의 대표 격인 남산 밑 '한국의 집' 등 일부 업소에서는 '전통 가무' 또는 '전통 기생 가무'도 볼 수 있다. 하지만 이 공연에서 기생의 섹슈얼리티는 대체로 소거된다. 오늘날 명월관의 증손자는 퇴폐 이미지에서 벗어났다. 일제강점기에는 요릿집이 곧 기생집이었다는 사실만 알고 1919년의 요릿집이 어땠는지 그때의 기생이 어땠는지 모르면, '룸살롱'이라는 사생아가 명월관의 직계 후손이라고 생각할 수도 있다(《사진 10》).

명월관을 비롯한 조선요리옥이 '조선다움'의 표상으로 부각된 것은

〈사진 10〉 1930년대 초 명월관에서 열린 언론인 회식
왼쪽 앞에서 두 번째가 동아일보사 송진우, 우측 맨 뒤가 조선중앙일보사 여운형.

대략 1920년대부터였다. 그런데 이 '조선다움'은 총독부 권력이 의식적, 무의식적으로 조선의 이미지와 등치했던 기생과 관련되어 있었다. 일제강점기 명월관 요리가 '조선 궁중 요리'인지는 중요하지 않았고, 대중도 그를 굳이 알려 들지 않았다. 그러나 기생이 '조선인'이라는 사실은 누구도 부정할 수 없었다. 음식은 조선식과 일본식을 섞을 수 있었으나, 기생의 몸을 게이샤藝者의 몸과 섞을 수는 없었다. 명월관의 '조선다움'은 기생의 연주, 노래, 춤, 웃음과 결부되어 공고한 지위를 획득했다. 평양, 대구, 김천, 군산 등 대도시는 물론 혜산 같은 소읍에도 명월관 간판을 건 요릿집들이 속출했다. 1920년대 초, 일본 도쿄에 평양 기생 노경월이 명월관을 냈다. 이 명월관은 곧 도쿄 안의 조선이었다. 명월관이라는 이름 자체가 '기생이 있는 조선요리옥'이라는 의미로 통용된 것이다.

그런데 사실은 기생의 몸과 그에 깃든 섹슈얼리티도 '조선다움'에서 이탈하고 있었다. 일제강점기 조선 기생의 몸은 지속적으로 창기, 게이샤, 빠와 카페의 여급 쪽으로 이동해 갔다. 1930년대의 명월관은 장구 소리나 가야금 소리보다도 서양식 댄스에 더 어울리는 공간이었다. 명월관 경영자나 고객들에게는 애당초 조선의 임금이 먹던 음식과 그가 보던 공연을 계승하고 보존해야 한다는 의식이 없었다. 그럼에도 명월관은 '조선다움'의 정수를 간직한 곳으로 인식되었다. 1925년 전조선도시문제연구회를 앞두고 조선인 위원들은 행사의 여흥을 반드시 명월관에서 열어야 한다며 집단 행동에 돌입했다. 조선의 도시 문제를 토의하는 자리에는 반드시 '조선 기생'이 있어야 한다는 이유였다. 해방 이후 한국인 정치가와 모리배들은 미군정청 장교들을 주로 명월관에서 접대했다. 미군정청 장교들도 명월관 기생에게서 '한국'을 발견했을 것이

〈사진 11〉 경성 명월관 특1호 무대

〈사진 12〉 영화 '明月館 아씨' 포스터

다. 그런데 이 한국은 이미 '조선다움'에서 이탈해 있었다. 명월관으로 표상되는 한국은 퇴폐와 향락에 빠진 한국이었다.

1948년 명월관이 대중음식점(레스토랑)으로 업태를 변경한 것은, 자신에게 고착된 '조선 제일의 요리점'이자 '퇴폐와 타락의 온상'이라는 두 이미지를 한꺼번에 청산하려 한 시도였다(〈사진 11〉). 이 무렵 대중도 '조선다움'에는 가치를 부여하지 않았다. 명월관의 소멸을 안타까워하는 정서가 표출되기 시작한 것은 1960년대 중반 이후였다. 1965년 동아방송은 〈명월관 아씨〉라는 라디오 연속극을 방송했다. 1967년에는 당대 최고의 스타 남정임 신성일이 주연한 같은 제목의 영화가 개봉했다(〈사진 12〉). 이 무렵부터, 신문지면에는 '명월관 체험'을 긍정적으로 소개하는 신문기자들의 글이 자주 실렸다. 1966년에는 당대 최고의 호텔인 워커힐호텔 한식당이 명월관이라는 간판을 내걸었다. '조선요리집의 제일등'이자 '조선 전통 유흥문화의 계승자'라는 명월관의 이미지를 차용한 것이다. 사라진 '조선적인 것들'에 대한 대중적 향수가 확산함에 따라, 퇴폐하고 타락한 조선 유흥문화의 표상으로 지탄받았던 명월관도 당당히 복권되었다.

개점부터 폐점에 이르기까지 반세기 동안, 명월관이 표상하는 것들은 '신식과 개량'에서 '조선다움'으로, 다시 '퇴폐와 향락'으로 이동했다. 조선에 있던 것들을 '개량'하여 조선에 일찍이 없던 것들을 만들었음에도 그것은 일본제국의 보편적 유흥문화와 구별되는 '조선다움의 정수'로 인식되었고, 이 새로운 '조선다움'은 일본 제국이 조선을 규정한 시선에 부응하여 이윽고 '퇴폐 향락'과 결합되었다.

8 | 외설의 상징,
복숭아

중국 남북조시대의 동진東晉 태원太元(AD 377~397) 연간에
무릉武陵에 사는 한 어부가 배를 타고 물길을 따라 가다가
길을 잃어버렸다. 홀연히 복숭아나무 숲이 나타나기에 배에서 내려 협
곡을 끼고 수백 걸음을 들어가니 그 안에는 복숭아나무만 가득했다. 향
기로운 풀들이 선명하고 아름다웠으며, 떨어진 꽃잎들은 어지러이 휘
날렸다. 그 모습을 이상하게 여긴 어부는 다시 앞으로 더 나아가 숲의
끝까지 가 보기로 했다. 숲이 끝나는 곳에 물이 발원하는 곳이 있었고
그 앞은 다시 산이었다. 산에는 조그만 동굴이 있었는데 그 안에서 빛이
새어 나오는 것 같았다.

그는 물가에 배를 매어 두고 동굴 안으로 들어갔다. 동굴 입구는 매
우 좁아 한 사람이 겨우 통과할 정도였으나 수십 보를 걸어 들어가니
갑자기 주위가 확 트이고 밝아졌다. 보니 땅은 평평하여 넓고, 집은 가

지런했으며, 좋은 밭, 아름다운 연못, 뽕나무, 대나무 등이 있었다. 논밭의 길은 사방으로 잘 뻗어 있었고, 닭과 개의 울음소리가 들렸다. 마을 가운데에 사람들이 모여 농사일을 하고 있었는데, 입은 옷이 바깥세상 사람들과 달랐으며 노인이든 어린아이든 모두 즐겁고 유쾌해 보였다. 그들은 어부를 보고 크게 놀라 어디에서 온 사람인지 물었다. 어부가 자세히 대답하자 바로 집으로 데리고 가 술상을 차리고 닭을 잡아 대접해 주었다.

외부인이 왔다는 소식을 듣고 마을 사람들이 몰려왔다. 그들이 말하기를, "우리 조상은 진秦나라 때의 난리를 피해 처자와 마을 사람들을 거느리고 이 절경에 들어왔다오. 그 뒤 다시는 나가지 않아서 마침내 바깥세상 사람들과 단절되고 말았소"라고 했다. 그리고 또 어부에게 묻기를, "지금이 어떤 세상이요?"라 하는데, 한漢나라가 있었던 것도 알지 못했다. 그러니 위魏나라와 진晉나라에 대해서는 말할 나위도 없었다. 어부가 그들에게 아는 바를 일일이 말해 주자, 모두 탄식하며 놀라워했다.

다른 사람들도 각각 어부를 자기 집으로 데려가서 술과 음식을 대접했다. 며칠을 이렇게 머물다 작별하고 떠나는데, 한 사람이 말하기를, "바깥세상 사람들에게는 이런 곳이 있다는 걸 알리지 말아 달라"고 했다. 배를 매어 둔 곳으로 돌아와 왔던 길을 되돌아가며 곳곳에 표시를 해 두고 군청으로 가서는 태수를 찾아 이 일에 대해 이야기했다. 태수가 곧 사람을 파견하여 어부가 표시해 둔 대로 물길을 따라가게 했으나, 길을 찾을 수 없었다. 남양南陽에 유자기라는 고상한 선비가 있었는데, 이 이야기를 듣고 기꺼이 그곳으로 가려 애를 썼으나 성공하지 못하고 병으로 죽었다. 그 뒤로는 이 나루터가 어디인지를 묻는 사람이 없었다.

중국 남북조시대의 시인 도연명이 지은 〈도화원기桃花源記〉의 내용이다. 여기에 나오는 '무릉도원武陵桃源'은 중국인은 물론 한국인, 일본인 중에도 모르는 사람이 거의 없는 동양의 이상향이자 별천지이며 지상 낙원이다.

중국 후한 대를 시대 배경으로 하는 《삼국연의》에도 복숭아 과수원이 나온다. 유비, 관우, 장비의 세 영웅이 의형제를 맺으며 동년同年 동월同月 동일同日에 태어나진 않았으나 동년 동월 동일에 죽기로 맹세한 곳이 바로 도원桃園이다. 이 '도원결의'는 《삼국연의》라는 거대한 대하 역사소설의 진정한 출발점이다.

그런데 사과나 배, 살구가 아니라 하필 복숭아일까? 옛 중국에서 복숭아꽃은 생명, 탄생, 새 출발을 상징했다. 중국 일부 지역에는 아직도 새해에 복숭아나무로 만든 인형을 대문 앞에 걸어 악귀를 쫓는 풍습이 남아 있다.

우리나라 사람들도 복숭아나무에는 강한 생명력이 있어 귀신을 쫓는다고 믿었다. 정신이상을 귀신 들린 병으로 보았기에, 일제강점기까지도 무당이 환자를 복숭아나무 몽둥이로 때려 숨지게 하는 일이 드물지 않았다. "미친놈에게는 몽둥이가 약"이라는 속담이 전하는데, 아무 몽둥이나 다 약이 되는 것이 아니라 오직 복숭아나무로 만든 몽둥이만 약으로 쓸 수 있었다.

1926년부터 1929년까지 4년이 채 안 되는 기간에, 충청남도 청양군의 한 '민속 치료사'는 정신병을 고치겠다고 환자를 복숭아나무로 때려 3명을 죽이고 6명에게 중상을 입혔다. 1932년 가을에는 평남 개천군

만포선 철도 공사장에서 일하던 김준선이라는 청년이 자기를 찾아온 아버지가 헛소리를 하거나 묵묵히 하늘만 쳐다보는 일이 잦자, 도깨비가 붙었다 여겨 두 손을 묶고 복숭아나무로 난타하여 죽이는 사건이 일어났다. 일제강점기에 정신이상자를 복숭아나무로 때려죽이거나 중상입힌 사례는 이밖에도 비일비재하다. 어느 정도 문명적 지식이 보급되었다는 일제강점기에 이 정도였으니, 그 이전의 사정이 어땠을지는 짐작하고도 남는다.

옛날 한국인들은 복숭아에 '귀신을 쫓는 힘'이 있다고 믿었기에, 제사상에 온갖 과일을 다 올리면서도 복숭아만은 놓지 않았다. 귀신은 생명을 잃은 존재, 즉 '죽음'의 표상인 바, 복숭아는 그 정 반대편에 있는 것, 즉 '생명'을 표상한다. 옛사람들이 복숭아를 '생명의 표상'으로 취급한 것은 이 과일이 여성의 성기를 닮았다고 보았기 때문이다.

고대인들에게 성性, 특히 여성의 성은 신비롭고 신성했다. 여성의 생리는 부활과 소생을 표상했으며, 출산은 가장 본원적인 창조였다. 성은 자연재해와 질병, 전쟁으로 끊임없이 개체수가 줄어드는 인류를 유지시키는 유일한 힘이었다. 우리 옛말로 남녀가 성관계 맺는 것을 '어르다'라 했는데, 거기에서 이미 어른 사람, 또는 어를 자격을 가진 사람이라는 의미의 '어른'이라는 말이 나왔다. 새 생명을 만들 자격이 있는 '어른'만 사람으로 취급하는 문화는 동서가 다르지 않았다.

사람살이에서 성은 아주 복잡하고 다루기에 까다로운 문제다. 성 말고 '신비'와 '저속'이 다 어울리는 다른 단어를 찾기는 어렵다. 가장 신성한 곳에서 가장 더러운 곳까지 오르내리기를 반복하는 것이 바로 성이다. 하지만 경향적으로 보자면, 근대 이후 성의 이미지는 신성과 거

〈사진 13〉 1960년대 서울 익선동의 고급 요정가

우리나라에서 처음 미국 도색영화가 상영된 곳은 극장이 아니라 요정이었다. 1946년 10월의 도색영화 상영 사건은 큰 물의
었고 해당 요정들이 영업정지 처분까지 당했으나, 사회에 경종을 올리기보다는 도색영화에 대한 대중의 호기심만 자극했
처: 《사진으로 보는 한국백 년》].

리를 벌리면서 타락에 가까워지는 쪽으로 계속 이동해 왔다.

성의 이미지를 저속, 방탕, 문란 등의 단어 쪽으로 끌어당긴 데에는 포르노그라피의 역할이 컸다. 물론 조선시대에도 성행위를 묘사한 춘화春畵가 있었지만, 포르노그라피가 대량 생산되고 평범한 사람들에게까지 확산한 것은 사진이 출현한 근대 이후였다. 대한제국 시기에 처음 한국인 모델을 찍은 포르노 사진이 제작되었고, 일제강점기에는 일본과 외국에서 제작된 포르노 사진들이 부유층과 신지식층 사이에서 은밀하게 돌아다녔다. 여성의 성性을 표상하던 복숭아에서 '귀신 쫓는 힘'이 사라지고 포르노그라피의 이미지만 남은 것도 이 무렵부터였다.

1933년 6월, 대전의 모 보통학교에서 교사가 어린 학생을 성폭행한 사건이 일어났는데, 당시 언론은 이 사건을 '대전 도색桃色 교원 사건'으로 명명했다. 이 뒤로 음란성과 변태성을 주조主調로 한 인쇄물이나 영상물 앞에 도색, 즉 복숭아색이라는 단어를 붙이는 관행이 급속히 일반화했다. 도색영화라는 단어가 처음 등장한 것은 1946년 10월 초 서울의 명월관, 국일관, 천향원, 난정의 네 요정에서 '모리배, 기생, 유한마담'을 모아 놓고 미국 포르노 영화를 상영했을 때다(《사진 13》). 당시 이 땅에 살던 사람들 절대다수는 이런 요지경 영화가 있다는 사실을 신문을 보고서야 알았다. 한국전쟁 이후 미군 부대를 통해 〈플레이보이〉 등의 도색잡지가 들어왔고 1970년대에는 미국산 포르노 비디오테이프가 들어왔지만, 도입 초기에는 그런 것들을 집에서 볼 수 있는 사람이 거의 없었다. 그림이든 사진이든 영화든, '도색'은 언제나 부자의 전유물이었다.

도색 영상물의 저변이 확대된 것은 집집마다 비디오 플레이어를 갖추게 된 뒤의 일이었는데, 특히 인터넷은 이런 영상물에 대한 연령과 계층, 성별 제한을 사실상 무의미하게 만들었다. IT기술의 발전에 편승하여 가장 급속하게 발전, 확대된 산업이 도색산업이라는 데에 이견을 다는 사람은 거의 없다. 이제 도색 영상물은 전 세계로 뻗은 인터넷 망을 이용하여 안방은 물론 아이들 공부방에까지 자유롭게 드나든다.

근래 인터넷을 통한 음란물 확산이 성범죄 증가의 주원인이라고 분석하는 사람이 많고, 정부 기관과 언론도 그런 주장을 수용하여 단속 위주의 대책들을 내놓고 있다. 하지만 음란물이 성범죄를 유발한다는 주장이 사실이라면, 옛날 성범죄자는 대부분 부자들이었을 테고 지금 감옥은 성범죄자들로 가득 차 있어야 할 것이다. 다만 성범죄를 넘어 '성性 산업' 일반으로 시야를 넓힌다면 음란물의 확산과 성 산업의 '변태화' 사이에 아무런 관계가 없다고 보기는 어렵다. 문제는 '건강한 성'에 대한 담론은 여전히 억제되는 반면 '변태적 성'에 관한 담론만 넘쳐나는 현실에 있는 것이 아닐까? 생명과 창조를 중심으로 성에 관한 담론을 재구성하려는 노력도 필요할 듯하다.

태양의 한자 표기는 '일日'이고 우리말로는 '해'다. 그런데
한자 '일日'은 하루지만 우리말 '해'는 1년이다. 이 차이는
고대의 우리 선조들이 중국인과 다른 우주관을 가졌음을 알려 준다. 해
는 매일 떴다가 지고 다시 뜨기를 반복하지만, 해가 하늘에 떠 있는 시
간과 움직이는 경로는 날마다 다르다. 해의 움직임이 거의 완벽한 규칙
성을 보이는 것은 1년 단위다. 우리 선조들은 이 사실을 근거로 해의
'수명'이 1년이라고 상정했다. 정월 초하루에 뜨는 해를 '새 해'라고 하
는 것도 이 때문이다. 세상만물은 생로병사의 순환을 거쳐 수명을 다하
기 마련이고 결코 지나간 모습으로 되돌릴 수 없는 법이니, 똑같은 순
환과정을 새로 시작하는 것은 '새 생명'일 수밖에 없다는 생각이었다.

　새 생명이 탄생하는 순간은 언제나 위태롭다. 우리말로 새 해가 뜨는
날을 '설'이라 하는데, 여기서 설은 '설익다', '낯설다', '설설 기다'의 설

과 같은 뜻이다. 갓 태어난 해라서 움직임에 익숙하지 않으니 조심스레 다뤄야 한다는 의미다. 그래서 우리 선조들은 새 해가 순조롭게 태어난 데에 감사하고, 무사히 한 살을 더 먹은 어른들에게 축하 인사를 드리는 것으로 새해를 시작했다.

'새'의 반대말이 '헌'이다. 동풍은 순우리말로 샛바람이며, 양주동은 〈처용가〉 첫 구절 '동경명기월랑東京明期月朗'을 '새벌발기다래'로 풀었다. 동東이 '새'인 것은 해가 동쪽에서 뜨기 때문이다. 서풍은 하늬바람인데, 하늬가 곧 '헌'이다. 새 해가 태어나기 전에 헌 해가 죽는다. 헌 해가 죽는 때를 제석除夕, 또는 제야除夜라 하는데, 해의 움직임이 세상만사의 기준이었기에 이때까지 사람이 벌려 놓은 일들도 모두 마무리하는 게 원칙이었다. 새 해가 무사히 뜬다는 보장이 없다고 보았기 때문이다.

"이날에는 사람을 찾아다니고 결산을 하며 빚을 갚는다. 부자에게는 흐뭇한 날이지만 가난한 사람들은 돈 한 푼 없다. 길거리에서 자살하는 사람도 드물지 않다. 철부지들과 특권층을 제외하면 한 해를 마감하는 날은 슬픈 날이다." 프랑스인 고고학자로서 대한제국 서북철도국 기사로 초빙되어 서울에 왔던 에밀 부르다레가 묘사한 1903년 제야의 서울 거리 풍경이다.

조선시대 채무관계의 시한은 원칙적으로 한 해였다. 농업사회였기에 대부분의 채권 채무관계는 지주와 농민 사이에 맺어졌다. 농민들은 대개 봄철에 쌀을 꾸었다가 추수 뒤에 갚았다. 추수한 곡식을 광에 쌓아두고도 지주에게 진 빚을 갚지 않는다는 건 상상할 수조차 없는 일이었다. 부득이한 사정으로 빚을 갚을 수 없을 경우, 자영농이라면 땅문서라도 건네줘야 했고 소작농이라면 경작지 떼이고 유리걸식할 수밖에 없었다. 농민들 사이의 소액 채무나 보부상의 채무 변제 기한은 이보다 훨씬 짧았으니, 장날에 빌리고 다음 장날에 갚아야 했다. 이를 장변場邊 또는 시변市邊이라 했는데, 이자율은 5일에 10~20퍼센트에 달할 정도로 고율이었다. 물론 대다수 채무자는 이자만 내고 원금은 다시 꾸었다 (《사진 14》).

거래 규모가 크고 빈도가 잦은 시전 상인 등은 추수철이나 장날에 구애받지 않았으나 제야 전에는 반드시 채무를 청산해야 했다. 모든 것이 죽고 새로 태어나는데 빚만 죽지 않고 버티는 것은 도리에 맞지 않았다. 해를 넘긴 빚을 '묵은 빚'이라 했는데, 표준 국어사전은 '해묵다'를 '어떤 물건이 해를 넘겨 오랫동안 남아 있다'로 정의한다. 묵은 빚은 해를 넘긴 빚이자 갚을 때가 지난 빚이라는 뜻이다. 묵은 빚은 채권자가 탕감해 주는 것이 관행이었다. 그러나 이런 관행을 이용하여 이때만 모면하려고 버티는 사람은 거의 없었다. 옛사람들, 특히 상인들에게 신용은 사회적 생명이었다.

유교에서는 인의예지신仁義禮智信을 오상五常이라고 한다. 인간이 지켜야 할 다섯 가지 도리라는 뜻이다. 오상은 각각 동서남북중의 오방五方 및 목화토금수의 오행五行과 연결된다. 인仁은 동방이자 나무이며, 의義는 서방이자 쇠이고, 예禮는 남방이자 불이며, 지智는 북방이자 물이다. 신信은 방위로는 중앙, 오행으로는 땅에 해당한다. 믿음이 없으면 인의예지가 모두 헛것이며, 땅이 있어야 만물이 존재한다. 그래서 신信은 천자天子의 문자였다. 그래서 조선은 청나라와 사대관계를 단절한 청일전쟁 이후에야, 도성 한복판의 종각鐘閣에 보신각普信閣이라는 이

〈사진 14〉 1920년대 서울의 전당포

조선시대에는 이자를 변邊이라 했는데, 장날마다 이자를 내는 것을 장변場邊, 추수 때 몰아서 납부하는 것을 장리長利라 했다. 이자율은 연리 50퍼센트 이상이었으나, '묵은 빚'을 탕감하는 관행 때문에 채주債主가 떼이는 빚이 많았다. 소액의 담보 대부를 맡은 전당포는 채권자에게나 채무자에게나 상대적으로 안전한 금융기관이었지만, 전당포 주인은 동서양 어디에서나 각박한 사람으로 취급됐다[출처:《일본지리풍속대계》].

름을 붙일 수 있었다. 유교국가 조선은 '믿음'을 중심 가치로 하는 사회였고, 보통사람의 생활윤리 역시 국가와 사회의 중심 가치에서 벗어나지 않았다.

현대인들의 예상과는 달리, 옛사람들에게 묵은 빚을 탕감받는 것은 결코 기쁜 일이 아니었다. 탕감은 '신용 잃은 자'라는 낙인과도 같았다. 묵은 빚을 남겨둔 채로는 새 빚을 얻을 수 없었으니, 장사꾼에게 이는 사형선고와 다를 바 없었다. 게다가 업業이 세습되는 사회였다. 본인이 업을 잃는 것은 자손의 업을 끊는 것과 다를 바 없었다. 1903년 제야에 에밀 부르다레가 본 '길거리에서 자살한' 시체들은, 자기 목숨으로 빚을 갚은 사람들이었다. 자기가 목숨으로 빚을 갚아야만, 자식이 새 빚을 얻어 장사를 시작할 수 있었기 때문이다.

1904년 러일전쟁을 도발하여 한반도 전역을 점령한 일본제국주의는, 그해 8월 한국 내정을 개선한다는 구실로 제1차 한일협약을 체결하고 메가타 다네타로目賀田種太郎를 대한제국 재정 고문으로 파견했다. 메가타는 부임 직후 한국의 화폐제도 개혁에 착수했다. 그는 한국의 재정 상태가 나쁘고 산업 발전이 지체되는 근본 이유가 화폐제도 문란에 있다고 판단했다. 사실 화폐제도가 문란하기는 했다. 당시 한국에서 주로 사용된 화폐는 상평통보와 백동화白銅貨였는데, 백동화는 실질가치가 액면가치에 훨씬 미달하는 악화惡貨였다. 개항 이후 고질적인 재정난에 허덕였던 정부가 백동화를 다량 발행한데다가 위조화폐도 많아 시중에서 백동화는 액면가의 반 내지 3분의 1 수준에서 통용되었다. 그러나 정부는 스스로 발행한 백동화의 액면가를 인정하지 않을 수 없었다. 그 때문에 시중에서 배척당한 백동화의 상당 부분이 정부와 거래가 많은 시전 상인들의 돈 궤짝에 들어 있었다.

1905년 6월, 메가타는 전격적인 화폐 개혁을 단행했다. 일본 화폐와 같은 가치를 지닌 새 백동화를 발행하여 한국의 구 백동화와 교환해 주되, 상태가 좋은 것은 액면가대로, 상태가 나쁜 것은 액면가의 3분의 1 수준으로, 상태가 아주 나쁜 것은 교환해 주지 않는다는 내용이었다. 백동화를 쌓아 두고 있던 한국 상인들에게는 청천벽력 같은 조치였으나, 이 정보를 미리 알았던 일본 상인들에게는 더없이 기쁜 소식이었다. 일본 상인들은 미리 상태가 나쁜 백동화를 상태가 좋은 백동화와 동일가격으로 교환해 둔 상태였다. 게다가 바꿔 주겠다고 약속한 새 화폐의 발행량도 부족하여, 한국 상인들은 헐값으로 교환하려 해도 교환할 수 없었다.

1905년 을사년 겨울, 서울의 많은 상인이 빚을 갚을 의지는 있으나 갚을 도리가 없는 처지에 놓였다. 돈 궤짝 안의 구舊 백동화는 아무도 받아 주지 않는 쓸모없는 돈이었다. 그중 얼마를 어떤 비례로, 언제쯤 교환할 수 있을지 알 수 없었다. 제야는 다가오는데 새 돈을 구할 길이 없었다. 돈 많기로 유명했던 사람에게도 새 돈은 없었다. 해가 바뀌기 전에 돈을 구하려 이리 뛰고 저리 뛰던 상인들은, 사회적 생명이나 물리적 생명 중 하나를 버려야 했다. 많은 사람이 채권자 집 앞에서 스스로 목숨을 끊었다. 을사년 겨울의 제야는 어느 해보다도 을씨년스러웠다. 이 처참한 거리 풍경으로 인해 '을씨년스럽다'가 '을사년'에서 유래한 말이라고 생각하는 사람이 생겨났다. 사실 둘은 본래 무관한 말이다.

오늘날에도 신용불량자는 사회적 생명이 온전치 못한 사람으로 취급된다. 그러나 이는 자연인에게 한정될 뿐이다. 자연인 외에 법인이라는 신용의 주체가 생긴 뒤, 법인을 구성하는 개인들은 신용을 사회적 생명으로 여기지 않는다. 엄청난 나라 빚을 떼먹은 기업들이 도리어 '연말 상여금 잔치'를 벌이는 것이 그 방증이다.

찾아보기

내 안의 역사 — 현대 한국인의 몸과 마음을 만든 근대

⊙ 2019년 1월 19일 초판 1쇄 발행
⊙ 2023년 10월 17일 초판 10쇄 발행
⊙ 글쓴이   전우용
⊙ 펴낸이   박혜숙
⊙ 디자인   이보용
⊙ 펴낸곳   도서출판 푸른역사
　　우) 03044 서울시 종로구 자하문로8길 13
　　전화: 02)720-8921(편집부) 02)720-8920(영업부)
　　팩스: 02)720-9887
　　전자우편: 2013history@naver.com
　　등록: 1997년 2월 14일 제13-483호

ⓒ 전우용, 2023
ISBN 979-11-5612-128-2   03900